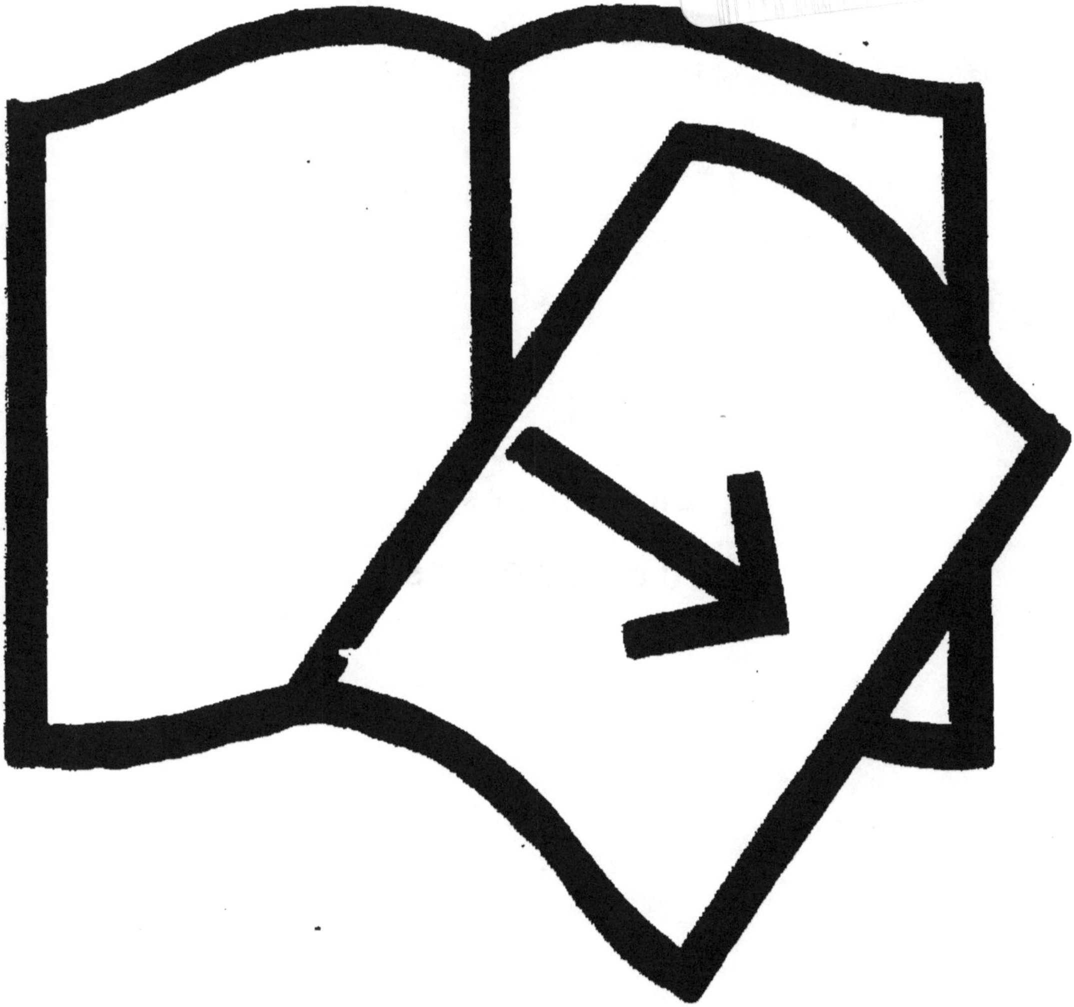

Couvertures supérieure et inférieure manquantes

CHRONIQUES

DAUPHINOISES

CHAMPOLLION-FIGEAC

JACQUES - JOSEPH

Né le 5 octobre 1778 — 6 Mai 1867

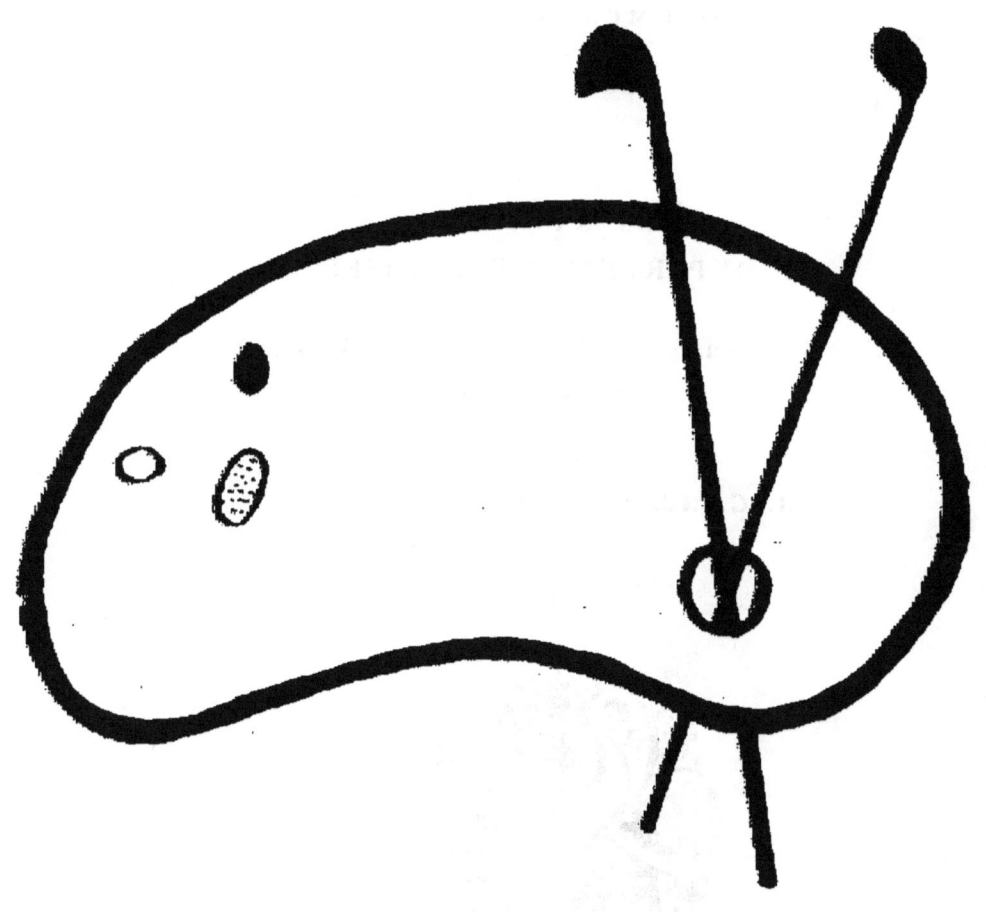

ORIGINAL EN COULEUR
NF Z 43-120-8

CHRONIQUES
DAUPHINOISES

DOCUMENTS INÉDITS

relatifs au

Dauphiné pendant la Révolution

LES SAVANTS
DU DÉPARTEMENT DE L'ISÈRE
et la
Société des Sciences, des Lettres & des Arts de Grenoble

1794 — 1810

par

A. CHAMPOLLION-FIGEAC

De l'imprimerie
SAVIGNÉ, A VIENNE EN DAUPHINÉ

1880

La publication que nous offrons à nos compatriotes du Dauphiné, a pour objet de faire connaître un certain nombre de documents inédits, relatifs à la Révolution et concernant les départements formés par le démembrement de cette ancienne province.

Ces documents, imprimés d'après les textes originaux et authentiques, ont été choisis sans esprit de parti, sans idée préconçue de politique, et en nous inspirant des principes de l'ancienne Société des sciences, des lettres et des arts de Grenoble (Académie delphinale), c'est-à-dire ad narrandum.

Pour atteindre, aussi complétement que possible, le but que nous nous sommes proposé, nous avons divisé notre publication en périodes historiques, *ayant pour base les grands événements de la Révolution. Chaque période sera le sujet d'un volume, de manière à ce que, si cette publication ne se continuait pas,* le volume aujourd'hui imprimé, *forme un ensemble complet, sans avoir besoin des volumes précédents, ni des suivants.*

Ainsi, la première période comprendra :

Les États-Généraux de la province de Dauphiné, assemblés à Grenoble et à Romans, pendant les années 1787, 1788, 1789; — les délibérations extraordinaires de l'Hôtel-de-Ville, à Grenoble et à Vizille; — celles du Parlement, de la Commission intermédiaire pendant les trois mêmes années; — l'Assemblée administrative séant à Vienne, et les Assemblées électorales de Saint-Marcellin, Moirans, etc.; — enfin, les actes politiques et administratifs du temps de la République, spécialement relatifs à nos départements, jusqu'au 9 thermidor 1794. — Ce volume (1787-1794) sera prochainement mis sous presse, *si nos compatriotes accordent leur concours à la publication que nous avons entreprise et qui est représentée, aujourd'hui,* par le présent volume, *relatif à la* seconde période de la Révolution *dans nos départements.*

Les documents qui se rapportent à cette seconde période de la Révolution *et qui sont imprimés pour la première fois* dans ce volume, commencent en l'an III de la République (1794), et vont jusqu'à la fin de l'année 1810. — *Cette série comprend donc les essais d'organisation administrative, politique et littéraire en Dauphiné, ordonnés par la République devenue plus calme et plus modérée ; par le Directoire, et enfin complétés sous le Consulat et le premier Empire. L'année 1810 fut, en effet, une des plus florissantes pour notre département.*

Il y eût aussi, pendant cette seconde période de la Révolution, *quelques événements terribles, qui retentirent douloureusement dans nos localités, quoique le Dauphiné n'ait pas toujours été le théâtre de ces faits déplorables ; mais les* documents inédits *relatifs à cette phase de la Révolution, constatent l'impression qu'ils produisirent sur nos compatriotes. A ce point de vue, les chapitres de* l'Esprit public *(le XVIe chapitre et les suivants, p. 318), abondent en renseignements puisés aux sources les plus authentiques, puisque ce sont les* extraits textuels *des* rapports confidentiels *des administrateurs du département de l'Isère, désignés successivement sous les titres de :* Commissaires du pouvoir exécutif du département et des districts, présidents du Conseil général, présidents du Comité de surveillance, délégués, maires, préfets, sous-préfets, *etc. Ces fonctionnaires s'appelaient :* Planta, Amar, Réal, de Barral, du Bouchage,

Renauldon, Hilaire, Imbert, Ricard, Sapey, Fourier, etc. (Chap. IV et VII). Les événements principaux, qui impressionnèrent plus ou moins vivement nos compatriotes et auxquels ils s'associèrent ou qu'ils désapprouvèrent avec indignation, furent nombreux pendant cette seconde période de la Révolution. En effet, après le 9 thermidor, nous trouvons, en 1795, les révolutions politiques du 12 germinal et du 1er prairial. La Constitution de l'an III est proclamée le 22 août; la publicité du culte est autorisée le 30 mai; la catastrophe de Quiberon a lieu le 21 juillet, et les Cinq Directeurs conventionnels et régicides sont installés au pouvoir le 1er novembre.

En 1796, l'esprit public est surveillé et dirigé par un ministère de la police générale, occupé successivement par Cambacérès, par Cochon, par Fouché, ayant sous ses ordres Anglès, Mounier, etc. La Vendée est pacifiée pour la première fois. En 1797, les élections partielles du Corps législatif ont lieu le 20 mai; ensuite, l'abrogation de la loi contre les prêtres insermentés (24 août); la journée du 18 fructidor; la conspiration de Pichegru et l'exclusion des anciens nobles et de leurs familles des fonctions publiques et des droits civiques.

En 1798, de nombreuses élections de départements sont cassées (11 mai); la conscription militaire est établie (5 septembre). — En 1799, une révolution administrative a lieu le 30 prairial, au profit de Siéyes, de Barthélemy, de Fouché et de Cambacérès. Le club du Manége est en pleine activité. Le 16 octobre, Bonaparte, de retour d'Egypte, arrive à Paris, et, bientôt après, le 18 brumaire a lieu. Le nombre des journaux autorisés est limité, en l'année 1800, par arrêté des Consuls, du 17 janvier, et, peu de temps après, « afin d'assurer la liberté de la presse », il est défendu aux libraires de mettre en vente un livre, sans l'autorisation préalable d'une commission d'examen (Chap. VIII). Le 22 juillet, le corps de Turenne, bien que cet illustre guerrier ait été au service d'un tyran, est transporté en grande pompe du Muséum d'histoire naturelle aux Invalides, et, le 24 décembre, éclate la machine infernale.

En 1801, le concordat; en 1802, la création des écoles primaires, secondaires et des lycées, (Chap. XI); l'institution de la Légion d'honneur; le 2 août, le titre et les fonctions de premier consul sont déférés à Bonaparte.

Les années suivantes sont marquées par de très-utiles institutions administratives (Chap. XII); par la conjuration de Georges Cadoudal et le procès du général Moreau; par la proclamation de l'Empire; par le couronnement de l'empereur Napoléon; le rétablissement du calendrier grégorien, 1806, (Chap. XIII); la réunion du grand sanhédrin des Israélites; l'organisation du consistoire de Mens; le divorce et le second mariage de l'Empereur; le système continental et par le séjour du pape Pie VII, prisonnier à Grenoble et à Savone (Chap. XIV). La mort tragique du duc d'Enghien, Louis XVIII réclamant le trône de France à Bonaparte, et Napoléon, empereur, demandant, quatre ans plus tard, à Louis XVIII, une renonciation à ses droits d'hérédité : tous ces événements impressionnent diversement nos compatriotes.

Les partis se désignent alors, entre eux, par les dénominations suivantes : les endormeurs, les avilisseurs, les Pitt et Cobourg, les fanatiques, les royalistes, les libéraux, les chouans, les oreilles de chiens, les cravates bleues, les perruques blondes, la haine éternelle de la royauté. On assiste à des arrestations nombreuses de députés, à des annulations plus nombreuses encore d'élections (11 mai 1798).

Les commissaires du pouvoir exécutif se plaignent du mauvais esprit des villes de Grenoble et de Vienne, et de l'indifférence des autres localités. Cependant les fêtes patriotiques se multipliaient, et, en même temps, les discours, les adresses, les proclamations emphatiques.

Tels sont les événements dont le contre-coup et l'influence se firent sentir dans notre département, pendant la seconde période de la Révolution.

Nous avons dû placer ce volume sous le patronage des savants du département de l'Isère et de la Société des sciences, des lettres et des arts de Grenoble (1794-1810), parce que les membres qui en faisaient partie rétablirent, en l'an IV, les liens de sociabilité dans la capitale du Dauphiné d'abord, dans le reste du département ensuite (Chap. VI, XV): en arrêtant le vandalisme destructeur des monuments, avant que l'évêque Grégoire n'ait fait promulguer, par la Convention, la loi qui plaçait sous la surveillance des autorités, les monuments des sciences et des arts; en organisant l'enseignement primaire dans les communes du département, avant que la loi du 1ᵉʳ mai 1802 le rendît obligatoire; en créant d'abord l'école centrale, et en fournissant ensuite les locaux indispensables à des facultés de droit et des lettres, et aux lycées des divers districts ou arrondissements. Toutes les sciences étaient donc cultivées avec zèle, dans notre département; il en était de même aussi de la philologie, à une époque où le secrétaire perpétuel de l'Institut, M. Dacier, constatait, dans un rapport à l'Empereur, que cette étude était très-négligée à Paris.

Cette appréciation, d'un juge aussi compétent, nous a amené à consacrer l'introduction de cette publication (Chap. I, II, III), à exposer les motifs que les Sociétés savantes des départements pouvaient avoir pour ne pas se laisser affilier à la grande Académie de Paris. *Ce projet d'asservissement des Sociétés savantes provinciales, médité par quelques académiciens de la capitale, nous a paru devoir être funeste aux érudits des départements.*

Les chapitres de cette introduction *ont paru, par extraits, dans la* Revue du Dauphiné et du Vivarais, *sous le pseudonyme de La Valonne; ils ont été complétés dans ce volume, qui a été édité grâce au sentiment historique et littéraire de M. Savigné.*

La Société des sciences, des lettres et des arts de Grenoble comptait, parmi ses membres, tous les hommes marquants du département, en politique, en administration, en littérature, en archéologie et même dans l'industrie (Chap. X). Il nous suffira de citer :

En politique : *MM. Amar, Sauzey, Couturier, Réal, du Bouchage, Augustin Perier, Teisseire, Savoie de Rollin, Anglès, Sapey, Planta, etc.;*

En administration : *de Barral, Renauldon, Royer, Jourdan, Français de Nantes, Lenoir-Laroche, Bérenger, de Lavalette, Fourier ;*

En archéologie : *le général de la Salette, Champollion-Figeac, Champollion-le-Jeune, de Pina, Schneider, Chalvet, Millin, Sonnini, etc.;*

En littérature : *Dubois-Fontanelle, Morel de Rochebelle, Gattel, Beyle, Ménilgrand, etc.*;

Les jurisconsultes et magistrats : *Berriat-St-Prix, Duport-Lavilette, Trousset, Rolland, Rozière de Champagneux, Achard de Germane, Bourguignon-Dumolard, etc.*;

Les professeurs : *Lesbros, Pal, Cheminade, Dupuy de Bordes, Chabert, etc.*;

Dans le haut clergé : *les archevêques et évêques Raillon, de Barral, de La Tour du Pin, Claude Simon, Grégoire, etc.*;

L'agriculture, l'histoire naturelle, la médecine, l'industrie *n'étaient pas moins bien représentées dans cette Académie : Dolomieu, Villar, Félix Faure, Faujas de St-Fond, Toscan, Jullien, Liotard, Bilon, Fournier, Bérard-Trousset, Gagnon, etc.*

Il y avait donc des membres de l'Académie delphinale à la tête de tous les services importants du département, et ils s'y firent remarquer par leur grande intelligence, leurs découvertes ou des inventions d'une utilité incontestable. C'est pour ces motifs que nous avons placé ce volume sous le patronage, en apparence purement littéraire, des savants du département de l'Isère et de l'Académie delphinale.

Tous nos efforts ont tendu à apporter, dans nos récits, une scrupuleuse exactitude et une com-

plète impartialité. Des difficultés assez fréquentes se présentaient cependant, par suite d'un double calendrier en usage pendant cette seconde période de la Révolution; *par la manière différente d'orthographier les noms propres du temps de la République et sous le premier Empire; enfin par la dispersion des archives de cette époque. Les documents inédits, politiques et littéraires, sont nombreux dans ce volume, et leur importance frappera certainement l'attention du lecteur : nous demandons son indulgence pour les erreurs commises par inadvertance, qu'il reconnaîtra facilement et s'empressera de rectifier de lui-même.*

La troisième période historique relative au Dauphiné pendant la Révolution *comprendra les années 1811 à 1815;* la *quatrième période, les années 1816 à 1820. Quelques historiens ont donné, à tort ou à raison, à cette dernière époque, le nom de* terreur blanche; *nous ne nous laisserons pas impressionner par cette dénomination de partis, mais nous reproduirons, avec exactitude, les documents utiles à notre récit, qui se terminera au début de la période glorieuse et libérale de la Restauration.*

Le portrait de J.-J. Champollion-Figeac père, qui est en tête de ce volume, a été gravé, avec beaucoup de talent, par un de nos compatriotes et parent, M. Eugène Champollion, l'un des lau-

réats de l'Exposition des Beaux-Arts de Paris, en 1879, et d'après le portrait peint, en 1811, par Mademoiselle Emile Genève-Rumilly, de Grenoble.

A. CHAMPOLLION-FIGEAC.

Vif (Isère), 25 décembre 1879.

CHRONIQUES DAUPHINOISES

LES SAVANTS DU DÉPARTEMENT DE L'ISÈRE
et la
SOCIÉTÉ DES SCIENCES, DES LETTRES ET DES ARTS DE GRENOBLE
1794 — 1820

I

INTRODUCTION

De l'affiliation des Sociétés savantes de province à l'Institut national de Paris. — Projet de M. Bouillier, de l'Institut. — Dangers et inutilité des affiliations. — Le Comité des travaux historiques du Ministère de l'instruction publique créé par M. Guizot. — Ce ministre veut un Comité indépendant de l'Institut : motifs du ministre. — L'Académie d'avant 1790 et la réorganisation de l'Institut en 1795. — Les Ministres de Salvandy, Fortoul, Rouland et Duruy maintiennent le Comité indépendant de l'Institut. — Les prix distribués solennellement à la Sorbonne aux Sociétés savantes. — Le Comité historique après quinze années de fonctions : élimination de quelques-uns de ses membres. — Le nouveau Comité et les nouvelles couches littéraires. — Le Comité propose au ministre de la République de ne pas tenir les engagements contractés avec les auteurs par la monarchie. — Cette mesure désastreuse est adoptée.

LA *Revue des Deux-Mondes* contient, dans un des premiers numéros de l'année 1878, un article très-intéressant de M. Francisque Bouillier, membre de l'Institut, sur l'utilité que les Sociétés savantes de province retireraient d'une *affiliation officielle* avec l'Institut national de Paris. Cette opinion, habilement développée par l'auteur de l'article, déjà une première fois en 1857 et de nouveau l'année dernière, paraît être partagée, aujourd'hui, par un certain nombre de savants parisiens. Le but, fort louable, que se propose d'atteindre M. Bouillier, serait : « de faire communiquer aux érudits de province, par les Sociétés savantes, l'impulsion qu'elles recevraient de l'Institut national, en raison de cette affiliation officielle, accordée à de certaines conditions déterminées par ce corps savant. »

Après avoir lu, avec la plus grande attention, le projet de M. Bouillier, nous nous sommes demandé, avec anxiété, si les affiliations tant désirées par cet académicien, auraient réellement l'influence qu'il se propose de leur faire exercer. Cette soumission en quelque sorte à une Société mère, ne pèserait-elle pas au contraire très-lourdement et même d'une manière fâcheuse, sur l'initiative locale de certaines Sociétés, dont les travaux ont aujourd'hui une valeur incontestable, quoique d'une portée plus restreinte que les grandes élucubrations de l'Institut national de France.

C'est cette question que nous nous proposons d'étudier, en prenant pour exemple les événements littéraires qui se sont passés dans la capitale du Dauphiné en 1794, et en rappelant, d'après les documents originaux, les travaux des membres de la Société des sciences, des lettres et des arts de Grenoble, ainsi que les divers incidents arrivés aux ouvrages de plusieurs d'entre eux. Ces incidents, fâcheux dans leurs résultats, nous portent à penser que les *affiliations* seraient réellement nuisibles aux Sociétés départementales.

Une seconde question soulevée par l'article de M. Bouillier est non moins intéressante; nous nous y arrêterons d'abord, pour rester ensuite entièrement sur le terrain des travaux littéraires et scientifiques de la Société de Grenoble. Cette seconde question se rapporte à un reproche que M. Bouillier adresse à M. Guizot, alors ministre de l'instruction publique : « d'avoir méconnu tout l'intérêt qu'il pouvait retirer de cette affiliation, lorsqu'il a créé, en 1833, le Comité des travaux historiques et qu'il l'a rattaché, dans une pensée politique, à son ministère et non à l'Institut national, qui était son centre naturel. »

Le reproche adressé à M. Guizot par M. Bouillier, nous en avons la conviction, n'est nullement mérité. En effet, le but que M. Guizot se proposait en 1833, et ce ministre l'a exposé lui-même au sein du Comité, était d'avoir sous sa direction une réunion d'hommes actifs, laborieux et indépendants, dans une certaine mesure, de l'Institut national, dont les travaux étaient fort languissants. Ce Comité était chargé de rechercher et de faire rechercher par les érudits des départements, les antiquités qui subsistaient encore sur le sol de la France, et d'explorer, en même temps, les dépôts d'archives, afin d'en faire connaître, en les publiant, les documents inédits, qui offriraient de l'intérêt pour l'histoire nationale. Ce Comité devait également faire imprimer sous sa surveillance, des séries de documents formant en quelque sorte des monographies relatives, soit à un monument important, soit encore à un événement peu ou mal connu des historiens. Nous citerons comme exemple de ces publications, entre autres : la *Monographie de la cathédrale de Noyon*, les *États-Généraux de Tours en 1483*, la *Captivité de François 1er* après la bataille de Pavie, les *Chartes de communes*, les *Lettres de Henri IV*, etc. Ces travaux, exécutés par des hommes jeunes et laborieux, devaient fournir d'utiles matériaux pour les grands travaux des membres de l'Institut sur l'histoire générale ; c'était aussi un moyen d'encourager les personnes vouées, avec zèle et intelligence, à la recherches de nos antiquités nationales et qui, étant encore peu connues, ne pouvaient espérer la protection académique. M. Guizot voulait enfin suppléer à la sénilité des membres de l'Institut, dont il ne pouvait secouer la torpeur routinière. L'Académie des sciences faisait seule alors exception à cet état de choses peu satisfaisant, et l'Académie des sciences morales et politiques n'existait pas encore.

Si en effet nous nous reportons à 1833, il est facile de constater que le nouveau *Dictionnaire* de l'Académie française annoncé depuis longtemps, ne s'imprimait pas ; que le *Recueil des Mémoires* de l'Académie des inscriptions et belles-lettres ne se continuait pas ; enfin, que la publication des *Historiens de France*, du *Recueil des chartes et diplômes*, des *Ordonnances des rois de France* et les *Notices des Manuscrits* se préparaient avec une lenteur désespérante. L'âge avancé du plus grand nombre des membres de la quatrième classe de l'Institut, ne pouvait pas faire espérer, de longtemps, qu'une plus grande activité serait apportée à ces publications. La vieille Académie d'avant 1789 était encore en majorité à l'Institut, et les septuagénaires et les octogénaires gouvernaient en maîtres; citons entre autres: Daunou, Dacier, de Choiseul-Daillecourt, Silvestre de Sacy, de Talleyrand-Périgord, Petit-Radel, Amaury-Duval, Quatremère de Quincy, Bettancourt, le marquis de Pastoret, don Brial, de Gérando, etc. Il serait facile de compléter cette liste, bien que notre mémoire soit insuffisante à rappeler les noms de tous les membres de l'ancienne Académie, qui, par leurs travaux, illustrèrent ce corps savant, soit avant 1789, soit après la réorganisation de l'Institut en 1795, et dont l'influence s'exerçait encore en 1833. Enfin, M. Guizot, ne pouvait oublier que l'Académie des inscriptions, dans un but de coterie politique, avait fait réduire, pendant la Restauration, le nombre de ses membres de quarante à trente (Voyez § III, p. 25). Cette Académie n'avait voulu recevoir dans son sein ni Victor Cousin, ni Guizot, ni Dugas-Montbel, ni les deux Champollion, ni Paul-Louis Courier, ni Eusèbe Salverte et bien d'autres encore. On avait exclu Tissot, Etienne, Lakanal, Fourier, etc., qui ne furent rappelés qu'après l'année 1828, par suite de nouvelles élections, permises lors de l'avénement du ministère Martignac.

C'était donc bien réellement un Comité d'érudits, faisant en quelque sorte concurrence aux Académies par trop séniles, que M Guizot avait voulu créer, afin de réaliser des travaux qui ne s'exécutaient plus à l'Institut. Aussi les membres de cette corporation savante, lors de la formation du premier Comité, y furent-ils appelés en très-petit nombre. Pendant une des premières séances de ce Comité, un membre de l'Institut ayant voulu réclamer, à l'occasion d'un projet de publication, un prétendu privilége de l'Académie des inscriptions et belles-lettres sur une certaine nature de documents que le Comité désirait faire imprimer, M. Guizot ne put s'empêcher de s'écrier: « Ce que vous demandez, c'est de la barbarie, car l'Institut ne fait rien depuis longtemps. »

Lorsque M. de Salvandy réorganisa les Comités en 1837, il nous semble s'inspirer encore de cette idée de Comités suppléant à l'inactivité de l'Institut. Ce ministre constituait, en effet, sur le modèle des cinq classes de l'Institut, cinq Comités ayant un nombre considérable de membres étrangers aux Académies; mais il donnait la présidence de chaque Comité à un membre de l'Institut, qui passait pour être le plus actif de sa classe; enfin, il nomma des membres correspondants, choisis parmi les personnes qui appartenaient aux Sociétés savantes de province, ou encore parmi les érudits qui s'étaient fait connaître par d'utiles publications archéologiques ou historiques.

Les ministres qui succédèrent à M. Guizot n'eurent donc jamais la pensée, on peut le dire, de soumettre les Comités à l'influence *sui generis* de l'Institut, qui aurait été trop absorbante et surtout trop restrictive. Quand MM. Fortoul, Rouland, Duruy, créèrent la *Revue des Sociétés savantes*, les *Annuaires*, le *Bulletin des Comités*, et instituèrent des prix distribués solennellement, tous les ans, à la Sorbonne, ils évitèrent également de soumettre ces Sociétés savantes à la domination de l'Institut, et ce fut sans doute aussi pour ce motif que l'affiliation officielle n'a pas encore eu lieu. Les rapports littéraires que ces réunions annuelles de la Sorbonne pouvaient établir avec les membres de l'Institut, paraissaient devoir suffire pour communiquer aux érudits de province une impulsion salutaire.

Mais ce Comité tout littéraire, ne fut pas à l'abri des révolutions politiques, bien qu'il ait toujours conservé son indépendance vis-à-vis de l'Institut national. En 1848, ce Comité avait parcouru une carrière de quinze années, et, en France, la fin de cette période de quinze ans est presque toujours fatale à l'administration, au personnel administratif, artistique et littéraire, mais surtout au gouvernement. Les nouvelles couches littéraires commencent alors une guerre acharnée contre les fonctionnaires, dont la révocation doit leur procurer des emplois. Chaque époque a, dans les lettres et dans les arts, comme dans l'administration, ses antipathies bien déterminées. Les personnes qui, au gré des couches nouvelles, vivent trop longtemps; celles qui sont trop en évidence ou en faveur auprès du gouvernement, quels que soient leurs mérites, leurs services ou leurs sciences, doivent alors disparaître et faire place aux impatients.

Le Comité avait eu à examiner de nombreuses propositions de publications ; il avait pris ses décisions avec une impartialité remarquable. On ne doit pas s'en étonner, puisqu'il avait eu pour président M. Mignet, et qu'il avait passé successivement sous la direction administrative d'Hippolyte Royer-Collard, de notre compatriote Achille Comte, de M. Herbet, de Ravaisson, de Bellaguet et de Nizard, de l'Académie française. De plus, les membres du Comité appartenaient à toutes les opinions politiques ; mais cette assemblée n'avait pas toujours été favorable à tous les projets de publications soumis à son examen. De là, quelques froissements d'amour-propre, qui se traduisaient par des attaques violentes dans les journaux. Enfin, les fonds accordés par les Chambres étant insuffisants, un certain nombre d'ouvrages, terminés et acceptés par le Comité, attendaient dans les cartons du ministère que l'état des finances du Comité permît d'en commencer l'impression. Il se produisait alors, dans la presse, au moment où le ministre allait prendre une décision, des polémiques acerbes contre l'auteur que l'on pensait devoir être favorisé.

Lorsque la République fut proclamée en février 1848, il y avait donc au Ministère un certain nombre d'ouvrages que le gouvernement monarchique s'était engagé à faire imprimer, sur la demande du Comité : ce qui ne faisait pas le compte de ceux qui allaient être en faveur. On procéda alors par élimination ; une partie des membres du Comité fut destituée et remplacée par d'autres. Un rapporteur, choisi parmi les nouveaux membres, fut chargé de trouver le moyen de dispenser son gouvernement de tenir les engagements du Ministre de la monarchie. Ce fut le rétrospectif Tachereau qui reçut cette glorieuse mission ; il proposa simplement au Comité, qui le proposa au ministre, de considérer comme non avenues les décisions concernant les auteurs des ouvrages déposés au Ministère et destinés à l'impression, afin de pouvoir donner des travaux à préparer aux nouvelles couches littéraires. La mesure parut bien un peu radicale, mais elle n'en fut pas moins adoptée. On rendit, sans indemnité, à la plupart des auteurs leurs ouvrages qui attendaient, depuis deux ou trois ans, le moment d'être mis sous presse.

On voulut cependant consoler quelques auteurs et l'on prit alors une autre décision, un peu moins radicale en apparence, mais aussi désastreuse au fond pour les auteurs. Afin de bien rendre compte du second procédé inventé par M. Tachereau, nous prendrons pour exemple l'ouvrage ayant pour titre: *Captivité des enfants du Roi François Ier en Espagne*. Cette publication avait été décidée, sur le rapport de M. Mignet, de l'Institut, comme étant le complément d'un autre volume déjà imprimé sur la *Captivité de François Ier*. Pour ce motif, il fut en apparence moins mal traité que d'autres. En effet, comme cette publication contenait des documents relatifs *à la personne des enfants du Roi* pendant leur captivité, et d'autres concernant les *négociations* pour leur délivrance, enfin le récit curieux des diverses propositions qui précédèrent le *traité des Dames et la mise en liberté des Princes*, le rapporteur fit décider par le nouveau Comité qu'on n'imprimerait que les documents, en très-petit nombre, concernant exclusivement les *personnes des princes*, et qu'on retirerait de cette monographie les négociations relatives à leur délivrance et au traité des Dames, c'est-à-dire que l'on prendrait un quart du volume, en laissant la partie la plus importante, sous prétexte que l'auteur pourrait en faire l'objet d'un volume en librairie. Ce quart de monographie fut destiné à faire partie des *Mélanges de la Collection des documents inédits;* mais il ne fut jamais imprimé, parce que le rapporteur n'a jamais déposé ni lu au Comité le rapport spécial relatif aux Mélanges. Le volume de la Captivité des enfants de François Ier en Espagne est donc resté inédit, malgré l'intérêt qu'il présentait.

Nous venons d'indiquer les procédés qui furent mis en pratique *en faveur* des auteurs appartenant à l'ancien régime; les Républicains opérèrent plus simplement. Le nouveau chef de la division des Lettres au Ministère, voulait avoir son volume dans la Collection des documents inédits et son indemnité d'auteur, indépendamment de son traitement administratif. Il fit une proposition au Comité; elle fut agréée séance tenante et on ne s'ingéra pas de savoir si le Comité avait des fonds, ou s'il avait pris des engagements antérieurs; le volume demandé fut immédiatement mis sous presse, lorsque la copie n'était même pas encore entièrement prête. Mais il s'agissait d'un ouvrage dont on faisait grand bruit et qui n'a pas longtemps conservé sa réputation : *Une grammaire française du XVIe siècle, traduite en anglais, à cette époque, par un Anglais qui ne savait pas bien le français, et retraduite de nos jours en français, par une personne qui ne savait pas parfaitement l'anglais du moyen âge.*

Ce fut le premier ouvrage publié dans la Collection des documents inédits, par ordre du Comité institué par la République de 1848. Il y eut bien encore quelques autres décisions singulières de cette assemblée ; mais nous les passerons sous silence, le Comité ayant été reconstitué en 1854, sans avoir atteint sa quinzième année d'existence, terme fatidique !

Nous devons toutefois ajouter encore, que, quand bien même M. Guizot n'aurait pas rattaché ce Comité à son Ministère et qu'il l'eût au contraire placé sous la direction de l'Institut, cette réunion d'hommes érudits n'aurait pas échappé aux ostracismes des révolutions politiques, puisque l'Institut lui-même eut à les supporter, à différentes époques, ainsi que nous allons le voir dans le § III, ci-après.

II

LES ASSOCIATIONS LITTÉRAIRES DE PROVINCE

Les Académies de province. — Leur suppression en 1793. — Confiscation de leurs biens, sur la proposition de l'évêque Grégoire. — Les établissements d'instruction publique fermés ou détruits. — Les lois ordonnant l'anéantissement des monuments du moyen âge. — Deux années de l'histoire de Grenoble, par Albin Gras. — Brûlement des titres du Parlement au Champ de Mars, à Grenoble, par les Sociétés populaires. — Les Cardinaux des Fauxbourgs. — Suppression de l'École de dessin de Grenoble, en 1794. — Association littéraire dans cette ville en l'an IV, sous le nom de Lycée. — Ses fondateurs. — But de cette association déterminé par Dubois-Fontanelle. — Les membres élus en l'an VIII. — L'ancienne Académie delphinale réunie au Lycée. — Travaux scientifiques de cette Société. — Prix proposés par cette Société. — M. de Champagneux en fait les fonds. — L'initiative départementale et son utilité. — Fourier, préfet de l'Isère. — Grenoble, ville de Parlement. — Le salon du Préfet et la société de cette ville. — Protection accordée aux établissements littéraires. — Inconvénients des affiliations des Sociétés savantes à l'Institut. — Les antiquités de S. Éloi. — Le bas-relief de Toulouse. — Les tombeaux des rois de Juda. — Le prétendu vase romain de Grenoble. — Les autographes de Jules César. — Dangers des affiliations pour les travaux personnels des érudits. — La Théorie de la chaleur par Fourier. — La Chronologie des rois grecs d'Égypte, par Champollion-Figeac. — L'alphabet Égyptien découvert par Champollion le jeune. — Le roi Louis XVIII et S. A. R. le duc d'Orléans félicitent l'auteur de cette découverte. — Le duc de Blacas et Alexandre de Humbolt la proclament activement.

Bouillier ne nous laisse pas ignorer, malgré le projet d'affiliation dont il se fait le promoteur, qu'il partage entièrement l'opinion de Montesquieu : « Qu'il faut se défaire surtout de ce préjugé, que la province n'est pas capable de perfectionner les sciences, et que ce n'est que dans la capitale que les Académies peuvent se former. » Notre ville de Grenoble fournit un exemple de cette vérité ; elle nous montre ce que peut l'initiative de quelques personnes dévouées aux sciences et aux arts, pour le rétablissement des Sociétés littéraires, à une époque où elles étaient fort abandonnées et entièrement remplacées par la politique. En effet, pendant qu'à Paris, dès l'année 1792, les députés anéantissaient une partie des établissements d'instruction publique et promulguaient des lois pour la destruction des monuments du moyen âge, sous prétexte qu'ils rappelaient le despotisme des rois et la féodalité, des Dauphinois instruits se réunissaient en Société littéraire, pour la propagation des sciences et afin de répandre encore l'instruction dans le public. En 1793 et en 1794, les assemblées politiques promulguèrent neuf lois prescrivant la destruction des monuments de l'histoire nationale, le brûlement des titres, la lacération « au moins en deux morceaux » de certains actes déposés chez les notaires et entachés de féodalité. Il existe également, en grand nombre, des arrêtés originaux signés par Carnot, ordonnant de livrer aux arsenaux, pour fabriquer des gargousses, les chartes et les chroniques de France déposées dans les archives départementales. Sur le rapport de Grégoire, dès le 8 août 1793, la Convention supprimait toutes les Académies de Paris et de la province, comme étant des établissements d'origine monarchique. Cette assemblée déclarait de plus tous les biens de ces Sociétés littéraires acquis à la nation.

Notre compatriote Albin Gras, dans son curieux récit, ayant pour titre : *Deux années de l'histoire de Grenoble*, constate que le représentant du peuple Petit-Jean, en mission dans les départements, se rendit à Grenoble pour y organiser un *Comité de surveillance*. Ce Comité fut composé de vingt et un membres et présidé par Jean-Louis Morenas. Malgré les répugnances bien déclarées et les résistances passives de cette assemblée, le représentant du peuple parvint cependant à lui faire commettre deux actes de vandalisme des plus regrettables.

Le premier consistait à brûler, au Champ de Mars, le 8 et le 9 novembre 1793, comme titres féodaux, une partie des archives de la Chambre des comptes, du Bureau des finances et du Parlement de Dauphiné.

Le second eut lieu en février 1794; le Comité envoya à la Convention, à titre de don patriotique, 614 marcs d'argent et 231 quintaux de bronze provenant des objets d'art, des ustensiles et des cloches des églises du département de l'Isère. Le Comité y ajouta une somme de 3,772 livres en numéraire, le tout pour donner une preuve de patriotisme. Paris considérait les habitants de notre département comme des républicains par trop tièdes. Le Comité prescrivit ensuite de rechercher, avec le plus grand soin, tous les parchemins et titres nobiliaires, qui existaient encore dans la province et de les envoyer au district de Grenoble. Les autres Sociétés populaires de la ville restèrent étrangères ou indifférentes à la conservation ou à la destruction des monuments historiques. L'une de ces Sociétés était désignée sous les noms de : *Cardinaux des Faubourgs* ou *les Bonnets rouges*; l'autre était la *Société patriotique des amis de la Constitution*, une troisième eut pour dénomination successivement: *Société populaire des amis de l'Egalité*, *Société populaire des Jacobins* de Grenoble. Toutes étaient hostiles aux idées de propagation des sciences, des lettres et des arts. Aussi firent-elles supprimer l'*Ecole de dessin de Grenoble*, qui y avait été établie, en 1768, sous le patronage de Louis-Philippe, duc d'Orléans, gouverneur de Dauphiné (Voyez pièces justificatives, n. 1). Ce prince en avait donné la direction au sieur Treillard, par brevet spécial, et il avait promulgué un règlement qui existe encore, ainsi que les états de dépenses faites jusqu'en 1789, et les noms des élèves qui y furent admis. Tous ces faits sont constatés par actes authentiques déposés aux archives de la Préfecture, au nombre de 33, et qui y sont conservés sous la cote D, n° 50.

Nous venons de citer les actes de vandalisme des Sociétés populaires de Grenoble ordonnés pendant les premiers temps de la révolution, voyons aussi ce que produisit le sentiment contraire de quelques érudits de la ville, à partir de l'an IV.

A cette même époque, un botaniste dauphinois qui a laissé une certaine réputation scientifique, Villar, un général de brigade mis à la retraite, M. de La Salette, et d'autres citoyens de Grenoble, industriels ou propriétaires, tels que : Chabert, Silvy, Royer, Berriat Saint-Prix, Michal, Chalvet, Fournier, se réunissaient, malgré les craintes qu'inspiraient le Comité de surveillance et les Sociétés populaires, dans un tout autre but et inspirés par le désir de la conservation des monuments anciens de tous genres, utiles à notre histoire ; ils adoptèrent pour titre de leur association : *Lycée de Grenoble*.

Cette Société libre, qui n'était protégée par aucun fonctionnaire du gouvernement, n'existait que par ses propres ressources; elle était déjà cependant florissante à la fin de l'an IV, mais elle ne négligeait aucune occasion de réunir tous les compatriotes de bonne volonté, qui résidaient dans la ville. Nous en trouvons un exemple dans la lettre suivante, adressée à Champollion-Figeac, nouvellement réinstallé dans la capitale du Dauphiné.

Grenoble, le 25 prairial, an IV de la République.

Citoyen, quelques amis des sciences et des arts ont formé un Lycée pour les cultiver avec plus de succès et pour les rendre plus utiles, en les propageant. Jaloux de compter au milieu d'eux un citoyen qui a consacré ses travaux à la littérature, ils se sont empressés, dans leur dernière séance, de vous recevoir au nombre des membres du Lycée. C'est avec un plaisir qui nous est bien sensible, qu'en nous conformant aux vœux du Lycée, nous vous prévenons de votre nomination et que nous vous invitons à assister, décadi 30 prairial, à deux heures précises, à la séance qu'il tiendra chez le citoyen Villar, place de la Liberté. Salut et Fraternité.

VILLAR.   G. GROS, *secrétaire*.

Dubois-Fontanelle avait, dès l'origine de cette Société littéraire, indiqué « les motifs et le but de l'établissement de ce Lycée », dans un Mémoire qui commence ainsi : « L'instruction peut seule faire des hommes et des citoyens; son importance a fixé de bonne heure l'attention de tout gouvernement éclairé : il a reconnu que sa grandeur et sa stabilité reposaient sur les vertus et les lumières des individus, qui doivent concourir à son action générale, les uns par leurs bras, les autres par leur fortune, plusieurs par leurs connaissances et leurs talents et tous par leur soumission et leur zèle, etc. » Cette Société littéraire, comme presque toutes celles des départements, prit donc naissance dans la libre et familière réunion de quelques amis des lettres et des sciences, sans être affiliée à aucune autre Académie et sans rechercher la protection d'aucune illustration étrangère.

MM. Gattel, l'auteur du *Dictionnaire Français*, Ricard, Létourneau et J.-C. Martin, firent partie de cette Société littéraire en l'an VIII. Nous retrouverons bientôt J.-C. Martin comme archéologue, professeur de langues anciennes à Lyon et au lycée de St-Marcellin ; mais Gattel écrivit, le 28 messidor, au président du Lycée de Grenoble, la lettre suivante : « J'accepte avec sensibilité et reconnaissance l'honneur que m'a fait le Lycée de m'admettre dans son sein ; je désirais vivement devenir membre d'une Société aussi distinguée ; ma santé et mes occupations me permettront d'y aller assidûment et de concourir à ses utiles travaux. » Gattel prononça, en effet, dans une séance publique de cette Société, le 22 prairial, un discours fort applaudi, qui a été imprimé et forme une brochure, à la fin de laquelle on trouve des vers de M. Laurence, intitulés : l'*Esprit et la Raison*. Quant au discours de Gattel, il affecte très-particulièrement les formes et traditions académiques, encore en usage à l'Institut.

Mais en l'an XI, lorsqu'un décret du gouvernement reconnut les lycées comme établissements d'instruction publique et les soumit à un règlement général, l'assemblée littéraire de Grenoble changea de nom et adopta le titre de : *Société des Sciences, des Lettres et des Arts*. Dès cette époque aussi, elle s'efforça, par tous les moyens possibles, de faire revivre l'ancienne Académie delphinale. Un certain nombre de membres de cette Académie habitaient encore le département de l'Isère, et parmi eux nous devons citer: Ducros, Renauldon, Gagnon, Bovier, négociant, de Belmont, Savoie de Rollin, de Barral, Mounier, Duchesne, de Pina de Saint-Didier, de Vauce, Piat-des-Vials, de Virieu, Dausse, etc.; ils furent tous admis avec empressement dans la nouvelle Société littéraire.

Quoique privée de toute affiliation avec l'Institut national nouvellement réorganisé, cette Société littéraire se fit bientôt remarquer par des travaux importants, qui attirèrent, à cause de leur nouveauté, l'attention du monde érudit. Le journal de Grenoble de cette époque rendit compte, par une note fort curieuse, émanant de l'un des membres de la Société, d'une étude des zodiaques égyptiens, faite sur une copie exacte de ces monuments, apportée à Grenoble par Fourier. Ces zodiaques, que l'on considérait comme d'une haute antiquité, attiraient particulièrement l'attention du public. Le général de La Salette rédigea un Mémoire sur leurs valeurs astronomiques et en fit l'objet d'une lecture dans une séance de la Société de Grenoble. (Voy. ci-après § X). En l'an XI, M. de Champagneux, l'un de ses membres, institua un prix, qui

devait être accordé au meilleur mémoire sur cette question :
« Quels sont les moyens de perfectionner l'éducation physi-
« que et morale des enfants ? » Le rapport sur les ouvrages
envoyés à ce ce concours fut fait, au mois de juin, par
Gattel, et il peut être cité comme l'un des plus intéressants que la Société entendit à cette époque : il existe
encore en manuscrit. Enfin, en l'an XIII, les cotisations des
membres de la Société permirent encore de fonder un autre
prix, dont le sujet était la *statistique du département de
l'Isère*. Ce dernier prix fut distribué pendant la séance
publique du 24 décembre 1805 (30 fructidor an XIV). On
trouvera ci-après (§ VI) le texte du procès-verbal de cette importante séance publique de la Société littéraire.

Nous reviendrons sur les autres travaux de cette Société.
qui eurent une réelle importance scientifique et ne reçurent
cependant aucun encouragement de l'Institut national. (Voyez
§ V et X).

Le lycée de Grenoble, pendant ce même espace de temps
et avec sa destination nouvelle, avait singulièrement prospéré,
malgré certaines plaintes contre le principal, M. Bomi, qui
n'avait pas toujours apporté, dans ses rapports avec ses collègues et avec les familles de la ville, « tous les égards les plus
communs de l'honnêteté ». Sur la proposition de Gattel, son
proviseur, un pensionnat fut ajouté au lycée et il eut bientôt
de nombreux élèves. Nous aurons aussi à mentionner plusieurs des hommes distingués qui y firent leurs études. (Voyez
§ X).

Nous ne voyons donc pas, dans les diverses initiatives prises par les Dauphinois, à une époque où les sciences historiques, l'instruction publique et l'archéologie n'avaient pas les
faveurs générales, en quoi l'affiliation avec une Société plus
importante aurait pu leur être de quelque utilité. Laissons
donc à chaque ville son initiative propre; les rapports personnels entre érudits de différents pays, suffiront pour créer
l'émulation et l'impulsion que M. Bouillier voudrait faire
partir exclusivement de l'Institut national de Paris.

Il est vrai d'ajouter, que la ville de Grenoble, ancien chef-
lieu de province et siège d'un Parlement qui avait eu aussi une
incontestable renommée, possédait, à cette époque, un certain

nombre de personnes destinées à occuper une place importante dans toutes les branches de l'administration, des sciences, des lettres et des arts. Le gouvernement venait alors de placer à leur tête un préfet, M. Fourier, qui se fit bientôt de nombreux partisans, dans un département où l'administration fut toujours difficile. « Il traitait avec distinction et accueillait avec une faveur marquée la classe anciennement privilégiée, qui le recherchait à son tour pour l'aménité habituelle de son commerce, le charme de sa conversation et les services qu'elle en recevait journellement. La classe des notabilités nouvelles, la plus puissante partout, aimait aussi Fourier pour lui-même et pour son administration douce et attentive, très-éclairée sur toutes les questions importantes, amie de l'ordre et de la paix, ennemie des formalistes-jurés, des chicaneurs et des gros dossiers. » Il est presque inutile de dire que les établissements littéraires du département trouvèrent, près de Fourier, une protection constante et éclairée; que les personnes qui se distinguaient par des travaux utiles ou par des connaissances réelles, dans quelques branches des sciences humaines, étaient favorablement accueillies, recherchées, et admises dans son intimité. Son salon réunissait alors : le vicomte Gabriel du Bouchage, le comte d'Argout, le marquis de Lavalette, le marquis de Dolomieu, Ennemond de Chaléon, l'ancien évêque et député Grégoire, Augustin Périer, Teisseire, Royer-Deloche, qui, avec les députés de l'époque, s'occupaient plus particulièrement de politique. Villar représentait les sciences naturelles; Champollion-Figeac, l'archéologie; H.-M. Gariel, d'Alloz, la bibliographie; Bérard-Trousset et les deux Bilon, les sciences médicales; Berriat-Saint-Prix, l'enseignement du droit; Planta, Pal, Lesbros, Cheminade, le haut enseignement public; Jourdan, l'ancienne administration provinciale, et le notaire Gautier, le droit coutumier en usage au Parlement de Grenoble.

Mais nous avons à rappeler encore d'autres exemples des inconvénients que présenterait l'affiliation des Sociétés départementales à l'Institut de Paris. Nous les trouvons dans les provinces de Normandie, de Picardie, de Languedoc et de Dauphiné.

Il y a quelques années, des antiquités chrétiennes assez remarquables furent découvertes à Saint-Eloi, près le Val-Richer, dans la propriété d'un membre de l'Institut. Ce savant en entreprit la description et donna lecture à ses confrères d'un Mémoire assez emphatique, destiné à les intéresser à des monuments qu'il considérait comme une des plus importantes découvertes de notre époque. Après cette lecture, dont les journaux rendirent compte, la Société des antiquaires de Normandie s'émut très-vivement ; elle délégua plusieurs de ses membres pour examiner l'emplacement et les antiquités chrétiennes nouvellement découvertes. M. l'abbé Lebeurier était au nombre des délégués de la Société des antiquaires de Normandie ; il n'eut pas de peine à démontrer que l'emplacement dans lequel on avait trouvé ces monuments merveilleux, ne pouvait pas être celui d'un ancien sanctuaire ; ces monuments avaient de plus un air d'imitation qui inquiétait les érudits normands. Enfin, à force de consulter les recueils du père Montfaucon, on retrouva les inscriptions de Saint-Eloi déjà gravées dans les ouvrages de cet antiquaire. Ce n'était en effet qu'une très-habile copie de monuments anciens publiés par Montfaucon, reproduits sur des tablettes en terre fraîche, qui avaient été ensuite cuites et enfouies à Saint-Eloi. Quand la fraude fut bien démontrée, l'homme habile qui avait surpris la bonne foi du membre de l'Institut, comme, quelques années plus tard, Varain-Lucas trompa la crédulité d'un autre académicien, à l'occasion de prétendus autographes de Jules César, cet homme hardi avoua sa supercherie et le silence se fit sur les antiquités de St-Eloi (Voyez pièces justificatives, n. 2).

Nous demandons à nos lecteurs d'apprécier ce qui serait arrivé, si la Société des antiquaires de Normandie avait été affiliée officiellement à l'Institut national de Paris, ou bien encore si cette Société avait été en instance pour obtenir l'affiliation. Bien évidemment elle se serait dispensée, dans l'un et l'autre cas, de contredire hautement un Mémoire lu et approuvé par la Société mère ; elle n'aurait pas voulu surtout blesser l'amour-propre d'un membre de l'Institut ayant voix délibérative pour accorder l'affiliation sollicitée. On aurait parlé bien bas de l'erreur, et personne n'aurait rien imprimé sur ce sujet aussi curieux qu'intéressant.

Une autre société départementale fut aussi la première à

élever des doutes et à les motiver, à l'occasion d'une découverte faite dans un pays lointain. Nous voulons parler des tombeaux des rois de Juda, au nombre de douze, retrouvés par un membre de l'Institut pendant un voyage à la mer Morte, et dans un emplacement où ils ne peuvent jamais avoir existé (Voyez pièces justificatives, N° 3). Enfin, il y a encore les fausses antiquités de Toulouse, parmi lesquelles se trouvait le soi-disant bas-relief de Tetricus, fabriqué par un architecte et enfoui dans un terrain communal.

Nous n'avons nullement la pensée d'insinuer que les erreurs se produisent particulièrement à Paris; mais nous devons faire remarquer que lorsqu'elles y prennent naissance, elles y acquièrent une importance et une autorité qu'il est très-difficile de leur faire perdre plus tard. Le contraire arrive pour les erreurs qui vivent et meurent dans les départements : elles sont bien vite détruites. Qui a jamais parlé d'une mystification analogue à celle du bas-relief de Tetricus, arrivée à Grenoble vers 1820 et dont un ingénieur en chef du département fut la malheureuse victime? Il considéra comme un monument authentique, un vase en terre cuite, de forme romaine, rempli de monnaies romaines, au milieu desquelles on découvrit toutefois un sou très-oxydé à l'effigie de Louis XVI.

Enfin, si l'affiliation avec l'Institut, proposée par M. Bouillier, avait une réelle utilité pour les Sociétés savantes de tous les pays, comment se fait-il que les nombreuses Sociétés de Paris ne l'aient pas déjà demandée et obtenue? Ces Sociétés sont très-importantes, nous ne citerons que les principales : Société des antiquaires (ancienne Académie celtique), Société de l'histoire de France, Société asiatique, Société de géographie, etc. Elles ont eu de nombreuses luttes à soutenir contre les académiciens, et leur opinion a souvent prévalu.

Après avoir cité ces exemples des inconvénients que les affiliations à l'Institut feraient certainement éprouver aux Sociétés départementales, il est nécessaire, pour compléter l'étude de la question qui nous occupe, de rappeler les dangers non moins graves, que l'*impulsion* scientifique, partant uniquement de l'Institut, produirait sur les travaux personnels des érudits de province. Elle les détournerait certainement, parfois, de la ligne qu'ils s'étaient tracée et des convictions acquises par suite de leurs recherches. Nous en trouvons deux exemples à Grenoble, vers 1811 et 1818, à l'occasion de travaux importants, qui ont conservé une grande réputation scientifique.

M. Fourier, préfet de l'Isère, n'était pas exclusivement occupé de son administration départementale et du déssèchement des marais de Bourgoin : il n'oubliait ni les sciences, ni les lettres. Deux grands ouvrages, qui ont immortalisé son nom, absorbaient une partie de son temps : c'était son travail sur la Théorie de la propagation de la chaleur dans les corps solides et sa Préface historique de la *Description de l'Égypte*, publiée après la campagne de Bonaparte. Fourier était lié d'affection avec la plupart des membres de l'Académie des sciences de Paris, dont un certain nombre avait fait partie de l'expédition scientifique d'Égypte. Il savait aussi qu'ils étaient hostiles à sa Théorie de la chaleur ; néanmoins, comme dans l'opinion de Fourier cette théorie était le résultat d'études approfondies, il ne voulut jamais abandonner ses convictions sur ce point. Lorsque l'Académie des sciences mit cette question au concours, Fourier rédigea un Mémoire, qui eut un grand retentissement. Cependant, comme Fourier redoutait l'opinion bien connue et préconçue de ses juges et amis, il résolut, pour détourner leur mauvais vouloir, de faire déposer ce Mémoire au secrétariat de l'Institut par un confident de ses travaux, qui devait, en le remettant, le faire enregistrer comme venant d'Allemagne. Le Mémoire ne portait aucun nom d'auteur.

Lorsque, quelque temps après, Fourier eût appris que son travail avait eu le succès qu'il méritait, il se fit connaître comme l'auteur de cette Théorie; mais, entraîné par sa satisfaction, il s'était trop hâté, en n'attendant pas que le rapport de la Commission eût été lu et signé en séance académique; les amis de Fourier se dédommagèrent de ce triomphe indépendant de leur volonté, en insérant dans le rapport des termes très-restrictifs, sans que les motifs de ces réserves fussent exprimés. Ce rapport fut pour Fourier un sujet de chagrin, dont il ne se consola pas. Plus tard, François Arago, en parlant de cet incident relatif au Mémoire de Fourier, ne put s'empêcher de faire remarquer : « que les Académies qui jugent, doivent, comme les autres tribunaux, motiver leur jugement, mais qu'elles s'en dispensent malheureusement bien souvent. »

Un fait analogue à celui qui concerne le Mémoire de Fourier et dont nous venons de parler, eut également lieu lorsque l'Académie des inscriptions et belles lettres mit au concours la *Chronologie des rois grecs d'Egypte* ; mais cette fois, Champollion-Figeac, instruit par ce qui était arrivé au préfet, apprenant chez M. Dacier, secrétaire perpétuel, par la conversation d'un membre du jury, que son Mémoire anonyme n° II avait obtenu le prix, eut soin d'attendre, pour faire connaître son nom, que le rapport de la Commission eût été signé et lu en séance académique. Ce Mémoire avait été également attribué à un Allemand, et la joie des académiciens fut moins grande, quand ils apprirent que c'était un de leurs compatriotes qui avait conquis leur suffrage.

Sans doute l'Institut, à cause des illustrations qu'il renferme, doit avoir une autorité prépondérante, et tout le monde est disposé à la lui reconnaître ; mais une affiliation des Sociétés départementales, entraînerait une trop grande soumission à un corps savant de cette importance et affaiblirait l'initiative des érudits, pour la direction à donner à leurs travaux, sur des questions encore vierges de toute solution.

Citons à l'appui de cette opinion, un fait qui se rattache à l'histoire littéraire du Dauphiné. Nous remontons encore aux années 1814 et 1820. — Champollion-le-jeune se livrait alors, silencieusement et depuis longtemps déjà, à ses études sur les écritures égyptiennes, tout en continuant son professorat d'histoire à la Faculté des lettres de Grenoble, dont son frère aîné était le doyen. Dans un Mémoire lu à la Société des lettres et des sciences de cette ville, Champollion-le-jeune avait exprimé l'opinion que cette écriture devait être alphabétique et phonétique. Pour lui, cette conviction était entièrement démontrée par l'étude des auteurs classiques grecs et latins, et plus encore par l'état d'avancement des sciences, des arts et de l'astronomie. Il soutint également cette opinion dans la préface de son *Egypte sous les Pharaons*, imprimée en 1814. Enfin, il avait rédigé un premier travail sur l'écriture hiératique égyptienne et sur l'inscription de Rosette, que M. de Sacy qualifia de : « première découverte et de bons coups de pioche dans le filon égyptien. » Mais lorsque la chaire d'histoire de la Faculté de Grenoble fut supprimée en 1820, Champollion se rendit à Paris auprès de son frère, qui le présenta à ses amis de l'Institut. La vieille Académie avait conservé la pensée primitive que l'écriture égyptienne devait être symbolique, figurative ou tout au moins syllabique; c'était sur cette base que tous les égyptologues usaient inutilement leur temps et leur intelligence. Champollion-le-jeune, fasciné un moment par l'autorité des vieux docteurs en archéologie d'avant 1790 et par ceux qui avaient fait partie de la Commission scientifique de l'expédition d'Egypte, céda à leur influence et abandonna temporairement ses recherches d'une écriture égyptienne alphabétique, pour essayer de deviner ce qu'avait été cette écriture figurative et symbolique de l'Egypte. Il consacra vainement toute une année à des études sur cette donnée; mais, convaincu enfin de leur inutilité, il revint à ses premières idées et à ses premières recherches d'une écriture alphabétique et phonétique.

En septembre 1822, il donnait connaissance à l'Institut de la mémorable découverte qu'il venait de réaliser, en reconstituant l'alphabet phonétique égyptien. Cette découverte eut tout le retentissement que comportait son importance. Elle fut, plus tard, appréciée par les paroles suivantes de deux illustres juges: « Depuis la renaissance des lettres, dit M. de Sacy, peu d'hommes ont rendu à l'érudition des services égaux à ceux qui consacrent le nom de Champollion à l'immortalité. » Et Châteaubriand écrivant à Champollion-Figeac, son frère, ajoutait: « Les admirables travaux de votre frère, éclairés par vos propres lumières, auront la durée des monuments qu'il vient de nous expliquer. »

Le duc de Blacas, premier gentilhomme de la Chambre du roi Louis XVIII, archéologue très-érudit et possesseur, à Paris, d'une des plus belles collections particulières d'antiquités, assistait par hasard à la séance de l'Académie pendant laquelle Champollion-le-jeune donnait lecture de son Mémoire sur l'alphabet égyptien. Le savant avait fait distribuer à tous les assistants un tableau lithographié, contenant les vingt-quatre lettres de cet alphabet, avec l'équivalent de chaque signe en copht et en grec. Ce tableau contenait, de plus, les noms en caractères hiéroglyphiques des souverains Egyptiens, dans lesquels ces lettres se trouvaient employées. La démonstration du savant français parut si évidente au duc de Blacas, que le soir même il entretenait le roi de cette découverte inappréciable.

Le roi parut vivement s'intéresser au récit du duc de Blacas; il donna l'ordre d'adresser immédiatement ses félicitations à Champollion-le-jeune. S. M. lui fit remettre, en même temps, une boîte en or, avec son chiffre en diamants, portant cette inscription : *Le roi Louis XVIII à M. Champollion, à l'occasion de sa découverte de l'alphabet égyptien.* La lettre d'envoi, signée par le duc de Blacas, disait de plus : que lorsqu'on avait fait une découverte de cette importance, on devait la placer sous la protection royale. Mais Champollion, pour éviter toute contestation avec des compétiteurs attardés, avait eu soin aussi de faire imprimer son Mémoire, avant d'en donner lecture à l'Institut, sous le titre de : *Lettre à M. Dacier, secrétaire perpétuel de l'Académie des inscriptions et belles lettres, relative à l'alphabet égyptien.* Heureusement une autre occasion se présenta, bientôt après, de placer sous la protection du roi la suite de ce même travail : Champollion-le-jeune lui dédia son *Précis du système hiéroglyphique des anciens égyptiens.*

Les adhésions importantes ne manquèrent pas pour célébrer immédiatement le service que le savant français venait de rendre à l'érudition. Peu de jours après la séance de l'Académie, Mgr le duc d'Orléans présidait la première réunion de la Société asiatique de Paris. S. A. R. prononça, à cette occasion, un discours qui impressionna vivement l'assistance et dans lequel il célébrait aussi l'heureux succès de Champollion, en ce qui concernait l'alphabet égyptien. Enfin, Alexandre de Humbolt, alors de passage à Paris, voulut être le premier à faire connaître à l'Académie de Berlin la découverte du savant français; il obtint communication des épreuves de la *lettre à M. Dacier* et en envoya un résumé à l'Académie de son pays.

On doit facilement se persuader, qu'après avoir pris en sérieuse considération les faits dont nous venons de parler, il nous soit difficile de nous associer à l'idée des *affilia-*

tions, que recommande si habilement M. Bouillier ; plus d'indépendance est nécessaire aux travaux archéologiques et scientifiques ; et quand bien même il résulterait de cette affiliation une certaine impulsion utile, elle aurait toujours le défaut irrémédiable d'étouffer toute initiative, sous la prépondérance de l'Institut.

III

PROJET D'ASSERVISSEMENT DES SOCIÉTÉS LITTÉRAIRES DÉPARTEMENTALES

Le nouveau projet de M. Francisque Bouillier concernant les Sociétés savantes de province. — Leur soumission à la grande Académie de Paris doit être entière. — Ces Sociétés seront assujetties au contrôle actif, à la juridiction naturelle de cette grande Académie. — Motifs des Sociétés savantes de province pour ne pas accepter cette domination absolue de la grande Académie. — L'impartialité de ce corps savant? — Le Conseil des Dix. — Les académiciens exclus de l'Institut pour cause politique. — L'abbé duc de Montesquiou, ministre de l'intérieur, et l'Académie française. — L'Académie des inscriptions et belles lettres réduite à 30 membres. — Combinaison financière au profit des Dix. — Nomination de membres de l'Institut par ordonnance royale. — Un receveur particulier des finances nommé membre de l'Institut en remercîment de ses sacrifices pécuniaires pour le journal L'Universel. — Un Ministre de l'instruction publique de l'Empire qui veut absolument être de l'Institut. — Moyens employés pour assurer son élection. — L'élection du Directeur de la Bibliothèque royale et les deux fauteuils à l'Académie. — Les brochures injurieuses comme du temps des factums de Furetière. — Élections des secrétaires perpétuels et des membres de l'Institut. — Les Utilia et les Curiosa de l'Académie des sciences. — Organisation de diverses Académies par Descartes, Bacon et Leibnitz. — L'Institut de Bologne. — La Société royale de Londres. — Indépendance nécessaire aux Sociétés savantes de province, tout en s'inspirant librement de l'impulsion donnée par la grande Académie.

Dans un nouvel article de la *Revue des Deux Mondes* (1ᵉʳ octobre 1878, page 674), M. Francisque Bouillier développe et agrandit son projet primitif, relatif aux Sociétés savantes de province et le rend tout à fait inacceptable. En effet, il ne s'agit plus seulement de *l'impulsion* donnée par l'Institut, grâce aux affiliations, mais bien d'une *soumission absolue* des Sociétés savantes de province à la grande Académie de Paris; d'un *contrôle actif*, d'un gouvernement autocratique, *d'une magistrature active*, d'une *juridiction naturelle* sur les Sociétés savantes de province. Voici en quels termes l'auteur de ce projet formule sa pensée :

« La mission de de la grande Académie, sera de sortir
« d'elle-même, pour se répandre au dehors ; elle devra, non-
« seulement exciter de loin les efforts et les recherches par
« des récompenses, mais y mettre elle-même la main, pour
« les *gouverner*, les *guider*, les *coordonner*, suivant une vue
« d'ensemble, vers quelque fin commune ; elle ne se bor-
« nera pas à enregistrer ou même à *contrôler* les dé-
« couvertes des autres, elle ira au-devant, elle en fera
« elle-même en son nom, non pas seulement par les efforts
« isolés de quelques-uns de ses membres, mais en corps,
« d'une manière collective et avec toutes ses forces conbinées.
« Par la seule vertu de son ascendant, par le zèle et la
« bonne volonté de ses membres, par la déférence de tous,
« elle se trouvera revêtue, sans nulle contrainte, d'une *ma-
« gistrature active* et d'une sorte de *juridiction naturelle*
« sur toute la république des sciences et des lettres. »

Cependant, pour que les Sociétés savantes de province reconnaissent, *sans contestation, sans nulle contrainte* et *par la déférence de tous*, cet ascendant de la grande Académie de Paris, cette *magistrature active*, cette *juridiction naturelle*, il faudrait d'abord que ces Sociétés fussent convaincues de l'impartialité de la grande Académie ; qu'il leur fût possible de la considérer comme étant destinée à remplacer à elle seule au moins les sept sages de la Grèce ; que ce grand corps savant n'eût jamais cédé à des emportements politiques, à des haines littéraires et à toutes les petites passions qui troublent souvent les Sociétés savantes de province. De plus, comme les illustres et nombreuses assemblées ne peuvent pas prendre des décisions, sans constituer préalablement des *Commissions* auxquelles elles abandonnent une partie de leurs pouvoirs, il serait encore à craindre qu'on ne tardât pas à trouver à la tête de la grande Académie, un *Conseil des Dix* : et nous connaissons tous les inconvénients qu'il a entraînés avec lui, même pour la célèbre république de Venise.

Les Sociétés de province lisent les brochures et les articles de journaux, qui rendent compte des faits et gestes de la grande Académie, tout en les dénaturant quelques fois. Les pamphlets qui circulent en Normandie, par exemple, racontent qu'après l'année 1815, un *Conseil des Dix*, d'accord avec l'abbé duc de Montesquiou, ministre de l'intérieur, fit exclure de l'Institut, pour cause politique, un certain nombre d'académiciens; et pour remercier l'abbé duc de cet ostracisme, on le nomma, quelque temps après, membre de l'Académie française, « quoiqu'il n'eût aucun titre littéraire », dit son biographe, M. Bouillet.

Cette première expulsion en entraîna d'autres d'une nature différente: en 1822, sous le ministère Corbière, MM. Quatremère de Quincy, Raoul-Rochette et Abel Rémusat remirent à ce ministre un Mémoire, qui existe encore de nos jours, par lequel ils lui demandaient de réduire le nombre des membres de l'Académie des inscriptions et belles-lettres de quarante à trente, afin d'empêcher l'élection de MM. Guizot, Cousin et autres. Cet acte arbitraire fut accompli et donna lieu à une combinaison financière des plus bizarres. Les dix pensions des membres supprimés ne profitèrent ni au trésor ni à l'Académie; elles furent attribuées, comme supplément de traitement, aux *dix plus anciens* membres de cette classe de l'Institut, au nombre desquels était M. Quatremère de Quincy. Mais ce ne fut pas assez pour *les dix* de toucher chacun deux pensions au lieu d'une, on trouva encore nécessaire de réduire de moitié la pension des dix derniers membres élus et d'attribuer cette moitié *aux dix* anciens, de sorte que *les dix* recevaient deux pensions et demie. De plus, les jetons de présence attribués à cette Académie, étant toujours de quarante par séance pour un cadre de trente membres, ces jetons prirent une plus value qui profitait encore *aux dix*; enfin *les dix* étant sans doute les dix plus savants, se firent colloquer de droit dans les Commissions payées, afin d'indiquer verbalement les traditions de l'ancienne Académie, au sujet des publications à exécuter, car leur âge les dispensait d'une collaboration active, relativement à la rédaction des Recueils académiques; mais ils n'en touchaient pas moins de ce chef, un cinquième traitement aux dépens des autres académiciens (Pièces just., N° 4).

Si nous parcourons la province de Picardie, on nous y raconte, qu'à l'Institut une mesure arbitraire en avait entraîné d'autres de même nature; que des membres de l'Institut ont été nommés par ordonnance royale; on nous cite notamment la nomination de Letronne et d'autres encore. L'abbé duc de

Montesquiou avait été élu de l'Académie, en remercîment des expulsions politiques opérées à l'Institut, on prétend qu'on imita cet exemple de gratitude en 1830, en nommant un receveur particulier des finances de St-Denis, membre de l'Académie des inscriptions et belles lettres, pour le remercier des sacrifices pécuniaires qu'il avait faits en soutenant le journal *l'Universel*; mais un de ses confrères rédigea alors, en toute hâte, un Mémoire de quelques pages sur le culte de Mithra, qui fut imprimé après l'élection, afin que personne n'ignorât les titres académiques du receveur des finances.

A Paris, les savants d'opinion républicaine prétendent qu'un Ministre de l'instruction publique de l'Empire, ayant absolument voulu être nommé membre de l'Institut, quoiqu'il eût échoué une première fois, ne trouva d'autres moyens, pour s'assurer la majorité des suffrages dont il avait besoin, que d'accorder *vingt-deux faveurs* aux académiciens de cette classe. On remarqua cependant qu'il n'obtint que dix-huit suffrages; ce nombre était heureusement suffisant pour assurer son élection.

Les fonctionnaires de la Bibliothèque nationale racontent que : lorsque Raoul-Rochette, chef d'un parti à l'Académie, voulut empêcher l'élection de Letronne comme Directeur de la Bibliothèque royale, il fut obligé de promettre deux fauteuils de l'Académie des inscriptions et belles-lettres, à des personnes qui n'étaient certainement pas de ses amis; cette promesse assura le succès désiré et fut religieusement tenue. Letronne exclu de la direction de la Bibliothèque royale, assista, peu de temps après, aux élections de MM. L... et M..., dont on connaissait d'avance le succès. Il est juste d'ajouter, qu'on attribuait à Letronne, une brochure anonyme des plus violentes, qui avait eu pour but d'empêcher la nomination de Raoul-Rochette comme secrétaire perpétuel de l'Académie des beaux-arts.

Les faits que nous venons de mentionner furent portés presque tous à la tribune de la Chambre des députés, par MM. Eusèbe Salverte et Etienne.

La haine implacable de quelques membres de ce corps savant les uns pour les autres est bien connue; elle a donné lieu à des polémiques très-acerbes, à des brochures injurieuses, comme du temps des *factums* de Furetière (Voyez les pièces justificat., N° 4). Les élections de secrétaires perpétuels et des membres titulaires sont quelquefois l'occasion de diffamations très-graves de la part des partis qui se disputent le succès de l'élection. Comme ces calomnies se débitent à l'oreille, il est impossible de se défendre contre ces insinuations anonymes, ou de les atteindre judiciairement.

Enfin, il faut encore attribuer à des concurrents évincés, le doute émis par des érudits de province sur la répartition, conformément aux prescriptions des fondateurs, des prix distribués en si grand nombre par les Académies de Paris, car, disent-ils, on entend annoncer *un an d'avance*, que tel prix sera décerné à l'ouvrage de M. un tel. Ils citent fréquemment François Arago, blâmant en pleine Académie des sciences l'usage qui s'établissait d'accorder des prix sans faire de rapports préalables sur le concours. Le savant secrétaire perpétuel ajoutait, comme nous l'avons déjà dit : « que les corps savants qui jugent, doivent, comme les tribunaux, motiver leurs jugements. »

Tous ces faits sont considérés comme très-avérés, quoiqu'ils aient été probablement grossis et arrangés par des mécontents ; mais ils n'en sont pas moins tous de nature à ne pas faire désirer aux Sociétés savantes de province de passer sous la domination absolue de l'Institut national de Paris ; et au contraire, de conserver leur pleine et entière indépendance, tout en s'inspirant de la supériorité des travaux scientifiques de la grande Académie de Paris.

Enfin, dans les cités industrieuses comme Lyon et dans les villes du nord, on dit encore que les Recueils de l'Académie des sciences contiennent, ainsi que le fait remarquer M. Bouillier, plus de *curiosa* que d'*utilia*, comme les appelle Leibnitz, parce que les académiciens de cette classe, lorsqu'ils découvrent des *utilia*, ont soin de les céder à des industriels, qui les exploitent au moyen de brevets d'invention très-productifs ; tandis que les *curiosa* improductives, servent à rédiger des Mémoires, qui font l'ornement des Recueils académiques.

M. Bouillier nous cite également, «les *desseins* d'une assemblée de savants ou d'une Académie » tracés par Bacon,

Personne ne doit chercher, sans doute, à amoindrir l'autorité et l'influence de l'Institut de France, dans son domaine purement scientifique ; on peut même faire des vœux pour que son influence s'étende et s'agrandisse pour le plus grand bien des sciences et des lettres ; mais pourquoi pourrions-nous vouloir une soumission et une absorption aussi complètes des Sociétés départementales et de toutes les institutions scientifiques et littéraires, qui peuvent naturellement se rattacher à la grande Académie ?

Malgré toutes ces réserves en faveur des Sociétés littéraires de province, personne ne pense que le premier corps savant de France puisse jamais être dépouillé de l'influence et des moyens d'action qu'exige sa grande mission ; mais laissons cependant aux Sociétés savantes de chaque pays leur liberté individuelle, leur initiative spéciale, tout en les invitant à s'inspirer librement des grands travaux et des lumières de l'Institut national de Paris.

Nous devons, à présent, constater ce que peut faire une Société littéraire de province, sans le secours d'aucune *affiliation*, sans subir le *contrôle* d'une grande Académie, ni sa *juridiction naturelle*. Pour atteindre ce but, nous allons rappeler les travaux de la Société des sciences, des lettres et des arts de Grenoble, à partir de l'année mil huit cent.

IV

LA SOCIÉTÉ DES SCIENCES, DES LETTRES ET DES ARTS DE GRENOBLE

Elle avait été fondée sous le titre du Lycée (voir p. 12).— Son bureau en l'année 1800. — Les séances ordinaires et extraordinaires. — Première séance solennelle. — Discours de Dubois-Fontanelle. — Le nombre des membres de la Société fixé à 50. — Son règlement. — Lieux de réunion. — Ricard membre de la Société et préfet de l'Isère.— Les 34 préfets de l'Isère.— Le baron Fourier, M. Pellenc, le baron Massy et les autres. — Portrait des dauphinois par divers écrivains. — La Biographie du Dauphiné de M. Rochas et les personnes qui auraient dû y figurer. — Les poésies légères et sentimentales. — M. de Robespierre. — Anniversaire de l'Assemblée de Vizille. — Discours de MM. Bettoux et Trouillon. — La salle des États de 1788 incendiée.— M. Mignet et les Poésies de François Ier. — Captivité de François Ier. — Les Poésies du duc Charles d'Orléans et le manuscrit de la Bibliothèque de Grenoble. — Négociations politiques qui y sont racontées. — Les publications de Chalvet, Martin, Berriat-St-Prix et Aimé Champollion-Figeac. — Le sculpteur dauphinois François Martin. — Le peintre Sarrazin — Le lycée des demoiselles de St-Pierre de Lyon. — Le mausolée de Lesdiguières à Gap. — L'Histoire de Lyon de Martin et ses autres publications. — Les objets d'art des églises de Dauphiné inventoriés par ordre du baron des Adrets. — La mosaïque antique de Lyon. — MM. Artaud, Delandine et Gai-Millin et Mongez. — Le manuscrit de Nicolas Chorbot comparé à celui de Guy Allard. — L'édition de Guy Allard de M. Gariel. — Valbonnais et les chartes de la Cour des Comptes. — Plans anciens de Grenoble, de Valence et de Romans. — Les médecins, les eaux d'Uriage. — Le comte de St-Ferriol. — Sennini: les antiquités, le lycée et le procès de la ville de Vienne. — La poste ouvre les lettres des particuliers.

La Société des sciences, des lettres et des arts, fondée d'abord sous le nom de Lycée de Grenoble, avait, en l'année 1800, un bureau composé : d'un président, d'un vice-président, d'un secrétaire, d'un secrétaire-adjoint et d'un trésorier; de plus, un Comité de cinq membres était chargé, avec le président, d'activer les travaux et de régler les lectures des Mémoires présentés par les membres titulaires. Cette Société tenait des séances ordinaires tous les quinze jours et des séances solennelles, une fois par an. Pendant ces réunions d'apparat, des discours étaient prononcés par le président annuel; les membres donnaient lecture de Mémoires sur des sujets variés, qui avaient été préalablement communiqués à la Société, et de poésies de circonstances; à ces séances assistait un public de choix, assez nombreux.

La première réunion publique eut lieu le 30 thermidor an VII; Dubois-Fontanelle présidait et lut un discours indiquant le but que s'étaient proposé les membres de la Société en se réunissant. En voici le texte : « Citoyens, l'instruction, ce besoin de toutes les âmes douées, honnêtes et sensibles, n'a jamais acquis plus d'étendue et de perfection que dans la réunion des personnes qui, ayant le même goût pour l'étude, se recherchent pour trouver des secours les unes dans les autres. De la communication de leurs observations réciproques, des examens, des discussions, des comparaisons qui les rectifient, jaillissent de nouvelles lumières, souvent des vérités : c'est le feu recélé dans la pierre, d'où le frottement le fait sortir.

« Réunis uniquement pour cultiver les sciences, les lettres et les arts, les citoyens qui composent le Lycée de Grenoble s'occupent de toutes les connaissances utiles et agréables. En invitant, pour la première fois, le public à les honorer de sa présence et en mettant sous ses yeux quelques-uns de leurs travaux, ils ne se dissimulent point que *ceux d'une Société littéraire ne sauraient être, à sa naissance, ce que le zèle, la constance et l'application doivent faire espérer qu'ils deviendront un jour.* La diversité des goûts et des talents répand au moins quelque variété dans les occupations du Lycée et lui permet, peut-être, de s'appliquer collectivement ce que Voltaire disait de lui-même :

> « Vers enchanteurs, exacte prose,
> Je ne me borne point à vous.
> N'avoir qu'un goût est peu de chose :
> Beaux-arts, je vous invoque tous.
> Musique, danse, architecture,
> Art de graver, docte peinture,
> Que vous m'inspirez de désirs !
> Beaux arts, vous êtes des plaisirs !
> Il n'en est point qu'on doive exclure. »

Le nombre des membres résidents de la Société était fixé à 50; son règlement se composait de 39 articles, concernant : son organisation, les officiers de la Société, les fonctions du bureau, du Comité, les délibérations, l'élection des membres, la correspondance, la police et les mémoires. Dans ce temps de grande liberté, la Société, pour pouvoir se réunir, avait été obligée de se faire autoriser par l'administration municipale le 1er prairial an IV, par l'administration départementale le 15 du même mois, par le ministère de l'intérieur le 11 messidor, enfin par le Corps législatif le 14 fructidor.

Le lieu ordinaire des séances de la Société fut d'abord à l'Evêché, bâtiment national alors inoccupé; mais lorsque les membres de l'ancienne Académie delphinale eurent été admis dans la nouvelle Société, on se réunit, à dater de l'an VIII, à l'Ecole centrale, ensuite à la Mairie, enfin à la Bibliothèque de la ville, dans l'ancienne salle de l'Académie delphinale.

Plus tard, on ajouta aux dignitaires que nous avons déjà nommés, une présidence d'honneur, qui fut habituellement déférée au préfet en fonctions dans l'Isère. Cependant, nous n'avons pas pu constater si cet acte de politesse fut accordé à Ricard, déjà membre de la Société, lorsqu'il fut nommé préfet de notre département, le 2 mars 1800.

Ricard n'a laissé dans le Dauphiné qu'un souvenir assez confus des qualités éminentes qu'il pouvait avoir, soit comme membre de la Société des sciences et des lettres de Grenoble, où il prononça deux discours, soit comme administrateur du département à la tête duquel il ne resta que pendant deux années. Maurel de Rochebelle a cependant publié, en l'an X, un *Eloge*, en 44 pages in-8°, du citoyen Ricard.

Ce préfet eut l'honneur, si on peut ainsi parler, encore plus rare de nos jours, de mourir dans l'exercice de ses fonctions. Il est à remarquer, en effet, que Ricard, en l'année 1802, et le baron Massy, en 1862, furent les deux seuls préfets de l'Isère qui, dans une période de 79 ans, soient morts préfets titulaires de notre département. Ajoutons également que, dans ces trois quarts de siècle, une autre circonstance non moins rare se produisit encore en Dauphiné: deux préfets seulement administrèrent notre pays pendant un grand nombre d'années : l'un, le baron Fourier, pendant quatorze années, et l'autre,

M. Pellenc, pendant seize années. Les préfets au nombre de 34, qui leur succédèrent, ont rempli ces fonctions en moyenne pendant quinze mois. Ces changements fréquents valurent, sans doute, à notre département la réputation d'avoir toujours été difficile à administrer. Cette réputation est-elle méritée? Si nous consultons un manuscrit de la bibliothèque de Lyon, qui remonte au commencement du dernier siècle, et qui est attribué à Nicolas Charbot, nous y trouvons le portrait suivant de nos concitoyens (Voyez ci-après p. 44 et pièces justificatives, N° 5).

« Les Dauphinois sont *fins et cachés*, au point qu'il n'y a pas de moyen plus sûr de les surprendre, que de leur dire, sans affectation, trois mois auparavant, que l'on fera telle chose: car, comme ils ne vous auraient jamais parlé d'une chose qu'ils auraient eu envie de faire, ils n'ont pas de plus fort argument pour se persuader que vous ne le ferez pas. Il y a *très-peu de liaisons d'amitié* entre les gens du Dauphiné, et, en revanche, il y a *très-peu d'inimitiés jusqu'à la rupture*; de manière qu'ils demeurent toujours, les uns à l'égard des autres, dans un état susceptible de pouvoir se réchauffer, plus ou moins, à proportion que l'exige leur intérêt, auquel on ne croit pas qu'il y ait de pays *où l'on y ait une plus vive attention.* »

Le baron Fourier, qui prétendait nous connaître plus exactement que Charbot, disait que le Dauphiné était le pays des rhumatismes et de l'envie. Feu Pastoureau assurait que l'on pouvait trouver, dans chaque cultivateur montagnard, l'étoffe d'un bon avocat; un autre de ses collègues de l'Isère, le baron d'Haussez, avait affirmé au Ministre de l'intérieur, que si l'on entait des Dauphinois sur des Normands ou sur des Gascons, il en résulterait une race nouvelle ingouvernable. Ces deux derniers préfets avaient probablement apporté plus de raideur que de finesse et de bienveillance, dans l'exercice de leurs pouvoirs administratifs. Ils avaient sans doute aussi oublié la recommandation du monarque le plus absolu de la France, adressée à un de ses gouverneurs de province, au moment de lui confier ces difficiles fonctions: « Surtout, disait le roi, ayez la main légère! » Enfin, un inspecteur du haut enseignement universitaire écrivait à Champollion-Figeac :

« J'emporte de Grenoble le plus doux souvenir ; c'est la ville de France où l'on trouve le plus d'affabilité, le plus de grâces, le plus d'esprit et de connaissances ; je n'oublierai jamais les moments que j'ai passés dans cette ville trop isolée et trop peu fréquentée. » (*Corresp. Litter.* t. 1, p. 320). Cet inspecteur général était un de ceux dont M. de Fontanes faisait le plus grand cas, et les fonctionnaires qui captaient la bienveillance du Grand-maître de l'Université n'étaient pas nombreux.

Quant à Ricard, nous devons lui savoir gré de sa coopération à la formation de la Société des sciences et des lettres de Grenoble. N'oublions pas en effet qu'à l'époque dont nous nous occupons, c'est-à-dire à la fin de la tourmente excessive qui avait bouleversé la société française, tous ceux qui contribuèrent à la reconstituer et à la ramener à des goûts de civilité, d'élégance, de littérature et d'art, faisaient acte de bons citoyens. Il n'est pas absolument indispensable, lorsqu'on est membre d'une Société littéraire, de prononcer des discours éloquents, destinés à émouvoir le public le jour des séances solennelles, ou bien encore de réciter des poésies légères ou patriotiques. On peut avoir fourni son contingent personnel, pour atteindre au but que s'étaient proposé les fondateurs de la Société, par un concours journalier et plus modeste. Ricard avait donc, comme ses collègues, contribué pour sa part à resserrer les liens de confraternité civils, littéraires et artistiques des Dauphinois. Nous devons lui en être reconnaissant et ne pas laisser ensevelir sa mémoire dans un oubli complet.

Il y a donc lieu, ce nous semble, de reprocher à M. Rochas de n'avoir pas porté, dans sa *Biographie du Dauphiné*, nonseulement ce préfet, mais encore quelques autres praticiens et quelques auteurs de poésies de circonstance, imprimées et distribuées dans le département. Ces poésies de famille eurent un certain retentissement, à cette époque, et les praticiens rendirent de signalés services. Des avocats éloquents, des médecins habiles, des procureurs instruits des pratiques de l'ancien parlement, étaient alors nombreux à Grenoble et dans les villes voisines. Il serait injuste d'oublier combien ils furent utiles aux familles des émigrés et à celles des acquéreurs de biens nationaux. Enfin, les médecins se distinguèrent pendant les épidémies; mais aucun de ces praticiens n'a laissé un livre imprimé portant son nom, et c'est pour ce motif que M. Rochas ne les a pas fait figurer dans sa *Biographie*, du reste fort intéressante.

Cependant, il nous semble qu'il ne serait pas sans utilité d'étudier aujourd'hui, dans des poésies même médiocres, débitées lors des réunions amicales, littéraires ou patriotiques, l'esprit du temps et les idées sentimentales qui y dominaient. Rien de plus saisissant, en effet, que de placer, par exemple, à côté du nom et des actes de Robespierre, les poésies légères et pastorales qui occupaient les loisirs de cet homme d'Etat « empirique », (comme l'appelle Lamartine), lorsqu'il sortait du tribunal révolutionnaire. Pourquoi M. Rochas ne nous fait-il pas connaître les couplets chantés ou récités, lorsque les Dauphinois se réunissaient le décadi, ou tout autre jour des années terribles de 1793 et 1794, et surtout les *Adresses* emphatiques, destinées à surexciter le patriotisme des citoyens du département de l'Isère, dont il serait si précieux de connaître aujourd'hui les noms des rédacteurs. En général, ces *poésies* et ces *adresses* ne figurent pas au *Catalogue général* imprimé de la Bibliothèque nationale de Paris, probablement parce que cette Bibliothèque n'en possède pas d'exemplaire; ce sont donc des pièces qui sont devenues rarissimes et il est d'autant plus intéressant d'en connaître au moins les titres. Ces compositions, parfois élégantes et souvent très spirituelles, valent la peine d'être consultées et formeraient un utile complément de la *bibliographie*, qui accompagne les biographies des Dauphinois. N'oublions pas que notre département a su se préserver des excès révolutionnaires, que l'on a eu à regretter dans les provinces voisines, tout en ayant fourni, par ses assemblées de Vizille, le berceau de la régénération de 1789.

L'anniversaire de cette époque mémorable vient d'être, de nouveau, célébré à Vizille, avec le plus grand éclat, nous disent les journaux de la localité, sous la présidence des plus hauts fonctionnaires de cette ville, qui ont prononcé des discours très-éloquents. On cite, entre autres, ceux de MM. Béttoux et Trouillon. Ces deux orateurs, d'après le système de M. Rochas, n'auraient pas droit de figurer dans sa *Biographie*, ce qui ne serait pas juste. Quant à la célèbre salle des États de 1788, au château de Vizille, pourquoi faut-il qu'elle n'ait pas pu servir, dans cette circonstance, de lieu de réunion à ces fervents amis des souvenirs révolutionnaires, et que MM. Casimir-Périer n'aient pas pu la mettre à leur disposition? Malheureusement, ce splendide berceau de la Révolution a été incendié, il y a quelques années, et a été remplacé par une terrasse grandiose, d'où l'on aperçoit l'admirable et très-pittoresque vallée de Vaulnaveys.

Mais revenons aux poésies des temps calamiteux. — Un savant et très-spirituel académicien, M. Mignet, nous a fait connaître, dans un article de la *Revue des Deux-Mondes*, tout le parti que l'on pouvait tirer, pour éclaircir certains points d'histoire restés obscurs, des poésies composées dans des circonstances malheureuses, même lorsque ces produits de l'imagination ne brillaient pas par un rhythme des plus élégants. Nous voulons parler des *Poésies du roi François I*, composées pendant sa captivité en Espagne, et que nous avons publiées, en un volume in-4°. Ces poésies n'ont pas un mérite littéraire extraordinaire, et cependant elles ont fourni à M. Mignet des indications très-précises, relatives à la bataille de Pavie, et ces indications sont de nature à confirmer la devise adoptée par le roi après ce funeste événement: « Tout est perdu, fors l'honneur! » (Voyez pièces justificatives, N° 6). Le récit de la grande bataille de Pavie, que nous a donné M. Mignet, est tiré en partie des *poésies* et des documents sur la *Captivité de François I*, publiés par nous en 1847; mais la narration due à la plume du spirituel académicien, a tout le charme d'une chronique rédigée par un contemporain et par un témoin oculaire.

Autre exemple de l'utilité des poésies de circonstance. — La Bibliothèque de Grenoble possède un manuscrit très précieux du XV° siècle, renfermant des poésies, qui furent composées dans le but bien louable d'adoucir les chagrins d'un prince et d'un personnage politique. C'est le recueil original des *Poésies* de Charles d'Orléans, père de Louis XII, écrites pendant sa captivité en Angleterre, après la bataille d'Azincourt. On y trouve le récit des négociations politiques suivies à cette époque, pour obtenir la délivrance de ce prince et pour arriver à le réconcilier avec le duc de Bourgogne, son plus grand ennemi. Le Bourguignon avait été l'une des causes des désastres qui accablèrent la France en cette année 1415, la plus douloureuse de nos annales; mais l'union de ces deux grands personnages et de leurs partisans contribua puissamment, après les exploits de Jeanne d'Arc, au rétablissement du gouvernement de Charles VII sur toute la France. Charles, duc d'Orléans, nous raconte aussi, avec enthousiasme, dans ses poésies, la restitution faite au roi de France, en 1453, des provinces de Guyenne et de Normandie.

Le recueil manuscrit des poésies du XV° siècle dont nous parlons, peut être classé parmi les plus rares et les plus curieux de cette époque. Il a été particulièrement étudié par plusieurs membres de la Société des sciences, des lettres et des arts de Grenoble et à divers points de vue. Le premier qui s'en occupa fut Chalvet, bibliothécaire-adjoint de la ville; il publia, avec assez peu d'exactitude, un choix des poésies françaises du duc Charles d'Orléans, alors encore peu connues. L'abbé Sallier avait cependant consacré, en 1734, un long Mémoire à ce poëte, dans le *Recueil* de l'Académie des inscriptions et belles-lettres; mais ce Recueil n'était pas à la portée du plus grand nombre de lecteurs.

La publication de Chalvet formait un volume in-18, qui est devenu aujourd'hui assez rare et très recherché; il fut plus utile, pour vulgariser la réputation poétique de ce prince de la maison royale, que les fragments imprimés par l'abbé Gouget dans la *Bibliothèque Françoise*, et ceux qui furent donnés par de Paulmy et d'autres, dans les *Annales des Muses* et la *Bibliothèque des romans*.

Après Chalvet, J.-C. Martin, dont nous avons déjà parlé, étudia aussi cet important manuscrit; il entreprit de traduire en français le texte latin d'Antoine Astézan. Cet italien avait mis en vers latins les poésies du prince, dont il était le secrétaire. Astézan, professeur de belles-lettres à l'université d'Asti, avait également raconté, en vers latins, plusieurs événements de son temps, qui intéressaient l'histoire de notre patrie. Le travail entrepris par Martin est mentionné, ainsi qu'il suit, dans une de ses lettres à Champollion-Figeac, datée de Lyon, le 9 décembre 1804, et que nous avons sous les yeux : « Je m'occupe d'une nouvelle traduction des poésies de Charles d'Orléans, oncle de François Ier. Mon travail, ou plutôt ce passe-temps agréable, est fort avancé. J'epère, dans le courant de l'année prochaine, le mettre au jour. »

Berriat-Saint-Prix, avec son exactitude ordinaire et sa minutieuse précision, qui l'avaient fait surnommer *Berriat sans prix*, donna également une analyse du contenu du manuscrit de la Bibliothèque de Grenoble. Ces textes fournirent à notre compatriote l'occasion de rectifier quelques erreurs de Muratori, relatives à la biographie d'Astézan; mais, en même temps, Berriat-Saint-Prix fit ressortir l'intérêt que présentaient les récits du professeur italien relatifs à la France. Tels étaient : l'histoire de Jeanne d'Arc jusqu'au siége de la ville d'Orléans; la description des monuments les plus importants de Paris, celle des châteaux de Vincennes, de Coucy, de Blois et de Compiègne; des Notices sur les villes de St-Denis, Lyon, Noyon, Senlis, Laon, Soissons, Amiens, Orléans et Tours; enfin des épitaphes en l'honneur de Charles VII (Voyez pièces just., N° 7).

Mais en 1843, j'a donné une édition complète des poésies de Charles, duc d'Orléans, en un volume in-8°, chez Bellin-le-Prieur. Cette édition comprend toutes les poésies du manuscrit de Grenoble; de plus, celles que renfermaient les manuscrits des bibliothèques de Paris, et quelques poésies *en anglais* qui se trouvaient dans les manuscrits du Bristish-Museum de Londres.

Une *Notice* historique et littéraire, très étendue, est placée en tête de l'édition des *Poésies*, et fait connaître, avec exactitude, les mérites littéraires et la valeur historique de ces charmantes compositions poétiques.

Quant au manuscrit de la Bibliothèque de Grenoble, il a une valeur tellement exceptionnelle, que nous devons au moins donner une description complète de ce monument, et nous l'emprunterons à une autre de nos publications ayant pour titre : *Documents Paléographiques relatifs à l'histoire des Beaux-Arts et des Belles-Lettres pendant le moyen âge* (Paris, Dupont, in-8°, 1868, p. 504) :

« C'est un volume de format petit in-folio, sur vélin, à deux colonnes, orné d'arabesques et portant les armes du duc

Leibnitz et Descartes. Ce dernier connaissait parfaitement le caractère des hommes qu'il allait mettre en présence les uns des autres. Aussi leur prescrivait-il : « *la civilité*, de n'avoir en vue que la vérité (Voyez ci-dessus, p. 16), *de ne point s'étudier à se contredire* (Voir ci-après § V) , de s'écouter parler les uns les autres avec douceur et respect, *sans faire paraître de mépris pour ce qui sera dit dans l'Académie.* Il recommandait, avant tout, *de faire régner dans ces assemblées une liberté qui fût honnête et capable d'exciter ou d'entretenir l'ardeur des esprits* (Voyez p. 23).

Bacon, dans un opuscule inachevé intitulé : *la nouvelle Atlantide*, expose ses vues sur l'organisation d'une *parfaite Académie*, sur sa constitution, sur son rôle, sa mission, son but et sur les moyens de l'atteindre. Bacon désirait sincèrement faire mettre en pratique ses idées, sur la formation de grandes Académies dans toute l'Europe, mais rien n'indique que lui, ni Descartes aient jamais pensé à asservir toutes les Sociétés savantes d'un royaume à l'unique et grande Académie de la capitale de chaque État.

Leibnitz peut être considéré comme le fondateur du plus grand nombre d'Académies : celles de Berlin, de Vienne, de Dresde, de St-Pétersbourg lui doivent leur existence ; l'Institut de Bologne fut créé et doté par le comte Marsigli, et quarante années après la mort de Bacon, la Société Royale de Londres fut fondée comme Société privée, ne vivant d'abord qu'avec ses propres ressources et rendant de grands services. Mais ni Leibnitz, ni le comte Marsigli, ni la Société Royale de Londres n'exprimèrent jamais le désir de dominer ou de contrôler les autres Sociétés savantes des mêmes royaumes. La Société Royale de Londres se développa par le zèle et l'initiative de simples particuliers et ne voulut même jamais accepter d'être, comme l'Institut de Paris, une institution publique, qui relève de l'État. Enfin, nous ne trouvons même pas, dans les utopies académiques des plus grands esprits, ou des penseurs hardis et ingénieux des XVIIe et XVIIIe siècles, trace de cette invention malheureuse d'une grande Académie régnant en souveraine absolue, sur toute une nation de Sociétés savantes de province et les dominant absolument.

Charles d'Orléans peintes sur le premier feuillet (France et Milan). Il contient, comme nous l'avons dit, les poésies de ce prince, avec leur traduction en latin par Antoine Astézan, de la ville d'Asti en Piémont, et premier secrétaire du duc Charles. Au commencement et à la fin du volume, on trouve les compositions en vers latins élégiaques et héroïques de ce même Astézan. Enfin, le volume entier a été écrit par Nicolas Astézan, frère d'Antoine, attaché aussi au service du duc d'Orléans en qualité de secrétaire. Ce fait est démontré par un manuscrit du *supplément latin* de la Bibliothèque nationale de Paris, signé par ce même Nicolas Astézan, et dont l'écriture est d'une conformité complète avec celle du manuscrit de Grenoble.

Les poésies du duc Charles occupent, dans le manuscrit de Grenoble, 109 feuillets, écrits à deux colonnes, dont l'une est consacrée au texte français et l'autre à la traduction latine. Ce volume contient toutes les pièces composées par le prince pendant sa prison en Angleterre et après son retour en France, jusqu'en l'année 1453.

La certitude de cette indication est facile à démontrer. En effet, Antoine Astézan raconte, dans ses poésies latines : qu'il était professeur de belles-lettres à Asti, lorsque sa réputation le fit distinguer par le duc d'Orléans, à l'époque du voyage de ce prince dans son comté d'Asti, en 1449 ; qu'il se rendit alors en France à la suite du duc ; qu'ils y arrivèrent au mois de février 1450 ; qu'il y séjourna pendant les années 1450 à 1453 et qu'il revint ensuite dans sa ville d'Asti. Astézan ajoute : qu'il ne connut les poésies du duc d'Orléans que lors de son séjour dans la patrie de son bienfaiteur ; il apporta, en revenant en Piémont, toutes les poésies composées jusqu'à ce moment de la vie du prince. Ce récit est confirmé par l'état matériel du manuscrit de Grenoble, car la dernière pièce de ce Recueil est celle dans laquelle le duc célèbre la restitution faite à la France, des provinces de Guyenne et de Normandie. Or, cet événement mémorable eut lieu en 1453. Ces faits nous paraissent donc établir clairement que le manuscrit de Grenoble renferme toutes les poésies du prince composées jusqu'à cette dernière date et avouées par lui.

Ce volume a du être écrit peu de temps après l'année 1461, puisque l'on trouve, sur le dernier feuillet, deux épitaphes en l'honneur du roi Charles VII, ce monarque étant mort au mois de juillet de cette même année 1461. Astézan devait être alors à Asti, préparant au duc d'Orléans les moyens d'exécuter son entreprise militaire sur le Milanais. Tout porte à croire aussi que le manuscrit fut terminé peu de temps après, car on voit, par le document suivant, que ce précieux manuscrit fut relié deux années plus tard, en 1463. Ce document, provenant de la Collection de Courcelles (*catal.* p. 50), contient un ordre de payer une somme de 20 sous tournois, à la veuve de Jehan Fougère, relieur à Blois, « pour avoir relié de cuir vermeil, en grant volume, ung livre en parchemin, en quel livre sont contenus *le Livre des Balades de Monseigneur le duc d'Orléans, tant en françois comme en latin, et autres livres en icelluy.* » Le manuscrit de Grenoble est le seul recueil connu, contenant le livre des Ballades tant en français qu'en latin (Voyez pièces justificatives, N° 7).

Nous ne savons comment ce volume passa, avant l'année 1601, de la Bibliothèque du duc Charles d'Orléans à Blois, dans celle du président Expilly, notre compatriote. Ce fut ce jurisconsulte célèbre qui le céda à l'évêque Caulet, prince de Grenoble, et les héritiers de Caulet vendirent sa Bibliothèque aux habitants de la capitale du Dauphiné.

Nous avons donné une description minutieuse de cet important monument, parce qu'il réunit tous les degrés d'authenticité que l'on peut désirer dans un semblable manuscrit; ces renseignements constatent, de plus, que les soins les plus minutieux d'exactitude ont dû être apportés à la confection de ce Recueil de poésies, destiné à l'auteur même, qui était un prince de la maison royale de France.

Les *Documents paléographiques relatifs aux Beaux-Arts* que nous avons publiés, fournissent encore d'autres renseignements intéressants relatifs au département de l'Isère. Les uns concernent l'église Saint-André de Vienne, restaurée pendant les années 994 et 1031, alors qu'elle était entièrement en ruines; le clocher de l'église de Vif, qui remonte au XII° siècle; les autres se rapportent à la chronique latine d'Adon, archevêque de Vienne au IXe siècle, traduite en français et continuée jusqu'en 1353. Il est facile d'étudier, dans cet ouvrage, le droit d'asile en Dauphiné, le droit de gît et de chasse, la construction des châteaux-forts, autrefois si nombreux dans notre province.

On voit aussi, par les indications qui précèdent, que, bien que la noblesse française du moyen âge ait conservé la réputation de n'avoir jamais su ni lire ni écrire, et de signer les actes officiels au moyen du pommeau de son épée, il y eut cependant des princes capables de composer et d'écrire de charmantes poésies. Et pour être entièrement exact, il faudrait ajouter à ces premières mentions de noms de princes royaux auteurs de divers ouvrages, ceux de la belle reine de Navarre, du maréchal de Boucicault, du duc de Bourgogne, de Louis XI dauphin de Viennois, de Louis XII, de Marie de Clèves, duchesse d'Orléans, du roi René de Provence, du duc Jean de Berry, de Jean de Mailly et de tant d'autres, dont la nomenclature nous entraînerait trop loin.

Puisque nous venons de parler de J.-C. Martin, complétons sa biographie jusqu'en 1807. Il fut un des premiers Dauphinois qui se préoccupèrent d'écrire la vie de leurs compatriotes. Dans la lettre précitée, il dit encore : « J'ai achevé le résumé historique sur les illustres littérateurs dauphinois, qui pourra contenir, au plus, une feuille imprimée (seize pages in-8°). C'est un tribut que je leur dois à tous, et à vous mes amis, pour la bienveillance que vous me témoignâtes, lorsque vous parlâtes pour moi au proviseur du lycée de Grenoble. » On le voit, Martin était encore bien plus restrictif dans le choix de ses biographies dauphinoises que M. Rochas, puisque les deux volumes in-8° de ce patient et érudit biographe sont insuffisants, à notre point de vue, et que Martin se contentait de seize pages.

Les lettres de Martin sont nombreuses et toutes offrent de l'intérêt. Nous en tirerons quelques faits concernant l'histoire de notre département ; elles sont adressées à ses amis de Grenoble et plusieurs à Champollion-Figeac père. Martin parle souvent de ses ouvrages : sur le baron des Adrets, sur la ville de Lyon, sur un *Coup d'œil rapide*. Mais il consacre, en même temps, une page très-sentimentale au récit de la mort d'un sculpteur de mérite, François Martin, « le seul sculpteur dont Grenoble puisse s'enorgueillir » et qui venait de décéder dans la plus grande misère, à Lyon, après avoir fait les bustes du préfet Bureau de Pusy, du pape et de plusieurs généraux. Des âmes généreuses s'intéressaient pourtant à ce sculpteur habile, et de ce nombre était la directrice du lycée des demoiselles de St-Pierre, Mme Coruel, qui, connaissant les mérites de François Martin, voulait lui obtenir une pension du gouvernement, à titre d'artiste éminent.

A cette même époque, J.-C. Martin demandait à ses amis une copie des inscriptions qui ornaient, à Gap, le mausolée du connétable de Lesdiguières, dont il voulait publier la biographie, et il ignorait encore si la Révolution avait respecté ce monument. En même temps, Martin s'occupait, pour l'antiquaire Millin, de faire faire, par le peintre Sarrazin, « fort habile dans sa partie », un dessin colorié d'un costume de *paysanne lyonnaise*, destiné à être gravé ; ce travail devait coûter deux louis. Un second dessin était destiné à représenter une carriole lyonnaise, en usage à cette époque, et l'artiste Boily devait l'exécuter pour douze livres. Ces deux peintres lyonnais sont aujourd'hui peu connus. Martin étudiait, en même temps, pour son *Histoire de Lyon*, le mode de construction des aqueducs qui sont situés au dessus de St-Irénée ; il se réjouissait vivement du succès du pensionnat que Gattel avait fait établir au lycée de Grenoble, « car il comptait déjà 180 élèves, lorsque celui de Lyon n'en avait que 160, bien que M. Champagny, frère du ministre, en fût le proviseur. »

En 1805, Martin était professeur à St-Rambert, dans un pensionnat secondaire occupant l'ancien local des Doctrinaires et Joséphistes ; il touchait un traitement fort médiocre, mais il pouvait disposer de ses dimanches et de ses jeudis pour terminer son *Histoire de Lyon*, dont la première partie était déjà rédigée. Il avait entrepris ce travail « parce que tous les ouvrages sur ce sujet qu'il s'était procurés, étaient mal digérés, sans méthode, sans critique et assez mal écrits. » Il faisait cependant une exception pour l'histoire du P. Ménestrier, qui l'avait beaucoup satisfait. — « Je crains bien, ajoutait-il, lorsque mon travail sera fini, de ne pas en recevoir les fruits et de ressembler à ces messieurs dont on dit : *parturiunt montes*, etc. Quoi qu'il en soit, mon intention sera toujours louable. On m'a offert six louis du manuscrit, vous voyez si cela est fait pour encourager. » Les prévisions du pauvre Martin se réalisèrent en 1807; l'histoire et fondation de l'illustre et noble cité de Lyon était terminée, mais non encore vendue, même pour six louis; et il n'était plus professeur de langue ancienne au pensionnat de St-Rambert. Il avait quitté cette localité et l'Ile-Barbe, dont le climat ne lui convenait pas.

Les ressources pécuniaires de Martin s'épuisaient rapidement; mais son goût pour l'archéologie et sa persistance à rendre aussi complète que possible son histoire de Lyon, était inébranlable. Les agitations politiques passaient près de lui sans l'émouvoir : « Un bon Français ne doit jamais troubler l'ordre public; tant pis pour ceux qui conspirent, » écrivait-il à Champollion-Figeac le 19 octobre 1806, après les troubles qui avaient ensanglanté la ville de Lyon. Mais pour se consoler de la perturbation que causaient aux finances des hommes de lettres les événements politiques, Martin entreprenait de traduire les *Maximes* de l'Ecole de Salerne. Il réclamait, en même temps et très-vivement, à ses amis de Grenoble, une copie de l'*Inventaire* des effets (et objets d'art) des églises de Dauphiné, dressé par ordre du baron des Adrets et déposé aux archives de la Chambre des Comptes. Ce document devait offrir un grand intérêt; Martin avait donc sujet de se plaindre de n'avoir pu obtenir cette copie (Voyez pièces justificatives, N° 8).

Malgré les agitations politiques dont souffraient la ville et le commerce de Lyon, un événement archéologique, qui date du mois de novembre 1806, nous prouve cependant que tout sentiment artistique et historique n'était pas entièrement éteint dans cette grande et industrieuse cité. Une mosaïque antique, d'une rare beauté, venait d'être découverte, dans un jardin, au bout de la rue St-Joseph. Artaud, antiquaire, Delandine, bibliothécaire, et Gai, architecte de la ville, donnèrent, chacun de leur côté, une description et une interprétation différente des sujets représentés par cette mosaïque; mais ils ne purent jamais se mettre d'accord sur la signification notamment des trois C, qui se trouvaient en tête de la mosaïque et dont le sens n'était clair pour personne. Bientôt après, les trois Lyonnais échangèrent, sans se persuader davantage, des lettres et des brochures, et la querelle s'envenimant, Gai parlait hautement « de rosser d'importance Delandine et Artaud. » Mais il se modéra sur ce point, après une vive réprimande de ses amis. Des salons et des cercles de la ville, la querelle descendit dans les cafés de la place Bellecour, où l'on s'injuriait très-vivement, à l'occasion de l'interprétation des trois érudits (Voyez pièces justificatives, N° 9). Leur dissidence d'opinion avait néanmoins une certaine valeur, puisque la question transportée à l'Institut national de Paris, Mougez et Millin ne s'entendirent pas davantage sur ce sujet. Martin s'en serait bien aussi mêlé, mais malheureusement, dans ce moment-là, ses finances étaient en mauvais état et ne lui permettaient pas de faire imprimer à ses frais une nouvelle dissertation sur la fameuse mosaïque et sur les trois C dont elle était ornée. Il retourna donc paisiblement à son étude plus calme des inscriptions romaines du Musée St-Pierre de Lyon, dont il devait parler dans l'histoire de cette ville.

Cette animation, à l'occasion d'une discussion archéologique, doit être remarquée ; nous la considérons, en effet, comme l'époque de la renaissance du goût de l'antiquité en France, après les agitations de 1789. Ce goût se propagea de plus en plus dans le Dauphiné, comme dans le Lyonnais, le Vivarais, la Provence, etc. Il était du meilleur augure pour l'avenir des Sociétés des sciences, des lettres et des arts de province. Aussi ne sommes-nous pas surpris de trouver, dans les lettres de Martin, l'annonce de petites découvertes intéressant le Dauphiné, qu'il venait de faire à la Bibliothèque de la ville de Lyon, grâce aux bontés du savant bibliothécaire M. Delandine, membre des Académies de Londres et de Berlin, et le plus aimable bibliophile de France.

Ces découvertes consistaient d'abord en un très-important manuscrit dont nous avons déjà donné un fragment (Voyez ci-dessus p. 33), et qui était attribué à Nicolas Charbot. Voici ce qu'en disait Martin : « Ce manuscrit est plus intéressant que celui de Guy Allard ; on y trouve des détails plus curieux sur chaque bourg, ville ou village, sur plusieurs personnages de marque. Il paraît que les Dauphinois ne chérissent pas beaucoup Guy Allard ; je connais même des littérateurs distingués qui n'en font pas un grand cas. » Mais Martin ne donne pas le titre exact du manuscrit, ni le numéro sous lequel il était inscrit à la Bibliothèque de la ville de Lyon. Ce n'était certainement pas le *Dictionnaire alphabétique des mots vulgaires du Dauphiné*, par Charbot, et dont il existe aussi une copie manuscrite à la Bibliothèque nationale de Paris, sous le n° 14,413 des manuscrits français. Nous l'avons consulté et nous n'y avons pas trouvé les détails dont parle Martin, sur chaque bourg ou village et sur plusieurs personnages. Peut-être Martin veut-il parler de l'*Histoire manuscrite de Grenoble*, du même auteur, dont une copie existe également à la Bibliothèque de Lyon. Le fragment cité (ci-dessus p. 33) qui est à la page 17 de ce même manuscrit relatif à la capitale du Dauphiné, appartient à la Bibliothèque de Lyon. Martin annonçait ensuite qu'il avait « vu en beau parchemin, des manuscrits difficiles à lire, ayant trait au Dauphiné. Je soupçonne qu'ils sont sortis de la Chambre des Comptes de Grenoble et que ce sont peut-être des originaux, dont M. de Valbonnais s'est servi. »

Les travaux de Guy Allard ont conservé une réputation archéologique méritée ; Martin cherche en vain à la diminuer. Une savante publication de notre compatriote, H. Gariel, bibliothécaire de la ville de Grenoble, suffit à justifier notre opinion ; mais nous reviendrons spécialement sur le travail de Guy Allard et sur l'édition de M. Gariel.

Après la découverte de ces manuscrits, Martin signale également un *plan ancien de la ville de Grenoble, de l'année 1575.* — C'est, en effet, le plus curieux des anciens plans de cette ville, que l'on puisse consulter aujourd'hui, parmi ceux qui sont conservés soit à Lyon, soit aux Estampes de la Bibliothèque nationale de Paris. Il est gravé sur bois et offre plus d'intérêt, sous tous les rapports, que celui qui a été publié dans la *Revue des Bibliophiles Dauphinois*, sous le titre de : *Plan de l'enceinte de Grenoble en Dauphiné comme elle devoit être fortifié.* Quant aux autres plans anciens de Grenoble, qui existent dans la collection de Paris et dont nous venons de parler, nous pouvons citer, après celui de 1575 : 1° quatre petits plans, sans date et sans légende : *Le Gouvernement de Grenoble* ; 2° Le plan qui porte la date de 1581 : *Gratianopolis* ; 3° Le plan de 1644, publié à Paris par Jean Boisseau; 4° *Grenoble ville considérable*, gravé par Charles Inseline; 5° Deux éditions d'un autre plan de *Grenoble ville considérable*, publiées à Paris chez de Fer, à la Sphère, avec une légende indiquant : la Porte de Beaune, les Récolets, le faubourg des Trois Cloîtres, le Cours, le chemin de Gap, le Mail, la Porte de France, chemin de Lion, Natot *(sic)*, Tour de Natot, le faubourg St-Laurens, la Porte S. Laurens, le chemin de Chambéry, les isles du Drac; 6° plan gravé par Aveline ; 7° plan par Perelle et Silvestre; 8° autre plan par Israel Silvestre; 9° perspective d'une partie de Grenoble, avec une légende en français et en allemand; 10° *Gratianopolis*, Grenoble; 11° vues de Grenoble gravées par Ouvrai et Née; 12° plan de Grenoble de l'année 1783 par Trelliard de Prats, dédié au duc de Clairmont Tonnerre. Nous ne devons pas oublier : *Le plan et élévation du palais Episcopal et de la cathédrale de Grenoble*, dédié à Alemans de Montmartin, évêque et prince de Grenoble par Cauin, l'aîné, de Grenoble. Enfin, le *palais à Grenoble de Madame de Lesdiguières*.

Martin ajoutait dans sa lettre : « Je vous ai écrit, dans ma dernière, que le *plan de Grenoble de 1575* était in-4° pour l'intérieur seulement de la ville; mais, avec les environs, il est in-f°. Voici les objets qui s'y trouvent : A, les murailles neuves commencées ; B, porte Tréney, *Dicte Romanam Joviam*; C, porte Trèscloitres; D, porte de l'Esguyer ; E, porte de la Perrière; F, porte de St-Laurens; G, l'église Notre-Dame; H, l'évêché; I, St-André; K, St-Laurens; L, la Magdelaine; M, les Cordeliers; N, les Jacobins ruinés; O, St-Clerc; P, place du banc de Mal-Conseil; Q, place de St-André; R, place de Notre-Dame; S, place des Cordeliers; T, la trésorière; V, le palais; X, la tour de l'Isle; Y, la maison du pays (la maison de ville, sans doute?) Z, la tour de Sassenaige; VI, la tour du pont; VII, Faubourg Trèscloitres; VIII, Faubourg des maisons neuves; IX, la rivière d'Isère; X, la bastille sur les vignes des costes; XI, la tour de Rabot de Thalemont ; XII, la rue St-Laurens; XIII, la rue de la Perrière. Ces indications se trouvent en haut du *plan*, intitulé : *le vray portraict de la ville de Grenoble*. Au bas de ce portrait sont ces mots : XIV, rue des Nonains; XV, la rue Chonoise; XVI, la rue de la Revenderie; XVII, la rue Moyenne; XVIII, la rue des Clercs; XIX, la rue Neuve; XX, la rue de porte Tréney; XXI, la rue de Bourguolene; XXII, la rue de Palherey; XXIII, porte antique appelée : *Viennensem herculeam*. Les plans des villes de Romans et de Valence se trouvent aussi dans un ouvrage de Belleforest, avec des détails sur ces villes. » (Voyez pièces just., N° 10).

Toutes ces trouvailles archéologiques relatives au Dauphiné, et bien d'autres concernant le Lyonnais, que Martin indiquait à ses compatriotes, dans ses lettres journalières, n'enrichissaient pas malheureusement le pauvre érudit ; ses ressources s'épuisent de plus en plus, il lui fallut un jour reprendre ses fonctions de professeur de langue ancienne. Bientôt après, il accepta la charge, bien lourde pour lui, d'enseigner le latin à quatre jeunes élèves de Lyon, qui furent alors confiés à ses soins. Ajoutons que « malgré sa médiocrité même, la seule puissance qui ait la vertu de neutraliser l'envie, » Martin eut à souffrir, à cette époque de sa vie, des effets de cette passion malsaine. Nous reviendrons ultérieurement sur la fin de l'existence laborieuse de cet archéologue passionné.

Mais ce ne fut certainement pas l'envie, qui a fait oublier, dans la *Biographie* de M. Rochas, les noms des médecins Gagnon, L'Hosier, Ovide, Fournier, Silvy. Tous les cinq exercèrent, à Grenoble et à Vienne, avec une grande réputation. Ils ont laissé quelques ouvrages imprimés. Ils avaient donc autant de droit de figurer dans cette *Biographie* que M. Billerey (François), né à St-Marcellin, et qui vint se fixer, en 1805, à Grenoble, après avoir été reçu docteur à Paris. Il fut successivement professeur de clinique et médecin en chef de l'Hôpital de la ville. On lui doit, en partie, la création des thermes d'Uriage ; il devint inspecteur des eaux minérales du département ; mais il ne sut pas tirer de l'établissement d'Uriage tous les avantages qu'il offrait. Ces thermes étaient alors la propriété de la marquise de Langon. M. le comte de Saint-Ferriol s'étant rendu acquéreur de cette station thermale, en a fait un établissement modèle, qui est une source de richesse pour le département de l'Isère. La prospérité des eaux d'Uriage ne sera pas arrêtée, espérons-le, par la mort récente du noble comte, si regretté de ses compatriotes.

Le même oubli a frappé le premier secrétaire de la Société, M. Gros, Schneider, savant archéologue de Vienne, Dalbon, qui n'est pas l'auteur dramatique. Ils auraient pu, sans inconvénients, figurer tous dans la Biographie spéciale d'une province. A plus forte raison Sonnini, principal du collége de Vienne, aurait-il dû obtenir la faveur d'être inscrit dans cette Biographie, bien qu'il ne fût pas né en Dauphiné, mais à cause de ses travaux relatifs à cette province, de son séjour à Vienne et de son existence extraordinaire, avant de venir s'échouer dans cette ville.

En effet, Manancourt de Sonnini était un naturaliste déjà célèbre avant 1790; après s'être fait recevoir avocat, il avait voyagé en Egypte, avait visité l'Afrique occidentale, la Grèce; Cayenne, où il rendit les plus grands services au gouvernement français. Mais il fut ruiné par la Révolution et accepta, pour ce motif, les modestes fonctions de principal du Lycée de Vienne. Il publia, à cette époque, la description de plusieurs monuments antiques du département de l'Isère, notamment celle « d'un temple fameux de la ville de Vienne, qui offre tant d'aliments aux recherches philosophiques de tous les genres et qui ramène l'homme sur des époques qu'il ose à peine imaginer. » De plus, il avait fondé une *Bibliothèque physico-économique*, qui paraissait encore régulièrement en l'année 1806. Sonnini prétendait bien que, dans cette ville du département de l'Isère, « les savants n'étaient ni nombreux, ni honorés, et que le vrai moyen de le consoler de cette *proscription*, était de lui persuader que les hommes d'un mérite distingué lui accordaient quelque estime. » (Lettre à Champollion-Figeac du 13 novembre 1806). Il est probable que cet accès de mauvaise humeur contre la ville de Vienne, tenait à un procès que Sonnini avait à soutenir et dont il parlait en ces termes le 5 juin 1807 : — « M. Bilon vous aura dit, sans doute, une partie du désagrément que j'ai éprouvé, que j'éprouve journellement à Vienne, et que je vais abandonner la partie. Il a eu aussi la bonté de se charger de trouver un avocat de talent à Grenoble (cet avocat fut M. Crépu), qui voulût se charger de l'affaire la plus extraordinaire. la plus bizarre qu'offrent les fastes de la justice, et qui sera certainement rangée au nombre des causes célèbres... Lorsque vous aurez la bonté de m'écrire, que ce ne soit jamais par la poste, car une des douceurs qu'on m'a ménagées ici, c'est que non-seulement on ouvre les lettres qui viennent à mon adresse, mais même celles que je mets au bureau. »

Quel était ce fameux procès ? Nous ne possédons aucun renseignement à ce sujet. (Voyez ci-après § XI). Sonnini nous fait savoir, par d'autres lettres, les travaux dont il s'occupait ; ainsi, il nous parle de la publication, dans la *Bibliothèque physico-économique*, de la « description du procédé employé par les habitants du Valbonnais pour battre les grains », ces renseignements lui ayant été envoyés par un agriculteur du canton. Il communiquait à Champollion-Figeac un *Essai* de l'abbé Poczobut, de Vilna, sur l'époque du zodiaque de Denderah, qu'il faisait remonter à 633 ans avant J.-C. (Voyez ci-après § X). Enfin, par une lettre du 7 juillet 1807, Sonnini demandait des renseignements sur « des manuscrits remis, par son prédécesseur au collége de Vienne M. Magnard, à l'Académie de Grenoble, et relatifs au canton et à la rivière singulière de Beaurepaire. »

Nous allons laisser Sonnini démêler son procès extraordinaire avec la ville de Vienne et étudier, pour sa *Bibliothèque physico-économique*, le canton de Beaurepaire, afin de nous occuper des membres de la Société des sciences, des lettres et des arts de Grenoble, qui consacraient leur temps plus particulièrement à la *Bibliographie*.

V

LES BIBLIOTHÈQUES PARTICULIÈRES DES MEMBRES DE LA SOCIÉTÉ LITTÉRAIRE

Les bibliothèques du comte de Pina, de Bilon, de Gariel, de Chalvet, de Berriat-Saint-Prix, du général de La Salette, de Champollion-Figeac, de l'hôtel Belmont, de Caffarelli, de Reynaud, des châteaux de Sassenage et de Tencin. — H.-M. Gariel, d'Allos, achète en Suisse des lots considérables de livres et les partage avec ses amis de Grenoble. — Les livres grecs très-chers. — Les Livres auxquels on ne comprend rien. — Le professeur Lutz de l'Université de Berne. — Les manuscrits d'Euler. — Les archives de la famille Wesltein. — La correspondance de Bezenval. — Les éditions rares, les manuscrits à miniatures. — Les bibliophiles Dauphinois.

Les bibliothèques particulières, qui méritaient réellement ce nom, étaient peu nombreuses en Dauphiné à l'époque dont nous nous occupons (1807). — Nous ne devons pas, en effet, comprendre dans cette catégorie, une réunion de quelques ouvrages indispensables aux études et aux recherches des collectionneurs. On comptait cependant déjà à Grenoble plusieurs bibliothèques en formation, telles que celle du comte de Pina, de Bilon, de Berriat-Saint-Prix, de Champollion-Figeac, etc. Les bibliothèques ayant une certaine valeur par leur ensemble étaient: la bibliothèque du général de La Salette, celle de la famille Gariel, celle de l'hôtel de Belmont, celle de Chalvet et celle de Reynaud.

Le général de La Salette s'occupait spécialement de l'art musical; il possédait de nombreux volumes relatifs à l'histoire de la musique, et des livres et des journaux allemands concernant le magnétisme. Le général était l'un des plus fervents disciples de l'école moderne allemande, relative à cette science presque nouvelle en France, ou au moins nouvellement mise à la mode dans notre pays. L'histoire et l'archéologie offraient ensuite, dans cette bibliothèque, des séries très-complètes et nombreuses d'ouvrages en diverses langues. Cette bibliothèque fut léguée, en 1832, par le général de La Salette à son ami Champollion-Figeac.

Les bibliothèques de Reynaud, de Chalvet et de l'hôtel Belmont, furent vendues aux enchères vers 1807, à la grande satisfaction des nouveaux bibliophiles de Grenoble. Le château de Sassenage, appartenant au marquis de Bérenger, renfermait quelques livres rares, mais bien mal soignés et presque abandonnés; il n'en restait plus aucun, croyons-nous, à cette époque, aux châteaux de Vizille, appartenant à la famille Périer, de Tencin aux Montaynard, et de la Vache aux Mac-Karty. Nous ne parlerons pas des bibliothèques des maisons religieuses du département, sur lesquelles nous n'avons pu réunir que peu de renseignements. Elles furent du reste, en partie, dispersées pendant la Révolution. La bibliothèque de la Grande-Chartreuse fit seule exception ; mais comme elle fut donnée à la Bibliothèque de la ville, nous aurons occasion de mentionner ses richesses en manuscrits et ses imprimés rares, au chapitre ci-après de la Bibliothèque de la ville de Grenoble.

Quant à la bibliothèque de la famille Gariel, riche surtout en ouvrages sur le Dauphiné, sur la jurisprudence, en classiques grecs et latins, une occasion unique en son genre s'offrit pour accroître ses collections. Un membre de cette famille, qui habitait plus particulièrement la commune d'Allos dans les Basses-Alpes, venait, par suite de la loi militaire, d'être attaché au service du commissaire ordonnateur des guerres, M. Portalis de la Fortrière, son oncle, et d'être emmené à Berne. Les loisirs que lui laissèrent ses fonctions dans ce pays, portèrent H.-M. Gariel à visiter les libraires de la ville et des environs. Il constata bien vite, grâce à ses connaissances bibliographiques, que les livres se vendaient plus chers en Suisse qu'à Lyon et à Paris. Il allait renoncer à ses goûts de bouquiniste érudit et à chercher les ouvrages de nature à compléter la bibliothèque de sa famille, qui était chez son frère à Grenoble, lorsqu'il rencontra par hasard un professeur de l'Université de Berne, nommé Lutz. Ce professeur, mécontent de la manière peu régulière dont le gouvernement de ce canton payait ses maigres appointements de professeur, venait de donner sa démission de membre de cette Université enseignante. Pour occuper son temps, il achetait des bibliothèques entières, formées jadis avec soin par des familles de sa connaissance, puis il les divisait en lots et vendait en bloc chacun de ces lots.

Gariel eut l'idée, heureuse pour ses compatriotes du Dauphiné, de se rendre acquéreur de plusieurs lots ; il proposait ensuite à ses amis de se les partager, en y prenant chacun les livres qui pouvaient l'intéresser et en les payant au prorata du prix qu'avait coûté l'ensemble du lot. Il écrivait, en 1802, à Champollion-Figeac, à qui il avait gracieusement offert de lui laisser choisir, à cette condition, les ouvrages qu'il désirerait, une lettre dans laquelle nous remarquons la phrase suivante : « Vous m'avez laissé toute latitude possible, pour « l'achat de livres, surtout tous ceux à quoi on ne comprend « rien : hébreux, syriaques, sanscrits, tartares, chinois, per-« sans, surtout les vocabulaires et les lexiques. » Et il adressait à son compatriote un état de vingt-deux ouvrages de ce genre, estimés 40 francs. Ce fut ensuite des livres d'antiquité et de numismatique, trente volumes estimés 300 francs. Les lots dont Gariel s'était rendu acquéreur, s'élevaient : un à cinq cents volumes, un autre à mille, et enfin quelques autres moins importants ; ils furent tous envoyés à Grenoble. Les livres grecs étaient alors très-chers dans cette dernière ville et les amateurs nombreux. Caffarelli, Bilon, de Pina et La Salette enrichissaient donc leurs bibliothèques à des conditions peu onéreuses, grâce à l'intermédiaire de Gariel, tant qu'il resta en Helvétie.

Avant de quitter ce pays, il eut encore la bonne fortune de s'emparer de deux lots très-importants : le premier se composait des papiers de Euler, qu'il se réserva. Ce célèbre géomètre, né à Bâle en 1707, mort à Saint-Pétersbourg en 1783, avait laissé un nombre prodigieux d'ouvrages et avait fait faire de grands pas aux sciences mathémathiques. Le second lot, plus considérable encore, comprenait toutes les archives de la famille Welstein ; ce dernier lot fut amicalement partagé, en 1803, avec Champollion-Figeac. Gariel se réserva les papiers concernant la jurisprudence, l'astronomie, la géographie, les mathématiques et la physique. Champollion-Figeac se fit attribuer les cartons concernant l'histoire, la chronologie, les antiquités, les langues orientales, la poésie et l'éloquence grecques. Les documents relatifs à la médecine furent donnés au docteur Bilon. On remarquait surtout, dans le lot de Champollion-Figeac, la *Correspondance de Bezenval*, colonel d'un régiment Suisse au service du roi de France. Ce personnage est cité, dans les Mémoires du règne de Louis XV, parmi les courtisans les plus spirituels de cette époque. Il donnait, presque journellement, les nouvelles politiques et mondaines de Versailles à la famille Welstein, qui habitait la Suisse.

Gariel put rentrer, bientôt après cette dernière acquisition, dans la commune d'Allos, dont il fut nommé maire, et quelques mois plus tard, juge au tribunal de Barcelonnette. En 1806, il écrivait à Champollion-Figeac : « Le changement « survenu dans ma position, rend plus facile une correspon- « dance suivie entre nous, sur les matières qui, ayant fixé nos « goûts, sont l'objet de nos occupations. »

Les recherches bibliographiques de Martin, de Gariel et de Champollion-Figeac, ne furent donc pas interrompues. Le premier ne cessait de visiter les bouquinistes de Lyon, le second profitait de ses voyages à Aix et à Marseille pour fureter chez les libraires de ces deux villes, où ses fonctions l'ameraient souvent. Enfin, Champollion-Figeac, pendant ses nombreux voyages à Paris, s'était mis en rapport avec Van-Praët, avec les de Bure, avec les Didot, avec Goujon (de Grenoble) et autres libraires et amateurs de livres ; il était chargé de compléter les collections commencées par les trois bibliophiles et leurs amis de Grenoble, en leur procurant des livres rares, pour l'acquisition desquels de gros sacrifices d'argent étaient nécessaires. Il est alors souvent question des volumes des Aldes, des Elzévirs, des éditions *de Variorum*, des grands recueils académiques et des histoires de province. De temps à autre apparaissent des manuscrits sur vélin, petit format et contenant des prières enluminées; un in-fol. sur papier : *Albani Belli libri quinque*, attribué à Philibert de Beaulieu; un formulaire de la Chartreuse d'Albon, avec une reliure ancienne; un volume autographe attribué à Fénelon, ou à son disciple Ransay, etc. Le *Traité de diplomatique* en six vol. in-4° et les œuvres de Spon sont disputés par les collectionneurs et restent enfin au général de La Salette.

Mais Martin criait encore plus misère, vers ce temps-là, qu'à l'ordinaire, et plus souvent encore il était obligé de céder ses trouvailles à ses amis de Grenoble. Malgré les efforts des trois érudits, ils ne parvinrent pas à se procurer un *Meimbomius* pour le général de La Salette. Marc Meibom (écrit aussi *Meibomius*), membre de la famille allemande qui a produit plusieurs savants des plus distingués, avait publié d'intéressantes recherches sur la musique des anciens ; il fut bibliothécaire du roi de Danemark, et était mort à Utrecht en 1710. Son livre sur la musique était très-rare en France.

Nous aurons l'occasion, dans la suite de nos recherches relatives aux travaux des membres de la Société des sciences, des lettres et des arts, de reparler des découvertes bibliographiques de nos Dauphinois, au moyen desquelles ils enrichirent les belles bibliothèques qui existaient déjà dans ce pays. Enfin, nous nous occuperons également de la précieuse Bibliothèque de la ville. Quelques documents du temps, nous fourniront des renseignements authentiques, sur sa formation et ses accroissements successifs.

VI

LES MEMBRES DE LA SOCIÉTÉ LITTÉRAIRE DÉCÉDÉS ET LES NOUVEAUX ÉLUS. — SÉANCES SOLONELLES DE LA SOCIÉTÉ

Regrets causés par le décès de Déodat de Dolomieu, commandeur de Malte: son éloge historique par le Dr Gagnon. - Emé de Marcieu: chagrins que cause sa mort. — Le sergent Bernadotte en garnison à Grenoble. - Obsèques de Mounier: discours et cérémonie funèbre. - Ducros, Giraud, Bertholon et Ricard. — Abel Servan: son éloge historique par Berriat-Saint-Prix. — Le romancier pastoral Pollin et la lettre de Français de Nantes. — Le docteur Bérard-Trousset: son éloge historique par Champollion-Figeac. — Chalvet. bibliothécaire de la ville de Grenoble. de Lalande, d'Anse de Villoison, Lancret. — Nominations de membres de la Société et de correspondants, en remplacement des décédés. — Teisseire, Maurel de Rochebelle, Renauldon, Français de Nantes, Lenoir-Laroche, Toscan, Scheneider, Savoie de Rollin, etc. — Séance solennelle de la Société littéraire. — Prix fondé par la Société: la minéralogie de l'Oisans et la docimasie des autres cantons. — Autre séance solennelle de la Société. — Les principaux mémoires lus pendant les séances de quinzaine. — Le tremblement de terre de 1808. — Lettres de Villar. — Lettre d'Eloy Johanneau: le Celtique, le Breton, l'Etymologie d'Allos. — Les correspondants des membres de la Société en France et à l'étranger. — L'archiduc Charles et la mission en Orient du chevalier de Hogelmuller: Lettre à la Société de Grenoble à ce sujet. — Les chevaux arabes, ceux de la Perse et de la Hongrie. — Les chevaux du Dauphiné et les demi-sang ras-terre normands. — M. le marquis de Virieu et les courses de la Tour-du-Pin. — Les croisements, les sélections, les affiliations, les impulsions: difficultés qu'elles présentent. — M. Hase, saxon naturalisé français. — La pléiade des savants hellénistes de l'Institut. — Raoul Rochette et Letronne. — Discussion relative à la peinture murale chez les Grecs pendant une séance de l'Institut national. - Singulier incident. — Hitorff et Ch. Lenormant — La vérité ne vaut pas la peine qu'on la dise. — La correspondance littéraire de M. Daudan et sa maladie nerveuse. — MM. de Sahune, Miller, Brunet de Presle, Rossignol, François Lenormant. — De l'impossibilité et de l'inutilité des affiliations et des impulsions académiques.

Les savants de la Société littéraire de Grenoble furent très-attristés, en l'an 1807, par la mort d'un de leur plus actif collaborateur. Cet événement augmentait aussi la liste, déjà si nombreuse, des membres résidents et des correspondants décédés depuis la formation du Lycée. Nous devons mentionner surtout les noms de ceux dont la mort excita d'unanimes regrets et qui furent l'objet de discours prononcés à leurs obsèques, par des membres de la Société littéraire, ou bien encore pour lesquels des cérémonies funèbres furent prescrites par délibération spéciale.

Le premier sur cette liste de décès fut Déodat de Dolomieu, minéralogiste de premier ordre, membre de l'Institut national, mort en 1801 ; son éloge fut prononcé, dans une des séances de la Société, par le docteur Gagnon. Le professeur Bertollon, l'ingénieur Giroud, le bibliothécaire Ducros et Ricard, préfet, laissèrent de moins vifs regrets.

Mais Emé de Guiffrey-Monteynard, marquis de Marcieu, ancien lieutenant général et gouverneur de Dauphiné, fut unanimement pleuré dans la ville. Une foule considérable de personnes de toutes les conditions accompagnait sa dépouille mortelle au cimetière, en témoignant la plus vive douleur. Le marquis de Marcieu était, de son vivant, la providence des pauvres et des anciens militaires. Il avait été enlevé subitement, au mois d'avril 1804. Les récits de ses générosités circulaient de tous côtés pendant le convoi funèbre. On ajoutait même que, lorsque les anciens grenadiers du Royal-Marine étaient allés lui porter, au château du Touvet, leur compliment en vers et leur bouquet, à l'occasion d'une décoration que le général venait de recevoir, ils eurent pour orateur un jeune et beau sergent du nom de Bernadotte. Ce sergent avait, depuis cette époque, pris part à toutes les guerres de la République et était devenu général. On ajoutait même qu'il allait être fait *prince royal* de Suède, afin de *passer roi* (pour employer les expressions en usage dans l'armée), quelques années plus tard. Mais si le monarque suédois ne garda pas toujours un grand amour pour la France, sa patrie, il n'oublia jamais l'agréable temps qu'il avait passé à la garnison de Grenoble et il donna, à plusieurs reprises, des marques de son bon souvenir aux habitants du département. De nos jours, le château du Touvet est encore la propriété d'un membre de la famille Emé de Marcieu.

En 1806, le deuil de la ville fut encore plus grand, à l'occasion de la mort de Mounier. On connaît le rôle important qu'il avait joué aux Assemblées de Vizille, de Saint-Robert et de Romans ; aux Etats généraux de Versailles et à l'Assemblée nationale. Il se retira ensuite précipitamment en Dauphiné et donna sa démission de député. A cette occasion, il

publia une *Adresse à ses concitoyens* pour leur expliquer cette retraite obligatoire. Mounier ne trouva pas, dans notre département, la paix qu'il y était venu chercher, et, croyant sa vie en danger, il prit le parti de se retirer en Suisse, où il séjourna jusqu'en 1794. Il fut traité, dans ce pays, avec la plus grande distinction; mais pour pouvoir se procurer des moyens d'existence, il se chargea de l'éducation d'un jeune Anglais de bonne famille. A cette époque, un prince de la maison royale de France, M. le duc d'Orléans, plus tard le roi Louis-Philippe, réfugié aussi en Suisse, se faisait, pour le même motif, instituteur public. Mounier habita ensuite Dresde et le duché de Weymar : il organisa dans ce dernier pays, grâce au duc régnant qui lui prêta un de ses châteaux, une maison d'éducation, qui fut des plus florissantes. Après le 18 Brumaire, Mounier rentra en France, se fit rayer de la liste des émigrés et revint en Dauphiné en 1801. Le Premier Consul le nomma préfet d'Ille-et-Vilaine en 1802, et conseiller d'Etat en 1804. Il mourut subitement, d'une hydropisie de poitrine, le 26 juin 1806. « C'était une des plus chastes figures de ces pre-
« miers temps, dit M. Bérenger de la Drôme ; elle nous
« apparaît à travers le sang et les ruines, non-seulement pure
« de tout excès, mais même de toute erreur. » Les écrits de Mounier sont nombreux : on en trouve la liste complète dans la *Biographie* de M. Rochas.

Quant à la Société littéraire de Grenoble, elle fit célébrer, le 20 mai, un service en l'honneur de Mounier. Elle se réunit en conséquence, le matin, dans le lieu ordinaire de ses séances, d'où elle se rendit en corps à l'église de Saint-André, qui avait été disposée pour cette cérémonie. Les parents et alliés de Mounier y avaient été invités, et, accompagnés de deux commissaires de la Société, ils y occupèrent les places qui leur avaient été destinées. Le soir du même jour, la Société tint une séance publique consacrée à l'éloge historique de Mounier. Sa famille y avait été réunie et placée en face du bureau. Le portrait de Mounier, qui, par arrêté de la Société, était compris dans le nombre de ceux des grands hommes de ce département qu'elle doit faire peindre, avait été posé sur une colonne tronquée, entourée d'une guirlande de chêne.

La séance avait été ouverte par un discours de Fourier,

préfet, président, où étaient développés les motifs de cette cérémonie. Le secrétaire, M. Champollion-Figeac, avait donné lecture des arrêtés de la Société relatifs à cette séance publique. M. Berriat-Saint-Prix, professeur de l'école de droit, vice-président, avait prononcé l'éloge historique de Mounier. La vive émotion de l'auditoire avait prouvé que la Société était, dans cette circonstance, l'interprète des citoyens de la ville de Grenoble et de tout le département en général, qui déploraient avec elle une perte bien sentie. Le matin du jour où le service avait été célébré, les négociants de la Grande-Rue, voisins de M. Mounier père, avaient spontanément laissé leurs magasins fermés. On ne pouvait donner un témoignage plus libre et plus sincère de la part qu'on prenait aux regrets d'une famille recommandable. M. Mauclerc, membre de la Société, avait lu un *quatrain,* qu'il proposait de placer sous le portrait de Mounier. Le procès-verbal de la séance de la Société fut envoyé au *Journal de Grenoble,* qui s'empressa de le publier.

La mort d'Antoine-Joseph-Abel Servan, célèbre avocat général au Parlement de Grenoble, arrivée le 5 novembre 1807, ne causa pas la même émotion que celle de Mounier. Les services de l'avocat général étaient déjà un peu oubliés. Dans sa jeunesse, il avait été admirateur fervent des encyclopédistes ; il n'avait cessé de réclamer contre l'abus de la vénalité des charges et de proclamer l'utilité de la philosophie. Le discours qui établit la réputation de Servan eut pour sujet *l'administration de la justice criminelle;* il en prononça un autre, non moins remarquable, dans la cause d'une femme protestante. Mais il donna sa démission d'avocat-général en 1772. Rentré dans la vie privée, il publia encore divers Mémoires en faveur de personnes injustement accusées. Servan se fit aussi le défenseur de l'avocat Bovier, si méchamment soupçonné par J.-J. Rousseau d'avoir voulu l'empoisonner. (Voyez ci-après § X.) Retiré plus tard en Provence, Servan refusa le mandat de député aux Etats généraux que lui avait confié le bailliage d'Aix ; il passa en Suisse les temps les plus orageux de la Révolution française. De retour dans sa patrie, la ville de Tarascon le nomma député; mais il refusa de nouveau cette marque de confiance de ses compatriotes. Servan ne revint plus dans le département de l'Isère, où il était déjà très-oublié. Une rue de la ville de Grenoble porte cependant son nom, par délibération du Conseil municipal, et Berriat-Saint-Prix a écrit l'éloge de cet éminent magistrat.

Le décès du romancier et moraliste Jean-Baptiste Pollin, arrivé le 22 octobre 1807, ne fit que rappeler l'excessive candeur et la simplicité champêtre des romans qu'il nous a laissés.

Français de Nantes professait, cependant, une certaine admiration pour l'abbé Pollin, si nous nous en rappportons à la lettre suivante de Gaudoz, adressée à Champollion-Figeac : elle est antérieure de quelques jours seulement à la mort de l'abbé :

Paris, 17 septembre 1807.

« M. Français m'a parlé hier du *Citoyen des Alpes*, et comme il était dans mes mains, il a désiré que je le lui portasse de suite... Il m'a chargé de marquer à M. l'abbé Pollin qu'il avait, à sa campagne, passé la nuit dernière à lire *le manuscrit, qu'il jugeait un excellent ouvrage*. Il m'a, de plus, chargé de l'envoyer de sa part à M. Toscan, qui le communiquera à M. Lenoir-Laroche. »

La lettre ne contient pas d'autres renseignements sur le manuscrit dont il est question. (Voyez ci-après § X, une lettre de Dubois-Fontanelle, au sujet de la mort de Pollin.)

Etienne Berard-Trousset l'avait précédé dans la tombe, quoique très-jeune encore, laissant une réputation d'habile médecin et de savant professeur. Champollion-Figeac a publié son éloge historique, qui a été imprimé à Grenoble, chez Peyronard. Villar, doyen de la Faculté de Strasbourg, reçut un exemplaire de cet *Eloge Historique*, et, comme il avait connu Berard-Trousset, il adressa à Champollion-Figeac la lettre suivante :

Strasbourg, 8 juin 1807.

J'ai reçu, monsieur et cher Collègue, avec empressement et ai lu de même, l'Eloge plein de sentiment et de vérité, que vous avez tracé *de M. Trousset* : vos écrits peignent votre âme pure, élevée par les sentiments généreux d'un vrai talent, qui sait dire et embellir la vérité. J'ai tort de me servir de cette expression ; mais j'appelle *embellir*, la faire ressortir, l'entourer de couleurs, de figures aimables, éloigner ce qui peut nuire au sujet.

Puisque vous avez si bien réussi dans ce genre nouveau d'écrire, lisez, je vous en prie, le *Moniteur* du 4 février, n° 35 de cette année. Il contient l'*Eloge d'Adanson* par Cuvier. M'écrivant, deux mois auparavant, il marquait : « Vous êtes bon disant : Adanson avait de l'amour-propre, mais je dis qu'il était fou et je le dirai fièrement. » Mais il le dit, en le faisant s'isoler, comme un ermite, au milieu d'un siècle éclairé, perdu pour lui, comme lui pour son siècle.

Cuvier fut très-applaudi ; et, chose assez rare, il l'a été par les journalistes, même Geoffroy. Ne voyez dans tout ceci, mon cher Compatriote, que des marques d'estime et de confiance, que vous méritez à tant de titres et que je me fais un devoir de vous rendre dans toutes les occasions.

Mes amitiés à M. votre frère, à M. Raynaud de la préfecture, à M. Dubois-Fontanelle, si vous les voyez. Ah! quel éloge que celui-ci ; Berriat-Saint-Prix, Chalvet et Gattel ont bien des notes. Je désirerais les savoir entre vos mains.

Je vous salue comme je vous aime et vous estime !

VILLAR.

Onze mois après la mort regrettable de Berard-Trousset, le département apprit encore, avec chagrin, celle de l'archevêque-évêque de Troyes, Mgr de la Tour-du-Pin, qui appartenait au Dauphiné par sa famille, illustre à tant de titres dans cette province.

Enfin la Société eut le regret de compter encore, en 1807, quatre décès parmi ses membres et parmi les savants qui entretenaient avec elle les relations scientifiques les plus suivies. — Ce furent Chalvet, de Lalande, d'Anse de Villoison et Lancret. Nous nous occuperons d'abord de Chalvet, membre résident de la Société, bibliothécaire-adjoint de la ville et professeur d'histoire à l'Ecole centrale du département. Il avait lu à la Société littéraire de nombreux Mémoires : sur le mausolée de Bayard, sur les antiquités du département, sur l'établissement d'une école de musique à Grenoble, etc. (Voyez la *Biographie* de M. Rochas). Bien que Chalvet eût prononcé plusieurs discours d'apparat et qu'il eût publié, en 1791, un *Journal chrétien, ou l'Ami des mœurs, de la religion, de la paix et de l'égalité,* nous lisons cependant ce qui suit, dans une lettre datée de Grenoble, émanant d'une personne notable de la ville : « Notre pauvre Chalvet est mort le 23 décembre, presque subitement. Antoine, garçon de salle de la Bibliothèque, l'a trouvé le matin dans son lit, sans connaissance, et, une demi-heure après, il n'était plus. Je l'avais vu la veille: sa mort m'a vivement affecté. Je l'ai plaint bien sincèrement, quoiqu'il soit victime de son inconduite; ses affaires sont en très-mauvais état et l'attachement de ses amis à sa mémoire, ne peut pas les arranger. Ses dettes font beaucoup de mécontents. »

Après Chalvet, ce fut le doyen des astronomes, M. de Lalande, qui était en correspondance habituelle avec la Société littéraire et qui mourut en cette fatale année 1807. (Voyez ciaprès § VIII). Puis l'helléniste d'Anse de Villoison. On trouva chez ce savant de nombreux travaux inédits sur les classiques grecs et un *Mémoire* destiné à être lu à la Société des sciences et des lettres de Grenoble. Enfin, on découvrit dans ses papiers un passe-port, qui lui avait été délivré, en 1793, à Paris, sous le nom de *Danse-Commune-Oison*. Le prétexte de cette modification de son nom était, qu'un passe-port ne pouvait pas contenir des mots supprimés du langage gouvernemental par les patriotes: or, il n'y avait plus de *de*, plus de *ville*, mais des *communes*; il restait donc le nom tel qu'il fut écrit à cette époque mémorable.

Quant à Lancret, au dire d'un membre de la Société qui le connut intimement: « Jamais l'amitié n'avait eu plus de sujet de larmes, jamais, à un tel âge, on n'avait eu à pleurer tant de mérites réels, de qualités aimables et de rares vertus ! » C'était surtout un ami de Fourier; il était membre de la Commission chargée de publier le grand ouvrage du gouvernement sur l'Égypte.

La Société littéraire de Grenoble pensa aussi à réparer les vides qui s'étaient produits parmi ses membres et parmi ses correspondants. Elle élut, en 1800 et années suivantes membres titulaires : MM. Teisseire; Bonin, artiste ferblantier; Espié, instituteur; Enfantin, juge suppléant; Colson, trésorier des mines d'Allemond; Guédy, président du tribunal; Perreton, juge; Joly, conseiller de préfecture; Maurel de Rochebelle; Renauldon, maire. Parmi les associés non résidents, on remarquait: Français de Nantes; Lenoir-Laroche; Toscan, bibliothécaire du Muséum d'histoire naturelle; Planta fils, général de brigade; Schneider, professeur d'antiquités à Vienne; Point, peintre en miniature; Vidaud-Danton; Molard, horloger; Boissieux; Savoie de Rollin, etc.

La Société des sciences et des lettres de Grenoble, dans sa séance de quinzaine du mois de janvier 1805. prit conaissance des Mémoires qui devaient être lus en public pendant la *séance solennelle* du 21 décembre. Lors de la première de ces séances (janvier 1805), Champollion-Figeac déposa sur le bureau de la Société, son *Rapport* sur l'utilité que présentaient pour l'histoire de la ville, les monuments et les inscriptions récemment découverts à Grenoble.

Quant à la séance solennelle, elle eut lieu le 30 fructidor. En voici le compte rendu officiel :

« La Société s'est réunie sous la présidence de M. Fourier, préfet du département. Il a ouvert la séance par un discours, où il a développé cette pensée de Platon : *Scientia est amica omnibus.*

« M. Berriat-Saint-Prix, professeur à l'Ecole de droit, secrétaire, a lu un exposé analytique des travaux de la Société, depuis la séance publique du 30 thermidor an XI. M. Champollion-Figeac, secrétaire-adjoint, a fait un rapport sur les Mémoires envoyés au concours ouvert par la Société, sur la statistique du département de l'Isère. Le prix a été décerné au Mémoire n° 1, en 4 volumes, de 1100 pages, ayant pour titre : *Essai sur la statistique de l'Isère* et pour épigraphe, ces mots extraits de l'introduction : *Notre seul désir est d'être utile.* L'auteur a gardé l'anonyme.

« M. Mauclerc, médecin, a lu un *Essai sur l'usage de la musique dans la thérapeutique;* il l'a fait précéder d'une pièce intitulée : *Stances sur les plaisirs de la Campagne*, par M. Dubois-Fontanelle, ancien professeur de belles letres.

« M. Guilloud a communiqué, au nom de M. Champagneux, juge d'appel, vice-président, un *Recueil d'anecdotes sur J.-J. Rousseau* et particulièrement sur son mariage, dont M. de Champagneux fut un des témoins.

M. Bilon fils, médecin, a lu un *Essai physiologique sur l'amour.*

« M. Maubec a lu une autre pièce de vers de M. Dubois-Fontanelle, intitulée : *un vieil habitué du Parnasse à un jeune aspirant.* (Cette pièce existe encore en manuscrit; elle est écrite de la main de l'auteur).—La séance a été terminée par l'annonce d'un prix de 500 fr., proposé par la Société et fondé par M. le Préfet du département, pour un sujet de minéralogie. Le programme et les conditions du concours seront incessamment publiés.

« Cette séance s'est tenue à la Mairie, dans la salle de l'état civil, que M. le Maire, qui avait bien voulu la prêter à la Société, avait fait décorer d'une manière digne de cette solennité. Entr'autres ornements, on y remarquait les portraits de Mably, Condillac, Vaucanson et Valbonnays, tous natifs de Grenoble. L'assemblée était nombreuse et brillante; elle a témoigné sa satisfaction par des applaudissements. »

On savait aussi que la Société avait arrêté de faire peindre tous les hommes célèbres du département de l'Isère et de placer leurs portraits dans la salle d'assemblée. A la fin de la séance, le bruit se répandit que l'auteur anonyme de la statistique de l'Isère était Berriat-Saint-Prix.

Le *Moniteur universel* publiait, à la même époque, la *note* suivante: « La Société des sciences, des lettres et des arts de Grenoble, considérant que le département de l'Isère est celui de toute la France qui renferme le plus de richesses minéralogiques; que cette branche de l'histoire naturelle n'a encore, dans le département, aucun établissement où elle soit enseignée;

« Voulant propager le goût de la minéralogie, sans exiger un travail trop étendu, et ayant à disposer d'un prix de la valeur de 500 fr., dont le préfet veut bien faire les fonds, propose pour sujet de prix à distribuer en juin 1807 : *La minéralogie du canton de l'Oisans*. De plus, la Société littéraire pouvant aussi disposer de trois médailles de cent francs chacune, elle les accordera aux trois Mémoires qui traiteraient de la manière la plus satisfaisante, « quelques objets particuliers de la *minéralogie ou de la docimasie des autres cantons du département de l'Isère*, ou encore sur les moyens de perfectionner la fabrication des fers des mines d'Allevard. »

Dans ses séances de quinzaine, la Société avait, de plus, entendu la lecture d'un certain nombre de mémoires, dont nous ne citerons que ceux qui concernent exclusivement le département de l'Isère, savoir : 1° *Rapport sur les impositions qui frappent la ville de Grenoble, comparées aux impôts anciens;* 2° *Mémoire sur les chemins romains qui exis-*

taient dans le département de l'Isère ; 3° par BARRAL, Description abrégée du département de l'Isère; 4° par BERRIAT-SAINT-PRIX, Notice historique sur Liotard, botaniste de Grenoble ; 5° Mémoire sur le plâtre considéré comme engrais ; 6° par CHALVET, Discours historique sur les savants et gens de lettres du Dauphiné ; 7° par DUBOIS-FONTANELLE, Rapport sur l'enseignement à établir dans les écoles primaires ; 8° par DURAND, Mémoire sur les moyens d'établir l'instruction dans les campagnes ; 9° par ESPIÉ, Mémoire sur l'éducation des enfants ; 10° par JAY, Mémoire sur l'établissement d'un Musée à Grenoble ; 11° Adresse, sur le même sujet, aux citoyens de Grenoble ; 12° par LÉTOURNEAU, Mémoire relatif à la maladie épidémique qui régnait à Grenoble, en l'an VIII ; 13° par MOLLARD, Description d'une mécanique qui peut transmettre et imiter la voix humaine ; (voyez pièces justificatives, N° 11) ; 14° par SCHNEIDER, de Vienne, Dissertation sur un monument antique de la ville de Vienne, connu sous le nom de l'Aiguille ; 15° par SCHREIBER, Description du procédé qu'il emploie pour le traitement du minerai d'argent à la fonderie d'Allemond ; 16° Sur la fabrication des aciers naturels, d'après le procédé de Victor Valloud, à la forge de Peyrouzel ; 17° par le SECRÉTAIRE DE LA SOCIÉTÉ, Lecture d'une correspondance échangée entre Gattel et Quatremère-des-Jonval sur l'origine de l'écriture ; — Note médicale sur les grippes de Paris, qui n'avaient pas encore pénétré dans le département de l'Isère ; 18° par BÉRARD, de Briançon, Mémoire sur une lampe paraboloïde qu'il avait fait exécuter, quoique aveugle ; 19° par CHABERT, Mémoire sur diverses résolutions de problèmes d'Algèbre ; 20° par DANTON-VIDAUD, Mémoire sur l'emploi des couleurs pour la peinture ; 21° par JULLIEN, Mémoire sur les plantes considérées par rapport à l'agriculture ; 22° par MORELOT, Fables et idylles intitulé : La Fauvette ; 23° par PETIT, de Lyon, Epître à la montre de Julie ; etc.

Nous sommes obligé de borner à ces vingt-trois articles, la longue nomenclature des travaux de la Société, pendant les soixante premières séances que cette réunion littéraire avait tenues depuis sa fondation, en l'an IV. Les membres de cette

Société, avaient entendu la lecture de plus de cent cinquante mémoires, dissertations, pièces fugitives, discours, rapports, etc. Ce résultat était des plus satisfaisants ; mais toutes les Sociétés savantes de province n'apportaient pas dans leurs travaux la même activité, si nous en croyons la lettre suivante adressée par Villar à Champollion-Figeac. Villar était alors membre de l'Académie de Strasbourg, après avoir participé longtemps aux travaux de la Société littéraire de Grenoble :

Strasbourg, 14 août 1806.

Monsieur et cher Compatriote, je vous remercie des nouvelles marques d'estime et de bienveillance que vous me donnez ; vous pensez à moi en m'envoyant votre ouvrage ; vous me parlez de votre frère, *votre élève et le mien :* c'est me rappeler les plus doux souvenirs.

M. Oberlin s'est emparé de votre Mémoire ; s'il vous en reste de disponibles, vous l'obligerez en lui en adressant un exemplaire. Il a été content de savoir de vos nouvelles et m'a remis un petit imprimé sur le *Forum Romanum*, que je mettrai à la poste avec la présente. Il m'a assuré vous avoir accusé, ou à M. de La Salette, la réception de son ouvrage sur l'*Effet de la musique*. Au moins est-il prouvé par là, qu'il est parvenu à la Société. M. de La Salette et vous-même, Monsieur, savez ce que sont les corps académiques : *ils ne marchent pas, ils se traînent*. Heureux ceux qui rencontrent des secrétaires, tels que Berriat-Saint-Prix et vous, pour les activer. N'allez pas me juger là-dessus, lors même que je plains les corps savants, souvent entravés, offusqués, encombrés par leurs propres lumières et travaux, je ne les respecte pas moins. Je vous en donnerai la preuve sous peu.

Je m'occupe d'un Mémoire comparatif entre les départements du Rhin et celui de l'Isère, relativement à l'agriculture ; mais il n'est que commencé. J'ai voyagé, enseigné cet été : il faut s'acquitter des devoirs de sa place : les travaux d'agrément viennent après. Heureux si je puis conserver la bienveillance de la Société, dont vous êtes l'organe. Soyez auprès d'elle, de MM. Fourier, Danton, Berriat, l'interprète des sentiments d'estime, de gratitude et d'attachement que vous n'avez cessé d'inspirer à votre collègue.

VILLAR.

Malgré sa réputation scientifique et littéraire déjà bien établie, la Société de Grenoble n'avait pas reçu, en 1807, des Mémoires satisfaisants sur le sujet de prix relatif à la *Minéralogie de l'Oisans et sur l'ensemble de ses productions* mis au concours depuis l'année 1805. Elle ne retira pas, cependant, cette question de son programme et elle se borna à dissimuler cet échec, en publiant une nouvelle annonce de la mise au concours de ce prix, sous une forme différente, reproduite, ainsi qu'il suit, dans le *Journal de Grenoble*:

« La Société, considérant qu'elle s'est proposé comme but principal de son institution, de contribuer autant qu'il est en elle aux progrès des connaissances; que parmi celles dont l'étude peut avoir le plus de succès, il convient de choisir la partie des sciences naturelles qui présente le plus d'utilité..... (le reste comme ci-dessus p. 63). Les mémoires devront être déposés au secrétariat de la Société avant le 1ᵉʳ octobre de la même année. Par une disposition postérieure à la publication du programme, le terme du concours avait été fixé au premier janvier 1807. Diverses réclamations parvenues à l'Académie, l'ont déterminée à proroger encore ce terme. Les concurrents doivent voir, dans cette nouvelle prorogation, une preuve du vif désir qu'a l'Académie de leur procurer les moyens de rédiger des Mémoires, qui répondent à l'importance du sujet.

« En conséquence, elle a prorogé le terme du concours au 1ᵉʳ juillet 1808. Les Mémoires doivent être parvenus, franc de port, au secrétaire de la Société avant cette époque. Ils ne porteront point le nom de l'auteur, mais seulement une devise. On y joindra un billet cacheté, qui contiendra la devise, indiquera le nom et l'adresse de l'auteur.

« On n'ouvrira que les billets des Mémoires qui obtiendront le prix, les accessits ou la mention honorable. Le prix sera distribué dans la séance publique du mois de décembre 1808. Les membres résidents sont seuls exceptés du concours.

« Les concurrents ne sont pas tenus de traiter toutes les parties de la minéralogie de ce canton, mais ils doivent approfondir celle qu'ils auront choisie. On observe qu'on laisse aux concurrents la faculté de se servir, dans leur Mémoire, de la nomenclature minéralogique qui leur conviendra mieux. »

Nous ne donnons pas le procès-verbal de la séance du mois de décembre 1808, qui offre peu d'intérêt. Le prix y fut décerné à M... (Le nom est en blanc).

Nous devons ajouter que nous avons vainement cherché dans les procès-verbaux des séances de la Société, en 1808, le récit, qui certainement devait s'y trouver, d'un tremblement de terre ressenti à Grenoble, le 2 avril 1808, et dont le *Moniteur Universel* du 3 (p. 394), donne l'indication, ainsi qu'il suit :

Grenoble, le 3 avril.

« Hier samedi, à 5 heures 50 minutes du matin, nous avons ressenti ici (Grenoble), un tremblement de terre, qui a duré plus de 40 secondes, et dont la direction était du nord au midi. La durée de la secousse, qui a eu un moment d'interruption, a été constatée par plusieurs personnes réunies à la Bibliothèque de la ville, très-près d'une sonnette attachée à un mur et qui, mue à deux reprises successives, a fait entendre, chaque fois, deux sons très-distincts et très-forts. »

La Société des sciences et des lettres n'a pas dû laisser échapper cette occasion de consigner, dans ses annales, un événement aussi mémorable qu'un tremblement de terre. Nos recherches à ce sujet auront donc été probablement insuffisantes.

Après avoir lu la lettre de Villar, le récit du tremblement de terre et surtout la liste remarquable de Mémoires très-intéressants, concernant le Dauphiné, rédigés par les membres de la Société des sciences, des lettres et des arts de Grenoble, on n'est pas surpris de trouver, dans la correspondance du préfet de l'Isère, la lettre suivante du Ministre de l'intérieur Champagny. Nous faisons certainement une chose agréable à M. Bouillier en la publiant, puisque la pensée du ministre s'accordait déjà avec les futurs projets du savant académicien. M. Bouillier considère, en effet, comme une nécessité incontestable, de donner une *direction* aux Sociétés littéraires de province et d'établir une *surveillance active* de leurs travaux, par une autorité supérieure. C'était, il est vrai, le gouvernement qui imposait la sienne, au lieu d'être celle d'une grande Académie de Paris ; mais, émanant de l'un ou de l'autre de ces pouvoirs suprêmes, la direction n'en devait pas être moins autoritaire, ni moins nuisible, selon nous, dans ses prescriptions. Voici le texte de la lettre du Ministre :

M. le préfet, quoique le gouvernement n'ait pas pris de part directe à l'établissement de l'Académie de Grenoble, il ne peut, cependant, rester indifférent aux travaux d'une Société *qu'une sage direction peut rendre utile, à bien des égards*. Je désire donc que vous m'adressiez, chaque année, le compte-rendu de ses travaux. Que vous me fassiez connaître les productions de quelque mérite qu'elle aurait vu éclore dans son sein et les talents naissants qu'elle aurait jugé dignes d'encouragement.

Dans le cas où les efforts de cette Société offriraient un degré d'utilité, qui put les rendre dignes de la bienveillance particulière de Sa Majesté, vous m'indiquerez quels seraient ou les témoignages de satisfaction, ou les avantages qui pourraient lui être accordés. Vous devez vous attacher spécialement à *diriger les travaux* de cette Académie, vers la description statistique du département, les antiquités qu'il peut renfermer et l'*histoire locale.*

Recevez, etc. CHAMPAGNY.

Nous devons faire surtout remarquer, en outre, que, depuis la constitution de la Société littéraire de Grenoble en l'an IV jusqu'à la fin de 1808, nous n'avons pas trouvé une seule circonstance, qui ait pu faire regretter à cette assemblée de n'être pas *affiliée* à l'Institut national de Paris. Elle avait lieu, au contraire, de se féliciter d'avoir conservé son entière indépendance. En effet, si l'*impulsion* archéologique devait être donnée aux savants de province par l'Institut national, nous nous demandons quelle aurait été l'impulsion transmise à Grenoble, pour la question de la mosaïque antique de Lyon, puisque Mongez et Millin ne s'entendaient pas sur ce sujet. Le premier représentait l'érudition d'avant 1790, et Millin, la science nouvelle et la connaissance parfaite de l'antiquité. Millin avait été souvent consulté au sujet des antiquités lyonnaises, dauphinoises, sur celles du Vivarais et du Comtat. Son opinion aurait sans doute prévalu à Grenoble; mais il se serait bien trouvé des dissidents pour soutenir les idées de Mongez, et alors la Société littéraire se serait partagée en deux groupes ennemis. Il était donc très-avantageux pour la Société de Grenoble de n'être pas affiliée à l'Institut et de ne recevoir aucune impulsion partant de ce corps savant.

Les autres Sociétés archéologiques de Paris, ne se montraient pas plus unies, ni leurs membres plus d'accord entre eux sur les grandes doctrines de linguistique, si nous nous en rapportons à la lettre suivante, écrite par le secrétaire perpétuel de l'Académie celtique, à Champollion-Figeac.

Gloriæ majorum. — Académie celtique.
  Secrétaire perpétuel.
              Paris, 22 prairial.

Monsieur et cher Confrère, — J'ai reçu vos deux lettres et les deux exemplaires de votre *Monument souterrain* ; je communiquerai le tout à l'Académie, à la séance prochaine du 29; je vous en remercie d'avance en son nom et au mien. J'avais déjà lu votre Dissertation et l'analyse imprimée dans le *Magasin encyclopédique*; et c'est d'après l'estime que j'avais conçue de son auteur, que, sans le connaître, je l'ai fait porter sur la liste de nos membres. C'est faire le plus grand plaisir à l'Académie, c'est justifier son choix et son estime, que de joindre, comme vous le faites, à votre lettre de remerciments, une Notice sur les objets de ses recherches.

Je trouve vos observations sur l'importance des *patois* si sensées et si bien exprimées, que je les insérerai dans le prochain numéro de nos *Archives*. Quant à la lettre sur l'origine d'*Allos*, je proposerai de l'insérer tout entière dans un des premiers numéros, si vous le trouvez bon, avec mes observations, que je prends la liberté de vous communiquer d'avance.

L'étymologie d'*Allos* est l'une des plus faciles à l'aide du breton, dialecte le plus près du celtique. Si Bullet ne l'a pas trouvée, c'est que Bullet *n'entendait rien aux étymologies et que, malgré ses trois volumes in-folio sur la langue celtique, il n'y a pas cinquante mots celtiques dans son premier volume des Etymologies géographiques*. Ne croyez pas que cette opinion me soit particulière: c'était celle de mon illustre ami La Tour d'Auvergne et ce sera celle de tous ceux qui savent le celtique. Ainsi, je vous préviens que *c'est un mauvais guide* et qu'il ne faut pas chercher les étymologies des noms de lieux dans Bullet, mais dans les *Dictionnaires bretons et gallois*, les vraies sources celtiques...

L'étymologie du mot *Drac*, dont vous parlez, p. 15 de votre Dissertation, éclairera beaucoup mes idées. Les mots *Drac*, rivière, le *Drac*, nom du diable, dans le Languedoc, viennent du breton *Deve* ou *Drove*, le malin, le mauvais, de là le latin *Draco* et le français drague, draguer, etc. Ce mot existe aussi en gallois et dans quantité de noms ou monuments celtiques, attribués au diable par nos ancêtres, par opposition à d'autres monuments attribués aux fées ou *fades* des Bretons, *fad*, les bonnes.

Recevez, etc.

Eloi JOHANNEAU.

La Société des lettres de Grenoble comptait des amis dans tous les départements voisins, à Paris surtout, grâce à Fourier devenu préfet de l'Isère, depuis 1802, et à Champollion-Figeac, qui se rendait fréquemment dans cette capitale. Nous trouvons, en effet, parmi les correspondants des sociétaires et plus particulièrement de Fourier et de Champollion-Figeac: MM. Millin, Gail, Jomard, Bitaubé, Joachin Le Breton, la comtesse de Genlis, Villar, Oberlin; Schweighauser, de Strasbourg; Calvet, d'Avignon; Raynouard, d'Aix; La Coste, de Cahors; Dumège, de Toulouse; don Raphaël, Roquefort, et Eloi Johanneau, de Paris. L'Académie celtique discutait, avec la Société de Grenoble, l'étymologie du nom d'Allos, Bressant, de Bourg-Saint-Andéol, envoyait une copie des inscriptions et un dessin du sarcophage qui se trouvait contre la porte de l'église de cette localité. Gariel, d'Allos, communiquait un récit émouvant de deux terribles avalanches, qui avaient ravagé les montagnes des Basses-Alpes. Le correspondant espagnol des sociétaires était M. Thoron; celui de Hollande, Van Marum, de Harlem; celui de Genève, le professeur de physique Prevost, et Fourier même eut recours à ses lumières pour des questions de sa compétence.

Cette Société dauphinoise commençait à être très-connue en Allemagne, puisque nous avons sous les yeux une lettre qui lui est adressée par le chevalier Hogelmuller, du royaume de Hongrie, chargé d'une mission en Orient par l'archiduc Charles; il offrait à la Société de faire toutes les recherches et observations qui pourraient l'intéresser et qu'elle voudrait bien indiquer.

La mission du chevalier avait pourtant un objet déterminé d'avance par l'Archiduc : il s'agissait de choisir en Orient les plus beaux reproducteurs de la race chevaline, pour améliorer celle de Hongrie, qui s'affaiblissait de plus en plus, d'après les rapports adressés à l'archiduc Charles. Cette mission du chevalier Hogelmuller fut longue et pénible à exécuter; mais elle eut un succès complet. Des étalons de la race arabe et de la race de la Perse, les plus beaux et du sang le plus pur que l'on put trouver, furent amenés en Hongrie. On fit de nombreuses expériences, avant d'avoir constaté quel serait le croisement le plus avantageux. Enfin, nous avons vu à l'Exposition universelle de 1878, que les études sur le croisement de ces races chevalines avaient eu le plus complet succès. On ne pouvait, en effet, espérer de plus beaux produits que ceux qui ont été présentés au public, pendant l'Exposition dernière. La race chevaline hongroise est aujourd'hui une des plus belles, parmi celles d'Europe.

Cette question des croisements et des sélections des espèces ne paraît pas avoir préoccupé, à cette époque (1808), ni la Société d'agriculture de l'Isère, ni la Société des sciences et des lettres. On se contentait, en Dauphiné, des produits assez peu élégants de l'espèce chevaline de notre département ; la cavalerie française y trouvait encore de nombreux sujets reconnus propres à la remonte de ses régiments. Les chevaux de pur sang et de demi-sang n'étaient pas alors indispensables à la France, qui pouvait facilement choisir les plus beaux chevaux dont elle avait besoin, dans toute l'Europe continentale. Les plus remarquables chevaux de la race normande suffisaient à organiser les attelages de luxe, et Napoléon Ier ne recrutait ses écuries que dans l'ancienne province de Normandie. La race percheronne, si utile sous tous les rapports, n'avait pas encore été créée par les soins de M. Daru, fils du ministre de l'empire. La race de Tarbes commençait seulement à se faire remarquer par sa vigueur et sa légèreté. Mais la race bretonne, peu élégante et d'une solidité à toute épreuve, fournissait plus spécialement notre artillerie, en ce temps-là, comme encore de nos jours. Ce furent ces chevaux qui résistèrent le mieux, aux dures fatigues du siége de Sébastopol.

Pouvons-nous espérer que le croisement des juments de forme vulgaire de nos montagnes de l'Isère, avec des demi-sang normand ras-terre, si vivement poursuivi par M. le marquis de Virieu, nous constituera une espèce utile à l'agriculture et agréable dans nos parcours montagneux du canton de Grenoble? Souhaitons aux courses inaugurées par le marquis de Virieu à la Tour-du-Pin, dans le but d'améliorer la race chevaline de notre département, un complet succès ; mais de beaux mulets seraient bien mieux l'affaire des habitants de l'arrondissement montagneux de Grenoble, où ils réussiraient parfaitement.

La sélection et le croisement ne sont pas toujours possibles, et l'*impulsion* par les *affiliations* est très-souvent inutile à chercher. En effet, l'impossibilité de faire partir de l'Institut national une impulsion salutaire, capable d'émouvoir et d'entraîner les érudits de province, va de nouveau nous être démontrée, d'une manière plus péremptoire que par les exemples que nous avons déjà donnés. Une lettre adressée à un membre de la Société des sciences et des lettres de Grenoble, en 1802, par un jeune Saxon, qui venait chercher fortune en France, nous ramène à ce thème déjà suffisamment développé, croyons-nous, dans les précédents chapitres (voyez § II, III et IV). Il s'agit d'un célèbre helléniste, alors au début de sa carrière, mais qui parvint lentement, il est vrai, à la réputation scientifique la moins contestée et la plus complète, puisqu'il passait, dans tous les pays, pour un savantissime hors ligne. Il obtint aussi les positions honorifiques et lucratives les plus belles de l'administration française. On ne connut pas enfin de savants nationaux, d'un savoir aussi établi que celui de ce Saxon naturalisé français, qui ait jamais réuni, au même degré, autant de fonctions bien rétribuées, autant de décorations, autant de faveurs sous tous les régimes, que la personne dont nous allons parler. Voici la lettre qui donne lieu à un récit très-intéressant, en ce qui concerne les *impulsions* partant de l'Institut national, au moyen des affiliations avec ce corps savant.

Paris, ce 1er brumaire.

Monsieur, comme je n'avais pas le plaisir de vous trouver hier à la bibliothèque, vous me permettrez de vous remercier, par écrit, de vos bontés et d'y joindre une espèce d'extrait de mon auteur Je vous prie de croire, Monsieur, que je serai toujours extrêmement reconnaissant de votre complaisance et que je parlerai, dans toutes les occasions, de l'amitié dont les savants français ont bien voulu m'honorer. — Agréez, Monsieur, mes respectueuses salutations.

CHARLES HASE, saxon, chez M. Jauffret, instituteur.

Comme on vient de le voir, M. Hase, en 1802, n'avait aucune position littéraire à Paris; il était simple répétiteur de grec dans la pension Jauffret, rue du Faubourg Saint-Jacques, et il fréquentait souvent la Bibliothèque nationale, section des manuscrits. L'un des administrateurs de cet établissement, La Porte du Theil, helléniste distingué, ne fut pas longtemps à reconnaître que M. Hase possédait une connaissance très-approfondie des classiques grecs et de la paléographie ancienne. Il résolut, après de nombreuses hésitations, d'attacher ce jeune Saxon à la section des manuscrits de la Bibliothèque nationale. M. Hase accepta avec empressement la protection de La Porte du Theil, et le traitement, quoique modique, qui lui était offert. Le savant Saxon était doué d'une mémoire prodigieuse, et il pouvait habituellement, avec certitude, citer le chapitre et souvent le paragraphe d'un texte grec dont il avait besoin. Aussi, tous les membres de l'Institut eurent-ils recours à l'obligeance scientifique de M. Hase. Il fournit ainsi gratuitement son savoir à toute l'Académie, pendant vingt ans, et sans que ses obligés, par une *impulsion* gracieuse partant de l'Institut, aient pensé à le faire sortir de la position infime qu'il occupait à la Bibliothèque. Cependant, vers 1820, M. Hase fut enfin nommé membre de l'Académie des inscriptions et belles-lettres; il prit immédiatement place au milieu de l'illustre pléiade d'hellénistes, qui se trouvait réunie à l'Institut, savoir : Dacier, Gail, Boissonade, Raoul-Rochette, Letronne, Thureau, Burnouf père, Charles Lenormant; ils furent presque tous, simultanément, membres de l'Académie des inscriptions et belles-lettres.

De cette illustre réunion d'hommes remarquables, il aurait certainement pu sortir, par des *affiliations*, une *impulsion* des plus utiles à l'érudition grecque et elle se serait facilement répandue dans toutes les provinces de France. Il n'en fut point ainsi cependant; les membres de l'illustre aréopage étaient ennemis jurés les uns des autres. Dacier et Gail, très-âgés, réimprimaient bien encore leurs traductions des classiques; mais ils ne prenaient plus aucune part aux discussions académiques. (La Porte du Theil était mort). Boissonade, avec ses habitudes de bénédictin, travaillait silencieusement dans son cabinet et ne se mêlait, qu'à son corps défendant, aux querelles relatives aux antiquités grecques. Hase fuyait les polémiques, ayant toujours peur d'être pris entre l'enclume et le marteau, quoique possédant un arsenal d'érudition capable de le défendre contre une attaque, de quelque côté qu'elle vînt. Thureau et Burnouf père ne vécurent pas longtemps comme académiciens. Ch. Lenormant n'arriva à l'Institut qu'après leur mort. Restaient donc, comme têtes de colonne d'érudition, Raoul-Rochette et Letronne; ils étaient certainement capables d'en remontrer à tous les hellénistes de l'Europe.

Letronne joignait à une vaste érudition, un de ces caractères bilieux, cassants, hargneux et inquiets, comme il s'en rencontre peu. Persuadé de cette double vérité : qu'il était très-savant et qu'il avait un très-mauvais caractère, il comprit bien vite qu'il ne serait jamais élu à l'Académie par ses confrères en érudition. Aussi profita-t-il, contre toutes les règles reçues, d'une circonstance favorable pour se faire nommer membre de l'Institut, *par décret du gouvernement*. C'était un acte arbitraire, qui lui fut souvent reproché, mais il n'en était pas moins membre de l'Institut.

Le beau Raoul-Rochette, comme on l'avait surnommé, infatué de tous ses mérites, ne manquait pas non plus d'une certaine morgue agressive, énergiquement soutenue par une parole élégante et incisive. Entre ces deux personnages, ayant des qualités et des défauts communs, surgit une haine implacable. Bientôt après, cette circonstance singulière se produisit : c'est que toutes les fois que Raoul-Rochette publiait un livre sur un sujet quelconque d'érudition grecque, Letronne s'en emparait immédiatement pour le *démolir*, et Raoul-Rochette en faisait autant pour les ouvrages de Letronne. Ces deux savants donnaient alors des preuves d'une érudition qui charmait l'Institut et les pays étrangers, mais qui jetait une indécision déplorable sur toutes les questions d'archéologie. Cette indécision devint encore plus grande, après la mort de Boissonade, qui, dans sa loyauté de bénédictin, prenait parti, de son vivant, pour celui des deux combattants qui lui semblait avoir raison. Hase, au contraire, gardait toujours un silence prudent. Un jour cependant cette prudence fut mise en défaut, par un concours de circonstances indépendantes de sa volonté et donna lieu, pendant une séance hebdomadaire de l'Académie, à une scène assez intéressante, qui nous a été racontée par un témoin oculaire. Les interlocuteurs étaient MM. Raoul-Rochette, Letronne et Charles Lenormant.

Raoul-Rochette, professeur d'archéologie, avait consacré plusieurs de ses leçons à faire connaître les procédés employés par les Grecs, pour exécuter, dans leurs temples et leurs somptueuses habitations, des peintures murales. Ces leçons eurent un certain retentissement et furent publiées, avec accompagnement des textes grecs qui justifiaient l'opinion du savant professeur. Mais Letronnne, dès ce moment, ne dormit plus jusqu'à ce qu'il eût pu réunir un nombre suffisant de citations grecques, pouvant servir à contredire complétement l'opinion de Raoul-Rochette, sur les procédés de peinture murale. Le témoignage d'un savant architecte, M. Hittorff, qui avait rempli une mission archéologique en Grèce, fut aussi invoqué par Letronne. Raoul-Rochette ne se tint pas pour battu par les arguments contenus dans un volume in-8°, que venait de faire imprimer son adversaire; il annonça à l'Académie que, le vendredi suivant, il lirait un Mémoire en réponse au livre de Letronne. Letronne ayant connaissance du projet de lecture et ne voulant pas laisser le dernier mot à Raoul-Rochette, prépara de nouveaux arguments à l'appui de l'opinion qu'il soutenait contre son cher confrère. Les textes grecs formaient la base de la discussion, et leur interprétation plus ou moins exacte, pouvait donner tort ou raison à l'un des deux adversaires.

Raoul-Rochette, intimement lié avec Hase, n'hésita pas à soumettre au contrôle de son confrère et ami la traduction qu'il avait faite des textes cités dans son nouveau Mémoire. Hase approuva entièrement cette traduction, et ajouta : « Oui, oui ! et même je me souviens que dans *Pausanias*, chapitre..., il y a encore un passage qui se rapporte à l'opinion que vous soutenez. » — Raoul-Rochette s'en fut, armé en guerre, et devint encore plus acerbe dans la réponse qu'il voulait faire à Letronne. Le même jour, à quelques heures de distance, Letronne, quoique antipathique à M. Hase, vint aussi le consulter sur les traductions des textes qu'il devait citer. Il reçut une réponse analogue à celle qui fut faite à M. Raoul-Rochette; elle se terminait ainsi : « Oui, oui ! je me souviens encore que dans tel auteur, vous trouverez ce texte très-important pour votre opinion........ » L'atrabilaire Letronne s'en fut avec l'intention d'écraser son confrère de toutes les épithètes les plus mal sonnantes. Hase se croyait enfin délivré de l'obligation de donner son avis sur la peinture murale, lorsqu'un troisième membre de l'Institut, plus jeune, moins autorisé que les deux autres, mais ayant aussi des textes nouveaux à son service, vint également le consulter, afin de soutenir, avec plus de force et en toute sécurité, une troisième thèse relative au même sujet. C'était Charles Lenormant, qui ayant été également chef d'une mission archéologique en Grèce, inspecteur de l'Opéra, etc., avait bien aussi le droit de dire son avis sur une question d'archéologie aussi intéressante M. Hase trouva l'interprétation des textes nouveaux excellente, en indiqua d'autres utiles à Lenormant et donna congé à ce troisième helléniste. Enfin, le jour de la lecture des trois Mémoires arriva. Raoul-Rochette parla le premier, et, en déployant une érudition des plus étendues, prouva à Letronne qu'il n'était qu'un ignorant, un âne... etc. Letronne avait concentré toute l'aigreur habituelle de sa polémique, dans sa réponse à Raoul-Rochette : il prouva aussi, avec non moins d'érudition, que Raoul Rochette était moins qu'un ignorant, moins qu'un âne, moins qu'un... etc., et autres aménités du même genre.

M. Hase demeurait immobile dans son fauteuil. Enfin, arrive Charles Lenormant ; avec plus de modestie que ses deux confrères, il commença par annoncer à l'Académie que, s'il se permettait de soutenir une opinion contraire à celle de ses chers et savants confrères, Raoul-Rochette et Letronne, c'est qu'il avait eu soin, préalablement, de prendre l'avis de M. Hase, dont l'autorité en ces matières devait être acceptée par tout le monde, et que l'avis favorable de M. Hase avait consacré son opinion. Raoul-Rochette, à ces mots, bondit sur son fauteuil et s'écria : « Moi aussi, j'ai consulté mon cher confrère Hase et...... Letronne ne lui en laissa pas dire davantage, et se levant avec impétuosité, s'écria : « Mais le texte grec que je considère comme le plus décisif pour mon opinion, m'a été indiqué par M. Hase. » Maître Hase, en entendant ces interpellations, se hâta de rassembler les papiers qui étaient devant son fauteuil d'académicien, prit son chapeau et quitta la séance, en disant à voix basse à son voisin : *Ego sum Paulus silenciarius...* la vérité n'a jamais valu la peine qu'on la dise. » Et il partit pour une excursion de quinze jours en Grèce, la seule qu'il ait jamais faite dans ce pays, dont les antiquités lui avaient valu une réputation si merveilleuse. La solution de la question des procédés des Grecs, pour exécuter la peinture murale, reste encore à décider, les trois honorables membres de l'Institut étant morts sans en avoir donné aucune à cette question intéressante. Quant aux Sociétés savantes de province, elles demanderaient aussi vainement l'*impulsion* qu'elles auraient pu recevoir par leur *affiliation* à l'Institut, sur un sujet aussi important.

Malgré ses singularités de caractère, M. Hase n'en a pas moins formé, comme professeur de paléographie et de grec moderne, des élèves dignes de leur illustre maître. Citons entre autres notre compatriote Porcet de Sahune, dont la grande érudition n'est connue du public que par la *Correspondance de M. Doudan*, secrétaire et ami de la famille de Broglie. Cette Correspondance, très-curieuse et des plus intéressantes, publiée depuis peu de temps, en plusieurs volumes in-8°, a évidemment été destinée à faire savoir à l'Europe que, pendant tout le règne de Louis-Philippe, il n'y a eu de vrais savants en France, que ceux qui étaient venus, avec sympathie, s'informer de l'état de la maladie nerveuse de M. Doudan et, en même temps, faire hommage-lige aux ducs et princes de Broglie, aux comte, comtesse et vicomtes d'Haussonville et de Staël, dans leurs salons de Paris, de Gurcy, de Vevey et de Broglie

Il n'entre pas dans notre pensée de ne pas partager entièrement les sentiments de vive sympathie témoignés par M. Doudan à une famille qui compte un si grand nombre de membres illustres, mais nous ne pouvons nous empêcher de regretter que les lacunes de sa Correspondance puissent donner lieu de penser qu'on ait gardé, dans les salons de la famille de Broglie, un silence aussi complet, sur une partie des remarquables travaux qui ont concouru à la gloire de la France, pendant un quart de siècle. Il nous suffira de rappeler les découvertes relatives à Ninive, à l'Egypte, des publications sur l'Inde et la Chine, et même certains travaux qui concernent notre histoire nationale. Aucun des savants qui se sont fait remarquer dans ces différentes branches de l'archéologie, ni leurs publications, ne sont rappelés dans la *Correspondance de M. Doudan,* sans doute parce qu'ils ne firent pas partie de son cercle intime.

Nous devons cependant citer d'autres élèves plus sérieux, formés aux leçons de M. Hase, tels que M. Miller, membre de l'Institut, qui lui a succédé comme professeur de grec; Brunet de Presle, Rossignol, François Lenormant, etc.

Mais revenons au Dauphiné, afin d'étudier avec attention l'influence que l'administration du baron Fourier put exercer sur le progrès des lettres, des sciences et des arts dans notre département, pendant les quatorze années de son administration aussi sage que bienveillante.

VII

FOURIER, PRÉFET DU DÉPARTEMENT DE L'ISÈRE

Installation à Grenoble, de Fourier, en 1802. — Sa grande expérience administrative. — A son retour d'Égypte, il voulait se fixer à Paris. — Le Premier Consul lui donne la préfecture de l'Isère. — Il est chargé de la rédaction de la Préface historique de la Description de l'Égypte. — Il fait nommer quatre nouveaux conseillers de préfecture : Du Bouchage, Royer, Beaufort, Savoye-des-Grangettes. — Il organise son cabinet à la préfecture. — Auguste Lepasquier, ses goûts littéraires. — Raymond. — Le poëte Alexis Michallet. — Les sous-préfets de Vienne, de Saint-Marcellin et de La Tour-du-Pin. — Hilaire, Joly, Rolland de Ravel, André Réal, Jubié, Guillaume Sapey, - Charles Sapey, sénateur. — Grassot à St-Marcellin. — La Cour d'appel, la mairie, l'ingénieur des mines, le général de division, le receveur général. — L'évêché, ses tribulations pendant la tourmente révolutionnaire. — L'évêque destitué. — Les évêques élus. — Le curé de St Georges de Vienne. — Le temple de la Raison et de la Vérité. — Le décadi y est célébré. — La fête de l'Être suprême et de l'immortalité de l'âme. — Programme de cette fête publié par M. Albin Gras. — Le préfet reçoit le personnel administratif. — Son discours. — Sa prédilection pour les sciences, les lettres et les arts. — « L'homme le plus instruit est le plus circonspect dans ses décisions. »

FOURIER, installé à Grenoble comme préfet de l'Isère, depuis le mois de février 1802, était entièrement étranger au Dauphiné et n'avait nullement ambitionné ce poste administratif ; mais il avait déjà acquis, avant d'entrer en fonctions, une grande expérience des hommes et des choses, pendant son séjour en Égypte. En sa qualité de membre de la Commission scientifique, qui accompagnait l'expédition militaire de Bonaparte, et plus encore comme secrétaire perpétuel de l'Institut d'Égypte, commissaire français près le Divan du Caire et chef de l'administration de la justice en Égypte, il s'était trouvé en rapport avec tous les généraux et avec l'administration civile et militaire établie dans ce pays par les Français. Il connaissait donc les péripéties par lesquelles les affaires pouvaient passer, avant d'arriver à une solution. Un ancien président du Parlement de Dauphiné, prétendait que Fourier pouvait donner des leçons de théologie aux évêques et de politesse aux parlementaires d'avant 1790. « Le caractère distinctif de sa philosophie, « était la tolérance et l'amour de l'humanité; ce dernier sen- « timent dominait tous les autres. » Ses biographes et ses amis d'enfance, Maugé entre autres, ont confirmé les appréciations du Président du Parlement.

De retour en France, en même temps que ses compagnons d'exploration de l'Egypte, Fourier voulut se fixer à Paris, pour y continuer ses travaux relatifs aux sciences mathématiques et pour prendre part à la rédaction de la *Description de l'Egypte*, dont le Premier Consul avait ordonné la publication. Fourier était sans fortune et demandait, pour ce motif, un emploi dans l'administration de l'instruction publique, lorsque Bonaparte lui fit offrir, par Berthollet, la préfecture de l'Isère. Cette offre était un ordre; il accepta et se rendit immédiatement à Grenoble.

Fourier ne trouva pas, à la préfecture, dans les quatre conseillers en fonction, le concours administratif qu'il avait espéré d'eux et il demanda leur remplacement. Quatre candidats, appartenant à des familles du département, furent successivement proposés, savoir: Joseph-Marc de Gratet du Bouchage, ancien chevalier de Malte, ancien officier du génie, ancien syndic de la noblesse aux Etats de Vizille; Louis Royer, frère du Procureur général à la Cour de Grenoble; Beaufort, qui devint plus tard secrétaire général de la préfecture, et Savoye-des-Grangettes.

Pendant que ces changements s'opéraient, à différentes époques, par décrets du Gouvernement rendus sur la proposition du Ministre de l'intérieur, Fourier avait pu organiser son cabinet à la préfecture et d'après les travaux qui devaient lui incomber. L'administration départementale ne pouvait pas seule le préoccuper, puisque le Premier Consul lui avait confié, lorsqu'il était à Paris, la rédaction de la *Préface historique* du grand ouvrage sur l'Egypte.

Aussi le préfet choisit-il pour chef de son cabinet, M. Auguste Lepasquier, homme d'une instruction littéraire assez étendue, poëte à ses heures, soit que des fonctionnaires, qui n'étaient pas en mesure de composer des *couplets* de circonstance le priassent de s'en charger, soit encore pour son compte personnel. Nous n'en citerons que les exemples suivants, pris à diverses époques de l'existence administrative de Lepasquier. Sous l'Empire, il avait fait quelques jolis *couplets*, qui furent récités par le général de division de La Roche, à un banquet donné, le 15 août, à l'occasion de l'anniversaire de la naissance de Napoléon. Madame la générale de La Roche voulut bien aussi chanter, au dessert de ce repas et en s'accompagnant de sa guitare, d'autres *couplets* du même auteur, en portant un toast à l'impératrice Joséphine. On attribuait aussi à Lepasquier, un *quatrain* qui se lisait sur le fronton d'un portique de feu, placé devant la préfecture, le soir des illuminations qui eurent lieu, le 29 avril 1810, à l'occasion du mariage de l'empereur avec l'archiduchesse Marie-Louise. Il composa encore une *ode* assez élégante, lors du passage de Monsieur, comte d'Artois, à Grenoble, en 1814 ; il la fit imprimer sur beau papier, en donna lecture à Son Altesse Royale et lui fit hommage d'un exemplaire. Enfin, au dire de Villar, il aurait également traduit en vers « des morceaux de « *la mort d'Abel*, de Salomon Gesner, insérés dans le *Mer-* « *cure*, et le talent dont il avait fait preuve dans cette circons-« tance, devait décourager les autres littérateurs, qui auraient « voulu entreprendre le même travail. »

Lepasquier était, dans le cabinet du Préfet, chargé plus spécialement des affaires littéraires et d'instruction publique, soit du département, soit encore des affaires qui se traitaient à Paris. Raynaud, fils d'un célèbre avocat au Parlement de Grenoble, surveillait les autres affaires administratives. C'étaient les deux hommes importants de la Préfecture; ils transmettaient aux bureaux les instructions du Préfet et en pressaient l'exécution.

Fourier passait pour être très-méticuleux sur la rédaction de ses dépêches importantes ; on lui désigna alors un professeur de langue française, résidant dans la ville, que l'on disait très *puriste* et très-respectueux des prescriptions de la grammaire. Aussi le préfet s'empressa-t-il de l'attacher à son cabinet, comme troisième secrétaire. Ce professeur était Alexis Michallet, rimeur infatigable, grand fournisseur du *Chansonnier des Grâces*, admirateur passionné de Boileau, dont il pouvait déclamer la moitié des œuvres sans altérer un seul vers. Sa mission à la préfecture était donc purement littéraire; elle dura assez longtemps; malheureusement, Alexis Michallet, après quelques années de bons services, donna dans l'école de *Boit-Vin* et Fourier dut se séparer de lui. Les amis de Michallet prétendirent qu'il avait fatigué le préfet, en lui signalant un trop grand nombre de phrases des dépêches rédigées par les bureaux, qui présentaient des difficultés grammaticales et la solution de ces difficultés entraînait, pour le préfet, une perte trop grande de temps. Michallet redevint professeur de langue française comme autrefois; mais il persista aussi dans son affection pour *Boit-Vin*. Quelques années plus tard, il fut nommé archiviste de la préfecture et il mourut titulaire de cet emploi, avec la réputation d'avoir un peu oublié ses connaissances grammaticales, en étudiant, d'une manière trop approfondie, les produits viticoles du Dauphiné.

Les sous-préfets qui secondèrent Fourier, lors de son début à la préfecture de l'Isère, furent successivement, à *Vienne*: MM. Hilaire, Jolly, Rolland de Ravel. A *St-Marcellin*: André Réal, Jubié père, Jubié fils, Grassot. A *La Tour-du-Pin*: Guillaume Sapey; ces sous-préfets appartenaient tous à des familles dauphinoises. Jean-François Hilaire avait été avocat distingué au Parlement de Grenoble, juge suppléant au Tribunal de Vienne, puis sous-préfet de cet arrondissement; plus tard, il devint préfet de la Haute-Saône. Il eut pour successeur à Vienne, en 1804, Jolly, sur lequel nous ne trouvons aucune note dans le *Carnet* de Fourier, ni sur Rolland de Ravel, qui remplaça Jolly, en 1808.

Jubié père, sous-préfet de Saint-Marcellin, dont les prénoms étaient Pierre-Noël-Joseph-Fleury, avait, avant 1790, rempli les fonctions d'inspecteur des manufactures, puis il fut successivement membre de l'Assemblée provinciale du Dauphiné, député au Conseil des Cinq-Cents et enfin sous-préfet. Son fils le remplaça dans ces fonctions, lorsque Jubié père abandonna la carrière administrative, pour consacrer toute son intelligence à perfectionner la manufacture royale de la Saône, dont il était co-propriétaire avec son frère.

Grassot ne fut pas longtemps sous-préfet de St-Marcellin et passa à la sous-préfecture de Vienne, en 1811; mais pendant son séjour à St-Marcellin, il surveilla, avec la plus grande attention, la réorganisation du Lycée et fit plusieurs embellissements dans cette ville. Quant à André Réal, c'était le frère aîné du député du même nom, Félix Réal, souvent réélu par l'arrondissement de Grenoble. Ce député fut père de Gustave Réal, secrétaire général de l'administration du chemin de fer de Lyon, candidat malheureux à la députation, en 1869, et propriétaire du château de Beauregard. Le sous-préfet de St-Marcellin a laissé peu de souvenirs de son administration dans cet arrondissement.

Il n'en fut pas de même de Guillaume Sapey, sous-préfet de La Tour-du-Pin, frère cadet du député toujours élu par l'arrondissement de St-Marcellin, pendant le premier Empire, pendant le règne des Bourbons de la branche aînée et de la branche cadette, et qui fut nommé sénateur par le second Empire. Guillaume Sapey prit une part très-active, comme sous-préfet de La Tour-du-Pin, aux travaux considérables que nécessita l'entreprise organisée par Fourier, pour le dessèchement des marais de Bourgoin. Nous reviendrons sur cette importante opération administrative (ci-après § X); mais nous devons faire remarquer que quelques biographes ont confondu Guillaume Sapey avec son frère aîné Charles; cette erreur avait été propagée par la liste des Notables du Grand-Lemps, rédigée le 14 germinal an X, et qui dut être rectifiée sur la demande du Sous-Préfet; Charles, né en 1769, suivit une toute autre carrière que celle de son frère.

Après s'être engagé volontairement dans la légion de l'Isère, où Ch. Sapey obtint, pendant la campagne d'Italie, le grade de capitaine, il devint commissaire français des relations commerciales à Civita-Vecchia, puis chef de cabinet de Lucien Bonaparte, ministre de l'intérieur. Il se lia d'une étroite amitié avec ce personnage, qui l'emmena, en qualité de secrétaire, à son ambassade d'Espagne. Rentré en France, il ne se sépara plus de Lucien Bonaparte, dont il fut momentanément le député suppléant; plus tard, Charles Sapey devint conseiller-maître à la Cour des Comptes et il mourut sénateur, en 1857, après avoir rendu de grands services à notre département.

Guillaume fut intimement lié avec Fourier, qui avait une vive affection pour son collaborateur, le plus occupé des trois sous-préfets et Guillaume Sapey ne voulut jamais quitter le département, tant que Fourier resta en fonction à la préfecture de l'Isère.

La Cour d'appel de Grenoble, pendant le séjour de Fourier dans cette ville, eut pour premier président Joseph-Marie de Barral; pour procureurs généraux: Royer-Deloche et Jean-Baptiste-Abel Mallein; la mairie était occupée par Renauldon; le général Colaud de La Salcette commanda quelque temps la division militaire; la recette générale était gérée par M. Giroud, et le vit.º Hericard de Thury était ingénieur en chef des mines.

Quant à l'évêché, avant d'être régulièrement confié, en 1802, à Mgr Claude Simon, ancien précepteur de Joseph Bonaparte, il avait passé par de nombreuses péripéties peu ortodoxes. L'évêque titulaire, en 1789, était Henri-Charles Dulau d'Allemans, prince de Grenoble; il fut destitué pour refus de serments et malgré un mandement très-libéral, publié le 21 juillet de cette année, à l'occasion de la magnifique réception faite à Louis XVI, à l'Hôtel-de-Ville de Paris, lorsqu'il prit la cocarde *bleue* et *rouge*, et que sa présence eut apaisé les troubles de cette ville. Ce mandement portait: « L'heureuse réunion qui vient de s'opérer dans la nation, étant le bienfait le plus signalé que la divine providence put nous accorder, nous devons nous empresser d'en rendre à Dieu de solennelles actions de grâces. A ces causes, nous ordonnons que, dès ce soir, on sonnera les cloches dans toutes les églises de la ville; que demain, un *Te Deum*, etc. (Voyez pièces justificatives n° 12). »

Son successeur à l'évêché devait être élu par la population: ce fut Pouchot, curé de La Tronche, près Grenoble, qui obtint le plus de suffrages et fut, par conséquent, proclamé évêque de ce diocèse, le 2 mars 1791; mais il mourut l'année suivante. De nouvelles élections eurent lieu et Henri Reymond, curé de St-Georges de Vienne, obtint de ses compatriotes la grande majorité des voix, en novembre 1792. Nous n'avons pas pu constater si, lors de la convocation des électeurs, on exigea d'eux, comme cela eut lieu à Vienne pour les élections politiques, qu'ils vinssent tous voter coiffés du bonnet rouge; ils n'étaient pas admis, quand ils ne portaient pas cet insigne de la liberté; mais il y eut une protestation très-énergique du vicaire épiscopal républicain et évince. On la trouvera aux *Pièces justificatives*, n° 12: elle est intéressante par les détails qu'elle donne.

Bientôt après cette dernière élection, l'évêché fut déclaré propriété nationale ; il servit alors de lieu de réunion et de dépôt national. L'église cathédrale prit le nom de *Temple de la Raison et de la Vérité*. Le décadi y était célébré par des chants patriotiques : *sur le règne des Sans-Culottes*, par le chant de la *Carmagnole* et par : *Mangeons à la gamelle* ; il y eut aussi des *Missionnaires pour le Sanculotisme* (16 fructidor an deux). Mais en prairial 1794, lorsque la Convention, sur la proposition de Robespierre, eut *adopté un décret* qui proclamait l'*Être suprême*, ainsi que l'*immortalité de l'âme*, le Comité de Grenoble ordonna de graver sur la porte de la cathédrale l'inscription suivante : « Le peuple français reconnaît l'existence de l'Être suprême et l'immortalité de l'âme. » Dès que la fête de l'Être suprême eut été fixée par la Convention au 20 prairial 1794, le Conseil général de la commune de Grenoble prit un arrêté spécial, pour en régler le cérémonial : il prescrivit de s'assembler d'abord dans le Temple de l'Être suprême (la cathédrale), afin de se rendre ensuite en cortége au Champ-de-Mars, dans l'ordre qui serait réglé, pour y célébrer cette fête, « dans un Temple d'une architecture simple et majestueuse. » Mais les *considérants* de l'arrêté du Conseil général de la ville, nous ont paru dignes d'être rappelés. Ils étaient ainsi conçus :

« Le Consul général de la ville de Grenoble, après avoir invoqué le nom de l'Être suprême, profondément pénétré de la nécessité de rappeler tous les esprits et tous les cœurs au dogme sacré, base de la moralité du peuple, source des vertus et conséquemment appui de la République, etc. » — On trouve à la suite de l'arrêté, le programme de la fête, rédigé, d'accord avec les Sociétés populaires, par un des membres délégués par chacune de ces assemblées. Ce programme dépasse encore, par son style imagé, ses explications des groupes symboliques qui devaient se trouver dans le cortége, par ses déclamations emphatiques et descriptives, tout ce que l'on peut s'imaginer. M. Albin Gras a reproduit un extrait de cet admirable programme (*Deux années de l'Histoire de Grenoble*, p. 87 et 89), et nous regrettons vivement que M. Rochas n'ait pas donné, dans sa *Biographie*, le nom de l'auteur ou des auteurs de ce chef-d'œuvre du genre. Certainement, de nos jours, on aurait déclaré le rédacteur de l'arrêté du Conseil général imbu d'idées cléricales: mais il n'en aurait pas été ainsi pour l'auteur du programme de la fête. Il voulait faire représenter: Le peuple français; la *Piété filiale*, la *tendresse maternelle*, l'agriculture, l'industrie, les *Martyrs de la liberté*, les *ennemis des traîtres et des tyrans*, l'Être suprême, le courage, l'amour, la *haine des tyrans et des traîtres*, le *bonheur*, la justice, la vérité, la pudeur, le malheur, le *stoïcisme*, la *foi conjugale*. Il devait y avoir en tout, trente-six groupes allégoriques, et le programme leur disait: « Accourez, la loi vous appelle, la philosophie vous met en réquisition : Citoyens, citoyennes! vous avez tous une place dans la fête... Le vice doit se cacher ce jour-là; qu'il ne vienne pas flétrir la pureté de nos hommages, ni troubler la douce sérénité de ce beau jour; que les patriotes et les révolutionnaires se montrent; que ceux qui, avec un cœur droit, ont fait des fautes et non des crimes s'en repentent et qu'ils les réparent. Nous n'adorons pas seulement le Dieu qui punit, mais encore le Dieu qui pardonne! »

Ce programme, si nous nous permettions de hasarder une opinion, a dû être rédigé par Planta; nous retrouverons, en effet, ce même style et cette emphase philosophique, dans une proclamation signée par ce même personnage, et dont nous donnons le texte ci-après.

Lorsque le préfet de l'Isère reçut, pour la première fois, le personnel de son administration, il ne lui laissa pas ignorer sa prédilection pour l'étude des sciences, des lettres et des arts. Après avoir exprimé, devant ces fonctionnaires, la satisfaction que l'on devait éprouver lorsqu'on avait pu rendre un service durable à tout un département, il ajoutait : « Cultivons aussi
« les beaux-arts, parce qu'ils adoucissent le songe de la vie
« et qu'ils jettent quelques fleurs sur le chemin pénible, qui
« nous conduit tous de la naissance à la mort; parce qu'ils
« nous garantissent des fautes graves de l'oisiveté et qu'ils
« nous consolent des injustices de la fortune... Si vous vou-
« lez connaître, ajoutait-il encore, l'influence des arts sur la
« prospérité des nations, jetez les yeux sur les contrées du
« globe, où la lumière des sciences n'a point pénétré; la moi-
« tié de la terre répond à cette question...... L'homme le plus
« instruit est le plus circonspect dans ses décisions... » Cette dernière maxime fût surtout mise en pratique par Fourier, pendant qu'il administrait la préfecture de l'Isère.

VIII

LES JOURNAUX DU DÉPARTEMENT DE L'ISÈRE
LA LIBRAIRIE ET L'IMPRIMERIE

Le journal Le Surveillant, par Lenoir-Laroche. — La Vedette des Alpes, supprimé par la Commune. — Le Courrier patriotique. — Les Affiches du Dauphiné supprimées par le Directoire de Grenoble. — Le Clair-Voyant, par Chalvet. — Le journal chrétien, du même. — Le Citoyen des Alpes, de Français de Nantes. — La Feuille d'annonces de Vienne. — Les Annales politiques et littéraires du département de l'Isère, journal administratif. — Le rédacteur en chef et son traitement. — Ce journal paye une subvention annuelle au ministère de la police à Paris. — Les pensions littéraires payées par l'impôt prélevé sur les journaux : lettres de Dubois-Fontanelle à ce sujet. — Les nouvelles diverses relatives aux localités. — Recommandations du préfet à ce sujet. — Les nouvelles à sensation, les nouvelles scandaleuses, les attaques contre l'Administration interdites à ce journal — Ce journal menacé de suppression pour s'être écarté de ces instructions. — Articles relatifs au carême et à une bibliothèque brûlée clandestinement. — Rectifications exigées du rédacteur en chef. — Discussions qui étaient permises dans le journal : L'archéologie, l'astronomie, les livres nouveaux. — Les tâches observées sur le globe du soleil. — Lettre de l'astronome de Lalande à ce sujet. — Son Dictionnaire des athées et François de Neufchâteau. — Lettre de Napoléon au sujet du Dictionnaire des athées. — État de l'imprimerie en province. — Celle de Peyronard de Grenoble menacée de suppression. — Lettre de l'évêque Raillon à Champollion-Figeac, au sujet de cette imprimerie. — La librairie de Grenoble.

Les journaux préoccupaient peu l'administration préfectorale de Fourier. Il n'y en avait qu'un seul à Grenoble, bien que plusieurs tentatives aient été faites pour fonder, dans cette ville, plusieurs journaux politiques spécialement destinés au département de l'Isère. Lenoir-Laroche, notre compatriote, n'avait pas cru cette entreprise susceptible de succès et il avait créé, à Paris, son journal *Le Surveillant*, qui se composait, par chaque numéro, d'une demi-feuille d'impression peu soignée et de format in-8°, sur mauvais papier. Il coûtait douze livres *en numéraire* pour trois mois et quarante-cinq livres pour l'année. Ce journal rendait surtout compte des séances des assemblées politiques. Il avait cependant une colonne spécialement réservée aux nouvelles diverses; mais celles qui concernaient le département de l'Isère y figuraient très-rarement.

Plusieurs autres de nos compatriotes, qui ne partageaient pas les opinions et les craintes de Lenoir-Laroche, sur les journaux destinés à la localité, voulurent tenter, en 1789, de publier à Grenoble « *La Vedette des Alpes, ou la sentinelle de la liberté, journal de la Société des amis de la Constitution.* » Cette feuille parut pendant une année. Elle fut remplacée, en 1790, par le *Courrier patriotique*, rédigé par Falcon, Eymard et Valette. Cuchet en était le propriétaire et cette feuille passait pour avoir des opinions politiques assez incertaines, et pour soutenir le parti qui arrivait au pouvoir. Il ne fit pas, cependant, assez à temps, sa dernière évolution, car la Commune le supprima. *Les Affiches du Dauphiné*, journal d'opposition, succédèrent au *Courrier patriotique* et ne furent pas plus heureuses. Le 17 juillet 1792, elles furent aussi supprimées par arrêté du Directoire du département de l'Isère.

Les autorités départementales ne nous semblent pas avoir été très-disposées, même en pleine République, à favoriser le développement de la presse quotidienne en Dauphiné. Un rapport du Directoire de l'Isère, transmis au ministre de l'intérieur, s'exprimait ainsi :

« Les Républicains sincères, éclairés et ennemis des passions, font des vœux ardents pour que les pouvoirs accordés par l'article 35 de la loi du 19 fructidor, qui met les journaux et les autres feuilles périodiques sous l'inspection du Directoire, soient prorogés. On ne peut oublier les maux affreux qui ont inondé la République à la voix des journalistes de Blakembourg. On se ressouvient du fiel qu'ils distillaient sur tous les actes favorables à la liberté, des amertumes dont ils abreuvaient les partisans de la Révolution et des horribles sophismes au moyen desquels ils avaient érigé l'assassinat en vertu. Faudrait-il voir se renouveler des scènes d'horreur, couvrir encore la République de ridicule...; voir renouveler les diatribes sanglantes des successeurs de Basbœuf? »

Au mois de Pluviose de la même année 1795, le Commissaire du pouvoir exécutif dans notre département, informant également le Ministre de l'Intérieur de l'état de la presse quotidienne, lui disait encore :

« Sous le prétexte d'un principe politique et juste, qui garantit la liberté de la presse, on a vu une nuée d'écrivains, incendiaires et stipendiés par les puissances étrangères, prêcher ouvertement le carnage et la vengeance; justifier toutes les atrocités; donner des louanges à ceux qui étaient en rébellion ouverte contre les autorités légitimes. On les voit même encore aujourd'hui faire le procès aux journées de Vendémiaire et à toutes les opérations du Gouvernement. »

D'un autre côté, les citoyens Planta et Balthazar Royer n'hésitaient pas à lancer une circulaire dans le département, pour inviter toutes les Sociétés populaires à s'abonner à la feuille : *L'agriculture et à la lire publiquement*. Nous n'avons pu consulter aucun exemplaire de ce journal ; quant à la circulaire, elle se trouve, à sa date, parmi les papiers du Préfet de l'Isère, de l'année 1795.

Enfin, Chalvet, pendant les années 1797 à 1800, fit tous ses efforts pour accréditer une feuille, qui avait pour titre: *Le Clair-Voyant, journal républicain, politique et philosophique de Grenoble, département de l'Isère, rédigé par une Société d'amis de la Constitution de l'an III*. Ce journal avait pour épigraphe: « *Nul n'est homme de bien, s'il n'est franchement et religieusement observateur des lois.* » On trouve, dans cette feuille, toutes les proclamations et les adresses de l'administration centrale du département à ses concitoyens de l'Isère. Elle était imprimée chez Cadou et David, de format in-4°, à deux colonnes, chaque n° donnait quatre pages de texte. Le *Clair-Voyant* eut 546 numéros, mais il cessa de paraître à l'époque que nous avons indiquée. Il en avait été de même, au bout d'un an, pour le *Journal Chrétien*, publié en 1791 et 92 par Chalvet, qui le vendit, à son profit, à Courret de Villeneuve ; celui-ci en fit le *Journal des églises constitutionnelles*.

Du temps de Fourier, le journal unique de Grenoble avait pour titre : *Annales du département de l'Isère, journal administratif, littéraire et politique*. Cette feuille de format in-folio, se composait de quatre pages imprimées; elle paraissait trois fois par semaine, coûtait 25 francs par an et s'imprimait chez Peyronard, qui en était le propriétaire. Le rédacteur en chef du journal, chargé de tous les détails de la publication, recevait mille francs par an; mais, chose extraordinaire, *cette feuille payait une subvention annuelle de 500 francs au ministère de la police à Paris.* Fourier promit, dès son arrivée à la préfecture, de faire cesser, le plus tôt possible, le payement de cet impôt. Il fut bien aussi question, à ce moment-là, de la création d'un autre journal ayant pour titre: *Le Citoyen des Alpes*, qui aurait été placé sous la direction politique de Français de Nantes; mais ce projet n'eut pas de suite; il parut cependant quelques numéros (voyez §V, p. 59). Le préfet autorisa simplement, à titre provisoire, la publication d'une *Feuille d'annonces pour la ville de Vienne.*

Très-désireux de connaître les motifs pour lesquels un journal *officieux* du département de l'Isère, payait une subvention au ministère de la Police, lorsque, de nos jours, les journaux dévoués exigent de l'administration de si grosses primes, nous avons vainement cherché la solution de cette question dans les chroniques de cette époque. Mais *deux lettres* d'un de nos compatriotes, littérateur distingué, portant la date de 1805, nous semblent donner, à ce sujet, tous les renseignements désirables. Ces lettres émanent de Dubois-Fontanelle et elles sont adressées à son ami Gattel. Après avoir parlé de sa goutte et de son *cours de belles-lettres*, il entre dans le vif de la question, relativement aux journaux d'avant 1790 et à ceux de son temps. Nous laissons parler notre compatriote, qui est toujours « un peu bavard » comme il s'en accuse lui-même; mais il nous donne des renseignements que l'on ne trouve pas ailleurs.

DUBOIS-FONTANELLE A M. GATTEL, A GRENOBLE.
Chimilin, près et par le Pont-de-Beauvoisin.

Je ne vous ai point écrit, mon cher et digne ami, depuis mon départ de Grenoble; vous savez que j'en ai emporté la goutte avec moi; elle ne m'a point encore quitté et elle ne paraît pas à sa fin; j'ai été obligé de garder le lit quelque temps; je passe à présent mon temps sur ma chaise; et quand je la quitte, c'est pour me traîner avec peine dans ma chambre, appuyé, d'un côté, sur une béquille et de l'autre sur un bâton. Cette situation, dont la durée me fatigue, excuse mon silence; d'ailleurs je n'avais rien à vous dire.

Aujourd'hui, j'ai des nouvelles de Paris; elles ne sont pas fort consolantes; mais l'intérêt que vous prenez à mes petites affaires, votre amitié dont vous m'avez donné tant de preuves, ne permettent point de ne pas vous en faire part ; c'est toujours pour moi une douceur et une consolation.

Il paraît que je dois renoncer décidément à l'impression de mon *Cours*. L'incertitude de le voir mis au nombre des livres prescrits pour les lycées, écarte tous les acquéreurs ; M. Fourcroy ne m'avait donné, à ce sujet, que des espérances qui n'offraient rien de positif.

Peut-être se présentera-t-il une circonstance qui peut me procurer un petit dédommagement. On m'écrit que le Gouvernement, voulant faire des pensions aux gens de lettres, a imaginé de se procurer les fonds nécessaires pour cela, en prenant quelque chose sur les journaux. Cette mesure n'est pas nouvelle : de mon temps, tous les journaux étaient plus ou moins imposés. Le *Mercure* payait 30,000 francs au Ministre de Paris, qui les distribuait en pensions ; il donnait à celui des Affaires étrangères 5 francs par abonnement pour sa partie politique. Il y a sans doute quelque chose à dire sur cette disposition, qui est une atteinte à la propriété ; mais ce n'est pas à nous à faire des réflexions inutiles sur ce que nous ne pouvons empêcher ; d'ailleurs le gouvernement, comme le temps présent, est l'arche du seigneur : on n'y peut toucher sans danger. Il a déjà réservé cinq douzièmes des bénéfices du *Journal des Débats*, dont il a donné, dit-on, deux à M. Fèvre, et 6,000 francs à Mme de Genlis. On m'a conseillé de travailler à obtenir une part dans ces grâces.

M. Fourcroy m'a promis de faire tout ce qu'il pourra pour me procurer une pension, en dédommagement de celle que j'avais sur la *Gazette de France*. Comme elle était affectée sur les fonds des Affaires étrangères, j'ai envoyé à M. Faguet un petit Mémoire, qu'il m'a offert obligeamment de faire mettre sous les yeux du Ministre de ce département. Les pensions sur les journaux entrent dans celui du Ministre de l'intérieur. C'est auprès de lui que M. Fourcroy doit agir. Si l'intérêt qu'il m'a témoigné est réel, si ses promesses ne sont pas de l'eau bénite de cour, la circonstance est favorable ; je viens de lui écrire. Un de mes amis lui portera ma lettre, qui ne s'égarera pas dans ses bureaux. J'en attends l'effet, ainsi que celui du Mémoire qui doit être mis sous les yeux du Ministre des Affaires extérieures. Il fera ce qu'il pourra ; en désirant vivement un succès, qui me mettrait en état de me rapprocher de vous et de mes amis, au moins pendant l'hiver; je m'arrange pour n'y compter que faiblement, afin de ne pas souffrir trop si j'échoue. Agréez, etc.

AUTRE LETTRE DU MÊME A M. GATTEL.

Chimilin, près et par le Pont-de-Beauvoisin, ce 9 août.

Je profite d'une occasion qui se présente, mon cher et excellent ami, pour vous faire part d'une nouvelle, celle à laquelle v... ...tié pour moi vous fera prendre quelque intérêt.

Je viens de recevoir une lettre du Ministre de l'intérieur, en date du 18 juillet dernier, qui m'annonce que l'Empereur, par un décret du 8 du même mois, m'a accordé une pension annuelle de 500 francs, à compter du 1ᵉʳ juillet. C'est le sixième de celle que j'avais sur la *Gazette de France*; mais il faut s'estimer heureux de l'avoir obtenue. Cela vaut toujours mieux que rien, et m'aidera toujours à payer mes impositions, que, quelque fois, je trouve un peu onéreuses. Je n'ai maintenant d'autre regret que de la voir arriver tard, par ce que, à mon âge et avec mes infirmités, je n'ai pas l'espoir d'en jouir longtemps; mais il faut s'en consoler; elle ne cessera vraisemblablement que quand je n'en aurai plus besoin; elle doit m'être payée dans le lieu que j'habite, sur les mandats du préfet, lorsqu'il y sera autorisé par le Ministre du Trésor public.

C'est l'effet du Mémoire que j'avais remis à M. Fourcroy, à Grenoble, et que je n'espérais plus. Il avait refusé de voir la personne que j'avais chargée de lui porter ma lettre, et ayant reçu celle-ci, il n'y avait répondu. Tout cela contrastait si fort avec ce qu'il m'avait dit à Grenoble, que j'avais lieu de penser que l'intérêt, l'envie de m'obliger qu'il m'avait témoigné, était tout simplement de l'eau bénite de cour. J'avais tort, j'en dis ma coulpe et je fais réparation. M. Fourcroy a présenté mon Mémoire au Ministre de l'intérieur, qui lui avait promis de saisir la première occasion pour mettre ma demande sous les yeux de l'Empereur; il l'a trouvée et en voilà le résultat: quelque soit le bienfait, c'en est toujours un; il fallait remercier, et je l'ai fait.

Quant au journal de Grenoble, les *Annales du département de l'Isère, politiques et littéraires*, en attendant qu'il fut exonéré de la subvention qu'il payait au ministère, Fourier exigea du nouveau rédacteur en chef, qu'il donnât habituellement des nouvelles d'un intérêt général incontestable, soit au point de vue de l'agriculture, de l'industrie, de l'histoire, de la littérature et des inventions ou découvertes nouvelles. Le préfet trouvait que les chiens écrasés, les vols de poules et de lapins, les feux de cheminées prenaient une trop grande place dans les *faits divers* du journal de l'Isère. Cette amélioration dans la rédaction de l'unique journal de la ville de Grenoble, demandée par le Préfet, fut immédiatement réalisée par les soins du nouveau rédacteur en chef des *Annales politiques et littéraires*; mais elle disparut plus tard, par suite de l'agrandissement de format du journal. Nous pouvons ajouter, que l'observation de

Fourier, faite en 1804, pourrait encore être appliquée de nos jours, à la rédaction des trois journaux qui se publient quotidiennement à Grenoble. Nous avons même cité, il y a peu de temps, cette observation de Fourier au rédacteur en chef de l'une des feuilles dont nous parlons : « C'est une affaire de « métier, nous répondit-il, et une question d'abonnement. » Nous fûmes très-peu persuadés de la véracité de cette réponse ; cependant, quelques jours après, nous eûmes l'occasion d'en vérifier l'exactitude.

Un de de nos voisins de campagne, en se rendant à une vogue du canton, dirigea mal son cheval et sa carriole versa dans un fossé. Le pauvre homme eut la jambe cassée à deux endroits, et le cheval en fut quitte pour boîter pendant quelques jours. Malgré les soins intelligents du médecin local et en raison de l'excessive chaleur de l'été, le malade paraissait en danger de mort, lorsque nous allâmes savoir de ses nouvelles. Il eût cependant la force de nous faire le récit de son accident, ce qui nous donna l'occasion de lui dire, que le journal de Grenoble ne rendait pas exactement compte de ce fâcheux événement : « Comment, le journal a raconté ce qui « m'est arrivé. *C'est sur le journal*, dit-il avec émotion ; « vous me feriez bien plaisir de me le donner, je vais m'y « abonner. » Il eût soin de lire à tous ceux qui venaient savoir de ses nouvelles, l'article qui le concernait et cette satisfaction contribua à son rétablissement. Nous reconnûmes alors qu'il était nécessaire de consacrer une place notable, dans les journaux des départements, aux nouvelles locales même peu importantes.

Mais les nouvelles à sensation, les récits scandaleux, les attaques et insinuations malveillantes contre les personnes et contre les administrations, furent absolument interdites par Fourier au rédacteur des *Annales politiques et littéraires*. Il arriva cependant que la vigilance du rédacteur en chef fut mise deux fois en défaut. La première fois, le 14 octobre 1804, à l'occasion d'un *racontar* sur une bibliothèque que l'on brûlait clandestinement à Grenoble ; la seconde fois, le 12 mars 1809, par l'insertion d'un article sur le Carême, rédigé par M. Vincent de Lormet, commandant d'armes de la place et du fort de Barreaux. De nos jours, ces articles, d'une saveur douteuse, auraient passés inaperçus, chacun étant libre de se chauffer avec ses livres et de lire, dans l'Encyclopédie, des articles plus singuliers encore sur le Carême. Et n'avons nous pas été obligés, il y a à peine neuf années, dans la capitale de la France, au XIX° siècle, d'avoir recours, faute de toutes autres espèces de combustibles, aux livres de notre bibliothèque personnelle, pour nous chauffer pendant un hiver des plus rigoureux et pour faire cuire les aliments indispensables à la nourriture la plus restreinte ! Il est juste, cependant, d'ajouter, que c'était pendant le siége de Paris par les Prussiens.

Mais en 1804, les deux articles dont nous parlons excitèrent, au dernier degré, le mécontentement des lecteurs des *Annales politiques*; les récriminations les plus vives furent adressées au Préfet, qui examina sérieusement s'il n'y avait pas lieu de supprimer ce journal; toutefois, l'administration se contenta, après objurgation, d'une prompte rectification du rédacteur en chef. Pour donner une idée exacte du progrès que les journaux ont fait, depuis le commencement du siècle, sous le rapport des attaques contre le culte et contre les personnes, nous allons reproduire les articles, qui causèrent une si vive alarme dans la ville de Grenoble, et servirent de prétexte, quatre années plus tard, à une dénonciation contre le rédacteur en chef de cette feuille.

« *Du Carême.* — Son origine est une grande question, qui fut longtemps débattue. Les uns prétendaient qu'il était d'origine divine ; d'autres qu'il était d'origine purement ecclésiastique. Cette dernière opinion a généralement prévalu. — Anciennement, dans l'église latine, le Carême n'était que de trente-six jours. On prétend que ce fut Grégoire, surnommé Le Grand, qui y ajouta le jour des Cendres et les trois autres jours, pour former un nombre entier de quarante, afin d'imiter plus précisément le jeûne de Jésus au désert. D'autres attribuent ce changement à Grégoire II, qui vivait au commencement du VIII° siècle. On a donné encore différentes causes au changement dont nous venons de parler. Selon plusieurs opinions, il fut destiné à rappeler la mémoire des quarante jours que dura le déluge ; ou des quarante années du campement des Juifs dans le désert ; ou des quarante jours accordés aux Ninivites pour faire pénitence ; ou des quarante jours de jeûne que Moïse observa en recevant la loi ; ou des quarante jours que jeûna Elie.

« Suivant S. Jérôme, S. Léon, S. Augustin et plusieurs autres, le Carême a été institué par les apôtres. Le premier concile de Nicée, celui de Laodicée, aussi bien que les pères grecs et latins, surtout Tertullien, parlent du Carême, comme d'une chose générale et très-ancienne. D'autres disent que ce fut le pape Télesphore qui l'institua, vers le milieu du deuxième siècle ; d'autres conviennent qu'on observait le Carême dans l'église du temps des apôtres ; mais qu'il n'y eut de loi que vers le milieu du troisième siècle. D'autres, la portent jusqu'au sixième siècle, même au septième, notamment Tertullien ; *De jejuniis* dit, qu'avant le quatrième concile d'Orléans, tenu l'an 541, la pratique du Carême n'avait jamais eu force de loi ; que ce fut seulement le huitième concile de Tolède, tenu en 653, qui décida que tous ceux qui auraient mangé de la viande pendant le Carême, sans nécessité, n'en pourraient manger pendant toute l'année et ne communieraient point à Pâques.

« C'est ainsi que par succession de temps, on a damné le pauvre malheureux, qui ne mange qu'un morceau de lard bien salé, ou une côtelette de chèvre bien maigre, tandis qu'on sauve l'homme opulent qui se nourrit de soles, de turbots, de saumons, de sarcelles et de poules d'eau ; et ce financier, qui avait des courriers à ses ordres, par le moyen desquels il recevait, à grands frais, chaque jour, à Paris, pour cent écus de marée fraîche.

« Quant au jeûne, il s'observait très-exactement dans les premiers temps ; ce n'est qu'au XIIIe siècle qu'on dégénéra de cette première austérité, en prenant quelques conserves pour soutenir l'estomac, puis on faisait collation le soir. Ce nom a été emprunté des religieux qui, après le souper, allaient à la *collation*, c'est-à-dire à la lecture et conférences des textes des SS. Pères, appelée en latin *collationnes*, après quoi on leur permettait de boire, aux jours de jeûne, de l'eau, ou un peu de vin ; et ce léger rafraîchissement se nomma *collation*.

« Mais le temps consacré à la pénitence, n'est point étranger à la bonne chère: c'est celui de l'année où le poisson est le meilleur et la religion s'accorde ici très-bien avec la sensualité.

« Quelques écrivains n'ont envisagé le Carême que comme une institution politique : il paraît utile, ont-ils dit, de laisser aux bestiaux le temps de se reproduire. Ce qu'il y a de certain, c'est que la viande serait moins chère, plus abondante et meilleure, si le Carême était plus généralement observé.

« Remarquons encore que, si les habitants de la campagne mangeaient de la viande tous les jours, il n'y en aurait point assez pour le plus florissant empire. Vingt millions de livres de viande par jour (il est question de l'ancienne France), feraient sept milliards trois cents millions de livres par année. Ce calcul est effrayant. »

Voici l'article relatif à la bibliothèque brûlée clandestinement :

« *Au rédacteur des Annales.* — Ah! venez vite, Monsieur, venez au secours des lettres outragées par le vendalisme de la cagoterie : c'est la mémoire des morts que nous révérons le plus, qu'il s'agit de venger. Tout ce que les siècles ont produit de lumières, tout ce que les hommes les plus illustres de l'antiquité et de notre âge ont enfanté à la gloire des sciences et des arts, tous les trophées dont s'honorent les peuples civilisés, deviennent la proie des flammes et la victime d'un fanatisme, auquel on ne saurait donner d'épithète assez forte.

« Un particulier de ce département est mort, laissant une bibliothèque immense et très-précieuse. La personne qui a hérité et de ses biens et de ses livres, pense que, pour vivre chrétiennement, il faut n'avoir ni esprit, ni sentiment, ni imagination, ni émulation, ni instruction d'aucune espèce; que pour être agréable à Dieu, il faut ne savoir dire que son chapelet, ne savoir faire que le signe de la croix et être les trois quarts du temps à l'église, où avec son confesseur ; encore faut-il que ce dernier soit d'une trempe bien différente de celle de notre clergé d'aujourd'hui, qui, selon elle, n'est pas assez orthodoxe, ni assez intolérent. Elle pense, enfin, que pour être utile à son prochain, on ne doit savoir ni A ni B; que les sciences et les arts sont autant de sentiers qui nous conduisent à la damnation éternelle et que pour se tirer d'affaires, dans ce monde et dans l'autre, il faut étouffer son esprit dans un bénitier et attendre, dans une immobile, stupide et brute contemplation, que la providence vienne seule aider et soutenir notre existence morale, physique et politique.

« En conséquence, cette personne, à l'instar des peuples qui, anciennement, brûlaient toutes les années un juif, parce qu'il était d'une race qu'ils appelaient maudite, s'occupe tous les soirs, dans le temps de sa digestion, seule ou avec quelque instigateur fanatique, à brûler vingt-cinq à trente volumes de cette bibliothèque précieuse, qui, malgré qu'elle soit une propriété particulière, n'appartient pas moins au public, qui en profiterait avantageusement, au bénéfice même de l'héritier brûleur.

« Les ouvrages les plus rares, les plus belles éditions, tout est consumé à fur et à mesure qu'on découvre un auteur païen, ou un auteur philosophe. Les productions littéraires de la Grèce et de Rome, amoncelées sur un foyer sacrilége, ne peuvent obtenir grâce de la main impitoyable qui les sacrifie, parce que Sapho, Théocrite, Socrate, Sophocle, Homère, Horace, Ovide, Tibulle, Catulle, Virgile et tant d'autres ne sont pas venus assez tard, pour être chrétiens et pour abjurer la mythologie. Les auteurs qui ont suivi ces derniers éprouvent le même sort. Molière, qui joua le faux dévôt, La Fontaine qui fit parler les bêtes, Voltaire, Rousseau, Crébillon, d'Alembert, La Harpe, malgré sa pusallinimité, sa rétractation, etc., sont réduits en cendres. L'Encyclopédie, Monsieur, l'Encyclopédie, ce foyer de sciences, de morale et de philosophie, écrase presque le brasier et semble résister à la flamme.

« De pareils auto-da-fés sont des crimes irrémissibles et une injure faite au siècle ou nous vivons ; c'est imiter le fanatisme de ces énergumènes qui brûlaient les œuvres du célèbre Bossuet. Si la personne qui détruit ces monuments de gloire a perdu la raison, la fumée de l'incendie qu'elle provoque n'est pas propre à la lui rendre.

« Daignez, Monsieur, insérer ma lettre dans votre plus prochain numéro, heureux si, par ma publicité, je pouvais être encore à temps de sauver quelques parcelles précieuses. Soutenons la religion, malheur au peuple qui n'en a pas ; mais combattons le fanatique qui la détruit et vengeons les sciences et la saine philosophie, qui seules peuvent la défendre dans des moments de crise.

X...

La rectification du rédacteur en chef parut dans le numéro suivant des *Annales*: « Il promit à ses lecteurs, qu'à l'avenir, jamais écrit anonyme ne trouverait place dans sa feuille et qu'il mettrait le plus grand soin à ce que les opinions, les propriétés, les personnes et la vérité soient respectées comme elles doivent l'être. Il exprimait le regret de ce qu'on avait porté, dans le public, des jugements très-mal fondés sur deux ou trois familles de ce département, dont une très-respectable de cette ville (Grenoble); mais il affirma que tous les doutes que l'on avait eus étaient de la plus grande fausseté et n'auraient même jamais dû être conçus. »

Nous avons mentionné (ci-dessus § V, p. 51), les bibliothèques de la ville qui furent alors mises en vente; nous ne reviendrons donc pas sur ce sujet; mais il est certain que le rédacteur des *Annales*, tout en défendant l'article relatif au Carême, se tint pour averti et ne prit aucune part à la polémique qui s'engagea, entre Villar et l'intendance militaire de Grenoble, au sujet du mauvais état du service de l'hôpital de cette ville; le journal ne mentionna même pas les brochures qui furent alors publiées de part et d'autre.

Quant aux nouvelles et aux affaires que ce journal pouvait publier et discuter, elles n'étaient pas nombreuses; la partie officielle et les décrets du gouvernement occupaient heureusement la plus grande partie de ses colonnes; les nouvelles étrangères étaient, en général, tirées du Moniteur universel; cependant, les discussions pouvaient rouler impunément sur les inscriptions anciennes du département, sur la rédaction latine de celles que l'on plaçait au fronton des monuments élevés en l'honneur ou pendant le règne de l'Empereur des Français; sur les éditions des classiques grecs et latins; sur les romans nouveaux et sur les événements qui se passaient dans les royaumes voisins. Les *Annales politiques* publièrent même, à cette époque, une longue et très-intéressante narration de l'assassinat de Paul Ier, empereur de Russie.

L'astronomie était aussi un sujet de discussion permis.

Une grosse querelle s'engagea, en effet, avec les journaux de divers pays, au sujet des *taches* assez volumineuses qui venaient d'être découvertes sur le disque du soleil par Hultz, de Francfort-sur-l'Oder. Comme personne ne prenait le parti de cet astre resplendissant, pour le laver de cette impureté et le disculper de la prétendue révolution physique dans son globe, qu'il méditait, le rédacteur des *Annales politiques* s'adressa, pour plus amples renseignements, à de Lalande, membre de l'Institut. Le célèbre astronome s'empressa de rassurer le rédacteur du journal et les grenoblois, relativement aux intentions du soleil, en autorisant la publication de la lettre par laquelle il déclarait: « que les taches en question étaient une chose que « l'on observait fréquemment, et comme Hultz avait la répu- « tation d'être véritablement astronome, Lalande attribuait « aux journalistes allemands, les prétendues révolutions phy- « siques annoncées. » Mais Lalande profita de cette correspondance avec le rédacteur des *Annales,* pour l'inscrire dans son *Dictionnaire des athées,* sous prétexte que dans une *notice,* il s'était servi de ces mots : « *La nature, ou le hasard.* » Le rédacteur se hâta de protester contre l'insertion de son nom dans ce Dictionnaire, mais de Lalande lui écrivit qu'il le maintiendrait néanmoins dans son Recueil, et lui adressa, de plus, la lettre suivante :

« Au Collége de France, le 3 octobre.

« J'ai remarqué, Monsieur, avec intérêt, dans la première page de votre Notice, ces mots : *la nature ou le hasard.* Il y a donc des philosophes à Grenoble ; je vous prie de me donner leurs noms, pour en enrichir mon *3ᵉ Supplément au Dictionnaire des athées.* Il faut des personnes à opposer à François de Neufchâteau ; il s'est déshonoré en pure perte, car il n'est plus président du Sénat. Mille salutations.

De Lalande.

Evidemment l'astronome de Lalande était plus préoccupé de chercher des athées, que des planètes nouvelles dans le firmament ; mais il ne faut pas penser qu'il fut alors permis de disserter profondément sur l'astronomie. Le gouvernement impérial exigea, quoique secrètement, une réserve annuellement croissante, de la part des écrivains politiques, pour la discussion relative à l'*antiquité* des zodiaques égyptiens, comme nous allons avoir bientôt l'occasion de le constater (Voyez ci-après § X).

De Lalande subit lui-même cette influence gouvernementale, en ce qui concerne son Dictionnaire des athées. Nous en trouvons la preuve dans un compte-rendu des séances de l'Académie des sciences, que nous reproduisons textuellement.

« Le Dictionnaire des athées donna lieu à un grave incident: tout en estimant M. de Lalande, l'Empereur voyait avec peine qu'un savant si célèbre eut le malheur d'afficher l'athéisme. A l'occasion du Dictionnaire des athées, dont un homme tel que M. de Lalande a dû rougir d'être l'auteur, S. M. avait écrit à l'Institut une lettre qui désapprouvait énergiquement cet ouvrage ridicule et dangereux. Cette lettre donna lieu à une séance extraordinaire; mais aucun membre ne prenant la parole, M. de Lalande se leva et dit, avec beaucoup de calme: « Puisque notre illustre collègue désapprouve mes opinions sur l'athéisme, je vous prie, M. le Président, de lui répondre que je n'imprimerai plus rien à ce sujet. »

Quant à l'allusion désobligeante de Lalande au sujet de François de Neufchâteau, nous pensons qu'elle se rapporte au discours prononcé, le 27 mars 1804, au Sénat conservateur. Ce ne fut malheureusement pas le dernier discours de cet orateur, « qui réunissait, dans ses harangues, tous les lieux communs de flatterie, qu'entendirent les mauvais princes de la bouche des plus serviles courtisans. » François de Neufchâteau aurait donc mieux fait, ainsi que le prétendaient ses comtemporains, de ne s'occuper que d'agriculture et de poésies légères.

Tel était l'état du journalisme dans le département de l'Isère, à la fin de la République, sous le Consulat et l'Empire. Mais l'imprimerie n'était pas en possession d'une existence plus calme, ni plus assurée, si nous étudions avec attention la lettre suivante de Mgr Raillon, évêque nommé d'Orléans, adressée à Champollion-Figeac. Elle est relative à l'imprimerie grenobloise de Peyronard, menacée aussi, comme son journal, d'être supprimée, à l'occasion des légères incartades dont nous venons de parler (ci-dessus p. 93).

Paris, le 9 mars 1810.

Monsieur et bien aimable compatriote, je ferai auprès de

M. le Directeur général de la librairie tout ce qui dépendra de moi, au sujet de la personne à laquelle vous prenez un si vif intérêt. Je crois pouvoir vous dire d'avance, que la conservation de l'imprimerie de M. Peyronard ne souffrira pas la moindre difficulté. J'en juge ainsi, d'après ce que me dit l'autre jour M. Portalis, au sujet d'un autre imprimeur de province, que je lui recommandais. Il paraît qu'il y aura très peu de réduction dans les départements; et lors même qu'il devrait y en avoir dans la suite, elles ne porteraient jamais sur les imprimeurs qui auront pour eux l'importance de l'établissement, l'estime et l'appui des autorités locales.

Soyez certain, Monsieur, qu'en cette occasion, comme en toutes autres, je mettrai tout mon zèle à vous être agréable, si je le puis; d'ailleurs, quoique je ne connaisse point M. Peyronard, c'est notre compatriote; il n'en faudrait pas davantage pour m'engager à faire des démarches en sa faveur.

Souffrez, je vous prie, que je saisisse cette occasion de vous remercier du beau présent que M. Goujon m'a fait en votre nom, peu de jours après votre départ. Je vous ai lu avec un véritable intérêt et tous vos compatriotes vous doivent de la reconnaissance de leur avoir si bien développé la langue de leur nourrice. Je m'étais proposé d'avoir l'honneur de vous écrire à ce sujet : j'attendais, pour cela, une occasion que M. Goujon devait me fournir et qui ne s'est point encore présentée.

Je vous dois des remercîments nouveaux pour la manière trop flatteuse, dont votre journal a parlé de moi, au sujet de l'éloge de M. Crétet, si toutefois on peut donner le nom d'*éloge* à quelques phrases jetées à la hâte sur la tombe de ce ministre. Vous me faites trop d'honneur de vouloir bien placer mon nom sur la liste des officiers de votre académie. J'en serai certainement très-flatté; mais je devrai bien plus cet honneur à votre amitié qu'à mes titres littéraires, auxquels personne au monde n'a jamais dû faire attention. Veuillez bien remercier M. votre frère de son aimable souvenir et lui faire agréer mes empressés compliments. Je suis etc.

RAILLON.

Mgr Raillon, dans sa lettre à Champollion-Figeac, fait preuve d'une très-grande modestie, car ses titres littéraires étaient très-appréciés par des juges compétents. Bigot de Préameneux, ministre des cultes, avait une haute opinion des capacités de notre compatriote. Il écrivait, le 15 septembre 1809, à l'empereur Napoléon, lorsque M. Raillon n'était encore que chanoine de la métropole:

« Il a été fait à Notre-Dame-de-Paris, le jour de l'anni-
« versaire de Votre Majesté, par M. Raillon, chanoine, un
« *discours* qui m'a paru digne d'être mis sous vos yeux. »

Ce discours a été imprimé à Paris, chez Nicolle, in-8°, et a été considéré comme un des plus recommandables, parmi ceux qui furent prononcés, en cette année, à l'occasion de la fête du 15 août.

Quant à l'Éloge de Cretet, par le même écrivain et dont les *Annales politiques et littéraires* avaient parlé avec admiration, nous reproduirons aux *pièces justificatives*, n° 13, l'article auquel M. Raillon fait allusion. Nous devons, toutefois, ajouter, dans notre Chronique dauphinoise, quelques mots sur la mort d'un compatriote, qui avait occupé de hautes fonctions administratives. Emmanuel Crétet, comte de Champmol, était en effet né à Pont-de-Beauvoisin, le 10 février 1747, dans la section de la commune qui fut quelque temps annexée au département du Mont-Blanc; mais ce territoire appartient réellement à la préfecture de l'Isère. Il fit ses études à Saint-Martin, près de Grenoble, dans une maison tenue par les jésuites. Crétet s'occupa, dès sa jeunesse et sous la direction d'un de ses oncles, d'affaires commerciales, voyagea en Amérique, se fixa longtemps à Bordeaux et après avoir réalisé une fortune modeste, il acheta la terre de Champmol, près de Dijon. Élu député au Conseil des Anciens, il se fit remarquer dans cette assemblée par de très-bons rapports relatifs aux ponts-et-chaussées. Il fut un moment Régent de la Banque de France, puis Directeur général des ponts-et-chaussées. Ce fut lui qui fit construire le palais de la Bourse à Paris et le Grenier d'abondance, incendié par la commune en 1871.

Crétet était du petit nombre des Dauphinois célèbres, qui ne furent pas membres de la Société des sciences, des lettres et des arts de Grenoble, et cependant il fit toujours bon accueil et il soutint les savants et les artistes du département.

Le *Moniteur universel* annonce la mort de Crétet en ces termes :

« Le 28 novembre 1809, à huit heures du matin, est mort, dans la 63ᵉ année de son âge, S. Ex. M. Emmanuel Crétet, comte de Champmol, commandant de la Légion d'honneur, ministre d'Etat et conseiller d'Etat.

« S. M. a décidé que M. le comte de Champmol ayant succombé à la même maladie qui l'avait obligé de donner sa démission comme Ministre de l'intérieur, devait être considéré comme mort en activité de service, et qu'il recevrait les mêmes honneurs funèbres que feu S. Ex. M. Portalis, ministre des Cultes. Les restes de S. Ex. M. le comte de Champmol seront transportés au Panthéon, le 1ᵉʳ décembre, après avoir été présentés à l'église de S.-Thomas-d'Aquin, sa paroisse ».

Le *Moniteur* du 3 décembre rend compte de l'ordre des funérailles, de la remise du corps par M. le curé de Saint-Thomas-d'Aquin à M. l'archiprêtre de Sainte-Geneviève. Il ajoute: que la piété, les vertus et les qualités éminentes de M. Crétet ont été dignement retracées dans les discours prononcés à la fin de la cérémonie.

Toutefois, le *Journal officiel* ne donne le texte ni du discours du chanoine Raillon, ni les autres panégyriques qui furent prononcés à cette occasion.

Nous avons relu la harangue de notre compatriote, et nous y avons remarqué les passages suivants :

« Plus d'une fois, il porta la lumière dans le cahot des finances; plus d'une fois, il indiqua des ressources quand tout semblait désespéré et quand le crédit public paraissait anéanti. Plus d'une fois aussi, au milieu de l'effervescence des passions, il osa faire entendre le langage de la raison et les conseils de la sagesse. Sans action dans les mesures violentes qui n'entraient pas dans son caractère, il eut une part honorable à tout ce que ces temps encore fâcheux virent faire de sage et de modéré.

« Donner le plus grand essor aux créations importantes des ports et des routes; introduire chez nous le système des roues à larges jantes, dont l'effet est déjà si sensible; prévenir pour toujours les coalitions des entrepreneurs des travaux..., tout cela a été pour M. Crétet l'ouvrage de moins de six ans. »

Un autre de nos compatriotes, M. Flachat, moins connu de nos jours que M. Raillon (le *Moniteur* a imprimé *Fauchat*), chef de division au Ministère de l'intérieur, frappé du silence que gardait le *Moniteur* au sujet des services administratifs de Crétet, consacra à ce ministre une *notice biographique*, qui fut insérée dans le *Journal officiel* du 25 décembre 1809 (p. 1415); nous en citerons le passage suivant :

« Dans des temps ordinaires, on se demanderait avec étonnement, comment un homme qui ne s'est point préparé à jouer un rôle politique et qui se voit tout à coup, à l'âge de 50 ans, soudainement placé à la tête d'une grande administration, peut trouver en lui-même les ressources de l'esprit et le caractère nécessaire pour s'y soutenir et s'y faire honneur.

« ... Mais de nos jours, ce phénomène s'est si souvent répété, qu'il cesse de surprendre. L'on peut dire que les événements qui se sont passés depuis une vingtaine d'années, ont révélé à la France, en même temps que le secret de sa force militaire, celui du génie de ses habitants... Aucun pays n'aurait produit, dans les mêmes circonstances, plus de talents, de mérites et de vertus auparavant ignorées...! »
M. Flachat ferait-il encore de nos jours une réflexion aussi flatteuse pour notre pays?

Le commerce de la librairie, dans le département de l'Isère, était des plus insignifiants. A Grenoble, à l'époque dont nous nous occupons, un cabinet littéraire tenu par Falcon et situé près du théâtre de la ville, suffisait à procurer aux habitants les brochures politiques, les ouvrages littéraires et les journaux qui pouvaient les intéresser. Ce cabinet passait pour le lieu de réunion du parti aristocratique de la ville. Les livres d'érudition et de bibliothèque étaient demandés à Goujon, libraire grenoblois, établi à Paris, rue du Bac. Dans le salon de cette librairie se réunissaient, selon les usages du temps, quelques érudits et les littérateurs du Dauphiné de passage à Paris. Le magasin de librairie de Goujon devint un centre littéraire, mais moins important que n'étaient alors ceux de MM. de Bure, Didot, Panckouke et autres.

La librairie occupait si peu l'administration départementale, que le préfet avait autorisé l'inspecteur, M. Brunot, chargé de la surveillance de ce service dans le département de l'Isère, de résider habituellement à Genève. En 1809, il y avait trois libraires de plus : Durand, Cormy et Giroud. (Voyez les renseignements compémentaires relatifs aux journaux, aux imprimeurs et aux libraires, Pièces justificatives, n° 14).

IX

COLLECTIONS D'AUTOGRAPHES DE DAUPHINOIS CÉLÈBRES. — L'ARMORIAL GÉNÉRAL DE DAUPHINÉ

Les archives, les autographes, les papiers de famille. — MM. de Dolomieu, H. Gariel, bibliothécaire, Chaper, ancien député, Champollion-Figeac, Champollion-le-Jeune, Berriat-Saint-Prix. — Renseignements complémentaires tirés de ces collections. — Renauldon, maire. — Giroud, receveur général. — Didier, avocat. — Durand, banquier. — M. de Montal. — La jeunesse de Fourier. — Les colléges d'Auxerre, de Montaigu, l'Ecole normale, l'Ecole polytechnique. — La Commission d'Égypte. — Il avait porté l'habit de Bénédictin. — Statue que lui a élevé la ville d'Auxerre en 1849. — Il est étranger à la famille du chef de l'Ecole Fouriériste. — Edition des œuvres du Fouriériste, avec notes et additions autographes. — Le marquis de Dolomieu et l'épée de l'Ordre de Malte. — La Collection d'autographes du marquis et la charte de 1830, signée par Louis-Philippe, roi des Français. — Mort du marquis, victime du choléra. — La marquise de Dolomieu, née de Montjoie, dame d'honneur de la reine Marie-Amélie. — Sa mort, par suite d'un empoisonnement accidentel. — Le commandeur de Dolomieu: ses chagrins et ses souffrances abrégent sa vie. — Le général marquis de Drée. — L'Armorial de Dauphiné de M. Rivoire de La Bâtie, ses lacunes, ses omissions. — M. de Terrebasse. — Le comte d'Argout. — Le vicomte du Bouchage. — Ennemond de Chaléon, baron de l'Albenc. — Le comité du Salut public et César de Chaléon. — Jacques-César et Félix de Chaléon. — Les familles de Langon, Maubec, Bardonenche, Delandine, Favier, Trousset. — Les Clermont et les Montchenu. — Les députés de l'Isère.

A toutes les époques de notre histoire, le gouvernement s'est préoccupé des archives et des moyens les plus convenables d'en assurer la conservation. Les familles, qui possédaient aussi des collections nombreuses de documents, n'ont pas toujours fait preuve d'autant de sollicitude, surtout en Dauphiné.

Dans l'*Introduction* au *Manuel de l'Archiviste*, que nous avons publié en 1860 (in-8°, Paris, Paul Dupont), lorsque nous étions chargé de la direction du service des *Archives départementales*, au Ministère de l'intérieur, nous avons constaté que dans l'ancienne France, il y avait des archives partout: *seigneuriales*, dans chaque château ; *ecclésiastiques*, dans chaque évêché, chapelle, collégiale, chapitres, abbayes, prieuré ; *judiciaires*, parlement, bailliage, sénéchaussée, cour des comptes, des aides, des monnaies, maîtrise des eaux et forêts, etc.; *civiles*, états provinciaux, intendances, subdélégations, élections, bureau des finances, communes, etc., etc.

Le but de cette Introduction, était de faire connaître aux archivistes les phases heureuses et malheureuses par lesquelles ces diverses archives avaient du passer, avant de former des dépôts publics, où elles sont aujourd'hui classées, inventoriées et où on peut les consulter facilement.

Le corps du volume se compose, au contraire, du texte des édits, ordonnances, règlements, lois, décrets et instructions qui régissent les archives, soit avant, soit après 1790. De plus, nous y avons inséré les décisions administratives récentes et les indications nécessaires pour en faire l'application aux dépôts départementaux appartenant à l'état.

Il résulte de l'ensemble des documents réunis dans ce *Manuel*, que les *autographes* précieux étaient, autrefois, confondus avec les autres titres utiles aux familles, pour constater les droits seigneuriaux qu'elles possédaient. Ces autographes constituaient une partie des archives et ils y occupaient, cependant, une place spéciale, lorsqu'ils avaient une certaine importance politique ou administrative.

Les *collections d'autographes* sont donc le résultat d'un goût des temps modernes ; elles sont destinées, parfois, à satisfaire la vanité de ceux qui ne possédaient ni archives, ni seigneuries. Plus habituellement, elles servent, lorsqu'elles sont choisies avec intelligence, à accroître les témoignages authentiques relatifs à des événements importants ; ces pièces sont alors curieusement assemblées par des amateurs ou des érudits ayant un goût scientifique délicat et distingué.

Nous ne pouvons donc trouver des collections d'autographes dans les Cabinets d'amateurs et de savants qu'à partir du commencement de ce siècle; mais beaucoup d'entre eux ont dû limiter leurs recherches à une époque, à un genre, ou à des personnages d'une seule province, afin de pouvoir réunir un ensemble complet pour l'une de ces séries.

Dans le département de l'Isère, le nombre des amateurs d'autographes n'a jamais dépassé trois ou quatre. Le marquis de Dolomieu fût, à notre connaissance, le premier de nos compatriotes qui consacra son temps à former une collection de ce genre, mais elle n'était pas spéciale aux dauphinois illustres, comme nous le verrons tout-à-l'heure.

Le Conservateur actuel de la Bibliothèque de Grenoble, M. H. Gariel, s'est au contraire attaché à assembler, pour cet établissement public, une collection de documents originaux, exclusivement utiles à l'histoire de notre province. Elle se compose déjà de plus de mille pièces intéressantes, parmi lesquelles on peut citer plusieurs lettres très-remarquables. (Voyez *Pièces justificatives*, n° 15).

M. Chaper, ancien député de l'Isère, a entrepris, pour son agrément personnel, de réunir aussi des pièces originales et autographes intéressant particulièrement le Dauphiné; mais cette collection n'est qu'une partie d'un *Cabinet de curiosités* formé par notre savant compatriote, et se rattachant à notre province. Nous indiquerons aux *Pièces justificatives*, n° 16, les documents les plus remarquables de cette collection d'autographes.

Après ces trois collectionneurs érudits, il y a lieu encore d'en mentionner trois autres, quoiqu'ils n'appartiennent pas réellement et complétement à cette catégorie dont nous venons de parler. En effet, Champollion-Figeac n'a jamais eu l'intention de former une collection; il s'est borné à conserver toutes les lettres, journaux, papiers et brochures qui lui étaient destinés. De plus, il reçut, par legs testamentaire, les papiers littéraires de Dubois-Fontanelle, de Gattel et du général de La Salette. A ces pièces vinrent se joindre les débris des archives du château du Gua, appartenant aux Berenger, et ceux de la famille Bonnot de Mably et Bonnot de Condillac. Les documents de cette famille furent abandonnés par elle en 1772, lorsqu'elle vendit, après la mort du dernier châtelain de Vif, le domaine et les droits seigneuriaux qu'il possédait dans cette localité, à la famille de Champollion-Figeac, qui possède encore aujourd'hui cette maison et une partie des terres en dépendant.

Quant aux autres papiers de notre savant compatriote, en voici la provenance: Il avait l'habitude de laisser agglomérer sur sa table de travail, toutes les lettres, pièces et brochures qui lui étaient adressées; mais lorsque l'encombrement de sa table était à son comble, il enliassait, sans ordre et sans triage, les papiers qui ne lui étaient pas indispensables pour ses travaux du jour, et il les déposait dans une armoire de son appartement. Il agit ainsi pendant toute la durée de sa carrière littéraire et administrative, c'est-à-dire depuis 1794 jusqu'en 1867.

A cette dernière époque, nous avons retrouvé, à Vif, des liasses qui n'avaient certainement jamais été réouvertes depuis leur formation ; on remarquait dans cette armoire tous les papiers concernant Champollion-Figeac, jusqu'en l'année 1816 : cahiers de collége à partir de la philosophie, lettres de famille, lettres d'affaires, correspondance littéraire, dessins d'antiquités, empreintes d'inscriptions, etc. A Figeac, il y avait les papiers des années 1816 à 1819, relatifs aux fouilles sur l'emplacement de l'ancienne ville d'Uxellodunum, dessins de monuments gaulois, pièces relatives à l'installation de l'enseignement mutuel, etc. Enfin, à Paris, les lettres et les minutes de ses travaux archéologiques de 1820 à 1867 : lettres de tous les savants illustres d'Europe et d'un grand nombre de personnages politiques ; chaque pièce porte encore au dos l'adresse de Champollion-Figeac et souvent le timbre de la poste, attendu que l'usage des enveloppes n'était pas encore généralement adopté ; c'est aussi un témoignage de plus de leur authenticité et de leur destination.

Les lettres de Champollion-le-jeune, son frère, y sont en très-grand nombre (plus de 750) ; celles qui datent de 1808 à 1820 rendent compte à son frère, jour par jour, des études du jeune orientaliste à l'École des langues orientales, de ses premiers travaux sur l'Égypte, sur les manuscrits coptes, les impressions que lui faisaient éprouver ses premiers rapports avec les illustres orientalistes de Paris, auxquels Champollion-Figeac l'avait présenté et recommandé. Viennent ensuite les lettres contenant la description des monuments égyptiens conservés dans les musées d'Italie. Ces lettres ont été écrites lors des deux séjours que fit Champollion-le-jeune dans ce pays et pendant lesquels il fut chargé de faire l'acquisition de la collection égyptienne de M. Salt, pour le compte du Musée du Louvre. Enfin, toutes les lettres d'Égypte, dont une partie est encore inédite. Les renseignements relatifs aux travaux que Champollion-le-jeune voulait entreprendre, les discussions archéologiques, historiques et chronologiques abondent dans ces lettres; on y remarque surtout les sentiments de la plus entière cordialité et de la plus vive affection entre les deux frères. Cette seconde série compte au moins 270 lettres, portant toutes le timbre de la poste.

Champollion-le-jeune n'avait pas, à beaucoup près, les mêmes habitudes de conserver les papiers journaliers : ceux qui ne lui étaient pas absolument indispensables passaient au feu, et lorsqu'un livre ne contenait qu'un ou deux chapitres relatifs à l'Egypte, si il pouvait, il détachait ces chapitres du volume et se débarassait du reste de l'ouvrage; il ne gardait que les feuillets dont il avait besoin. C'est ainsi qu'il avait retiré du Strabon in-folio de son frère, le quart d'un volume, afin de n'avoir sous la main que le chapitre de l'Egypte.

Berriat-Saint-Prix entassait aussi ses papiers, mais après les avoir triés et classés méthodiquement. Ils sont aujourd'hui la propriété de son petit-fils unique Jacques Berriat-Saint-Prix, ancien magistrat. La chronique moderne du département de l'Isère est très-intéressée à la conservation de cette dernière collection.

Nous nous servirons des unes et des autres, dans une juste limite, pour compléter les renseignements qui concernent nos savants compatriotes, leurs travaux, et pour faire connaître ceux d'entr'eux que les circonstances mirent en évidence. Sous ce rapport, le *Carnet* du Préfet nous sera aussi d'une grande utilité comme spécimen des renseignements qu'il peut fournir; nous en allons extraire ce qui concerne MM. Renauldon, maire; Giroud, receveur général; Didier, avocat, qui finit si malheureusement en 1816; de Montal et Charles Durand, banquier et conseiller municipal de Grenoble. Ces extraits furent communiqués au Ministre de l'intérieur, lorsque ces personnes se rendirent à Paris, en députation de la part de la ville.

M. Renauldon appartient à une famille très-estimée; par une conduite morale et honorable, il a mérité et obtenu l'estime publique. Il exerce depuis dix ans les fonctions de maire de Grenoble; il a montré, dans l'exercice de sa place, beaucoup de zèle, d'activité et de désintéressement. La ville lui doit plusieurs établissements utiles et beaucoup de réparations, qui contribuent à l'embellissement des promenades, des bâtiments publics et à la salubrité intérieure.

Son dévouement à la personne et au gouvernement de S. M. est particulièrement connu ; il a saisi toutes les occasions de le manifester. Il est père de trois enfants, et, quoique sa fortune soit médiocre, il fait tous les sacrifices pour leur donner une bonne éducation. Son ambition paraît se diriger vers les places administratives.

A ces *notes du Carnet* de Fourier, le ministre de l'intérieur ajoutait sur la feuille de renseignements qui devait passer sous les yeux de l'Empereur : « Peut-être la ville de Grenoble eut-elle demandé un maire, dont la consistance put être un peu plus considérable. Son ambition serait d'avoir une préfecture ; c'est un galant homme et un bon serviteur de Votre Majesté. Le titre de baron augmenterait utilement son existence; il a la croix. Je propose à Votre Majesté de lui conférer ce titre.

M. Giroud a toujours joui de l'estime et de la considération publique, par ses qualités personnelles. Il fait un usage honorable de sa fortune ; il est généralement connu par son désintéressement, son obligeance et son empressement à concourir à tous les actes de bienfaisance publique. Il remplit les devoirs de sa place (Receveur général) avec la plus grande exactitude, à la satisfaction des autorités administratives et des contribuables. Il a montré des opinions conformes à celles qui ont amené la révolution, mais il n'y a jamais marqué par aucun excès. Il est dévoué à la personne et au gouvernement de S. M. J'ai lieu de croire que son ambition se borne à transmettre sa place à son fils unique ; celui-ci a toutes les dispositions nécessaires pour remplir avec honneur cette place de finances.

Le ministre a ajouté : son fils a 27 ans et une probité reconnue, généralement aimé et estimé.

M. Didier (Jean-Paul), avocat, membre du Corps municipal, joint à des qualités estimables la connaissance des lois et des affaires. Il a beaucoup d'ennemis dans les différentes classes des habitants de ce département, et le nombre des personnes qui parlent de lui sans aucun ménagement s'acc...

de plus en plus. Il a eu longtemps le désir et l'espérance d'être nommé au Corps législatif ; je pense qu'il n'y a point renoncé. Son fils annonce les principes les plus honnêtes et remplit fort bien la place qui vient de lui être confiée. L'un et l'autre ont toujours témoigné leur dévouement pour la personne et le gouvernement de S. M.

Le ministre a ajouté : « Jurisconsulte habile, professeur et directeur de l'Ecole de droit de Grenoble, lors de son établissement ; retiré, aujourd'hui, avec 20,000 fr. de rente ; s'occupant avec zèle de projet de bien public, très-dévoué au gouvernement, père du sous-préfet de Grenoble. Il désire vivement la croix, que je propose à V. M. de lui accorder.

Il existe aussi une lettre toute de la main de Didier, par laquelle il sollicite vivement cette croix.

M. Durand (Charles), négociant, président du Tribunal de Commerce, membre du Conseil municipal, jouit de la considération publique ; il est le chef d'une maison de commerce très-recommandable, et il est regardé comme un des négociants les plus éclairés de ce département. Il jouit d'une grande fortune, dont il use avec économie. Il a trois enfants, dont il soigne l'éducation. Il exerce les fonctions de sa place avec zèle et intelligence. Il est dévoué au gouvernement et à la personne de S. M. Son ambition paraît se borner à accroître sa fortune, par la voie du commerce.

Montal (Jean-Vincent Février de), adjoint à la mairie de Meylan, est fils d'un ancien conseiller au Parlement de Grenoble ; il jouit de l'estime et de l'affection du public et exerce ses fonctions avec zèle. Il est dévoué au gouvernement de Sa Majesté Impériale. Il jouit d'une fortune assez considérable et il a des espérances fondées sur la succession d'une de ses tantes. Il a témoigné le désir d'obtenir une place de Conseiller à la Cour impériale de Grenoble ; ses études avaient été dirigées vers ce but.

Le ministre ajoute : « Il est allié aux meilleures familles de la province ; il a 38 ans, 20,000 fr. de rente. Il est neveu de l'ancien abbé de St-Ruf de Valence. Il sollicite une sous-préfecture.

Nous n'avons pas jugé indispensable, jusqu'à présent, de dire que J.-B. Fourier, préfet de l'Isère, était né à

Auxerre, en 1768, et qu'il était le *dix-neuvième* enfant d'un artisan de cette ville. Orphelin dès l'âge de neuf ans, il fut d'abord élevé au collége communal de sa ville natale ; plus tard, des amis de sa famille le firent admettre au collége de Montaigu à Paris ; mais il revint ensuite chez les Bénédictins [d'Auxe]rre, dont il porta l'habit, jusqu'à l'époque de la suppres[sion] des ordres monastiques en France. Admis à l'Ecole normale supérieure de Paris, en 1795, il passa ensuite comme répétiteur à l'Ecole polytechnique et, enfin, il fut compris dans le personnel de la Commission scientifique, qui se rendit en Egypte ave l'armée du général Bonaparte. Sa ville natale a élevé à Fourier, avec l'autorisation du Gouvernement, une statue, sur une des places principales ; elle fut inaugurée au mois de mai 1849.

J.-B Fourier, préfet, était entièremet étranger à la famille de Charles Fourier, Francóntois, chef de l'École Fouriériste et qui habita longtemps la ville de Lyon. Ce publiciste y fit imprimer, en 1808, un livre sous le titre de : *La Théorie des quatre mouvements,* qui est l'exposé de ses doctrines d'économie politique et sociale. L'exemplaire que nous en possédons est enrichi de quelques notes, de quelques additions et corrections autographes de l'auteur. Tout en conservant ce livre avec soins, nous pouvons cependant avouer que nous ne désirons pas l'application, dans notre pays, de toutes les doctrines de cette école.

Nous devons donner aussi quelques renseignements complémentaires, relatifs à d'autres Dauphinois dont nous avons parlé, en constatant (§ 11 p. 15) avec quels soins le préfet de l'Isère se fit de nombreux partisans, dès son installation à Grenoble. Nous avons, en effet, simplement mentionné, parmi les habitués de son salon, les de Dolomieu, les d'Argout, les du Bouchage, les de Drée, les de Pina, les de Chaléon, etc.

Le marquis de Dolomieu était le frère cadet du commandeur de Malte, savant géologue, mort avant l'arrivée du préfet à Grenoble (Voyez § VI p. 56). Le marquis de Dolomieu avait figuré parmi les *Petits Maîtres* de la fin du siècle dernier. Il ne prit aucune part aux événements politiques de 1790, et il se contenta de sa réputation d'homme du monde et d'homme à bonne fortune. Il accompagnait cependant son frère, le Commandeur, lorsque celui-ci vint remettre au général Bonaparte, à Paris, l'épée du Grand-Maître de l'ordre de Malte, qui lui avait été confiée, lors de la soumission de cette île à la France. Cette arme historique, d'un très beau travail de damasquinure, fut longtemps conservée à la Bibliothèque nationale de Paris; elle est maintenant, croyons-nous, au Musée d'artillerie.

Plus tard, le marquis de Dolomieu mit tous ses soins à former une collection d'autographes, qui a eu une certaine célébrité, surtout à cause des documents remarquables qu'elle renfermait, concernant les hommes politiques de son époque; mais cette collection a été dispersée après sa mort, le marquis n'ayant pas eu d'enfant de son mariage avec l'héritière d'une ancienne maison d'Alsace. La marquise de Dolomieu, née de Montjoie, fut, pendant vingt-cinq ans, dame d'honneur de S. A. R. Mad. la duchesse Marie-Amélie d'Orléans, depuis reine des Français. La marquise était citée, à cette époque, pour la finesse de son esprit, sa rare instruction et ses qualités aimables.

Quant au marquis de Dolomieu, il fut toujours un homme très-recherché dans les salons, aimant les anecdotes historiques et littéraires, les racontant avec beaucoup de charme et se passionnant pour les autographes d'une grande rareté. Notre compatriote nous a raconté, de quelle circonstance particulière il avait su profiter, pour accroître sa collection d'une pièce politique unique. C'était en août 1830, après l'intronisation de Louis-Philippe. Le Roi fit un jour remarquer au marquis qu'il était la seule personne de sa maison ne lui ayant rien demandé, depuis son avénement au trône de France. — « Je prie le Roi de m'accorder deux jours avant de lui présenter ma pétition, répondit le marquis. » — Deux jours plus tard, M. de Dolomieu se rendit chez le Roi, portant à la main un cahier de beau parchemin, contenant le texte de la Charte de 1830 et la formule du serment prêté par le Roi. — « Je supplie Votre Majesté, lui dit le marquis, de vouloir bien mettre sa signature au bas de cet exemplaire de la Charte. » Louis-Philippe se prêta gracieusement à cette fantaisie du marquis et signa deux fois sur le fameux cahier contenant le texte de la Charte; il y fit même ajouter le sceau de l'Etat. « Je possède, disait avec orgueil M. de Dolomieu, le seul exemplaire connu de la Charte de 1830, signé par le Roi, et aucune autre collection ne peut avoir une pièce semblable. » Le marquis de Dolomieu est mort à Paris, en 1832, dans un âge avancé, et l'une des premières victimes du choléra, qui venait d'éclater en France.

La marquise de Dolomieu lui survécut jusqu'en 1848; à cette époque, elle accompagna au château de Claremond, en Angleterre, la reine Marie-Amélie. A peine arrivée dans cette résidence royale, qui servait d'asile à la famille royale de France, la marquise fut prise par une grave indisposition, ressemblant assez à un empoisonnement. On attribua aux eaux des réservoirs du château mal entretenus, la cause de ces désordres, que d'autres personnes de la maison du roi éprouvèrent aussi; mais la marquise fut obligée de revenir à Paris pour se faire soigner. Elle y mourut presqu'en arrivant.

Les dernières années de la vie du commandeur de Dolomieu n'avaient pas été non plus exemptes d'événements douloureux. Après de très-vifs démêlés avec le Grand-Maître de l'Ordre, Dolomieu se retira à Paris. Il fit ensuite partie de la Commission scientifique qui se rendit en Egypte avec l'expédition militaire de Bonaparte. Désigné pour être l'un des négociateurs du traité relatif à l'Ile de Malte, il rendit de grands services à ses anciens frères de l'Ordre, qui l'avaient cependant vivement persécuté. Le mauvais état de sa santé, ne permit pas au commandeur de Dolomieu de rester longtemps en Egypte et, à son retour en France, il fut fait prisonnier de guerre, le bâtiment qui le ramenait ayant relâché, par suite d'un gros temps, dans le golfe de Tarente, et la cour de Naples étant alors en guerre avec la France. Enfermé pendant deux mois à Messine, dans un cachot infecte, il y contracta le germe de la maladie dont il mourut en 1801, après avoir reçu en France les plus grands témoignages de considération et de sympathie. Nous possédons un feuillet écrit de sa main et qui est relatif au climat de l'Egypte. Il a été donné à mon père par le marquis de Dolomieu.

Nous avons rappelé ces divers événements concernant les Dolomieu, nos compatriotes, parce qu'un autre de nos compatriotes, M. Rivoire de La Bâtie, qui a publié l'*Armorial de Dauphiné*, en un volume in-folio, imprimé à Lyon en 1867, avec un soin et un luxe remarquables, a commis un oubli complet, d'une part, et a imprimé, d'autre part, des renseignements insuffisants relatifs à cette famille; il donne de plus, à penser, d'après la rédaction de son article, que le Commandeur avait eu de simples malheurs intimes. Voici ce que M. de La Bâtie dit du Commandeur (p. 286) : « Il mourut en 1801, par suite de malheurs et de chagrins, *qui abrégèrent sa vie*. Quant à l'omission, elle est plus grave: elle se rapporte au marquis et à sa femme, qui ont été complétement oubliés dans le livre si intéressant de M. de La Bâtie. Cependant M. de Terrebasse, qui passe pour avoir semé dans cet ouvrage quelques additions malicieuses et quelques compléments tout à fait dauphinois, avait connu, à Paris, ces deux personnes très-notables de notre département. L'Armorial contient simplement, à la fin de l'article *Dolomieu*, cette phrase : « Madame la marquise de Dolomieu, née de Manuel, âgée de près de cent ans, qui habite le château de la Côte-Saint-André, *est la dernière* représentante du nom de Dolomieu, porté par cette branche, qui est tombée dans la maison de Drée, par le mariage du comte de Drée avec la sœur du commandeur (et du marquis) de Dolomieu. » Le marquis et la marquise de Dolomieu ont donc été entièrement passés sous silence, quoiqu'ayant porté l'un et l'autre, avec une grande distinction, un nom cher aux Dauphinois. Les de Drée ne sont pas mieux traités dans l'*Armorial de Dauphiné* de M. de La Bâtie, et dans la *Biographie du Dauphiné* de M. Rochas. Le premier mentionne le général d'état-major marquis de Drée en ces termes : « Un autre de Drée est mort général, il y a peu de temps. » Le général avait cependant d'assez beaux états de service militaire, pour n'être pas inscrit si laconiquement dans l'Armorial, où ses ancêtres occupent une place très-honorable. M. Rochas a été encore plus bref : le nom de de Drée ne se trouve pas dans sa *Biographie*.

Le comte d'Argout appartenait aussi à une ancienne famille de Dauphiné, plus célèbre par la robe et l'église que par l'épée. Sa mère était une Vaulxerre des Adrets. Il émigra avec son père, seigneur de Veyssilieu; mais sous le Consulat, il rentra en France pour résider à Grenoble. Il s'occupait alors à réunir les débris de la fortune de sa famille et charmait ses loisirs par des études historiques relatives au Dauphiné. Il avait été très-bien accueilli par Fourier et s'était lié d'amitié avec Champollion-Figeac, qui l'encourageait dans ses goûts littéraires. Mais Français de Nantes eut plus d'influence sur lui et le décida à entrer dans l'administration des contributions indirectes. Il y fut nommé simple employé, mais sans participer aux travaux du bureau, grâce aux bontés de son directeur. Bientôt après, le comte d'Argout devint receveur particulier des finances à Anvers, ensuite auditeur au Conseil d'Etat en 1810. Nous le retrouverons à Paris, au commencement de la Restauration, ayant occupé une direction administrative importante et s'étant fait remarquer par ses ardeurs politiques comme préfet. On lui a toujours attribué une histoire d'un drapeau tricolore brûlé et dont il avala la cendre, dans un verre mélangé d'eau pure et de vin blanc. Il passait pour avoir fait ses preuves de galanterie, en enlevant Mademoiselle Adèle Batbedat, fille d'un receveur général de Nîmes, qu'il épousa immédiatement. Nous reparlerons de ce personnage et de la part active qu'il prit aux événements littéraires et politiques de la Restauration.

Le vicomte Gabriel du Bouchage était également un homme de salons et un des hommes les plus spirituels de Grenoble. Il avait été reçu chevalier de Malte; mais il ne persista pas longtemps dans le célibat prescrit par cet Ordre religieux et militaire. Après avoir employé les premières années de son séjour dans la ville, à protéger, auprès de l'administration départementale, les familles des émigrés qui rentraient en France, et les communes ayant des droits à faire valoir sur des biens nationaux qui leur avaient été abandonnés, le vicomte du Bouchage fut élu député de l'Isère. Il épousa à cette époque, Mademoiselle Planelli de La Valette, dont on a toujours vanté l'esprit et la charité. Nous retrouverons le vicomte Gabriel pair de France, au commencement de la Restauration et s'intéressant aux travaux scientifiques de la Société littéraire de Grenoble.

Le comte de Pina de Saint-Didier (Jean-François-Calixte) était fils d'un capitaine de cavalerie, qui avait porté les armes avec distinction. Ils n'émigrèrent ni l'un ni l'autre. Sous le

Consulat, le comte de Pina occupait son temps, à Grenoble et à Romans, à étudier avec soin la numismatique et la bibliographie. Il était un des habitués de la Bibliothèque de la ville ; il se lia d'une vive affection avec Champollion-Figeac, ainsi que le constatent ses lettres que nous avons sous les yeux. Lorsque le comte de Pina fut faire un voyage archéologique en Italie, il dut au savant bibliothécaire de Grenoble une partie des agréments et des avantages de son voyage, par suite de lettres de recommandation qui lui avaient été données par Champollion-Figeac, pour les érudits d'Italie. Nous retrouverons M. de Pina comme maire et député de Grenoble pendant la Restauration; mais à cette époque, il s'était brouillé avec Champollion-Figeac pour cause d'opinions politiques, et il demandait, ainsi que le marquis de La Valette, la destitution du bibliothécaire.

Ennemond de Chaléon, baron de l'Albenc, député aux Etats-Généraux de la provence, en 1788, ne siégea pas longtemps dans cette assemblée, et prit le parti de se retirer dans ses terres de Dauphiné, au moment où l'orage politique commençait à gronder d'une manière inquiétante pour la monarchie. Il n'émigra pas cependant, et il se contenta de passer les temps les plus orageux de la Révolution dans sa terre de Vif (Isère). La baronnie de Châteauneuf de l'Albenc est aujourd'hui la propriété d'un de ses petits-fils, M. Humbert de Montravel.

L'article des Chaléon, dans l'Armorial de M. de La Bâtie, n'est pas complet; il en est de même de quelques autres articles du même ouvrage. Il a omis, sans doute par inadvertance, de citer plusieurs branches de cette famille.

César de Chaléon fut déclaré suspect par le Comité de surveillance de Grenoble, en 1793, et arrêté avec sa femme et son fils Pierre-Félix. En même temps, on incarcérait aussi à Sainte-Marie d'en Haut, MM. de Langon, de Bardonenche, le docteur Clapier et l'avocat, plus tard le conseiller Revol. Nous n'avons pas pu constater si Jacques-César de Chaléon fut également incarcéré. Le Comité révolutionnaire avait trouvé que « Pierre-Félix, quoique d'un caractère doux et caressant, à cause de ses liaisons avec les ci-devant nobles, ne pouvait qu'être un ennemi de la Révolution, par respect pour sa famille. » Il fut donc provisoirement enfermé à Sainte-Marie d'en Haut.

Les Mautauban échappèrent à ces persécutions.

L'Armorial de M. de La Bâtie nous a paru très complet, en ce qui concerne les familles de Maubec, de Langon, dont une des filles épousa le marquis Planelli de La Vallette, de Varces ; les Bardonenche, les Delandine, biliothécaire de Lyon, originaire du Dauphiné et annobli en 1815, les Perier de Vizille, les Trousset, etc... Il n'en n'est pas de même pour les familles qui remontent à des époques très anciennes, comme les Clermont, dont il conteste l'authenticité de la concession de leurs armoiries faite par le pape ; les Montchenu, dont le dernier survivant, frère du lieutenant-général qui fut à Sainte-Hélène, avait une connaissanace si complète de l'ancienne noblesse de Dauphiné. Nous aurons a reparler de cette publication de l'Armorial.

Quant aux autres députés de l'Isère, nous leur consacrerons un chapitre spécial, afin de rappeler la part que chacun d'eux eut à la répartition des encouragements accordés par le gouvernement pour la propagation des sciences, des lettres et des arts dans notre département.

X

VISITES OFFICIELLES DU PRÉFET AUX MEMBRES DE LA SOCIÉTÉ DES SCIENCES, DES LETTRES, ET DES ARTS

Le Carnet *relatif aux visites du préfet.* — *Fourier chez le général d'artillerie de La Salette.* — *Les sciences physiques et mathématiques.* — *La musique ancienne et moderne.* — *Lettre du général.* — *Les clavecins et le forte-piano de M. Pape.* — *Les instruments de musique en usage chez les anciens.* — *Ouvrages du général relatif à la musique.* — *Lettre du secrétaire perpétuel de l'Académie des beaux-arts y relative.* — *Ecole de musique à créer à Grenoble.* — *Fourier et les zodiaques égyptiens.* — *Notice de Victor Cousin, relative aux travaux de Fourier.* — *Discussion erronée concernant l'antiquité des zodiaques.* — *Champollion-le-Jeune détermine exactement la date de ces monuments.* — *Le règne de Cléopâtre et l'Egypte ancienne de Champollion-Figeac.* — *Fourier élu membre de la Société littéraire de Grenoble.*
Dubois-Fontanelle, le préfet et les poëtes dauphinois. — *Le château d'Echirolles et les Renauldon.* — *Les œuvres littéraires de Dubois-Fontanelle.* — *Son Cours de belles-lettres publié en 1820 par Ch. baron Renauldon.* — *Tragédie inédite de Dubois-Fontanelle.* — *Lettre confidentielle à Champollion-Figeac à ce sujet.* — *Les poésies de la jeunesse de Dubois-Fontanelle modifiées par lui.* — *Lettre à Chalvet à ce sujet.* — *Séjour à Chimilin.* — *La Vestale et la Société littéraire de Grenoble.* — *Epitaphe de Dubois-Fontanelle.* — *Ducoin aîné, Perreton, Létourneau, Barrin de Chanrond, Bardel, Mauclerc, Gaudoz, Augustin Blanchet, Hector Blanchet.* — *Les chants patriotiques.* — *Bonsoir à Sophie.* — *Ode à la Monarchie.* — *Cours de littérature de La Harpe.* — *Bovier, négociant et Bovier, avocat.* — *Séjour de J.-J. Rousseau à Grenoble.* — *M. Auguste Ducoin.* — *M. Lhoste et la famille Taglioni.* — *Les titres nobiliaires accordés aux membres des Sociétés littéraires.* — *M. de Bougy, notre compatriote et le dialogue de Boursault.* — *Allemand, curé de Claix.* — *M. Miroir et sa cantate.* — *Maurel de Rochebelle.* — *Les poésies légères et politiques.* — *Les soupers, les chansons, les salons.* — *Les chanteurs politiques dans les réunions d'oppositions.* — *M. Ollivet, de Vienne.* — *Les chansons de Béranger: opinion de MM. Renand et Maxime Ducamp.* — *MM. de Terrebasse, leur bibliothèque et leurs publications relatives au Dauphiné.*

Dès que Fourier voulut entreprendre ses visites officielles comme préfet, il examina la part qu'il devait accorder aux membres de la Société des sciences, des lettres et des arts de Grenoble. Ordinairement, les préfets possèdent, pour se guider dans ces sortes de visites, un *carnet* qui se transmet de préfet à préfet ; chacun d'eux inscrit ses notes, en regard des noms des personnages politiques, littéraires, industriels, ou encore devant les noms de ceux qui, par leur haute position, méritent une attention ou une politesse du nouveau préfet. Mais, à cette époque, le *Carnet officiel* n'existait pas encore à la préfecture de l'Isère, et Fourier voulut en créer un aussi complet que possible. Il mit plusieurs années à le préparer ; celui que nous avons eu l'occasion de consulter, nous semble avoir été terminé en 1808. Ce Carnet représente donc les notes du préfet, relatives au personnel du département, pendant les six premières années de l'administration de Fourier. C'est dans ce Carnet que nous allons puiser une partie des renseignements relatifs aux personnes que le préfet alla visiter (voyez p. 109). Nous nous occuperons principalement des membres de la Société des sciences, des lettres et des arts de Grenoble.

La première visite officielle du préfet, fût pour le général Joubert de La Salette, un des fondateurs, puis trésorier et enfin président de cette Société ; il demeurait rue Ste-Claire. La Salette avait appartenu à l'arme spéciale de l'artillerie ; aussi le préfet put-il, à sa grande satisfaction, s'entretenir avec lui du progrès des sciences physiques et mathématiques ; le *Cours d'Optique* de Newton, traduit récemment en latin et en français par Clarcke et Coste ne fut pas oublié ; il fut aussi question des *Réfractions atmosphériques* de Biot, du *Traité de Nivellement* de Puissant. Mais le général attira bien vite la conversation du préfet sur son sujet de prédilection *la Musique*.

Il lui était impossible, à cause de son âge, de se rendre à Paris pour entendre les Opéras nouveaux qui s'y exécutaient avec un ensemble très-remarquable et pouvant déjà rivaliser avec les orchestres et les chants de l'Italie. Aussi, le général avait-il pris l'habitude de charger un de ses amis, qui passait souvent plusieurs mois dans la capitale, d'aller entendre spécialement pour lui les chefs-d'œuvres nouveaux. Cet ami rendait ensuite compte au général de l'impression que lui avait produite la musique de la nouvelle école ; mais dès que les partitions étaient gravées, La Salette s'empressait de se les procurer, pour les exécuter sur son clavecin. Le général possédait un de ces instruments sortis de la fabrique si renommée alors de M. Pape. Lorsque cet habile facteur eut perfectionné le forte-piano, le général s'en fit envoyer un des meilleurs. Il était le seul habitant de Grenoble, à cette époque, qui en possédât un! Fourier fut obligé d'en admirer les sons harmonieux, à la grande satisfaction de son hôte.

Le préfet fit connaître au général les instruments de musique que l'on trouvait sculptés et peints sur les monuments de l'Egypte, et au sujet desquels Villoteau devait publier une Notice descriptive, dans le grand ouvrage sur l'Egypte. La Salette avait réuni une copie de tous les monuments de l'art grec, des peintures et des sculptures d'Herculanum, de Pompéï et de Rome, qui représentaient des musiciens ou des instruments de musique. Il prit immédiatement note des renseignements donnés par le préfet et il lui indiqua les divers Mémoires qu'il se proposait de lire à la Société littéraire de Grenoble, sur la musique; notamment sur un *nouveau système de notation musicale*, consistant à substituer les lettres aux notes; sur l'*art d'accorder les instruments à clavecin et particulièrement les forte-pianos.*

La Salette avait déjà entrepris son grand ouvrage sur la musique ancienne et moderne, travail plein de recherches curieuses, qui était alors très-avancé, si nous nous en rapportons à des lettres du général, adressées, en 1809, à Roquefort, et que nous avons sous les yeux. Dans l'une, il indique les sujets traités dans la première partie de son ouvrage; dans l'autre, il critique la méthode Choron; enfin, dans une troisième, il indiquait le titre définitif de son livre, en ces termes : *Considérations sur les divers systèmes de la musique ancienne et moderne et sur le genre enharmonique des Grecs; avec une dissertation préliminaire, relative à l'origine du chant, de la lyre et de la flûte attribuée à Pan.* Cet ouvrage fut terminé en 1810, et Joachim Le Breton, secrétaire perpétuel de l'Académie des beaux-arts, lui écrivit à ce sujet : « Votre zèle pour
« l'art musical et vos connaissances, m'ayant paru mériter
« l'attention et l'intérêt de la classe, je n'ai point cessé de pro-
« voquer la section de musique, jusqu'à ce qu'elle se soit
« expliquée sur votre travail; et j'ai cru bien faire, de vous
« indiquer comme un des hommes qui montre le plus de
« lumière en écrivant sur la musique et qui cherchent des
« routes nouvelles: si ce n'est point un éloge complet, c'est
« cependant un éloge. » (Corresp. littér. t. 2, p. 84).

Le général de La Salette demanda au préfet d'établir à Grenoble une école de musique, que la ville ne possède pas encore, malgré les vives sollicitations de plusieurs autres personnes influentes. Le général remit à Fourier un premier *Mémoire sur la nécessité d'établir à Grenoble un enseignement de musique*, et plus tard, un second *Mémoire sur la moralité de la musique dans ses rapports avec les institutions républicaines et l'éducation.* Enfin, Maurel de Rochebelle renouvela également, plus tard, ses instances à ce sujet, mais sans plus de succès. Les autres Mémoires lus à la Société littéraire de Grenoble et les publications du général sont exactement indiqués dans la *Biographie du Dauphiné* de M. Rochas. Nous renvoyons à cet ouvrage, pour en avoir une liste complète.

Fourier ne pût faire cesser cette conversation musicale, qui passionnait le général, qu'en lui parlant des monuments nouveaux, dont l'opinion publique se préoccupait si vivement, c'est-à-dire des zodiaques égyptiens. Nous avons déjà cité le Mémoire que le général rédigea à ce sujet, en consultant les travaux publiés par Savigny, Thomas Bartholin, Biot, l'abbé Poczobut, Lanjuniais, etc. Victor Cousin, dans sa *Notice sur Fourier*, mentionne aussi cette question des zodiaques, comme préoccupant très-vivement, à cette époque, le préfet de l'Isère, et il dit :

« Cependant, les occupations du préfet n'empêchaient pas
« les méditations du savant; et après avoir terminé rapidement
« toutes les affaires, retiré dans son cabinet solitaire, Fourier
« mettait en ordre ses papiers sur l'Egypte, poursuivait le
« développement de ses méthodes analytiques et jetait les
« fondements de la Théorie de la chaleur. Il trouva à Greno-
« ble les deux frères Champollion, auxquels il donna le goût
« des études égyptiennes. C'est peut-être à Fourier que nous
« devons Champollion-le-Jeune, qui précisément était destiné
« à porter le coup mortel à *l'antiquité* du zodiaque de Den-
« dérah. »

Le coup mortel porté à *l'antiquité* des zodiaques égyptiens, se fit longtemps attendre : ce ne fut, en effet, que vingt année plus tard (en 1822), que Champollion-le-Jeune put enfin déterminer, d'une manière précise, l'âge de ces importants monuments. Pendant ce long espace de temps, les discussions s'égarèrent de part et d'autres; mais elles ne cessèrent pas un instant de passionner diversement les savants, le clergé et les hommes du monde. Nous allons rappeler, en peu de mots, les différentes phases que suivit cette question de l'antiquité des zodiaques égyptiens, en nous servant des précieux renseignements réunis par Champollion-Figeac, dans l'une de ses publications, ayant pour titre : *L'Egypte et les Cent jours* (p. 49). En voici le résumé :

Denon, protégé par l'amitié et les victoires de Desaix, avait pénétré dans la haute Egypte et exploré, le premier, cette riche contrée historique. Parvenu, avec l'armée, à Dendérah, Desaix découvrit, dans le palais de ce nom, le zodiaque circulaire, en avertit Denon, qui le dessina et qui l'annonça à ses collégues, dès son retour au Caire, au mois d'août 1799. La Commission présidée par Fourier compléta cette première découverte et lui donna son véritable prix, par l'observation du monument d'Esné et de ceux de Thèbes et d'Hermonthis. Ces zodiaques étaient au nombre de six et contenaient également les douze constellations zodiaquales, dont les signes se succédaient selon l'ordre du zodiaque moderne. Seulement, le signe *qui occupe la première place* dans les six zodiaques, n'est pas toujours le même. Dans l'un c'est la Vierge, dans l'autre c'est le Lion, dans le troisième c'est le Taureau, dans le quatrième c'est le Scorpion, etc.

Des rapprochements de ces zodiaques naquit la prompte interprétation des causes de leur ressemblance et de leur disparité, et cette interprétation fut, dès son origine, une science tout entière, dont les conséquences changeaient inopinement toutes les bases jusque-là accréditées de l'histoire de la société humaine. En considérant le premier signe de chaque zodiaque, comme celui du *solstice* au temps où les palais égyptiens qui les renfermaient furent construits, on disait : Le palais de Dendérah, où le solstice est dans le signe du *Lion*, date de quatre mille ans avant notre ère et le palais d'Esné de sept mille ans, le solstice y étant indiqué dans le signe de la *Vierge*.

Dans le temps où ces idées si nouvelles furent rendues publiques en France, toutes les opinions avaient un libre cours :

il y eut des écrivains qui applaudirent à ces nouveautés, d'autres qui s'en alarmèrent, dans l'intérêt de la chronologie sacrée. Les contradicteurs ne firent donc point faute à ces zodiaques; mais il est juste de dire, qu'il n'existe de Fourier aucun écrit, de nature à le rendre responsable des opinions exagérées, qui eurent cours dans ces premiers temps, au sujet de l'antiquité des zodiaques Egyptiens. En effet, Dupuis, membre de l'Institut, auteur de Mémoires *sur les constellations, sur l'Origine des cultes* et sur les zodiaques de Dendérah, leur attribuait une antiquité de douze ou quinze mille ans avant l'ère chrétienne; Ripault, bibliothécaire du Premier Consul, leur donnait cinq à six mille ans; Visconti et de Lalande trois mille cinq cents ans à Esnéh, et mille cinq cents ans à Dendérah; l'abbé Poczobut, six cent trente-trois ans avant J.-C.; d'autres enfin, dont nous avons cité les ouvrages, variaient entre ces différentes dates.

Dans un résumé littéraire sur ses recherches relatives aux antiquités astronomiques de l'Egypte, publié très-tardivement, Fourier exprimait l'opinion que les sphères Egyptiennes d'Esnéh se rapportaient au XXVe siècle avant l'ère chrétienne, époque à laquelle la monarchie Egyptienne était florissante par les lois, les mœurs et les arts, et que celle de Dendérah était du XXIe siècle. Bientôt après cette dernière publication, le silence se fit sur l'*antiquité* des zodiaques Egyptiens, par ordre du gouvernement impérial, transmis verbalement par les agents chargés de surveiller la presse. Mais lorsque le roi Louis XVIII eut prescrit, en 1822, d'acheter et de placer à la Bibliothèque royale le zodiaque circulaire de Dendérah, qui venait d'être transporté à Paris, les discussions se ranimèrent immédiatement, avec plus de vivacité que par le passé.

Plusieurs écrivains luttèrent de science et de zèle pour rabaisser l'époque assignée à ce monument; pas un seul n'en défendit l'antiquité, soit à Rome, soit en Allemagne, soit en Angleterre. M. Biot ayant cru reconnaître quatre étoiles sur ces zodiaques, en déduisit l'époque de leur construction qu'il fixa à sept cent seize années avant notre ère. Mais Champollion-le-Jeune démontra que ces prétendues étoiles de M. Biot, n'étaient que des signes *graphiques* en usage chez les Egyptiens. (*Lettre à M. le Rédacteur de la Revue encyclopédique*).

A la même époque, le bibliothécaire de l'impératrice Joséphine, helléniste très-dinstingué, vouait à l'exécration des siècles, la mémoire de l'homme qui avait parlé de douze mille années et maudissait même ceux qui avaient apporté en France *cette vilaine pierre noire*. Dans les assemblées législatives de France, un député tonnait contre ce monument d'athéisme et d'irreligion. Au milieu de ces interminables imprécations et de ces controverses violentes, la découverte de l'alphabet hiéroglyphique par Champollion-le-Jeune, en 1822, vint, tout-à-coup, lever tous les doutes: les palais d'Esnéh et de Dendérah, dans lesquels se trouvaient les zodiaques, furent reconnus pour des édifices élevés et terminés du temps de la domination des Romains en Egypte. La merveilleuse *antiquité* des zodiaques s'évanouissait par la conséquence naturelle de cette observation.

Dans ses *Lettres écrites d'Egypte*, le 24 novembre 1828, adressées à son frère et imprimées par Didot. Paris, in-8°, 1833, page 89, Champollion - le - Jeune dit, en parlant du palais de Dendérah :

« Nous y arrivâmes le 16 au soir; il faisait un clair de lune magnifique et nous n'étions qu'à une heure de distance des temples : pouvions-nous résister à la tentation? Partir sur le champ, sans guides, mais armés jusqu'aux dents, fut l'affaire d'un instant.... Les temples nous apparurent enfin. Je n'essaierai pas de décrire l'impression que nous fit le grand propylon et surtout le portique du grand temple. On peut bien le mesurer, mais en donner une idée, c'est impossible. C'est la grâce et la majesté réunies au plus haut degré.... Ce qui était magnifique à la clarté de la lune, l'était encore plus, lorsque les rayons du soleil nous firent distinguer tous les détails. Je vis, dès lors, que j'avais sous les yeux un chef-d'œuvre d'architecture, couvert de sculptures de détail du plus mauvais style ; et cela ne pouvait être autrement ; ils sont d'un temps de décadence. La sculpture s'était déjà corrompue, tandis que l'architecture, moins sujette à varier, puisqu'elle est un art chiffré, s'était soutenue digne des Dieux de l'Egypte et de l'admiration de tous les siècles. Voici les époques de la décoration. La partie la plus ancienne est la muraille extérieure, à l'extrémité du temple, où sont figurés, de proportion colossales, Cléopatre et son fils Ptolémée-Cœsar. Les bas reliefs supérieurs sont du temps de l'empereur Auguste, ainsi que le naos; le pronaos est couvert de légendes impériales de Tibère, de Caïus, de Claude et de Néron; mais dans tout l'intérieur de l'édifice, il *n'existe pas un seul cartouche sculpté...* Le grand propylon est couvert des images des empereurs Domitien et

Trajan. Le typhonium a été décoré sous Trajan, Hadrien et Antonin-le-Pieux. — *8 décembre 1828*, (p. 108). J'allai visiter le grand temple d'Esné. J'y ai vu, comme je m'y attendais, une assez belle architecture, mais des sculptures détestables ; la partie la plus ancienne est de Ptolémée-Epiphane ; la corniche du pronaos porte les légendes impériales de Claude, de Titus ; dans l'intérieur, celles de Domitien, Tranjan, Antonin, et enfin de Septime Sévère. »

Si nous nous reportons à l'*Egypte ancienne* de Champollion-Figeac, (p. 106 et 107), nous y trouvons la description minutieuse des zodiaques de Dendérah et d'Esné, et l'indication de l'époque de la construction des palais dans lesquels ils étaient sculptés. Il est évident que le zodiaque de Dendérah, le plus important et le plus complet de tous, ne peut être, au plus tôt, que *du règne de Cléopatre.* Or, cette reine célèbre occupa le trône d'Egypte pendant 22 ans, et se donna la mort le 15 août de l'*an 30 avant l'ère chrétienne.* En supposant que la partie du temple, dans laquelle se trouve ce planisphère, n'ait été construite que sous la domination de Néron, cet empereur étant mort l'*an 64 de la même ère,* ce serait entre ces deux dates extrêmes que l'on devrait fixer l'âge des zodiaques. Champollion-Figeac ajoute (p. 464) :

« La splendeur, la durée et les événements du règne de Cléopatre, permettent de supposer que cette grande reine ne négligea rien de ce qui pouvait accroître son illustration. Les monuments qui couvrent encore le sol de l'Egypte, en portent de nombreux et d'éclatants témoignages, et la tendresse de Cléopatre pour le fils qu'elle avait eu de Jules-César s'y manifeste presque partout. Le petit temple d'Hermonthis fut construit en commémoration de la naissance de cet enfant. Subjuguée par les romains, l'Egypte ne fournit plus aux annales humaines, que son contingent de malheur et de dures vicissitudes. »

Ces certitudes historiques ne sont plus aujourd'hui mises en doute et les travaux du brave général de La Salette et de Fourier sur cette question, n'ont plus aucune valeur scientifique, en ce qui concerne l'*antiquité* des zodiaques égyptiens au nombre de six et dont nous venons de parler.

Lorsque Fourier prit congé du général de La Salette, après cette longue visite, que les notes de son Carnet nous signalent comme lui ayant été très-agréable, le général lui demanda d'accepter la présidence d'honneur de la Société des sciences, des lettres et des arts de Grenoble. Fourier déclina cette faveur, exprima le désir d'être élu membre résidant, prétendant qu'il voulait assister aux séances de quinzaine de cette savante compagnie. Fourier ne vint pas souvent aux réunions ordinaires; mais on peut ajouter qu'il assista à toutes les séances solennelles et qu'il y prononça même plusieurs discours.

Dubois-Fontanelle reçut la seconde visite officielle du Préfet : c'était un ancien rédacteur de la *Gazette de France* (voy. ci-dessus § IX, p. 89), et de l'*Année littéraire* de Fréron; il avait obtenu, au Théâtre-Français de Paris, quelques succès d'estime; mais l'on prétendit toujours que si *la Vestale* n'avait pas été défendue par la censure, cette tragédie en trois actes n'eût pas été aussi lue et aussi souvent réimprimée (voyez ci-après). Dubois-Fontanelle était alors dans sa soixante-quatorzième année et il venait de composer un poëme assez étendu, ayant pour titre : *Philémon et Baucis*, dont nous possédons le manuscrit original. C'était à l'occasion du mariage de sa fille avec Renauldon, que Fourier avait récemment nommé maire de la ville. Le préfet dut nécessairement écouter la lecture de ces poésies, qu'il trouva très-jolies; mais en homme prudent, il fut fort réservé sur le succès de *la Vestale*. Il se contenta de parler des *romans* traduits de l'anglais par notre littérateur, des *fables* lues à la Société, enfin des *Métamorphoses d'Ovide*, dont la traduction imprimée par Panckouke avait eu plusieurs éditions. Dubois-Fontanelle était un des fondateurs de la Société littéraire et il participait encore à ses travaux. Il habitait, une grande partie de l'année, son château d'Eschirolles, dans le canton sud de Grenoble et près du célèbre pont de Claix. Cette résidence élégante est bâtie à mi-coteau, dans un site des plus pittoresques, d'où l'on aperçoit toute la vallée du Drac; elle devint la propriété du gendre de notre savant littérateur, M. le baron Renauldon, maire de Grenoble; puis elle a passé au fils, Charles Renauldon, ancien préfet du Bas-Rhin, qui est mort sans héritier.

Ce fut ce petit-fils de Dubois-Fontanelle qui publia, vers 1820, en 4 volumes in-8°, son *Cours de Belles-Lettres*, resté jusqu'alors inédit, parce que notre savant compatriote n'avait pas pu trouver un éditeur, en 1806. Ce renseignement nous est fourni par la correspondance littéraire très-intéressante de Dubois-Fontanelle avec Chalvet, Gattel et Champollion-Figeac. M. Rochas, dans sa *Biographie du Dauphiné* nous donne un état exact des *œuvres imprimées* de Dubois-Fontanelle, la correspondance dont nous venons de parler complétera le travail de M. Rochas, en ce qui concerne les travaux *inédits.* C'est pour ce motif que nous reproduisons la lettre suivante, adressée à Champollion-Figeac, et les extraits d'autres lettres destinées à Chalvet et à Gattel.

Lettre de Dubois-Fontanelle a Champollion-Figeac.

« Chimilin, près et par le Pont-de-Beauvoisin, le 21 septembre 1803.

« .. A présent, mon cher ami, je vais vous consulter, vous faire une confidence, d'après laquelle vous pourrez penser que je suis un vieux fol, dont la démence ne fait qu'empirer avec l'âge. Pendant ma longue fièvre de l'automne et de l'hiver derniers, le dada de ma jeunesse s'est représenté à moi ; un vif désir de le remonter m'a pris, et je n'ai rien eu de plus pressé que de le faire, en entrant en convalescence, vers le printemps. J'ai fait une tragédie ! je m'en suis ravisé un peu tard ; j'aurais dû me rappeler le mot de Corneille à Madame Des Houlières, en lui rendant son Genséric qu'elle lui avait porté : « Madame, lui dit-il, pour faire une tragédie, il faut avoir ce que vous n'avez pas. » Corneille avait fait preuve qu'il l'avait ; à mon âge, on ne peut pas trop s'en flatter, et je sens que mon sujet l'aurait surtout exigé.

« C'est la mort de Darius, la chute de l'empire des Perses, l'époque la plus brillante de l'histoire de la Grèce Comme il m'était impossible de faire paraître et parler *Alexandre* d'une manière convenable et de le mettre en scène avec Darius, sans écraser entièrement celui-ci, ou gâter celui-là, je l'ai laissé derrière le rideau ; j'ai pris mon héros dans ce roi puissant, dépouillé de ses états par un conquérant, poursuivi par les revers, prêt à tomber entre les mains de son vainqueur, avec sa famille, assassiné enfin par un de ses sujets.

« J'ai tâché de réunir tout l'intérêt sur Darius ; je crois avoir entrevu des situations touchantes, et si elles ne sont pas traitées comme elles devraient l'être, il me semble qu'elles sont indiquées. Peut être ai-je mis quelque adresse et quelque sensibilité, en rendant, pour ainsi dire, les spectateurs témoins de la mort de Darius, sans exposer à leurs regards ce qu'un assassinat a d'horrible, en leur faisant voir celui-ci par les yeux de Statéra, dont le trouble et le désespoir doivent passer dans leurs âmes, et terminant le tableau, sans doute peu neuf au théâtre, d'un prince malheureux et mourant dans les bras de sa famille éplorée, par le spectacle de sa femme désespérée et prête à le suivre, si elle ne se souvenait pas qu'elle est mère et qu'elle se doit à son fils.

« L'échafaudage nécessaire pour amener ces situations, gâte, peut-être, la pièce ; le roman nécessaire aurait pu être mieux conçu ; il m'a fallu donner à Bessus un complice, le rendre différent, lui donner un motif. Je regarde cette partie de la pièce et qui, d'après mon plan général, se trouve indispensable, comme sa partie honteuse. J'ai tâché de l'enluminer un peu par les tableaux et le spectacle.

« Ma fille emporte la pièce; elle doit la faire copier; elle vous la portera; lisez-là, je vous prie, examinez en l'effet; mon dessein est de l'envoyer à Paris, de tenter le saut périlleux; mais comme rien n'est plus incertain qu'une réussite, je veux garder l'anonyme et tomber *incognito*, si cela m'arrive. Jeune, je serais moins sensible; on a l'excuse de l'âge, l'espoir d'une revanche; on ne l'a plus au mien. Je n'ai pas prétendu faire un chef-d'œuvre, et je puis dire avec Voltaire :

> Je sais qu'il est indubitable
> Que, pour former œuvre parfait,
> Il faudrait se donner au diable :
> Et c'est ce que je n'ai pas fait.

« Les chefs-d'œuvre ne sont pas communs, même chez les grands maîtres; les hommes ordinaires doivent se contenter de n'être pas ridicules et d'un succès ordinaire.

« Les vers héroïques sont difficiles, et je ne l'ai jamais mieux senti qu'en essayant d'en faire à présent; ce sont ceux de Darius, que je vous prie surtout de juger sévèrement. Si cependant vous pensez que la pièce ne doit pas courir la grande aventure, comme elle restera dans mon portefeuille, il ne sera pas nécessaire de vous donner tant de peine. Peut-être mes projets, dans le cas même où vous les jugeriez praticables, ne pourraient pas avoir lieu; car tout n'est pas dit quand on a fait une pièce; la faire représenter n'est pas une petite affaire; cela coûte souvent plus que de la composer. J'ignore si le sanhédrin comique n'est pas ce qu'il était de mon temps, je le présume et je n'y connais plus personne.

« Voilà bien du bavardage sur un ouvrage, qui peut ne pas vous en dédommager; en tout cas, pardonnez d'avance à l'ennui qu'il pourra vous causer. C'est votre amitié, ma confiance en vos lumières et en votre goût, qui me font passer sur tout.

« Agréez d'avance ma reconnaissance, et aimez toujours le bavard et le vieux fol. »

Nous publierons ultérieurement la réponse critique de Champollion-Figeac adressée à Dubois-Fontanelle, après la lecture de cette tragédie; mais constatons de suite que si Dubois-Fontanelle éprouvait des inquiétudes au sujet de ses tragédies composées pendant sa vieillesse, il regrettait aussi parfois quelques unes des poésies de sa trop grande jeunesse. Dans une lettre du 21 septembre 1803, destinée à Chalvet, nous remarquons le passage suivant :

« J'ai parcouru quelques-uns des contes de Gudin (Gudin de La Brenellerie); ils ont le mérite du genre, celui de la gaieté; mais pas la facilité qu'ils exigent: car les productions de cette espèce doivent surtout être faciles ; il ne faut pas qu'elles sentent le travail et la peine ; elles ne peuvent être qu'un amusement pour le lecteur ; elles doivent paraître n'avoir pas été autre chose pour l'auteur.

« Gudin a plus de courage que moi. J'ai répugné à publier dans ma vieillesse, des folies que la jeunesse eut excusées.

> Ce sont là des fleurs du printemps ;
> Il faut un autre emploi du temps
> Au dernier âge de la vie.

« Je conviens que ce n'est pas sans une sorte de regret, que je cède à cette réflexion et que j'éprouve une sorte de peine d'avoir passé le temps où je l'aurais pu. La raison me fait me féliciter des obstacles qui se sont opposés à l'impression qu'en voulait faire La Villette ; mais la folie me fait quelquefois regretter d'être raisonnable ; et rien n'est plus vrai que ce que je disais dans l'épilogue, que j'avais joint à ces bagatelles et qui en avaient terminé le recueil :

> La plupart de ces vers de ma jeunesse, enfants,
> N'ont point d'autre excuse que l'âge.
> J'en conviendrai : dans mon printemps
> Je fus bien fol, bien léger, bien volage !
> Quelques autres faits dans le temps
> Dont la maturité doit être le partage,
> Pourront paraître avoir aux yeux de bien des gens,
> Trop de cynisme ou de libertinage.
> Pendant l'automne de mes ans,
> Je ne puis me vanter d'avoir été plus sage.
> Et dans l'hiver, malgré mes cheveux blancs,
> Je ne le suis pas davantage.

« Je ne sais pas trop, à présent, si je le serai jamais ; après tout, je m'en console. » Dubois-Fontanelle disait encore à Chalvet :

« Je m'applique le bon avis donné par le confesseur de Rousseau à l'un des Florentins qu'on allait brûler :

> Ne songeons plus aux vanités humaines

« Ce vers et ce qui l'amène, prouve que je suis un tesson de la cruche cassée, *qui servabit odorem testa dies*. En relisant dernièrement mes *juvenilia*, je n'ai pu m'empêcher de m'en faire l'application et d'y ajouter ce mauvais vers ci-dessus, que je vous envoie, parce qu'il faut que je vous assomme des miens.

« Je vous croyais, à présent, bibliothécaire en pied ; ma fille m'apprend que Ducros garde encore sa place, pendant toute l'année prochaine ; quel homme ! Il est tenace ; il tient bien à ce qu'il tient ; il me tarde d'apprendre que vous êtes enfin installé. Je crains que, dans ses arrières pensées, car les moines en ont toujours, il n'y ait celle de faire oublier la demande qu'il a faite de sa retraite et l'espoir de la faire annuler. Je trouverai des gens qui pousseraient à la roue pour la seconder. »

Les renseignements littéraires que l'on peut encore tirer de cette correspondance inédite, se rapportent : 1° à deux nouvelles éditions de la traduction des Métamorphoses d'Ovide, que l'on demandait à Dubois-Fontanelle ; une expurgée pour les colléges et l'autre complète pour le public savant ; 2° aux motifs que firent valoir divers éditeurs pour ne pas imprimer son *Cours de Belles-Lettres*, ce qui mortifia prodigieusement l'auteur ; 3° Dubois-Fontanelle nous fait aussi connaître son opinion relative aux *Mémoires de la régence* par Marmontel ; 4° sur une *Histoire de Pologne*, qui venait de paraître (en 1806); 5° sur l'*Histoire des Templiers ;* 6° sur la *Chronique d'Aymoin ;* 7° une lettre est spécialement consacrée à la mort du romancier Pollin, dont nous avons parlé, § VI. p.59; « il était vieux, sans doute, mais sa fraîcheur, sa force faisaient espérer qu'on pourrait le ranger au nombre des êtres privilégiés, qui poussent leur carrière fort au-delà des bornes que la nature a fixées à celle de tous les hommes ; » 8° Dubois-Fontanelle ne peut s'empêcher de récriminer vivement contre le pape Grégoire-le-Grand, qui fit brûler les bibliothèques de Rome, comme Omard avait incendié celle d'Alexandrie; il était arrivé à une époque de sa vie, où dévoré par la goutte et retiré chez son fils, à Chimilin, il n'avait d'autre distraction que la lecture des livres que ses amis de Grenoble lui envoyaient, toutes les fois qu'ils avaient une occasion de les lui faire parvenir.

Dans une autre lettre, en parlant de la révolution de Russie, il ajoutait : « J'avais été à la veille d'un voyage, qui m'aurait mis à portée de la voir de près. » Il raconte ensuite, qu'il devait partir avec un ambassadeur, dont il ne donne pas le nom, en qualité de second secrétaire ; sa nomination était même signée, mais l'ambassadrice, qui regrettait de s'éloigner de la société française à laquelle elle était habituée et craignant de s'ennuyer en Russie, dont elle ne connaissait ni la langue, ni les usages, ni le monde, fit rapporter cette décision. Elle voulait, en effet, pour se procurer quelques distractions dans ce pays qu'elle considérait comme absolument sauvage, avoir autour d'elle un personnel aimant avec passion la musique. L'ambassadeur jouait de la flûte, l'ambassadrice du clavecin, le premier secrétaire du violon, l'intendant de la basse, la dame de compagnie avait une belle voix et chantait admirablement ; mais lorsque l'ambassadrice sut que Dubois-Fontanelle ignorait absolument l'art musical, elle le fit immédiatement remplacer par un autre second secrétaire, qui « *tirait de son instrument un très-beau son ;* » toutefois, il était incapable

de rédiger une dépêche. « C'est ainsi que je perdis, dit Du-
« bois-Fontanelle, l'occasion de voir de mes yeux la révolution
« qui fit périr l'empereur Pierre et porta la fameuse Catherine
« sur le trône. J'allais en Hollande, où je restai avec l'ambas-
« sadeur de France. Vous voyez à quoi tiennent les événe-
« ments de la vie ; la mienne en offre de singuliers. »

Lorsque Dubois-Fontanelle écrit à Gattel, il l'entretient des vicissitudes du collége de Grenoble et des tribulations qui incombèrent au proviseur, par suite de l'inspection de cet établissement par Fourcroy (voyez ci-après § XI). Mais les lectures destinées à occuper les séances solennelles de la Société littéraire de Grenoble, l'intéressaient toujours beaucoup ; il fut enchanté d'avoir l'occasion d'exprimer son opinion sur l'état de la scène en France, lorsque la censure lui refusa la permission de faire représenter, au Théâtre-Français de Paris, sa tragédie de *la Vestale*. Il écrivait à cette occasion à son ami Gattel :

« Berriat m'avait écrit que mon bavardage sur l'état de la scène tragique en France, après les quatre grands maîtres, avait été mieux accueilli que je ne l'espérais. Je le dois à votre manière de lire. Il m'avait dit, de plus, que la Société vous avait prié d'y ajouter un mot sur *la Vestale*. J'étais bien sûr que cet article fait par vous, vaudrait mieux que tout ce que j'ai pu dire ; je ne l'ai point encore reçu et je le lirai avec bien de l'intérêt ; je sais que l'amitié est toujours plus indulgente que juste ; je voudrais qu'un peu de cette dernière qualité se trouvât joint à la première dans votre extrait. La commission dont vous a chargé la Société, est une politesse dont je suis pénétré ; mais je crains bien qu'elle ne vous ait été pénible. Outre qu'une pièce ne me donne pas un titre pour me trouver sur une liste d'auteurs dramatiques, la nature de celle-ci, les criailleries auxquelles elle a donné lieu, les petites injures qu'elle m'a valu, le reproche d'impiété, répété un peu durement par mon compatriote Guilloud, tout cela était fait pour gêner l'indulgence et l'amitié ; je sens ce que vous devez à votre état, à la gravité de votre place de proviseur, et je vous aurais invité à laisser tomber la proposition de ce travail, ou à le faire de manière à ne point vous compromettre.

« On a voulu voir une satyre contre les couvents, dans une mauvaise homélie contre les vœux indiscrets ou forcés, et le zèle mal entendu qui ne repousse ni les uns, ni les autres. Je m'étais restreint à cela dans un temps où les hardiesses étaient à la mode ; et je ne puis m'empêcher de croire que, contre mon ordinaire, peut-être, j'ai été alors fort sage ; et si j'ai quelque regret, ce n'est point de n'avoir pas été assez hardi, mais de n'avoir pas mieux traité un sujet qui n'était pas sans intérêt, et dont le but moral avait alors son utilité ; je répète souvent ce que j'ai dit à Berriat, en lui répondant : *ne memineris Domine delicta juventutis meæ.*

« Ma jeunesse a bien des péchés à se reprocher. Le plus gros est d'avoir abusé d'un peu de facilité que j'avais peut-être ; de n'avoir jamais su rien soigner, ni corriger : ce défaut grave, contracté de bonne heure, a pris racine ; il a son origine dans mes premiers essais et dans leurs genres. J'ai eu le malheur de commencer par des contes. Les étourdis à qui je les récitais et dont les têtes ne valaient pas mieux que la mienne, entraînés par le fond des sujets, riaient ; une idée bien polissonne leur semblait de la gaieté ; quelques hommes plus graves, mais aussi peu difficiles que les fous, s'occupant plus du fond que de la forme, n'y attachaient pas assez d'importance pour me faire des observations, dont j'aurais pu profiter : une expression impropre, une mauvaise tournure ou n'excitaient pas leur attention, ou ne leur paraissaient pas mériter une remarque ; le petit amour-propre se gardait bien de le faire lui-même ; il est d'ailleurs toujours content, quand il croit que les autres le sont et il le croit facilement. A tout cela, se joignait la paresse, et il en est résulté une habitude qui n'a pu changer et de laquelle il n'est plus temps à présent de penser à se corriger. Vieux, il faut rester ce que j'ai été jeune ; et en revoyant froidement tout ce que j'ai fait, je trouve avec peine que le mieux pour moi n'a jamais été au-delà du médiocre. J'en dis ma coulpe ; mais je ressemble aux vieux pécheurs, qui s'accusent sans cesse de la même chose, sans devenir meilleurs.

« Vous vous en apercevrez dans les deux bagatelles que je vous envoie, ce dont vous vous passeriez aisément : *ma dernière chrysalide* est de l'année passée. »

Le séjour de Chimilin n'était pas des plus agréables pour Dubois-Fontanelle, bien qu'il habitât chez son fils ; il se plaignait, en effet : « du manque de toute société avec qui il pourrait se distraire, au moins quelques fois ; d'y être entouré de gens à qui toutes ses habitudes et ses goûts sont étrangers et qui ne peuvent l'entretenir que de choses également étrangères aux siens ; il ne pouvait pas plus les amuser, qu'ils ne l'amusaient. » Enfin, ajoutait-il : Je vis seul...! Ce fut sans doute dans un de ces moments de tristesse, qu'il composa de son vivant, son épitaphe, ainsi qu'il suit :

Ses enfants vont en lui perdre bientôt un père,
La jeunesse un ami dans son vieux professeur,
Le fanatisme un adversaire,
La tolérance un défenseur,
Les belles un adorateur,
Chantant encore l'amour qu'il ne pouvait plus faire !

Dubois-Fontanelle avait été profondément blessé dans son amour-propre, de n'avoir pu trouver un éditeur pour son *Cours de Belles-Lettres*. Il en exprime sans cesse ses regrets et cependant c'est encore à la poésie qu'il demande des consolations.

A M. GATTEL.

« L'ennui que j'ai éprouvé du refus d'imprimer mon Cours de Belles-Lettres est bien propre à décourager; il m'a fatigué pendant quelques jours et m'a inspiré, pendant quelques insomnies, une pièce de vers qui se ressent sans doute de la situation inspiratrice qui l'a amenée. Berriat vous la montrera. Je la lui ai envoyée, parce que m'ayant demandé quelque chose pour une séance de la Société et ne pouvant rien faire, il fallait le prouver et m'excuser : cela n'est pas de nature à être lu. Cependant, si l'on en jugeait autrement et qu'on eut un vide à remplir, je voudrais bien ne pas passer par des organes dont on m'a parlé peu avantageusement; le vôtre m'a servi sur les toits et m'a prêté plus d'une fois des succès que je ne méritais pas. J'en aurais plus besoin que jamais.

« Vous avez eu bien des fêtes et du plaisir à Grenoble; on parle beaucoup d'un bal donné au préfet. Je suis dans un pays où l'on ne sait que prier Dieu, et où l'on a pas d'autre spectacle que l'Eglise. Nos curés, sans être jansénistes, ni même savoir peut-être exactement ce que c'est, en ont toute la sévérité. Ils défendent la danse et regardent toutes les femmes qui s'y livrent comme des Hérodiades; ils n'aiment pas mieux le chant; mais ils sont plus indulgents pour les repas, auxquels ils sont toujours invités et où ils officient parfaitement. Nos bons campagnards sont très-gourmands, et s'ils n'apprêtent pas avec élégance, ils apprêtent fort bien.

« Le préfet est venu dans ce pays, pour les conscrits. Après son départ, quelques-uns ont fait des hommes; ils n'étaient pas à bon marché. Cela a donné lieu à un trait assez plaisant : un remplaçant a voulu qu'on le payât un louis la livre, il en pesait 150; c'était un homme un peu cher : il n'a pas trouvé marchand. »

Malgré tous ses efforts pour lutter contre la vieillesse, Dubois-Fontanelle reconnaissait enfin que sa carrière littéraire était finie: « celle de mon existence ne peut être longue, et je me confirme dans le sentiment qui me reste de mes 74 ans:

>Ah! si l'on pouvait s'élancer
>Encore une fois dans la vie,
>Et, quand la carrière est finie,
>De nouveau la recommencer!
>Je ne voudrais pas repasser
>Par la route que j'ai suivie!

Peut-être que Dubois-Fontanelle n'aurait pas voulu recommencer non plus, à se faire recevoir franc-maçon, car il appartenait à cette association secrète, qui avait encore, en 1808, une grande importance. Nous avons trouvé, en effet, parmi les manuscrits provenant d'un fameux *tiroir* dont il va être question, un cahier entièrement écrit de la main de notre littérateur, lorsqu'il n'était déjà plus jeune et contenant des *instructions sur les très-hauts et très-sublimes grades des Grands-Ecossois*. Ces instructions sont très-détaillées; elles nous font connaître l'organisation de cette société pour les loges de Grenoble (Voyez pour plus de détails, pièces justificatives, n° 17).

Dubois-Fontanelle n'aurait pas voulu repasser, nous dit-il, par la route qu'il avait suivie et cependant notre littérateur dauphinois écrivait encore, peu de jours auparavant, à Gattel, qui avait fait l'éloge en vers de Français de Nantes : « Plus vous en ferez, plus vous prendrez l'habitude de les faire bons. » Il ne détournait donc aucun de ses compatriotes de suivre la carrière des lettres et encore moins celle du Parnasse.

En parlant de plusieurs de ses écrits inédits, en prose et en vers, Dubois-Fontanelle disait encore à son confident Gattel : « Je corrigerai ce que je pourrai, sans retrancher totalement bien des idées, qui ont pu donner des scrupules, mais en les adoucissant; et je fermerai dans un coin, où on les trouvera après ma mort, le *paquet* dont on fera ensuite ce qu'on voudra... » — Et ailleurs : « Je prévois qu'il restera avec tous les *morts-nés*, qui reposent tranquillement dans un *tiroir*, qui leur sert de tombeau. »

Si nous voulions énumérer tout ce que contenait ce *paquet* et ce *tiroir des morts-nés*, nous aurions à donner une longue liste de poésies fugitives, d'ouvrages plus sérieux et de traductions; mais nous ferons comme l'auteur, nous nous abstiendrons de les citer. Dubois-Fontanelle survécut à son fils et à sa femme, mais non à sa fille Madame la baronne Renauldon. Ce fut-elle qui ouvrit le *paquet* et le *tiroir* des morts-nés et chargea son fils Charles Renauldon de publier le *Cours de Belles-Lettres*, les autres manuscrits sont restés inédits et nous en possédons la plus grande partie.

Madame Renauldon était née en Allemagne et elle eut pour parrain le roi de Bavière. Au moment de sa naissance, le monarque lui constitua une pension viagère, reversible après elle sur son père, sa mère et son frère. Cette pension fut exactement payée jusqu'en 1792 ; mais à cette époque, les événements politiques qui bouleversèrent l'Allemagne, mirent fin au payement qui en avait été fait jusque-là. En 1806, Dubois-Fontanelle avait sollicité et obtenu le rétablissement de cette pension, et M. Renauldon, maire de Grenoble, la touchait régulièrement. Dubois-Fontanelle en voulait aussi obtenir une pour lui de la générosité de ce même monarque, en raison de l'affection qu'il lui avait témoignée, lorsqu'il n'était encore qu'Electeur de Bavière. Nous n'avons pas trouvé, dans la correspondance qui nous occupe, la preuve que Dubois-Fontanelle ait réussi dans sa demande ; mais nous devons ajouter, qu'à cette époque, le Ministre de l'intérieur de France le fit comprendre au nombre des hommes de lettres auxquels l'empereur Napoléon accorda une pension viagère , sur les fonds prélevés sur les journaux (Voyez § VIII p. 90).

Dès que Dubois-Fontanelle, abandonnant son séjour de Chimilin, fut réinstallé dans son château d'Echirolles, il reçut, malgré son âge avancé et ses tristesses profondes, et avec la plus grande cordialité, les jeunes poëtes dauphinois qui y venaient demander des conseils et des encouragements au Nestor des poëtes de notre département. Lorsqu'ils apprirent de la bouche de Dubois-Fontanelle, que le Préfet, pendant sa visite à Echirolles , avait écouté avec attention la lecture du poëme de *Philémon et Baucis*, tous demandèrent à être présentés à Fourier. Cette présentation n'était pas facile : Dubois-Fontanelle allait rarement à la préfecture et le Préfet plus rarement encore à Echirolles. Aussi notre spirituel compatriote pensa-t-il à se décharger de cette obligation sur Alexis Michallet, poëte départemental et l'un des secrétaires du Préfet. Michallet ne manqua aucune occasion de se conformer aux désirs de son maître en littérature, soit lorsque les poëtes, ses collègues, venaient dans les salons de la préfecture, soit lorsqu'ils assistaient avec le Préfet à des réunions spéciales.

Au nombre des présentés furent : Ducoin aîné, professeur de littérature française, ami de la famille Périer et poëte à ses heures. Ajoutons, toutefois, que sauf quelques exceptions peu nombreuses, Ducoin conserva toute sa verve poétique pour le voyage du comte d'Artois, en 1814, et pour le retour des Bourbons en 1815. Un *Chant patriotique* de lui fût mis en musique par Lintant, artiste du Théâtre des arts à Paris. Laurence, dont nous avons déjà cité les poésies, et Perreton, auteur de douze *fables* lues à la Société littéraire, ainsi que Létourneau, qui célébra la victoire d'Austerlitz, en vers mis en musique, sur l'air de: *Vive Henri IV*. Barrin de Chanrond, ancien conseiller au parlement de Dauphiné, qui a publié, sous le voile de l'anonyme, un grand nombre de *poésies*, rassemblées dans un recueil de la Bibliothèque de la ville, portant le numéro 16490, eût aussi son audience. Nous citerons entre autres ouvrages de cet auteur: *La fête de St-Louis, Souvenirs des Muses, Le gâteau des Rois, Les nymphes des rivières de Veuse et d'Oron, La statue de Bayard, Ode*, etc. Quelques-unes de ces poésies furent imprimées dans le journal de Grenoble; mais l'ouvrage capital de ce littérateur fut une traduction des *Odes d'Horace*. MM. Bardel, poëte et rédacteur du journal *les Annales Politiques et Littéraires*, Mauclerc et Gaudoz écrivirent aussi des *Chants patriotiques* pour célébrer la bataille d'Austerlitz, des *invocations*, des *hymnes d'allégresse*, des poëmes sur l'art de guérir et participèrent à ces audiences. Nous n'avons pas pu découvrir le nom de l'auteur de la chanson: *Le bonsoir à Sophie*, que le général de La Salette cite dans une de ses lettres que nous avons sous les yeux, comme étant « un petit chef-d'œuvre de rhythme et de poésie de sentiment (voyez pièce justificative, n° 18); » ni l'auteur d'une *Ode sur la restauration de la Monarchie royale*, qui fut lue à M. le comte d'Artois. Le Préfet dut également recevoir ces deux auteurs, dont les noms étaient alors connus.

Augustin Blanchet, né en 1781, comptait aussi parmi les poëtes du département; il habitait Rives, sa ville natale, et communiquait souvent aux *Annales politiques et littéraires* de Grenoble, ses poésies fugitives, qui souvent étaient insérées sans signature. Celles qui portaient son nom furent: *L'hymne Dauphinoise*, dans lequel se trouvent ces deux vers;

Oui les bords de l'Isère ont aussi leur Achille:
Et l'Alsace guerrière a vaincu sous Nestor.

L'Achille était le général Marchand, notre compatriote, et le Nestor un vieux colonel qui commandait, à l'âge de 80 ans, une des places de la frontière, et cette place fit, à cette époque, une résistance héroïque. — *La Dauphinoise*, chant patriotique, est aussi d'Augustin Blanchet, ainsi que : *La terreur blanche*, *Voyage à Chambéry*, *Voyage à Parménie*, *Poésies diverses*. Augustin Blanchet eut donc l'honneur d'être admis chez le Préfet en qualité de poëte. Malgré son étude persistante du *Cours de littérature* de La Harpe :

« Il le lisait avec plus d'indignation que d'intérêts, étant
« révolté du mépris avec lequel ce petit homme, parlait de ses
« rivaux. Il l'était encore bien plus de son acharnement
« contre une cause qu'il avait si lâchement trahie..... et il
« ajoutait : quoi ! Voltaire fut son maître, son bienfaiteur et il
« assimile les philosophes aux *septembriseurs*. Jamais la
« haine ne fut si forcenée, jamais la calomnie ne fut plus au-
« dacieuse. » (*Lettre à Champollion-Figeac, datée du mois de décembre 1809*). Augustin Blanchet avait préludé, par de sérieuses études littéraires, à cette brillante carrière industrielle, qui lui valut d'être nommé chevalier de la Légion d'honneur, après la création de la papeterie de Rives. C'est à lui et à son frère, Victor Blanchet, que l'on doit cet important établissement, le plus réputé de notre département et dont les produits ont été très-honorablement primés aux diverses expositions universelles. Augustin Blanchet mourut en 1843 : deux de ses petits-fils et MM. Kléber sont aujourd'hui les habiles directeurs de cet établissement.

Une autre personne portant le même nom, mais qui n'est pas de la même famille, quoiqu'habitant aussi le canton de Voiron, a consacré de nombreuses années et les soins les plus persistants à former une Collection de documents de toutes les époques, concernant exclusivement le canton où il résidait. Il fut également présenté au Préfet, quoiqu'il n'appartint pas à la catégorie des poëtes ; mais à celle des chercheurs patients de pièces historiques relatives au Dauphiné. Nous voulons parler de M. Hector Blanchet, notre compatriote, qui a laissé, à sa mort, une série de seize volumes in-folio d'actes divers, anciens et modernes, concernant exclusivement le canton de Voiron. Ce précieux recueil a été généreusement donné par sa fille, Madame Grandperret, à la Bibliothèque de Grenoble, afin de réaliser ainsi le but utile que s'était proposé son père.

Une Revue publiée dans le département pendant deux années (1860-1861), par l'éditeur M. Merle, de Grenoble, sous le titre de: *L'Écho du Dauphiné et du Vivarais*, formant 2 vol. in-4°, avec planches, contient, dans son n° du 25 septembre 1861, les vifs remercîments adressés à Madame Grandperret, par le bibliothécaire de la ville, M. Gariel, à l'occasion de ce présent très-intéressant pour les savants du département de l'Isère. Nous ne devons donc pas oublier M. Hector Blanchet, parmi les Dauphinois qui se sont occupés utilement de l'histoire de notre province.

Les collectionneurs ont bien aussi leur mérite (voy. p. 105); les services qu'ils rendent, en sauvant de la destruction des documents épars et abandonnés, sont toujours dignes d'éloges. Quelle reconnaissance ne devons-nous pas au plus illustre des collectionneurs du Dauphiné, l'ancien intendant Fantanieu. Sa précieuse collection de copie de pièces de toutes les époques, est conservée à la Bibliothèque nationale de Paris; elle est constamment consultée et la place importante que l'histoire de la province, administrée par lui pendant de longues années, occupe dans les diverses séries de ces documents, offre une grande variété de renseignements. Sous le titre de *Cartulaire* se trouvent les actes les plus anciens, dont les originaux ont presque tous été détruits. Les journaux historiques relatifs aux guerres de religion, la correspondance administrative y figurent aussi d'une manière remarquable.

Mais Augustin Blanchet ne fut pas le seul industriel du département, qui s'occupât de littérature et en même temps de la direction d'une vaste manufacture. Bovier, membre de l'ancienne Académie delphinale et de la nouvelle Société des sciences, des lettres et des arts de Grenoble, faisait toujours suivre, dans le *Livret* de l'Académie et de la Société, son nom du mot: *négociant*. D'autres dauphinois conservèrent aussi cet usage. Nous nous souvenons également avec quelle émotion sympathique, on annonçait, il y a déjà quelques années, à l'Institut national de Paris, qu'un Mémoire remarquable, sur une question d'histoire mise au concours par l'Académie des inscriptions et belles-lettres et qui avait remporté la médaille d'honneur, était signée : Lefebvre-Laboulaye, *fondeur de caractères* (d'imprimerie). Il est vrai que, quelques années plus tard, d'autres travaux d'érudition non moins remarquables et la publication du *Prince Caniche*, ayant complété la réputation de ce savant, il abandonna son premier nom pour ne conserver que celui de *Laboulaye*, sans y joindre les mots : *fondeur de caractères* ; mais plus tard encore, ce savant étant devenu sénateur de la République, siégeant à gauche, et son fils ayant suivi la carrière de la diplomatie, on ne les appela plus que : *Messieurs de Laboulaye*. Enfin le Livret du salon de peinture de cette année 1879, nous donne, sans doute, la dernière transformation de ce nom, sous le n° 1714, et en ces termes : *M. Paul de La Boulaye*. — On lit, de plus, sur le cadre de ce tableau, assez bien peint : « Acquit par l'Etat. » — Du temps de Colbert, on imposait un blason, à chaque membre de l'Académie, moyennant la somme de 50 francs une fois payée (voyez notre édition des *Mémoires de Mathieu Molé*, publiée pour la Société de l'histoire de France, t. IV, p. 165). De notre temps, on se contente d'ajouter une particule à son nom.

Nous avons la conviction, que si l'*affiliation* des Sociétés savantes de province à l'Institut national de Paris, était adoptée et que ce corps savant prît l'initiative de l'enjolivement des noms de familles par la particule ou par des titres nobiliaires accordés à des littérateurs, à la condition d'être membres d'une Société savante, l'*impulsion* donnée par l'Institut aurait le plus grand succès.

Nous avons été confirmés dans notre opinion, en lisant dans la *Biographie du Dauphiné* (t. 1er, p. 166, col. 2), les lignes suivantes, dont M. Rochas n'a pas voulu prendre la responsabilité, puisqu'il ajoute à la fin de l'article : *communiqué par M... de Grenoble*. Voici ces lignes : « La particule *de* ajoutée à son nom par notre compatriote, n'est pas une de ces usurpations de noblesse comme on en voit tant de nos jours. D'anciens titres et papiers de famille établissent, d'une manière irréfragable, la descendance d'une famille noble, qui possédait, encore au XVIIe siècle, une seigneurie dans l'Orléanais. En reprenant le *de* négligé par ses parents, il n'a eu d'autre but que de donner, *littérairement parlant*, meilleure figure à son nom et sans doute aussi de mettre fin à *un jeu de mot qui lui déplaisait.* » Nous admettons volontiers la dernière raison que fait valoir notre compatriote *de Bougy*, car nous avons connu son père et son grand-père, qui n'étaient probablement jamais allé dans l'Orléanais pour vendre une seigneurie qu'ils n'y avaient pas possédée. Ils vendirent en effet des objets divers et ne placèrent jamais aucun signe nobiliaire devant leur nom. Le dialogue que Boursault, dans la *Comédie sans titre*, prête à Oronte et à Michaut est donc de nos jours aussi vrai qu'il devait déjà l'être en 1683 ; et de même, le journal de Jean Donneau de Visé : *Le mercure Galant* était aussi disposé que les autres feuilles de notre temps, à consacrer ses colonnes à l'expression des rancunes et des ressentiments du rédacteur en chef, contre ses adversaires ou ceux qui lui étaient antipathiques. Voici cette scène si vigoureuse de tons :

MICHAUT

Vos Mercures sont pleins de nobles que vous faites !

ORONTE

Aucun de vos aïeux ne s'est-il signalé ?

MICHAUT

Ma foi, mon père est mort sans m'en avoir parlé.
Et de tous mes aïeux, puisqu'il ne faut rien taire,
Je n'en ai point connu par-delà mon grand-père.

ORONTE

Qu'était-il ? avait-il quelque grade ?

MICHAUT

       Entre nous
Feu mon grand père était mousquetaire à genoux.

ORONTE

Quelle charge est-ce là ?

MICHAUT

      C'est ce que le vulgaire
En langage commun appelle apothicaire.

...Greffez-moi sur quelque vieille tige,
Cherchez quelque maison dont le nom soit péri ;
Ajoutez une branche à quelqu'arbre pourri ;
Enfin, pour m'obliger, inventez quelque fable,
Et, ce qui n'est pas vrai, rendez-le vraisemblable.
Un homme comme vous doit-il être en défaut ?

Croyez-vous qu'à la cour chacun ait son vrai nom ?
De tant de grands seigneurs dont le mérite brille,
Combien ont abjuré le nom de leur famille !
Si les morts revenaient ou d'en haut ou d'en bas
Les pères et les fils ne se connaîtraient pas.

Quant à Bovier, *négociant*, il n'avait aucun degré de

parenté avec Gaspard Bovier, *avocat* au parlement de Grenoble, qui nous a laissé un curieux *mémoire* sur le séjour de J.-J. Rousseau dans cette ville, en 1768. Rousseau crut avoir à se plaindre de Bovier et il l'accusa même d'avoir voulu l'empoisonner. Cet injuste soupçon fût le résultat de l'ingratitude habituelle du grand homme envers ses amis : Il prit un excès de prévenances et de dévouement à sa personne, pour des *obsessions*, qui lui firent surnommer Bovier : *le garde de la Manche*. Notre compatriote M. Marie-Auguste Ducoin, littérateur et industriel en même temps, a su démêler, avec une grande finesse d'esprit, ce qu'il fallait penser de cette accusation. Dans son livre intitulé : *Trois mois de la vie de J.-J. Rousseau* (Paris, Dentu, 1852), il réduit cet événement à ses véritables proportions, en nous faisant connaître, en même temps, le texte du *Mémoire* de Bovier, rédigé en 1802, et si utilement complété par le *Recueil d'anecdotes* sur Jean-Jacques de M. de Champagneux (Voyez t VI, p. 58), et le récit du séjour du même illustre personnage à Bourgoin, imprimé dans *L'Écho du Dauphiné et du Vivarais*, du 31 juillet 1861.

Quant au manuscrit autographe de Bovier, avocat, il appartient aujourd'hui à la Bibliothèque nationale de Paris. Cette calomnie de Jean-Jacques causa un grand chagrin à Bovier, qui quitta, vers 1802, le département pour aller résider à Montbéliard. Un site assez agreste de la commune de Pariset, porte encore, de nos jours, le nom de *désert de Jean-Jacques*, parce que le philosophe aimait à se promener dans cette partie de la montagne, au versant de laquelle est bâti le château de Beauregard.

Enfin, parmi les poëtes du temps, qui furent présentés au Préfet, sur la demande de Dubois-Fontanelle, nous ne devons pas oublier : Lhoste, auteur de nombreux *couplets* adressés à la famille Taglioni, lorsqu'elle vint danser des ballets à Grenoble, au mois de juin 1808 ; Allemand Jean-Baptiste, curé de la paroisse de Claix, voisine d'Echirolles, auteur de poésies sacrées : *Heures nouvelles, à l'usage des pieux amateurs de la poésie pour la préparation des sacrements de pénitence, d'eucharistie et sur le saint-sacrifice de la messe*, in-8°, Grenoble. 1803. Ses sermons, très-goûtés de ses paroissiens, sont restés inédits (voyez ci-après § XII); le chanoine Menilgrand dont les poésies en patois eurent un grand succès (voyez ci-après § XII). Miroir, qui publia une *cantate*, mise en musique par Bédard et qui fut exécutée pendant un bal donné à Grenoble, par le général de La Roche, à l'occasion de l'heureuse délivrance de l'impératrice Marie-Louise.

Nous en oublions sans doute quelques-uns; mais le nombre des poëtes dauphinois était si considérable à cette époque, que nous sommes obligés de renvoyer aux Pièces justificatives, n° 18, pour rappeler avec exactitude plusieurs autres noms d'auteurs de poésies, aujourd'hui peu connus.

Le baron Maurel de Rochebelle, alors président de la Cour de Grenoble, après avoir été avocat général au parlement de Dauphiné, a publié un traité intitulé : *De l'influence de la poésie sur le bonheur public et privé*; il aurait donc été probablement de l'avis que nous avons déjà eu l'occasion d'exprimer, au sujet des poésies fugitives de nos compatriotes: il y a un véritable intérêt historique à comprendre dans la *Bibliographie du Dauphiné* les titres des *chansons*, *pots-pourris politiques*, *couplets*, etc., publiés dans le département depuis le commencement de ce siècle. Si l'on veut bien, en effet, se reporter aux usages de nos grands-pères, on se rendra facilement compte de l'influence que ces couplets et ces poésies purent exercer sur la société. A cette époque, on se levait de grand matin, on dînait à midi et on soupait à neuf heures du soir, après avoir suspendu les affaires vers les 4 heures du tantôt. Les réunions de famille et de société avaient lieu entre 6 et 9 heures du soir: on s'assemblait dans la grande salle de la maison; on y causait, on y jouait, on y soupait aussi et ce repas, quoique très-frugal, durait, en général, longtemps. Au dessert, commençaient les chansons politiques, sentimentales ou de famille. Les femmes ne faisaient pas de difficulté pour chanter sans être accompagnées d'aucun instrument de musique; les *précieuses*, seules, exigeaient qu'on apportât leurs guitares. Le salon était donc rarement le lieu habituel des réunions, on restait à table; ce salon ne fut absolument nécessaire, que lorsque l'habitude fut prise de dîner à cinq heures et de supprimer les soupers. Le dîner devint alors le repas principal de la journée et surtout celui où on déployait tout le luxe possible. Une salle spéciale fut nécessaire ; on se rendait ensuite dans le salon, où on recevait de six à dix heures du soir les amis invités ou non. Dès lors aussi, le forte-piano, le violon, la harpe furent en usage pour accompagner les chants. Les réunions prirent une importance et un aspect cérémonieux qu'elles n'avaient pas du temps des soupers. Aussi la chanson et le couplet disparurent-ils devant l'apparat des toilettes et des musiciens. Ces usages nouveaux firent que les réunions amicales ordinaires, devinrent des soirées privées.

Quant aux hommes qui possédaient une belle voix, ils étaient, *au temps des soupers,* des personnages indispensables, surtout s'ils savaient enlever un couplet léger ou politique et, avant tout, dire avec sentiment ou avec entrain, une chanson de Béranger. Nous nous souvenons encore de notre compatriote Ollivet, de Vienne, qui après avoir obtenu de grands succès universitaires en 1810, devint professeur au Collége de cette ville, puis avocat près le tribunal du lieu, et enfin juge de paix. Sa manière d'entonner une chanson de Béranger, lui avait fait une réputation de chanteur politique hors ligne et, en cette qualité, sa présence était devenue indispensable à tous les banquets patriotiques qui se donnèrent dans cet arrondissement, pendant la Restauration. La chanson faisait alors partie du programme habituel des réunions d'opposition ; elle fut remplacée, plus tard, par les discours sur les balcons et dans les clubs. Comme Ollivet était de toutes les réunions politiques, il se considéra aussi comme un homme politique et ses amis soutinrent, avec énergie, sa candidature à la députation de l'Isère, après 1830. Mais les jeunes *politiciens* de l'arrondissement de Vienne, lui préférèrent M.-Louis Jacquier de Terrebasse, sous prétexte que les chansons de Béranger avaient fait leur temps.

M. de Terrebasse avait déjà fondé, à son château de Ville-sous-Anjou (Isère), grâce à sa vaste érudition bibliographique, cette magnifique et très-précieuse bibliothèque, composée principalement d'ouvrages relatifs au Dauphiné, que possède aujourd'hui son fils M. Humbert de Terrebasse. Nous ne mentionnerons pas tous les ouvrages historiques que son père a publiés et dont le premier fut l'*Histoire de Pierre Terrail, seigneur de Bayard* ; mais disons que les derniers travaux d'érudition de notre savant compatriote et ancien député, furent imprimés par les soins pieux de son fils Humbert, en 1875, sous ce titre : *Œuvres posthumes de A. de Terrebasse*, en un volume in-8°, sorti des presses élégantes de M. Savigné, de Vienne. Nous avons pensé qu'il y avait lieu de comprendre ces deux personnes parmi les dauphinois érudits, quoiqu'elles soient l'une et l'autre nées à Lyon; mais Terrebasse le grand'père avait été inscrit, en 1808, sur la liste des notables de l'arrondissement de Vienne; Terrebasse père a été député de l'Isère, il a toujours habité notre département; sa vie laborieuse et bien remplie a été consacrée à publier de savantes recherches sur sa province d'adoption. M. Humbert de Terrebasse a hérité des goûts de son père, de son château et de sa belle bibliothèque, qu'il enrichit encore, pour lui conserver la célébrité qu'elle mérite à tous égards.

Les chansons de Béranger, malgré leur valeur littéraire incontestable, avaient en effet terminé leur succès politique et les élections de députés ne se décidaient plus en chantant en chœur les refrains si populaires de ces admirables couplets. On nous a même donné l'assurance, que M. Maxime Ducamp, assistant aux funérailles du poëte qui avaient lieu à Passy près Paris, prit la parole à la fin de la cérémonie funèbre pour reprocher à la mémoire de Béranger d'avoir, par ses œuvres littéraires, préparé l'avénement, alors si regretté par lui, du second empire. M. Ernest Renan a aussi, tout récemment encore, exprimé sur ces chansons qui ont charmé la jeunesse de nos pères, le jugement suivant, dont la sévérité n'échappera à personne. Nous le trouvons imprimé dans la *Revue des deux Mondes*, numéro du 15 juillet 1878. Voici les expressions même de M. Ernest Renan : « Béranger attaque
« la religion par tous les côtés étroits, courts, plats et
« communs... Nous sommes blessés de son rire. Quand il
« raille l'huile sainte, il nous offense; car songez, disons-
« nous, à ceux que cette onction a consolés... Son Dieu de
« grisettes et de buveurs, ce Dieu auquel on peut croire sans
« pureté, ni mœurs, ni élévation d'esprit, nous semble le
« mythe du béatisme substitué à celui de l'antique sentiment.
« Nous sommes tentés de nous faire athées, pour échapper à

« son déisme, et dévot pour n'être pas complices de sa
« platitude. »

Mais les savants Dauphinois des années 1808 et 1810, ne se préoccupaient pas des chansons de Béranger. Comme on vient de le voir, nous considérons comme nos compatriotes, les érudits qui, par un long séjour dans notre province, et après y avoir rempli des fonctions publiques importantes, nous semblent avoir acquis ce titre plus légalement que des personnes nées en Dauphiné, mais n'y ayant résidé que pendant leur enfance.

XI

LE PRÉFET EN VISITE CHEZ GATTEL. — ORGANISATION DE L'INSTRUCTION PUBLIQUE DANS LE DÉPARTEMENT DE L'ISÈRE

Poésies légères de Gattel. — Ce professeur notoirement suspect. — Les Dictionnaires français et la propriété littéraire en 1802. — L'instruction publique à ses divers degrés organisée dans le département de l'Isère.— L'École centrale de Grenoble: « les élèves doivent se servir de l'honorable qualification de Citoyen, pour y faire pénétrer les principes républicains ». — Rapports au ministre de l'intérieur à ce sujet. — Imbert et Ricard. — Fourier et l'école de chirurgie — Le préfet chez Gattel. — Le lycée de Grenoble et ses meilleurs élèves. — Les élèves boursiers désignés par les inspecteurs généraux: Randon (depuis maréchal de France), Champollion-le-Jeune, Froussard (Baptiste), Aug. Pellat, de Barral. — Organisation des lycées du département.— Celui de Grenoble visité par Fourcroy.—Démarches du maire et de Champollion-Figeac pour empêcher qu'il ne soit transféré à Chambéry. — G. Cuvier chargé d'examiner cette question.— Rapports défavorables des inspecteurs.— Succès des démarches de Champollion-Figeac. — Agrandissements du lycée. — Lettre de Dubois-Fontanelle. — Le lycée de Vienne. — Deux lettres de Sonnini relatives à la société, au lycée et aux antiquités de Vienne.— Le lycée de Saint-Marcellin. — Géry et Barbier, directeurs. — J.-C. Martin, professeur et Grassot, sous-préfet. — État du lycée, réformes à y introduire. — St-Marcellin, ville de cocagne. — Les fromages de ce pays et une chanson en patois de Grenoble. — Les écoles secondaires du département, à Goncelin, Voreppe, Crémieu, Bourgoin, Allevard, etc. — Les Instituteurs et les écoles primaires. — Lettre de Ricard au maire de Roissard.

GATTEL, quoique né dans le Lyonnais, avait droit, d'après les motifs que nous avons exprimés à la fin du précédent chapitre, d'être considéré comme un de nos compatriotes. Il avait été professeur à l'école centrale de Grenoble, proviseur du lycée, membre de la Société des sciences et des lettres de l'Isère. Il avait passé, dans la ville capitale du Dauphiné, tous les temps les plus orageux de la Révolution et les Sociétés populaires l'avaient déclaré *notoirement suspect*, en sa qualité d'ancien abbé, bien qu'il eût, depuis longtemps, renoncé à ce titre, au costume clérical et à son diplôme de docteur de la Faculté de théologie de Paris, ayant caché avec soin ce parchemin. Il avait cependant été donné en Sorbonne, le 4 novembre de l'an 1764; nous l'avons sous les yeux et rien n'y manque, ni sceaux, ni signatures. Mais Gattel, grâce à des amis dévoués, avait été prévenu à temps des intentions du Comité de surveillance et il avait pu utilement s'absenter de la ville. Il y revint bientôt après et les persécutions de la République ne l'empêchèrent pas d'être aussi poète à ses heures; il se garda bien, pendant la visite que le Préfet lui fit, de lui donner lecture des vers qu'il venait de composer en l'honneur de sa gouvernante. Ils se terminaient ainsi :

> Je la chéris, elle daigne le croire.
> Ah! si mes vœux sont un jour écoutés,
> Amant discret au sein des voluptés,
> Un voile épais couvrira ma victoire.

Le nom de la personne aimée était *Victoire*, aussi les poésies ont-elles pour titre : *Les victoires*. Gattel ne fit pas davantage connaître à Fourier, un autre ouvrage qu'il venait de traduire de l'anglais et dont le titre était : *L'Economie de l'amour*; il ne le mit pas non plus sous presse et il se contenta d'en déposer une copie parmi les manuscrits de la Bibliothèque de la ville de Grenoble, où elle porte le n° 374. M. 3. Il y joignit ensuite sa traduction fançaise du texte italien du *Congrès de Cythère*, du comte Algarotti, restée aussi inédite. (Ms. n° 374, M. 2).

Gattel fut plus prévoyant avec le Préfet : la grande occupation et le travail principal de cet érudit, en dehors de son professorat, consistait à rédiger des dictionnaires; mais il fallait s'assurer la propriété littéraire de ces ouvrages, qui, d'après les règlements alors en vigueur, tombaient inévitablement dans le domaine public, à moins d'une innovation toute spéciale. Gattel se hâta donc de consulter le Préfet, sur les moyens de garantir sa propriété littéraire d'un *Dictionnaire Français*, sans payer les droits exigés par le gouvernement. Il préparait, en effet, en collaboration avec plusieurs de ses amis, une seconde édition de cet ouvrage, et les droits étaient dus, lorsque la *diction des articles* du nouveau dictionnaire, n'était pas différente de celle des autres lexiques.

Le Préfet le rassura, en lui faisant remarquer que cette nouvelle édition était entièrement refondue et presque double de l'ouvrage publié en 1797 ; l'indication de la prononciation de chaque mot était, pour la première fois, inscrite dans un nouveau dictionnaire ; les fautes échappées aux plus célèbres classiques français, appartenaient aussi en propre à cette seconde édition du même ouvrage ; l'étymologie de chaque mot, prise dans les langues anciennes et modernes, dans les idiomes du nord et de l'orient, complétait cet important lexique et en assurait la propriété incontestable à son auteur. Ce ne fut, en effet, qu'en 1811, que le gouvernement, par une *Instruction administrative générale*, en date du 11 mai, régla définitivement les droits d'auteur sur ce genre de publication.

Mais une autre affaire administrative plus importante était aussi le sujet des méditations du Préfet et il voulait en entretenir Gattel, pendant la visite qu'il avait le projet de lui faire. L'instruction publique, à ses divers degrés, n'était pas organisée dans le département de l'Isère et depuis son séjour à Grenoble, Fourier n'avait cessé de s'en occuper ; malgré tous ses soins, cette partie de l'administration ne lui semblait pas dans un état satisfaisant : il réclamait sans cesse des subventions au Directeur général de l'instruction publique, qui dépendait alors du Ministre de l'intérieur. Fourier voulut connaître également l'opinion des membres de la Société littéraire de Grenoble, sur les meilleurs moyens de propager l'instruction publique dans le département ; mais les Rapports de Chalvet et de Dubois-Fontanelle sur ce sujet, furent loin de le satisfaire. Les prédécesseurs de ce Préfet dans l'administration départementale, MM. Imbert, commissaire du pouvoir exécutif, et Ricard, avaient fait connaître, par leurs rapports décadaires, l'état de l'instruction publique dans le département, et nous allons reproduire ces renseignements d'après les pièces originales transmises au Ministre de l'intérieur et que nous avons sous les yeux.

Il résulte de ces documents, qu'en l'an IV, les établissements d'enseignement public dans l'Isère étaient encore fermés, les professeurs dispersés et un certain nombre d'entre eux obligés de se cacher, quoiqu'ils n'appartinssent pas tous aux congrégations religieuses supprimées. André Borel, professeur de philosophie au collége de Vienne, avait laissé ignorer à ses amis le lieu dans lequel il s'était réfugié depuis longtemps, lorsqu'il se décida à adresser *aux représentants du peuple*, le 4 germinal an IV, une pétition « afin d'être autorisé à sortir

« du réduit, où la rigueur de la Terreur l'avait contraint de
« se cacher. » Gattel et beaucoup d'autres n'avaient pas été
plus heureux.

L'École centrale de Grenoble ouvrit cependant ses portes à
l'instruction publique en cette année et ce fût, pendant longtemps, le seul établissement dont les préfets s'occupèrent dans
le département. Cette École comptait 196 élèves en l'an V et
276 en l'an VI, suivant régulièrement les cours de cet enseignement national. « Les professeurs étaient tous gens
« de grand mérite, particulièrement le professeur de chimie, »
nous dit le Commissaire Imbert; mais il ne donne cependant
pas le nom de ce praticien. Dans un premier rapport décadaire, portant la date du 20 brumaire an VI, ce fonctionnaire
s'exprimait ainsi qu'il suit, au sujet de l'instruction publique
dans le département :

« L'instruction publique est loin de répondre, dans le département, aux vues des législateurs. L'École centrale n'a pas
été aussi fréquentée qu'on l'espérait ; les professeurs de dessin et de mathématiques ont eu un assez grand nombre
d'élèves : le premier en a eu 108, et le second plus de 80 ;
mais les autres cours n'en ont pas eu plus de 12. On sent
facilement les motifs de la préférence qui a été accordée à ces
deux cours : l'un a été regardé comme un exercice absolument manuel et l'autre comme objet de nombre, dont l'enseignement ne pouvait avoir aucun trait à la Révolution. Le
royalisme et le fanatisme se sont réunis pour présenter tous
les autres cours, comme des écoles d'athéisme. La classe
riche, qui s'était érigée en régulateur de l'opinion publique,
avait eu grand soin d'en éloigner leurs enfants ; elle ajoutait
à la force de l'exemple, la calomnie ou le ridicule, suivant
le caractère des personnes qu'elle voulait en éloigner. »

Il y a lieu de penser que l'influence du royalisme et du
fanatisme ne s'exerça pas longtemps contre l'enseignement de
l'École centrale, puisque, un mois après ce premier rapport,
le même Imbert, toujours Commissaire du pouvoir exécutif
dans l'Isère, adressait au Ministre de l'intérieur un nouveau
rapport dans lequel on lit le paragraphe suivant :

« Grenoble, 2 frimaire an VI.

« J'ai à vous apprendre, à l'égard de l'instruction publique,
dont je vous ai présenté un tableau peu avantageux, que
l'École centrale s'est ouverte hier, en présence des administrations centrales et municipales de cette commune; que le
président de l'administration centrale a ouvert la séance par

un discours respirant le plus pur patriotisme et propre à inspirer aux élèves l'amour des sciences et de l'instruction. Il a invité les professeurs et les élèves à se servir, les uns et les autres, de l'*honorable qualification de citoyen* et à en bannir toute autre, qui ne pourrait être que déplacée dans une institution toute républicaine. Il les a encore invités les uns et les autres à se rendre assidûment à la fête décadaire, pour s'y pénétrer des principes républicains, que respirent les discours qui sont prononcés dans ces fêtes, où les administrations se rendent régulièrement. »

En nivôse de la même année, Imbert, dans un troisième rapport au Ministre, déclarait que cette École centrale était suivie avec plus de zèle que l'année précédente :

« Il y avait de 15 à 20 élèves pour les langues anciennes ; la chimie et la physique expérimentales en comptaient 30 ; les mathématiques 40 ; le dessin 100 élèves, les cours de belles lettres, de grammaire générale, d'histoire et de législation étaient encore peu suivis ; mais cela tenait au bruit répandu que cette école allait être transférée à Chambéry, lieu où l'instruction est très-négligée. A Grenoble, au contraire, on possède un cabinet d'histoire naturelle très-riche, un jardin botanique muni de plantes rares des Alpes et autres lieux. Déjà des citoyens de tout âge assistent régulièrement aux cours de l'École centrale de Grenoble (Ventôse an VI). »

En l'an VII, le nombre des élèves de la même école était de 406 et en l'an VIII de 385 seulement ; mais à cette époque, il y avait déjà, dans le département, plusieurs collèges et quelques institutions particulières ; il avait été aussi nécessaire de faire des réparations au laboratoire de chimie et aux logements des professeurs. Imbert donnait l'ordre d'étudier le moyen de disposer convenablement pour un pensionnat, les bâtiments de l'ancien couvent de Ste-Claire.

Il recommandait aux professeurs « de lire aux élèves, les livres contenant le récit d'actions héroïques, rien n'étant plus propre pour chauffer de jeunes cœurs, que la lecture de ces annales civiques. Les élèves les plus distingués étaient alors : Henri Beyle, Marcellin Charvet, Charles Cheminade, Félix Faure, Louis-Joseph Vicat, Auguste Gauthier, H. Renneville, Jean Dumoulin. »

Un cours d'anatomie appliqué au dessin venait d'être ouvert, grâce au dévouement de M. Fournier, officier de santé, ainsi qu'une école publique d'agriculture, dont nous n'avons pas retrouvé les noms des professeurs.

Mais Dupuy, ancien professeur de mathématiques du général Bonaparte, alors attaché à l'École centrale, inaugurait le funeste usage adopté par les professeurs de l'enseignement supérieur, de se faire suppléer par un adjoint ; le professeur de langue ancienne suivit bientôt après cet exemple.

Ricard venait de succéder, dans l'administration départementale, au Commissaire Imbert, lorsque l'archiviste de la préfecture reçut l'ordre de rechercher tous les actes constatant d'anciennes fondations de bourses dans les établissements d'enseignement public, afin de les faire rétablir et accorder à ceux qui y auraient droit. Il fit ajouter à l'École centrale une bibliothèque (12 floréal) et un musée ; il fit étudier les moyens d'établir un pensionnat dans l'ancienne Chartreuse de Selve-Bénite. Une autre mesure prescrite par Ricard et qui obtint l'approbation générale, fut l'institution d'un jury central d'instruction publique, dont le général de La Salette faisait partie. Cette commission était chargée, sous la direction du grand jury nommé par l'Assemblée nationale, d'assurer, dans les départements, l'exécution des lois relatives à l'instruction publique, si mal observées jusqu'à cette époque. Lakanal présidait ce grand jury, qui siégeait à Paris.

Fourier, pendant les premières années de son administration, rétablit, par arrêté du 15 décembre 1802, l'ancienne École de chirurgie, qui avait été créée à Grenoble en 1771, par les pères de la Charité ; les cours de cette école nouvelle furent de très-courte durée, quoique le nombre des professeurs fût au moins de douze ; mais ils ne recevaient aucun traitement.

Le Préfet connaissait parfaitement l'état de l'instruction publique dans notre département, lorsqu'il vint s'enquérir auprès de Gattel, de la situation du collége de Grenoble et des institutions secondaires ; mais il désirait avoir aussi l'avis de cet homme, l'un des plus compétents pour cette importante question administrative, puisqu'il était professeur à l'École centrale et proviseur du lycée de Grenoble. Aussi Gattel ne manqua pas de faire connaître au Préfet les améliorations que nécessitait ce dernier établissement, auquel il avait voué une affection particulière. Un prix d'honneur venait d'être fondé par M. Pal, professeur aussi à l'École centrale ; l'enseignement était donné avec beaucoup de soins dans ce lycée. Quelques difficultés existaient bien encore au sujet de la comptabilité; mais ce point litigieux était de la compétence exclusive de la direction de l'Instruction publique à Paris.

Le désir exprimé par le Préfet fut de connaître les noms des élèves qui se distinguaient le plus au lycée. Gattel les lui nomma et il fut heureux dans cette désignation, car les élèves cités dans cette circonstance se présentèrent tous, en 1810, aux examens de la Faculté des lettres de Grenoble, pour obtenir leur diplôme universitaire. Une note jointe au Carnet et qui nous semble être de la main de Gattel, contient les noms suivants, comme étant ceux des élèves les plus capables: Froussard, Pison, Bonnard, Sillan, Aribert, Fauché, Penet, Duplantier, Guillot, Pellat (Philippe), Baratier, Ripert, Renauldon, Chalvet, Faure, Gagnon, Allegret, Chanriond, Luce, Thévenet aîné et Thévenet cadet. Mais, depuis le mois de janvier 1804, Champollion-le-jeune, Pellat (Auguste), Avet (qui devint un magistrat éminent du Sénat de Turin), Octave-Philippe-Amédée de Barral, Jean-Baptiste Froussard, Félix Réal et Randon (depuis maréchal de France) avaient été désignés par les inspecteurs de l'Instruction publique comme étant les élèves les plus dignes d'obtenir une bourse du gouvernement. Bientôt après, Champollion-le-jeune suivit aussi les cours du haut enseignement de l'Ecole centrale et étudiait, avec passion, la botanique, sous la direction de Villar qu'il accompagnait volontiers dans son exploration des montagnes du Dauphiné. Mais ce savant naturaliste ne fut pas longtemps à s'apercevoir qu'un goût bien déterminé entraînait son élève vers l'étude des langues orientales. Villar écrivait à Champollion-Figeac, sous la date du 16 décembre 1807: « Je suis « bien aise que votre aimable petit frère soit à Paris; je ne « doute pas qu'à l'École des langues orientales, lui qui a tant « de plaisir à apprendre les langues, il ne devienne un jour « très-habile. »

La question des lycées en Dauphiné avait, à cette époque, une certaine importance, à cause de l'organisation des facultés, que préparait le Grand-Maître de l'Université, et le Préfet s'en occupait aussi très-activement. Nous avons déjà constaté que le lycée de Grenoble faisait une sérieuse concurrence au lycée de la ville de Lyon. Cependant, en 1809, le maire de Grenoble, Renauldon, eut de sérieuses raisons de penser qu'on voulait le supprimer, ou tout au moins le transporter à Chambéry. Georges Cuvier, qui se rendait en Italie, était chargé par le Grand-Maître d'examiner si l'on trouverait dans cette dernière ville, les bâtiments nécessaires pour ce service, et MM. Petitot et Budan, inspecteurs de l'Université, avaient fait au Grand-Maître un rapport extrêmement défavorable à Grenoble et demandaient le transférement du lycée de cette ville à Chambéry. Champollion-Figeac était à cette époque à Paris ; le maire le chargea, par lettre en date du 2 novembre, « de s'informer de ce projet, et s'il existait réellement de « le combattre énergiquement; de voir le Grand-Maître et de « lui demander de dissiper l'orage qu'on avait créé contre la « ville. » Le maire pensait que M. Pal, pour des raisons personnelles, soutenait ce funeste projet. Les démarches de Champollion-Figeac, appuyées par celles de M. de Langeac, ami du Grand-Maître, eurent un plein succès ; le projet de transférement fut abandonné, mais il fallut songer à agrandir les bâtiments affectés au lycée et à augmenter le nombre des professeurs et des maîtres d'étude. Un de ces derniers emplois fut offert à J.-C. Martin, qui le refusa, sous prétexte que ces fonctions, très-pénibles, ne pouvaient être utilement remplies que par un homme jeune et bien portant.

Nous trouvons, dans la lettre suivante de Dubois-Fontanelle, des détails relatifs à l'agrandissement du lycée de Grenoble, qui nous ont paru offrir quelque intérêt. La lettre est adressée à Gattel et elle porte la date du 14 prairial sans millésime :

« Je sens trop, mon bon et aimable ami, quelles sont vos occupations et combien elles doivent vous peser souvent, pour douter du peu de temps qu'elles vous laissent et ne pas vous savoir un gré infini de celui que vous voulez bien donner à l'amitié. Je suis sûr de la vôtre ; et, n'imputant votre silence qu'à des circonstances impérieuses auxquelles vous ne pouvez, ni ne devez résister, je jouis pleinement du peu de moments dont je profite ; et si je gémis de leur rareté, le plaisir qu'ils me procurent est peut-être plus vif. C'est vous qui devez souffrir davantage de ces circonstances.

« Ces travaux demandés et souvent ordonnés, contremandés quand ils sont presque finis, pour être remplacés par d'autres, semblent annoncer que ceux qui les prescrivent, n'ont rien de bien arrêté et qu'ils tâtonnent. C'est un inconvénient pour la chose et un embarras pour les personnes, qui, comme vous, sont chargées de la faire aller. Il faut votre sagesse, votre expérience pour remédier au premier, et votre zèle pour résister à ces dégoûts; mais le bien de l'établissement exige que vous ne vous rebutiez pas. Vous avez tout fait pour lui. D'après ce que j'apprends de tous côtés, il va très-bien; et c'est à vous qu'on le doit, c'est une justice que tout le monde vous rend: mon cœur en jouit peut-être autant que le vôtre.

« Il ne manque à votre lycée qu'un plus vaste local ; et alors je suis persuadé qu'il sera un des plus brillants et des plus utiles de la France. Je désirerais que le plan des constructions projetées lorsque les inspecteurs allèrent à Grenoble, s'exécutât de préférence à tout autre. La Bibliothèque, convertie en dortoirs, mettrait tout l'établissement sous votre main; votre surveillance serait moins pénible, et peu de villes offriraient un local plus commode et surtout un plus bel ensemble. Je serais bien aise pour Renauldon que cela se fît sous sa mairie; tous les administrateurs qui y concourront auront une petite part à l'honneur ; je me tue de lui dire que, dans quelque position que l'on soit, il faudrait toujours avoir la gloire à cheval sur son nez et ne regarder qu'à travers cette lunette. Les hommes passent, les monuments restent et il faut s'attacher à ceux qui sont utiles.

« Je fais des vœux pour que l'Empereur prenne sa route par Grenoble à son retour d'Italie et qu'il lève au moins la grande difficulté des fonds, qui réduirait ce beau projet. C'est au préfet à y travailler. La principale gloire sera pour lui, puisqu'il est à la tête du département : c'est toujours le général qui a l'honneur de la victoire, on ne compte pas le soldat qui s'est bien battu.

« Le Ministre de l'instruction publique pourra également être utile. L'état de votre lycée ne peut que lui inspirer de l'intérêt ; qui sait si cet intérêt et son opinion n'influenceront pas sur les dispositions de l'Empereur. Je dis *amen*, et depuis longtemps, à mon grand regret; je ne puis faire que cela. »

Il est probable que les travaux demandés pour le lycée, puis ensuite suspendus, avaient été le résultat de la visite des autorités supérieures, annoncées ainsi qu'il suit dans les *Annales politiques* du 2 juin 1805 :

« M. le Conseiller d'Etat Fourcroy, directeur général de l'instruction publique, est arrivé avant hier dans notre ville, accompagné de M. Lefevre-Gineau, inspecteur des lycées. Ce savant vient visiter le lycée de Grenoble et les premières écoles secondaires. »

Fourcroy, pour remplir plus complètement sa mission d'organisateur du lycée de Grenoble, s'était logé dans les bâtiments mêmes de cet établissement; il commença le matin même de son arrivée, l'examen de la situation matérielle du local. Les élèves de la classe de latin eurent leur tour le lendemain, et, le soir du même jour, ceux des classes de mathématiques.

A ces examens successifs, assistaient le Préfet de l'Isère et le maire de la ville ; MM. Fourcroy et Lefevre-Gineau se montrèrent singulièrement satisfaits de l'enseignement des professeurs et du degré d'instruction des élèves. Ils firent ensuite défiler et manœuvrer, sous leurs yeux, ces mêmes élèves, en présence de deux officiers de la garnison, invités à venir juger de leurs progrès dans ce genre d'instruction. On peut donc considérer, dès cette époque, le lycée de Grenoble, comme étant en plein exercice et destiné à obtenir des succès remarquables. En effet, en l'année 1806, le rapport adressé au Directeur général de l'instruction publique par l'intermédiaire du Préfet, était des plus satisfaisants. Les *Annales politiques et littéraires* en reproduisirent un fragment, dont voici le texte :

« Les succès de ce lycée font le plus grand honneur aux professeurs, aux élèves et à tous les membres qui sont à la tête de cette institution, que le gouvernement regarde *comme une des meilleures de l'Empire*. Afin de prouver le zèle qui anime les élèves, nous dirons même que plusieurs d'entre eux, dans leurs moments de loisir, se sont adonnés à des études qui ne font point partie de l'enseignement dans le lycée. Ainsi, on a vu, lors de l'examen public, le jeune J.-F. Champollion, élève national, expliquer une partie d'un chapitre de la Genèse, *sur le texte hébreux*, après avoir répondu à quelques questions qui lui ont été faites sur les langues orientales en général. M. le Préfet, qui couronnait les vainqueurs, a témoigné sa grande satisfaction sur l'émulation de cette jeunesse intéressante et sur les soins assidus de ses instituteurs. »

Aussi le lycée de Grenoble fut-il cité, cette année-là, par le Grand-maître de l'Université, dans un *Rapport à l'empereur*, comme un des meilleurs établissements d'instruction publique.

En 1807, les examinateurs furent aussi pleinement satisfaits des élèves et des professeurs. Les examens avaient toujours lieu deux fois par an, à Pâques et au mois d'août; les élèves étaient embrigadés sous les ordres d'un sergent-major, de sergents et de caporaux. Parmi ceux qui se firent le plus remarquer, on citait: Allegret, de La Charrière, Richard, de Mens, Félix Charvet, Grand-Dufey, Félix Fauché, etc.

Ces inspections générales furent faites, lors de l'organisation de l'Université en France, avec la plus minutieuse attention, et elles devinrent, sous l'habile direction du Grand-maître, un des moyens les plus actifs de perfectionner l'instruction publique. On faisait aussi entrevoir ces fonctions aux lauréats des grands concours des colléges de Paris, comme devant être un jour la récompense de leurs efforts. Toutefois, les premiers inspecteurs généraux ne furent pas choisis parmi d'anciens professeurs: ils apportèrent, dans leurs rapports avec le personnel des colléges de province, un esprit de courtoisie et d'aménité dont M. de Fontanes donnait lui-même d'éclatants exemples; mais lorsque ces premiers inspecteurs généraux furent, avec le temps, remplacés par des universitaires purs, les préceptes du Grand-maître ne furent plus conservés intacts. De très-vives discussions s'élevèrent, parfois, entre les proviseurs, les professeurs et les inspecteurs. L'un d'eux, célèbre par un discours d'*élève de rhétorique*, qu'il avait placé dans la bouche du prévôt des marchands de Paris, Etienne Marcel, dont il s'était fait l'historien, avait acquis, en ce qui concerne les aspérités de caractère et le peu de loyauté de ses rapports, une réputation que l'on disait bien méritée. Aussi attribuait-on à un élève du lycée de Grenoble, qui avait été malmené par lui pendant un examen, le quatrain suivant, qu'on lisait sans cesse sur les murs du collége:

A toi vieux suppôt des Latins,
Toi, vieux Naudet! dont la mâchoire

Serait célèbre dans l'histoire,
S'il existait des Philistins.

Mais tous les inspecteurs généraux n'avaient pas le même caractère et Villars, membre de l'Institut, passa toujours pour un fonctionnaire bienveillant. Il en était de même de Lefèvre-Gineau, dont la mort tragique et volontaire fut l'objet de vifs regrets. Vauquelin et Biot étaient aussi classés parmi les plus justes et les plus agréables inspecteurs généraux. On ne se plaignait pas de Petitot, ni de Budan.

Le Préfet apportait une attention toute spéciale à bien accueillir ces fonctionnaires du haut enseignement, et à les mettre en rapport avec les hommes les plus marquants du département, qu'il convoquait toujours dans ces circonstances. Nous en trouvons la preuve dans plusieurs lettres adressées par Fourier à Champollion-Figeac (*Correspondance littéraire*, tome IX); celle du 6 juillet 1810 porte :

« Les inspecteurs généraux de l'Université sont à la
« préfecture ; je désire très-vivement que vous veniez y
« passer la soirée, avec le recteur Pal, trois professeurs de
« chaque faculté et M. votre frère. »

Les succès du lycée de Grenoble se succédèrent pendant plusieurs années, surtout tant que Gattel en fut le proviseur. Nous donnerons, aux pièces justificatives, n° 20, différents documents relatifs à cet établissement, qui eût aussi son temps de décadence.

Le collége de Vienne venait d'être réorganisé, au mois d'août 1805, par les soins de Sonnini (Voyez ci-dessus, p. 48), dans les bâtiments de l'ancien collége de Vienne, laissés par les jésuites ; ce collége est situé dans la partie la plus élevée et la plus saine de la ville, au lieu même où se trouvait le palais des empereurs. Il a un vaste jardin, deux cours intérieures et il est disposé pour recevoir de 80 à 100 pensionnaires. L'église dans laquelle se fait le service religieux a été parfaitement conservée; elle a de vastes tribunes, qui n'ont de communication qu'avec l'intérieur de la maison. On peut dire que beaucoup de lycées ne sont pas aussi bien partagés que le collége de Vienne. Tel était l'état des lieux en 1805 ; mais, quelques années plus tard, cet établissement avait un peu perdu de son importance, soit à cause du voisinage de la ville

de Lyon, soit encore par suite du départ de Sonnini, qui en avait été le directeur. Aussi autorisa-t-on le collége à avoir une école de commerce. Le savant directeur s'était retiré pour entreprendre de publier son *Voyage scientifique dans le département de l'Isère* et il se réservait: « d'y parler de Vienne
« et de la société, qui avait été si diabolique pour lui.
« Il ajoutait: je ne pourrai pas malheureusement m'étendre
« sur la partie morale et vraiment singulière de mon séjour
« dans cette ville; elle est devenue une affaire de gouverne-
« ment et le public ne doit pas être dans la confidence (Voyez
« ci-dessus, p. 48.) Mais je parlerai tout à mon aise des antiquités,
« des coutumes, de l'agriculture, de l'histoire naturelle, non
« seulement des environs de Vienne, mais encore de la partie
« adjacente du département de l'Isère, d'une partie du
« département du Rhône et de la Loire, qui sont de
« l'autre côté du fleuve. Je pourrai ainsi parler des points les
« plus remarquables du Dauphiné, afin de rendre mon livre
« digne d'être offert à la Société de Grenoble. » (*Lettre à Champollion-Figeac, du 12 mars 1808*).

Dans une autre lettre adressée au même et datée du 26 mai 1809, Sonnini disait encore: « les travaux de la Société
« littéraire, dont vous êtes l'âme et l'âme très-active, m'inté-
« ressent singulièrement; je vous supplie de me tenir au
« courant de ce qui s'y fait d'important. Si, chemin faisant,
« vous rencontrez quelque chose qui concerne la ville de
« Vienne, ayez la bonté de m'en faire part, afin de rendre
« moins incomplet le travail que je prépare sur cette fameuse
« cité et ses environs. Les habitants de Vienne ne sont pas
« tous des méchants, des lutins, des pères ou mères de la foi,
« des persécuteurs fanatiques, des illuminés, energumènes,
« etc. J'ai laissé et conservé de bons amis, dont le souvenir
« m'est aussi cher que celui de l'abominable canaille, qui
« respire ou plutôt infecte le même air, m'est odieux. Au
« premier rang de mes amis, je place M. Ithier, fabricant
« très-considérable, chargé d'une famille très nombreuse et
« recommandable. Son fils vient d'obtenir une place au lycée
« de Grenoble; je l'ai eu pendant les deux années de ma
« direction au collége de Vienne et ses heureuses dispositions
« me l'avaient fait distinguer, encore plus que le vif attache-

« ment qui me lie à son père : oserai-je vous prier de vous
« intéresser à lui. » (*Correspondance littéraire*, t. 2, p. 149).

Quant au procès de Sonnini avec la ville de Vienne, nous avons vainement cherché à en démêler le sujet ; malgré plusieurs lettres du préfet, concernant ce savant digne d'intérêt, il nous a été impossible de savoir le fonds de cette affaire. On trouvera aux pièces justificatives, n° 21, les lettres dont nous venons de parler.

M. Barbier était le principal du collége de St-Marcellin en 1809, et Jean-Claude Martin y professait la troisième et la quatrième. Ce professeur, notre compatriote, devait sa nomination au comte Crétet, ministre de l'intérieur. Les élèves, au nombre de 25, qui composaient sa classe, avaient récemment répondu avec succès, lors des examens des inspecteurs généraux ; ces fonctionnaires, en raison de cette circonstance et à la grande satisfaction de Martin, avaient adressé leurs félicitations au professeur. Martin rappelait avec orgueil qu'il avait autrefois instruit les fils Moulsein, Hélie et Chenevaz, de Grenoble, dans la haute et basse latinité et les éléments de la grammaire grecque. Il ne laissait aussi ignorer à personne, que c'était le sous-préfet Grassot qui avait tiré le collége de St-Marcellin de ses ruines, tout en s'occupant, en même temps, d'embellir les autres parties de la ville. M. Barbier joignait ses efforts à ceux du sous-préfet, pour faire prospérer le nouvel établissement. Ce collége comptait déjà quarante pensionnaires ; sous son prédécesseur le principal Géry, il n'y en eut que trois et dix externes. L'édifice qui servait au collége était fort beau et grand ; mais il manquait presque complètement du mobilier le plus usuel ; « les professeurs y étaient logés à la diable ;
« les leçons de Martin étaient données *ambulando*, dans une
« grande salle glaciale et humide, afin de préserver les élèves
« du froid, la classe étant ouverte des deux côtés. »

Bien que le local affecté au collége fut défectueux sous tous les rapports : « la ville de St-Marcellin passait néanmoins
« pour un pays de Cocagne, où les dîners et les soupers
« étaient somptueux. Ceux du sous-préfet tenaient le premier
« rang et il y prodiguait le madère ; la compagnie y était
« nombreuse, gaie et choisie. M. Grassot y paraissait aussi
« aimable que digne du poste qu'il occupait » Martin raconte

tous ces détails dans ses lettres à Champollion-Figeac et il exprime un blâme très singulier, au sujet d'un « M. Berchoux, *surnommé l'amour*, auteur jovial de la *Gastronomie* : il avait fait l'éloge du fromage de Sassenage et n'avait pas parlé de celui de St-Marcellin. »

Enfin, Martin ajoutait encore : qu'il pensait comme l'auteur de la chanson, en patois de Grenoble, que Charbot cite dans son *Dictionnaire alphabétique des mots vulgaires du Dauphiné*, au mot *Jaqueta* :

Laissons l'amour per lo bon vin,
Le pot vaut may que la catin ;
Près de leu, l'on ne fat que rire ;
L'amour ne fat que deipeita,
Bien souven l'on ne sat ren dire ;
Mais le bon vin fat jaqueta.

Malgré cette profession de foi à *la Grégoire*, Martin eut, en 1809, six élèves apprenant le grec et il citait, comme étant très zélés pour profiter de cet enseignement, les jeunes Détroyat et Terrot ; les élèves qui n'étudiaient que le latin étaient au nombre de trente. Les fatigues de son enseignement, n'empêchaient pas à Martin de trouver encore le temps de déchiffrer et de traduire cinquante inscriptions romaines, relatives au Lyonnais. De plus, il fréquentait habituellement la bibliothèque de St-Marcellin, sur laquelle nous ne possédons, aujourd'hui, aucun renseignement, malgré nos demandes réitérées aux autorités locales, pour connaître la situation de cette collection de livres imprimés déjà considérable en 1808. Les appointements de Martin étaient de douze cents livres ; il avait, en outre, un logement assez commode. M. Barbier le nourrissait et le blanchissait moyennant trente livres par mois.

Mais une question administrative, qui préoccupait vivement les professeurs du collége de St-Marcellin (remarquons, en passant, que Martin affecte toujours d'écrire : les *pro-fesseurs*), était le manque d'un règlement relatif aux études, « qui put
« les dégager des entraves *monacales* (Martin était abbé),
« indiquer la méthode d'enseignement à suivre, les auteurs à
« expliquer et interdisant aux professeurs d'avoir plus de trois
« élèves externes chez eux. Il y avait, à cette époque, autant
« de manières de voir que de directeurs ; l'intrigue remplaçait
« le mérite et on n'accordait aucun encouragement à la car-
« rière de l'étude. » Enfin, en 1810, Martin devint professeur

de seconde et de troisième, toujours avec un traitement de douze cents francs. Aussi trouvait-il que l'Académie de Grenoble n'améliorait guère le sort de ses professeurs; mais il convenait que la surveillance des salles d'étude se faisait mal et par des hommes ineptes; que les répétitions étaient affreusement négligées; que les professeurs continuaient à empiéter les uns sur les autres, s'emparant des élèves de leurs collègues, ce qui nuisait au progrès des études et à l'unité de l'enseignement. Il arrivait aussi que les élèves pensionnaires, mal surveillés, se révoltaient fréquemment.

Trois autres points devaient encore, suivant l'opinion de Martin et de ses collègues, être réglés par l'Académie : l'un concernait l'enseignement du catéchisme, dont les professeurs voulaient être dispensés, parce qu'il incombait aux prêtres de la paroissse; l'autre consistait à n'assister au service religieux, dans la chapelle du collége, que deux fois par semaine, au lieu d'être astreint à y aller tous les jours, les professeurs ayant remarqué que les élèves qui se rendaient aussi souvent aux offices, n'étaient pas meilleurs que ceux qui n'y allaient qu'une ou deux fois par semaine. Enfin, le troisième point consistait à faire supprimer les comédies que les élèves jouaient, tous les ans, lors de la distribution des prix; les professeurs prétendaient que, non seulement c'était une cause de dépense pour les parents, mais surtout, pour les élèves, une perte de temps évaluée à trois mois, afin de leur faire apprendre convenablement les rôles qu'ils devaient jouer.

L'école secondaire de Bourgoin, sur laquelle nous ne possédons que peu de renseignements, faisait aussi passer publiquement des examens littéraires à ses élèves, à la fin de l'année scolaire de 1806. M. Chenel de La Blanchère était le directeur de cet établissement. Le Préfet déclare, dans une de ses lettres au Ministre, que la situation de ce collége était très-satisfaisante. La distribution des prix se faisait ordinairement dans l'ancienne église des Pénitents, « au son d'une musique harmonieuse. » A Pont-de-Beauvoisin, le principal était M. Lachenal. A Crémieu, une école de même degré était dirigée par des ecclésiastiques, MM. Bertrand, Rigollet et Roibin. Dans toutes ces institutions, l'usage de faire jouer une comédie par les élèves, le jour de la distribution des prix, s'était maintenu malgré les réclamations des jeunes professeurs ; parfois ce n'était que des dialogues entre plusieurs élèves et on leur donnait alors le nom de *plaidoyers*.

Le grand séminaire de Grenoble fut ouvert le 3 novembre 1806, sous la direction de l'abbé Bossard ; le petit séminaire de la Côte-St-André date de la même époque.

Des cours particuliers et payants, d'histoire et de géographie, de dessin, de mathématiques, de botanique, furent ouverts à Grenoble par Chalvet, Jay, Chabert, Jullien, etc.

Depuis 1805, de nombreuses institutions particulières de second degré, s'établirent aussi dans différentes localités du département : il y en avait à Voreppe, à Allevard, Goncelin, Grenoble, Pont-de-Beauvoisin, La Mûre, etc. ; elles étaient dirigées par M. Lassausse, l'abbé Dusser, l'abbé Raillane, M. Durand, M. Martin. En 1807, le Préfet présidait la distribution des prix de ces divers pensionnats, après avoir fait passer des examens aux élèves.

En résumé, il y avait, dans le département de l'Isère, un lycée ayant 156 bourses données par l'Etat ; 4 colléges, Vienne, Crémieu, Pont-de-Beauvoisin, St-Marcellin ; huit écoles secondaires, deux séminaires diocésains et de nombreuses institutions particulières.

Écoles primaires du département.

L'instruction primaire était bien moins florissante. Cependant l'administration départementale avait commencé par installer, dans le district des Thermopyles (St-Marcellin), un jury d'examen destiné à breveter des instituteurs et des institutrices communales. Le procès-verbal des séances de ce jury, conservé aux archives départementales de l'Isère, constate leur peu d'instruction.

Néanmoins, d'après l'avis du Commissaire du pouvoir exécutif Imbert, il n'était pas parvenu « à créer des institu« teurs imbus des vrais principes républicains. »

Les extraits suivants des divers rapports de ce fonctionnaire, adressés au Ministre de l'intérieur et que nous allons reproduire textuellement, feront connaître la situation de ce service dans le département, jusqu'en l'année 1800.

Premier rapport: « Les écoles primaires offrent un état bien moins satisfaisant que les institutions du second degré ; dans le plus grand nombre de communes villageoises, elles ne sont pas encore organisées, et dans les communes un peu considérables, telles que Grenoble, Vienne, etc, elles ne présentent qu'une poignée d'élèves et un malheureux instituteur employé à tous les besoins. Il est bien important pour la chose publique, que le Conseil des Cinq Cents donne suite aux motions solitaires, qui ont été faites concernant l'instruction publique. Si l'on ne prend des mesures pour s'assurer du républicanisme du très-grand nombre d'individus qui ont élevé des écoles particulières, la génération qui vient sera infectée pour ainsi dire dès son berceau. »

Deuxième rapport: « Les écoles primaires sont dans un état complet d'abandon. L'éloignement des parents à envoyer leurs enfants à l'école, ne peut-être attribué qu'au fanatisme et au royalisme. Ils trouvent dans une foule d'écoles particulières, connues sous le nom de *pensionnat*, des instituteurs qui flattent leurs penchants favoris, en élevant leurs enfants dans des principes anti-civiques. Le projet de loi sur l'instruction publique, en assujettissant tous les professeurs ou institutrices quelconque au serment civique, fera tomber une partie de ces établissements, par le refus que feront les instituteurs de le prêter, ou bien on leur fera perdre une partie de leurs élèves, s'ils se soumettent à la loi ; la jeunesse alors refluera nécessairement vers les écoles primaires.

« Il serait bien nécessaire de contraindre les instituteurs de campagne à ne se servir, dans les écoles, que des livres élémentaires qui leur sont indiqués par le gouvernement..... La morale républicaine n'est enseignée dans aucune école primaire. »

Troisième rapport: « Il faut voter la clôture de toutes les écoles communales non ouvertes les jours de fêtes de l'ancien calendrier, et qui ne vaquent pas le décadi et le jour des fêtes nationales. »

Quatrième rapport: « Les écoles primaires, celles des grandes communes, telles que Grenoble et Vienne, présentent un assez grand concours d'élèves et il ne pourra qu'augmenter, lorsque les dispositions de l'arrêté du Directoire exécutif, relatif à la surveillance des maisons particulières d'éducation et pensionnat, auront reçu partout leur pleine exécution. »

Cinquième rapport: « Les écoles primaires sont toujours en mauvais état, par suite du fanatisme et des mauvais principes que professent dans leur enseignement les maîtres particuliers, sur lesquels on n'a exercé, jusqu'ici, aucune surveillance. »

Les instituteurs du district de La Tour-du-Pin étaient surtout l'objet des récriminations du Commissaire du pouvoir exécutif Imbert; plusieurs furent destitués impitoyablement.

Lorsque Ricard, préfet du département, prit possession de son poste administratif, il eut soin de faire immédiatement connaître à tous les maires ses projets relatifs à l'enseignement primaire, par des lettres analogues à celle qui suit:

« Comme je suis dans l'intention, citoyen, de placer des instituteurs publics dans toutes les communes qui m'en paraîtront susceptibles, à l'effet de répandre l'instruction si nécessaire dans un gouvernement républicain, je ne puis vous autoriser à vous servir de la maison presbytérale, destinée au logement de l'instituteur.

« Je vous invite à choisir un local convenable pour y déposer les papiers de votre administration, d'en passer la location et de la soumettre à mon approbation, afin que je puisse vous autoriser à en porter le prix dans le montant de vos charges locales. Salut, etc. (*Archives départementales de l'Isère*).

RICARD.

Les frères des Écoles Chrétiennes n'arrivèrent à Grenoble qu'au mois de mai 1807; les frais de leur installation furent couverts par des souscriptions particulières, qui s'élevèrent à la somme de 2,400 fr. Leur ancienne maison de la rue St-Laurent leur fût rendue, par délibération du Conseil municipal du 16 juin. A la même époque, la ville s'engageait à y faire les réparations nécessaires et à compléter le traitement des frères, si la souscription était insuffisante. Une scène très-attendrissante eut lieu le jour de l'ouverture des écoles et le peuple, hommes, femmes et enfants, tous s'empressèrent autour d'eux. Le journal du département de l'Isère rendit compte, en termes extrêmement vifs, de l'allégresse générale et des témoignages d'affection que reçurent les frères. Nous renvoyons le lecteur à l'article de ce journal, qui porte la date du 15 novembre 1806. *Le Dauphiné*, publié par M. Drevet, contient aussi, à la page 404 de l'année 1878, un récit de cette installation triomphale des frères des Écoles Chrétiennes. Il a été rédigé par M. Pilot de Thorey.

Comme complément de cet exposé de la situation de l'instruction publique dans le département de l'Isère, nous devrions aussi faire connaître les établissements consacrés à l'éducation des filles; mais le manque de renseignements précis nous force de renvoyer aux pièces justificatives n° 22, la nomenclature des pensionnats réservés aux filles; ajoutons seulement, que le couvent de Ste-Marie-d'en-Haut et les institutions de Madame Perret et de Mademoiselle Bernier, avaient, à cette époque, toutes les faveurs des familles du département. Enfin, du temps de Fourier et en l'année 1810, le nombre des écoles primaires dépassait le chiffre de deux cents : l'instruction publique à tous les degrés était donc assez florissante dans le département de l'Isère, depuis le rétablissement du gouvernement monarchique.

XII

VILLAR REÇOIT LA VISITE DE FOURIER. — LES GRANDS TRAVAUX
D'UTILITÉ PUBLIQUE DU DÉPARTEMENT DE L'ISÈRE

Villar et ses excursions pour la botanique. — Ses démêlés avec l'intendance sur l'administration de l'hôpital de Grenoble. — Villar quitte cette ville. — Ses ouvrages relatifs au département de l'Isère. — Le Préfet l'avait consulté au sujet du projet de desséchement des marais de Bourgoin. — Récit de Victor Cousin, relatif à cette grande opération administrative. — Champollion-Figeac chargé de recueillir les antiquités qui seraient trouvées pendant les travaux. — Le vicomte Gabriel Du Bouchage. — Les Espagnols prisonniers de guerre, employés aux travaux. — Le canal d'arrosage du Valbonnais. — Les mines d'anthracite de La Motte-d'Aveillans. — Le cadastre de l'Isère. — Les toitures en chaume. — La route d'Italie par le Lautaret. — Le pont sur le Drac. — Les chemins vicinaux. — M. Augustin Périer. — Fourier n'est pas en faveur auprès de Napoléon. — Motifs présumés de cette disgrâce. — Fourier et Kléber. — Les lettres de Louis XVIII, du Premier Consul, de Napoléon et du comte d'Artois. — Les membres de la Société littéraire chez lesquels Fourier ne fit pas de visite. — Les visites à Duport-Lavillette, Duchesne, Maurel de Rauchebelle, Réal, Teisseire, de Barral, Laugier, Bilon, Berriat-Saint-Prix et Champollion-Figeac. — L'arsenal de construction de Grenoble dû à Teisseire, sa conservation au colonel Champollion-Figeac. — Le maréchal Randon et l'école d'artillerie de Grenoble. — Les tergiversations politiques de M. de Barral. — Mme Berriat et ses poésies satyriques contre Crépu, chef de l'opposition. — Les chanoines Barthélemy, à Saint-Martin-sur-Clelles, et Ménilgrand à Voreppe. — Le curé Allemand, à Claix. — Berriat-St-Prix, ses qualités éminentes, ses manies, sa bibliothèque, ses ouvrages. — Fourier chez Champollion-Figeac. — Analogie des goûts et de la destinée de ces deux savants: Paris, l'Egypte et Grenoble. — Ils quittent tous les deux Grenoble après les événements de 1815. — Le capitaine Champollion, ancien officier d'ordonnance du duc de Chartres, avait fait partie de l'expédition d'Egypte. — Conversation de Fourier et de Champollion-Figeac.

PENDANT sa visite à Villar, Fourier déploya toute son éloquence à apaiser les chagrins que causaient à cet habile praticien les tracasseries de l'intendance militaire, à l'occasion de son service à l'hôpital de Grenoble : Villar venait de publier une brochure ayant pour titre: *Observations sur les vices d'administration de l'hôpital militaire de Grenoble.* Fourier espérait persuader à Villar, de renoncer à son projet de quitter cette ville; ses efforts furent inutiles. Villar accepta, à cette époque, les fonctions de doyen de la Faculté des sciences de Strasbourg. Fourier en éprouva une vive contrariété, car il avait déjà eu recours aux lumières de ce savant, au sujet de différentes questions se rapportant au desséchement des marais de Bourgoin. L'auteur d'un ouvrage sur les *Epidémies de Grenoble* en 1797 et 1798, d'un *Mémoire sur l'agriculture du département de l'Isère*, lu à la Société littéraire, et de l'*Histoire des plantes du Dauphiné*, avait été consulté au sujet de l'influence que cette opération exercerait sur l'agriculture et sur la santé générale des habitants de cette contrée marécageuse.

Les études de ce grand projet de desséchement, dont la réalisation a illustré l'administration de Fourier, étaient alors très-avancées. Victor Cousin, dans sa *Notice biographique* sur son prédécesseur à l'Académie française, rend compte des difficultés que le préfet eut à surmonter dans cette circonstance. Nous en empruntons le récit au discours du célèbre académicien :

« Imaginez d'immenses marécages, qui s'étendent
« sur trente-sept communes et forment des terrains vagues,
« dangereux par l'air infect qu'ils exhalent et à peu près inu-
« tiles à tous les riverains. Depuis Louis XIV, le gouverne-
« ment avait plusieurs fois entrepris d'assainir ces terrains et
« de les rendre à l'agriculture; à diverses époques, cette opé-
« ration avait été reprise, sans pouvoir être terminée à cause
« des prétentions contraires de toutes les communes riverai-
« nes et des conflits des intérêts opposés. Il ne s'agissait pas
« moins que d'amener toutes les communes à des sacrifices
« communs, dont elles ne voyaient pas l'avantage immédiat
« et qu'elles rejetaient les unes sur les autres. Fourier fut
« obligé de négocier avec chaque commune, et presque avec
« chaque famille; et ce ne fut qu'à force de raison, de tact,
« de bonté, surtout au moyen d'une patience à toute épreuve,
« que le seul amour du bien public pouvait donner, qu'il
« parvint à obtenir le concert nécessaire pour une pareille
« opération. Non seulement Fourier avait la confiance abso-
« lue des habitants de l'Isère, pour tout ce qui regardait les
« affaires publiques ; mais encore, chacun s'empressait de le
« consulter sur ses affaires privées. Le bon Fourier admet-
« tait toutes les confidences et prodiguait à tout le monde,

« avec une bonté inépuisable, les trésors de sa longue expé-
« rience des hommes et des choses. En un mot, *avec des lu-*
« mières, de l'esprit et de la bonté, il résolut le problème de
« l'administration : Beaucoup faire sans se donner un grand
« mouvement. »

Le vicomte Gabriel Du Bouchage entravait bien un peu cette entreprise du Préfet, en prenant, avec trop d'énergie, les intérêts de ses amis de Bourgoin et en se faisant trop souvent l'avocat officieux des communes qui réclamaient sa protection. Le Préfet l'écoutait cependant avec faveur ; mais il ne dévia pas pour cela de la ligne de conduite qu'il avait adoptée. Une circonstance extraordinaire vint fournir à l'administration le moyen de hâter l'achèvement de cette grande opération. Par suite de la guerre de la France contre l'Espagne, trois cents prisonniers de ce dernier pays furent internés, en 1809, à Bourgoin, et on les employa à achever les travaux nécessaires pour le desséchement des marais. Ce renfort de bras fut des plus utiles. Quant à Villar, il ne revit jamais la sous-préfecture de La Tour-du-Pin débarrassée de ses marais infects ; il aurait eu la consolation de constater que ses prévisions s'étaient réalisées, en ce qui concernait l'amélioration de la santé des habitants et l'utilité que l'agriculture pouvait retirer de ces desséchements de terrains marécageux.

Par une sage prévoyance, le Préfet avait chargé Champollion-Figeac de se mettre en relation avec les directeurs et conducteurs des travaux de desséchement, afin de se faire envoyer à Grenoble, les antiquités qui pourraient être découvertes dans les marais. Elles ne furent pas nombreuses ; en 1809, on trouva *un marbre,* sur lequel nous n'avons pu nous procurer aucune indication plus précise ; l'année suivante, on découvrit, dans le lit du canal principal, *une médaille* en cuivre de l'époque romaine ; au mois de septembre 1810, on retira des marais une *petite meule antique* constatant la présence d'un moulin romain dans cette localité. Les autres trouvailles furent : 1° une inscription romaine faisant partie d'un tombeau en brique ; 2° une coupe en argile rouge d'une très-jolie forme ; 3° une coupe en verre blanc de grande dimension ; 4° un stylet en bronze, assez bien conservé, servant à écrire sur des tablettes de cire ; 5° une belle corne d'un cerf âgé de sept ans, ainsi que son squelette ; 6° une pièce de métal concave provenant d'un bouclier ou d'une cuirasse ; 7° une grande cuiller à manche en spirale et terminé par trois crochets ; 8° un couteau et le fragment d'un autre instrument du même genre. Tous ces objets étaient à une profondeur de sept pieds sous terre. Des indemnités en argent furent chaque fois accordées aux ouvriers par l'intermédiaire des entrepreneurs, afin de les encourager à ne point dissimuler les objets qui seraient découverts pendant les travaux ; mais les résultats furent, comme on vient de le voir, assez insignifiants au point de vue de l'archéologie.

La vigilance administrative du Préfet ne se bornait pas à donner satisfaction aux intérêts des habitants de Bourgoin ; elle s'exerçait aussi sur d'autres entreprises d'utilité générale. De ce nombre fût le canal d'arrosage du Valbonnais, dont le règlement, en 1808, était des plus insuffisants. Le Préfet consulta principalement, sur ce point, M. Renauldon, maire de Grenoble, afin de connaître plus exactement les modifications et les améliorations à apporter au régime administratif du canal.

En même temps, Fourier envoyait à La Motte d'Aveillant une commission composée de : Bilon fils, médecin, Planat, pharmacien, Chabert, géomètre, Berriat-Saint-Prix et Jullien, afin de constater l'état hygiénique et matériel de ces mines d'anthracites. Il fut reconnu, par diverses immersions du thermomètre, que, dans les puits les plus profonds déjà exploités, il ne s'était élevé qu'à 45 et 46 degrés Réaumur et non pas à 64, comme le prétendait Nicolas, dans un de ses rapports sur les mines du Dauphiné. Chacun des cinq délégués avait à préparer un rapport spécial sur une des questions qui concernaient les mines, et Berriat-Saint-Prix devait rédiger le mémoire d'ensemble. L'exploitation des anthracites de La Motte prenait, à cette époque, une grande importance, à cause des nombreuses compagnies nouvelles, qui demandaient des concessions, et des prétentions exagérées de M. Giroud, d'avoir des droits sur toutes les mines de La Motte et même sur celles du Valbonnais. L'inspecteur des mines et usines écrivait d'Allemont, le 11 novembre 1806, à Champollion-Figeac :

« Je ne puis concevoir les prétentions de M. Giroud ; elles

ne sont nullement fondées et je lui écris même à ce sujet. Mme Gay ou ses préposés, peuvent, en toute sûreté, se livrer à tels travaux qu'ils jugeront nécessaires, soit d'agriculture, soit d'exploitation de houillères, sans que M. Giroud puisse la troubler ou inquiéter en aucune manière. Le Valbonnais n'est point compris dans sa concession et d'ailleurs Mme Gay, étant présentement en instance pour une permission d'exploitation, on ne peut, sans sa permission, entreprendre aucune recherche dans ses fonds et propriétés. Veuillez bien lui donner toute tranquillité à ce sujet et agréer l'assurance des sentiments, etc.,» (Voyez sur les mines d'anthracite les pièces justificatives, n° 23).

Après les mines, ce fut le cadastre, que le gouvernement faisait exécuter dans tous les départements, qui nécessita la surveillance du Préfet. Ce travail était considéré comme de la plus haute utilité ; le Préfet s'en occupait activement et écouta avec patience les critiques que Monval fit d'une partie des opérations relatives au département de l'Isère. Il citait entre autres une commune, dont le maire avait fait classer toutes les terres dans la première et la seconde catégorie, croyant être ainsi utile à ses administrés et sans se rendre compte du surcroît d'impôts qu'il allait leur infliger ; malgré les observations de Monval et les réclamations de la commune, l'erreur subsiste encore après 66 ans d'exercices.

Les maisons couvertes en chaume étaient encore un sujet de préoccupation pour le Préfet ; il lut un mémoire sur ce sujet, à la Société des sciences et des lettres de Grenoble et pria ses collègues d'étudier le moyen le plus sûr d'arriver à substituer promptement, à cette manière dangereuse de couvrir les bâtiments, l'emploi des tuiles fabriquées dans le pays à des prix très-modérés.

Un peu plus tard, le desséchement des marais d'Eybins fût également entrepris par le Préfet (Voyez pièce justificative, n° 24).

L'administration de Fourier embrassait donc les objets les plus variés, à cause de la nature même du sol, de la température et des productions de notre département. Il touche, en effet, par un point, aux glaciers des Alpes et, par le point opposé, aux plaines sablonneuses du midi ; il est inondé à l'est par les eaux des montagnes, et stérile à l'ouest par les difficultés que présentera toujours un système pratique et facile d'irrigation. Au milieu de ses études si diverses, le Préfet avait souvent recours, pour les affaires les plus importantes, aux lumières d'Augustin Périer : c'était, en effet, la personne qu'il consultait avec le plus de confiance et de laquelle il reçut les meilleurs avis (voyez ci-après une note du Carnet du Préfet). Ce n'était pas trop, ainsi que le fait remarquer Champollion-Figeac, d'un si utile concours, pour le succès des grandes entreprises d'utilité publique dont Fourier eut à s'occuper et qui exigèrent le zèle, la science d'un administrateur expérimenté, avec toutes les lumières d'un profond géomètre.

On ne saurait refuser cet intérêt supérieur au projet étudié par Fourier, de créer la *route d'Italie* par le Lautaret, au travers des montagnes du Briançonnais et de construire un pont sur le large torrent du Drac, pour aller à Sassenage ; d'organiser légalement les chemins vicinaux, etc., (voyez sur les divers travaux, pièces justificatives, n° 25).

Malgré ses succès administratifs dans le département de l'Isère, Fourier n'était pas en faveur auprès de Napoléon ; il désirait être appelé au Conseil d'Etat, afin de vivre à Paris, avec le loisir nécessaire à ses travaux scientifiques. Monge, Bertholet et Costaz parlaient souvent de lui à l'Empereur ; mais il ne les écoutait point. La direction générale des mines, que Fourier aurait regardé comme son bâton de maréchal, fut donnée à un autre. Le Préfet ne croyait donc pas à la bienveillance de Napoléon pour lui et il pensait, parfois, à s'expatrier, car il n'attendait plus rien de l'Empereur, et sans que ses amis aient pu pénétrer exactement le secret de cette situation. Quelques personnes pensaient, qu'à l'époque où Bonaparte quittait l'Egypte, ce départ secret et inopiné avait irrité bien des esprits ; des fonctionnaires, peu circonspects, avaient alors maltraité en paroles le général, qui avait déserté son commandement en chef pour tenter d'autres destinées. Il se forma alors, en Egypte, deux partis dans l'armée, le parti de Bonaparte et celui de Kléber, qui lui succédait : cette situation pouvait avoir été connue de Bonaparte, dès son arrivée en France, du moins, la lettre suivante du Ministre de la guerre semble l'indiquer.

Paris, le 15 frimaire, an VIII, (6 décembre 1799).

Le Ministre de la guerre au général en chef Kléber.

Je t'envoye, mon cher Kléber, une copie certifiée de moi, de *l'adresse* du Consul Bonaparte à l'armée d'Orient. Je n'ai pas besoin de te recommander de lui donner la plus grande publicité possible ; je profiterai de toutes les occasions qui se présenteront pour t'en faire passer des duplicata. — Je t'embrasse.

M. BERTHIER.

Cette adresse, qui avait pour objet de calmer les mécontents assez nombreux en Egypte, n'arriva qu'un mois après et elle fut imprimée dans le journal du Caire, selon les instructions du ministre. Mais pendant cet intervalle de temps, les récriminations ne cessèrent pas. Fourier était l'un des plus chauds et des plus respectueux admirateurs du caractère de Kléber, peut-être se déclara-t-il pour lui trop ouvertement : de là un des motifs de sa disgrâce. Peut-être aussi que les deux documents, dont nous allons donner le texte et qui existent en copie dans les papiers de Fourier, pourraient donner à penser qu'il aurait été mêlé à une négociation secrète des plus importantes, dont le premier Consul aurait été mécontent. D'après Lamartine, le roi Louis XVIII « croyait aux vicis-
« situdes des révolutions et se préparait de loin à devenir le
« pacificateur de son pays et le conciliateur du trône et de la
« liberté ; le prince était assez favorable à la démocratie (les
« *Girondins*, t. 2, p. 99). » Dans cette disposition d'esprit, Louis XVIII écrivit, en l'an VIII, à Bonaparte, pour l'engager à lui restituer le trône de France, sauf à lui tenir compte de son dévouement. Le Premier Consul lui répondit en ces termes :

« Bonaparte, Premier Consul de la république.

« Paris, le 20 Fructidor, an VIII de la république.

« J'ai reçu, Monsieur, votre lettre, je vous remercie des
« choses honnêtes que vous m'y dites.

« Vous ne devez plus souhaiter votre retour en France ;
« il vous faudrait marcher sur 100,000 cadavres... Sacrifiez
« votre intérêt au bonheur et au repos de la France et
« l'histoire vous en tiendra compte.

« Je ne suis pas insensible aux malheurs de votre famille..
« je contribuerai, avec plaisir, à la douceur et à la tranquillité
« de votre retraite.

« BONAPARTE. »

Le second Consul Lebrun, qui avait aussi reçu une lettre du Roi, répondit plus longuement et en termes moins rudes :

« Monsieur,

« Vous rendez justice à mes sentiments et à mes principes :
« Servir ma patrie fut toujours le plus cher de mes vœux,
« comme le premier de mes devoirs. C'est pour aider à la
« sauver, que j'ai accepté la place que j'occupe. Mais il faut
« vous le dire et je vous crois le courage de l'entendre : ce
« n'est pas en lui rendant un roi qu'on peut la sauver aujour-
« d'hui. Si j'eusse pensé autrement, vous seriez sur le trône,
« ou je serais dans la retraite. Les circonstances vous condam-
« nent à la vie privée ; mais soyez bien sûr que le Premier
« Consul a la vertu aussi bien que le courage d'un héros,
« et que sa jouissance la plus douce, sera de donner des
« consolations à vos malheurs. Pour moi, Monsieur, je
« conserverai toujours pour votre personne, les sentiments que
« me permet l'intérêt de la patrie.

Paris, ce 20 Fructidor an VIII.

« LEBRUN. »

Pour compléter ce récit relatif aux lettres des Consuls, nous devons ajouter, que feu notre compatriote Goujon, libraire à Paris, a imprimé, en 1814, au mois de mai, une brochure in-8°, ayant pour titre : « *Publication*, faite par Monsieur, frère du roi *(le Comte d'Artois)*, *relative à la proposition faite en 1803 (en l'an XI), par Bonaparte à S. M. Louis XVIII et à tous les membres de sa famille, de renoncer en sa faveur au trône de France.* »

D'après ce récit, un personnage, *puissamment autorisé*, se serait présenté le 26 février 1803, c'est-à-dire quatre années après la lettre du Roi, chez Louis XVIII, à Varsovie, et lui aurait fait, verbalement et dans les termes les plus honnêtes, la proposition dont il s'agit. Le Roi refusa par lettre, dont le texte est joint au récit imprimé. S. M. donna ensuite connaissance aux princes de sa famille, par l'intermédiaire du Comte d'Artois, de cette circonstance, et tous les princes adhérèrent à la lettre du Roi, savoir : le Comte d'Artois, le duc d'Angoulême, le duc de Berry, le duc d'Orléans, le duc de Montpensier, le comte de Beaujolais, le prince de Condé, le duc de Bourbon, le duc d'Enghien et le prince de Conti. Ainsi se termina cette double négociation, à quatre ans de distance et qui avait pour objet la libre possession d'un des plus beaux trônes d'Europe.

Fourier revit souvent l'empereur aux Tuileries, à l'occasion de la rédaction de la célèbre *préface historique* du grand ouvrage sur l'Egypte; mais Napoléon se contenta, pour toute faveur, de le créer baron d'abord, puis comte de l'empire avec dotation, tout en le laissant dans les préfectures!

Le Carnet du préfet ne contient, au sujet de Gras, premier secrétaire élu de la Société des sciences, des lettres et des arts de Grenoble, que cette simple mention : réside habituellement à Bernin. Il était cependant professeur de mathématiques à Grenoble et il donna lecture à la Société littéraire, de deux Mémoires relatifs aux logarithmes. Quant à Grand-Thorane, membre de la même Société, le Carnet le mentionne ainsi : en résidence à La Terrasse. Les noms de Bret, du docteur-pharmacien Rivet et de Jullien, ne sont suivis d'aucune note dans ce livre officiel. Jullien, en ce temps-là, s'occupait avec zèle du classement du Cabinet d'histoire naturelle de la Bibliothèque de la ville et il en rédigea le catalogue pour le Ministre de l'intérieur. Il avait eu soin, nous dit-il, dans une note jointe à son travail, de corriger les erreurs de Mollard, relatives à l'ornithologie. Il paraît que ce dernier naturaliste dauphinois avait commis quelques confusions relatives à la dénomination des individus. Jullien rédigea également le catalogue de l'entomologie, dont le Ministre approuva complètement la rédaction, tout en faisant remarquer que le classement n'était pas conforme à la méthode de Fabricius. Jullien s'excusa sur ce que la Bibliothèque de la ville ne possédait pas l'ouvrage de cet auteur et qu'il n'avait pu le consulter. N'oublions pas aussi, que ce savant avait fait partie de la commission relative aux mines d'anthracites de La Motte d'Aveillans, instituée par Fourier, et avait lu à la Société littéraire, trois Mémoires sur la botanique, sur l'histoire naturelle et sur l'emploi du plâtre, pour la culture du sainfoin. Nous ne pouvons donc pas nous expliquer, aujourd'hui, le silence du Carnet du préfet au sujet de ces savants de notre département. Il en est de même, cependant, pour Jean-Baptiste Guilloud, membre aussi de la Société littéraire et qui fut successivement avocat au parlement, député à l'assemblée législative, juge de paix aux Abrets, administrateur de la ville de La Tour-du-Pin, et qui mourut conseiller à la Cour de Grenoble en 1811 (Voyez pièces justificatives, n° 26).

Les fonctions de juge de paix avaient certainement, dans le

département et à l'époque qui nous occupe, un prestige relativement considérable, car nous avons été frappés du nombre prodigieux de personnes du Dauphiné, qui, après avoir fait partie des assemblées de Vizille, de Romans, de la Législative, des Cinq cents ou des administrations municipales, se retirèrent de la vie politique, en acceptant un emploi de juge de paix dans le ressort de Grenoble.

Pison du Galland, qui avait été député de l'Isère, conseiller à la Cour de Grenoble, ne figure cependant pas sur la liste des visites du préfet; le Carnet du moins ne le mentionne pas, peut-être parce qu'il n'appartenait pas à la Société littéraire de la ville. Quoiqu'il en soit, nous pouvons encore citer comme n'étant pas inscrit dans le Carnet du préfet, bien qu'ils fussent membres de la Société littéraire, Dausse, ingénieur en chef des ponts et chaussées du département, Lacoche, ancien ingénieur, Delagrée, ancien procureur général à la Cour des Comptes du Dauphiné, Deviennois, propriétaire à Grenoble, Tournadre, chef de brigade du génie, Patural, ingénieur ordinaire des ponts et chaussées, Rosières-Champagneux, juge au tribunal d'appel et Achard-Degermane, ancien avocat au Parlement du Dauphiné. Mais ce dernier, après avoir publié quelques articles dans les journaux contre le gouvernement révolutionnaire, avait été obligé d'émigrer et il se rendit près du Roi. Il sut alors gagner la confiance de Louis XVIII, retiré à Mittau, et il fut nommé l'un des secrétaires de son cabinet; il rentra à Grenoble après le 18 brumaire et se fit inscrire au tableau des avocats de la Cour. Nous le retrouverons, plus tard, procureur général pendant la Restauration, en possession de la considération et de l'affection de ses concitoyens.

Quant aux Dauphinois membres de la Société littéraire dont nous avons encore à parler, ils occupaient, dans la ville, une position d'une trop haute importance, pour avoir été oubliés par le préfet.

Duport-Lavillette passait, en effet, pour un des plus savants jurisconsultes et avocat-consultants du département; Fourier, qui tenait à se concilier toutes les capacités de la ville et à rattacher au gouvernement tous ceux qui avaient été persécutés par la République, se rendit chez lui; il lui rappela qu'il avait été inquiété comme fédéraliste et emprisonné jusqu'au neuf thermidor. Il lui demanda son concours en faveur du gouvernement du Premier Consul. Duport-Lavillette lui donna l'assurance de son dévouement au nouveau gouvernement. Le Carnet mentionne encore la connaissance profonde que ce jurisconsulte possédait des droits d'usage et du droit coutumier en Dauphiné; il pouvait donc être utilement consulté par le préfet sur les questions que soulevait le desséchement des marais de Bourgoin. Il le fut en effet à différentes reprises.

Mais Duchesne, avocat de la Drôme, réfugié à Grenoble après le dix-huit brumaire, ne paraît pas avoir inspiré au préfet la même confiance; les notes du Carnet portent simplement : « Ancien avocat au Parlement, il a voté avec Carnot, contre le Consulat à vie. » Duchesne mourut, cependant, en 1814, bâtonnier de l'ordre des avocats de Grenoble, après avoir joué à la députation, qu'il avait vivement et vainement briguée.

Maurel, baron de Rochebelle par décret du 7 janvier 1813, après avoir été avocat général au parlement de Dauphiné, accepta les fonctions de Conseiller de préfecture, lors de la création de cet emploi; il fût élu député de l'Isère, mais il est plus connu par ses publications littéraires, qui sont très-nombreuses (Voyez la *Biographie* de M. Rochas), que comme député et magistrat. Il fut un des principaux rédacteurs du *Réglement* de la Société des sciences, des lettres et des arts de Grenoble, imprimé chez Allier en 1808. Le Carnet de Fourier ne contient pas de notes personnelles le concernant, parce qu'il était alors conseiller de préfecture et directement sous les ordres du Préfet.

Réal, père d'André et de Félix, avait été député de l'Isère à la Convention nationale et administrateur du district de Grenoble. Il avait voté le bannissement de Louis XVI, lorsque la paix serait signée, et, provisoirement, l'incarcération du monarque dans une forteresse de France. Après avoir été membre du Conseil des Cinq-Cents, il fut nommé conseiller à la Cour de Grenoble, fonction dont il se démit en 1816. En dehors de quelques rapports lus dans les assemblées politiques, Réal ne publia aucun ouvrage et ne donna aucun mémoire à la Société littéraire de Grenoble ; ses relations avec le Préfet furent peu fréquentes.

Camille Teisseire était plus industriel que homme d'études littéraires; cependant il assistait habituellement aux séances de quinzaine de la Société et prenait part aux discussions. Il donna lecture d'un Rapport, qui fut très remarqué, sur l'administration intérieure de l'hospice de Grenoble. On lui doit l'établissement de plusieurs manufactures et d'usines dans la ville et au pont de Claix et le desséchement des marais de Poisat près de Grenoble.

Ce fut aussi, grâce à son intervention active auprès du gouvernement, que la ville de Grenoble dut de posséder un *Arsenal de construction*, qui y fut établi en septembre 1793. Cet établissement, un des plus florissants de France, y subsiste encore par les instances de M. Jules Champollion-Figeac, qui y vint terminer comme colonel d'artillerie, sa brillante carrière militaire. Il était question de transférer cet établissement à Valence ou à Bourges. Ce n'est pas le seul service que cet officier supérieur rendit à sa ville natale pendant qu'il était directeur du matériel d'artillerie au ministère de la guerre. Lorsque le maréchal Randon était ministre, profitant des bonnes dispositions du maréchal, il plaça sous ses yeux un rapport très circonstancié, demandant le rétablissement d'une *École d'artillerie* à Grenoble. Ce rapport, dont nous avons pris connaissance au ministère de la guerre, est entièrement écrit de la main du colonel Champollion-Figeac; il est approuvé par le maréchal et on trouve à la suite le décret impérial portant rétablissement de l'Ecole d'artillerie de Grenoble (Voyez pièces justificatives, n° 27).

Teisseire, élu député de l'Isère, prononça à la Chambre quelques discours qui furent écoutés avec attention ; enfin, il participa longtemps et avec dévouement, en qualité de conseiller municipal toujours réélu, à l'administration de la ville. Allié à la famille Périer, homme d'un commerce très agréable, il jouit toujours de l'estime et de la considération générale. Son fils aîné fut receveur général du département et son second fils se distingua par sa participation avec un zèle infatiguable, à toutes les associations de charité et de bienfaisance de sa ville natale.

Nous avons eu occasion de constater que la majeure partie des membres du Parlement de Grenoble, furent des partisans dévoués de la révolution de 1789. Joseph-Marie de Barral, marquis de Montferrat, avait été président de chambre au Parlement, membre de l'Académie delphinale ; il fut élu administrateur de la commune de Grenoble et devint aussi l'un des partisans les plus actifs des idées nouvelles. Il exerça les fonctions municipales avec une grande modération.

Cependant, si nous consultons l'ouvrage de M. Albin Gras: *Deux années de l'histoire de Grenoble* (p. 25, 34, 81, 82), nous avons le regret de constater que M. de Barral voulut par trop se *démarquiser*, afin de garder ses fonctions municipales, dans l'espoir, sans doute, d'être utile à ses compatriotes. Nommé maire de Grenoble en 1790 et 1792, il passa pour être humain, loyal, mais d'un caractère faible et recherchant la popularité. Toutefois, sa qualité d'ex-noble ferma toute carrière à son ambition. Il vendit sa terre de *Montferrat* à la condition qu'on démolirait le château, afin de se *démarquiser complètement*; mais on doit citer à son honneur une réponse des plus énergiques qu'il fit au représentant du peuple Amar, à l'occasion des massacres de septembre, qui avaient eu lieu à Paris. De nouveau réélu maire, après la dissolution du Conseil municipal en 1793, il ne put empêcher aucune des délibérations regrettables qui furent prises par la municipalité, sous l'influence des événements qui se passaient alors à Paris et il dut voter les *adresses du corps municipal* à la Convention nationale. De plus, le 21 ventôse 1794, la Société populaire ayant déclaré que tous les ex-nobles seraient exclus de son sein, M. de Barral donna sa démission de maire, mais il la reprit immédiatement, « avec une joie mal déguisée » et sur la demande de quelques conseillers municipaux. Enfin, le décret du 27 germinal an II, ayant défendu aux ex-nobles d'habiter les villes fortes et d'exercer des fonctions publiques, M. de Barral fut obligé de donner sa démission ; mais il pria le Conseil général de la commune de Grenoble, d'intervenir en sa faveur auprès du Comité de salut public, « et de ne pas « laisser confondre avec le nom des aristocrates, celui d'un « ami sincère de la liberté et de l'égalité ; d'un homme dont les

« mœurs simples furent toujours en opposition avec le faste et
« les prétentions ridicules des privilégiés, etc. »

Le Conseil général de la Commune approuva la demande de
M. de Barral par la délibération suivante :

« Considérant que le citoyen Barral a le malheur d'être
« issu de la caste ci-devant noble, mais qu'il n'en a jamais
« eu ni les vices, ni les préjugés, etc. »

En raison de cette délibération, M. de Barral put continuer
de résider à Grenoble. Il devint, quelques années plus tard,
baron et comte de l'Empire, et l'un des premiers magistrats
d'un souverain absolu.

Un autre reproche que lui firent un jour ses compatriotes, fut
d'avoir adressé au comte d'Artois, en 1814, comme président
de la Cour, un discours *trop empreint de paroles de dévouement*. Cet acte de faiblesse n'atteignit pas le but que M. de
Barral s'était proposé, car il fut mis à la retraite le 13 décembre
1815. Le Préfet le mentionne dans son Carnet, comme ayant
des opinions politiques très-indécises, et comme étant très-bon
magistrat et très-bon administrateur.

Laugier, Bilon père et Bilon fils ne furent pas oubliés par
le Préfet. Ils avaient la réputation d'habiles praticiens
en médecine; tous les trois appartenaient à la Société des
sciences et des lettres de Grenoble. Ils ont publié des ouvrages,
en petit nombre et exclusivement relatifs à la médecine.
Laugier avait étudié les épidémies de Grenoble en l'an VII et
en l'an VIII; Bilon père, les accouchements laborieux terminés par le forceps; il avait, de plus, fait imprimer la description
d'un enfant monstrueux, dont la mère avait survécu, grâce à
ses soins, à un accouchement des plus difficiles. Des topiques
prétendus secrets furent analysés par lui et reconnus inoffensifs. Quant à Hippolyte Bilon, son fils, il est noté, dans le
Carnet du Préfet, comme un des plus spirituels médecins de
la ville et comme ayant un diagnostic des plus parfaits.

Bilon a publié un éloge remarquable de Bichat, son maître en
médecine, des *Mémoires* très-curieux sur le sommeil et sur la
douleur. Ses compatriotes et quelques-uns de ses élèves lui
reprochèrent d'avoir professé, en 1810, la doctrine soutenue
de nos jours par M. Littré: l'homme n'est qu'un singe développé par la nature et perfectionné par la civilisation. Un des

auditeurs du cours de Bilon et un des lecteurs du Dictionnaire de Littré, crièrent, dit-on, à l'un et à l'autre de ces savants : mais parlez pour vous! Bilon, sans doute en raison de cette doctrine, et afin d'embellir et de perfectionner l'espèce humaine issue des singes, épousa la fille du docteur Petit, célèbre médecin de Lyon ; Madame Bilon eut la réputation d'être une des plus belles femmes de Grenoble et des plus spirituelles. Elle a laissé quelques poésies satyriques, dont une des plus mordantes attaquait personnellement M. Crêpu, chef de l'opposition radicale de Grenoble, journaliste habile, mais très-hostile à M. Berriat, maire de cette ville, que Madame veuve Bilon avait épousé en secondes noces, vers 1826. Cette diatribe en vers, publiée dans le *Courrier de l'Isère* et imprimée à part, eut un grand succès; elle se terminait par un anagramme du nom de Crêpu, qui donnait le mot : *perruque*.

Nous avons dit que le département de l'Isère sut se préserver, grâce aux hommes de l'ancien régime qui adhérèrent aux principes de 1789, des excès que l'on eut à regretter à Lyon, à Valence et dans bien d'autres villes des départements voisins. Fourier remarqua un nouvel exemple de l'esprit de modération de notre population, lorsqu'on lui présenta Barthélemy, chanoine de la cathédrale de Grenoble. Cet honorable ecclésiastique, membre de la Société littéraire, avait été chassé de son canonicat, sans que les républicains pensassent à l'incarcérer, ainsi que le prescrivait la loi relative aux prêtres qui avaient refusé le serment; mais comme il était originaire de Saint-Martin-de-Clelles, petite commune du Trièye, il prit simplement le parti de se retirer dans son village natal, pendant la tourmente révolutionnaire. Les habitants furent charmés de son arrivée et l'entourèrent de toutes sortes de soins et de prévenances ; il put y rester, y célébrer la messe et s'y occuper de son travail de prédilection : l'Histoire de la ville de Grenoble et des comtés qui ont formé le Dauphiné. Il ne put achever ce curieux ouvrage qu'après être rentré dans son canonicat, à Grenoble, pendant l'administration de Fourier. Lors de sa mort, arrivée en 1812, ce travail était terminé, mais non imprimé et nous ignorons ce qu'est devenu le texte autographe de cette histoire. Heureusement, M. Chaper en possède une copie dans sa collection de documents relatifs au

Dauphiné (Voyez Pièces justificatives, n° 16), et notre savant compatriote la considère comme très-digne d'être publiée.

A Voreppe, à la même époque, les habitants furent aussi bienveillants, respectueux et dévoués pour le chanoine Menilgrand, qui, expulsé aussi de son canonicat, vint se réfugier dans son lieu de naissance et ne cessa d'habiter cette localité jusqu'en 1805. Il y exerça ouvertement le culte catholique, interdit dans les autres villages du département ; il y prêchait le dimanche. Dans ses moments de loisir, il écrivait, *en patois de Grenoble*, des « poésies et morceaux en prose relatifs aux querelles du chapitre de Grenoble » et qui furent imprimés par Allier, vers 1808. Ce recueil est anonyme et a deux paginations ; mais *la chanson du borliou, la chanson sur Napoléon, le dialogou de dou payzan de ley granges*, etc., doivent être attribués à son frère Gaspard, dit le philosophe. Cependant, d'après Champollion-Figeac, cette publication ne « laisse supposer à leurs auteurs, ni esprit, ni con-
« naissance des règles de la grammaire et de la poésie ;
« rien enfin de ce qui constitue un talent naturel et
« cultivé. » Le Préfet de l'Isère, Ricard, s'était montré moins bien disposé à l'égard de Menilgrand que les habitants de Voreppe, car ils n'avaient cessé, pendant les années les plus orageuses de la Révolution, d'avoir les plus grands égards pour cet ancien chanoine. Nous ne pouvons pas expliquer autrement la note violente, insérée dans le *Moniteur universel* (journal officiel) du 18 germinal an IX (1801), à l'occasion d'un accident arrivé à Voreppe, pendant un sermon de Menilgrand. Nous reproduisons cette note textuellement :

Voreppe, le 8 germinal an IX.

« Le nommé Menilgrand, ex-chanoine, qui exerce le culte *sans avoir fait sa déclaration*, avait formé dans sa chambre un nombreux rassemblement. Le plancher s'est écroulé ; une jeune fille a eu la jambe cassée ; une autre y a perdu un œil. Ces accidents ne sont pas les seuls qui soient résultés de cet événement, plusieurs personnes ont été grièvement blessées. Le Préfet (M. Ricard) a donné l'ordre à la gendarmerie d'arrêter le prêtre Menilgrand. »

Cet ordre fut-il exécuté ? C'est ce qu'il nous a été impossible de constater, malgré les recherches qu'a bien voulu faire pour nous M. le comte F. d'Agoult, président de la Société d'agriculture de Grenoble et l'un des amis les plus actifs et les plus dévoués du progrès agricole dans le canton de Voreppe. Menilgrand mourut vers 1805, disent les uns et en 1816 selon d'autres. M. Lantelme a également fait pour nous diverses recherches sur les deux Menilgrand. Nous en publierons les résultats définitifs aux pièces justificatives, n° 28; nous devons aussi à M. Lantelme, des remercîments pour son obligeance. Il possède, ainsi que M. Chaper, un exemplaire des œuvres des Menilgrand; il n'en existe en tout que quatre. Les Menilgrand avaient survécu à un autre écrivain *en patois de Grenoble*, l'un des auteurs les plus admirés par nos compatriotes de l'Isère, pour sa complainte de *Grenoblo malherou*. Pour ce dernier poëte, nous nous bornons à dire, que nous avons rempli le vœu final de sa complainte :

  A Dieusias, faites una bonna oraison
   Per Blanc, dit la Goutta, di place Clavaison!

Enfin, à Claix, canton de Vif, Fourier trouva encore un prêtre s'occupant d'études littéraires et ayant passé les temps les plus orageux de la révolution, non pas parmi ses compatriotes, mais bien au milieu de ses paroissiens, qui ne voulurent pas se séparer de lui.

Jean-Baptiste Allemand était en effet né à Grenoble, le 24 mai 1729. Il était fils de Claude Allemand et de Jeanne Massé, mais il n'y avait aucun lien de parenté entre notre bon curé de Claix et la redoutable famille des Alleman, seigneurs d'Allières, de Varses et de Claix, dont on disait : garç à la queue des Alleman !

Jean-Baptiste Allemand fut chargé, en 1762, d'assister le curé de Claix, Merrillou, alors fort âgé, et il lui succéda au mois de juillet de la même année. Prêtre instruit, il composait des sermons, qui eurent de grands succès et dont il communiquait le texte manuscrit à ses principaux paroissiens ; il avait aussi rédigé des leçons de morale, enfin on lui doit des poésies dévotes en *patois du canton*. Son nom est resté populaire dans la commune de Claix et on y parle encore, avec admiration, des services religieux et civils qu'il a rendus. Ses fonctions sacerdotales ne furent pas seules le sujet de ses préoccupations ;

les habitants de cette localité prétendent que c'est à son initiative que l'on doit l'assainissement de la plaine de Claix, alors entièrement marécageuse et inculte. Cette plaine était déjà très-fertile en 1789, grâce au curé Allemand. Aussi la population reconnaissante ne voulut pas se séparer de son pasteur. Il fut cependant du petit nombre de ceux qui prêtèrent le serment exigé par les lois nouvelles ; des procès-verbaux constatent que ces formalités furent accomplies et renouvelées le 14 juillet 1790, le 9 juin 1791 et le 28 octobre 1792.

L'année suivante, le curé Allemand fut élu *notable* municipal et comme tel il prit part aux délibérations du Conseil du chef-lieu de canton ; les délibérations sont toutes écrites de sa main. Mais le 14 février 1794, il donna sa démission de sa cure de Claix et de ses fonctions d'officier de l'Etat civil, fonctions qu'il n'avait cessé d'exercer jusqu'à cette époque. Il se retira alors à Eybens, chez son frère, bien qu'il ne fut âgé que de 65 ans, mais il exerçait depuis plus de 32 ans. Le Conseil municipal accepta, avec regret, cette démission, et en même temps lui vota des remercîments pour tous les services qu'il avait rendus à la commune. Cette assemblée voulut, de plus, lui donner une marque plus vive encore de ses regrets, en le réélisant, le 30 novembre 1797, président du Conseil municipal. Peu de temps après, une lettre de commission de l'évêque de Grenoble le nomma recteur de la paroisse de Claix (28 brumaire an XI). Le Conseil municipal exprima, dans une délibération spéciale, sa joie du retour de son curé et pour lui rendre le séjour de Claix plus agréable, il vota le traitement d'un vicaire. Jean-Baptiste Allemand mourut dans l'exercice de son ministère religieux, le 10 avril 1810, regretté de tous et sa mémoire est encore en grande vénération dans la commune.

Nous devons ces renseignements, qui font entièrement défaut dans la *Biographie du Dauphiné*, à l'obligeance de M. Mure, instituteur communal, très-instruit des fastes de sa commune ; ils ont été complétés par les soins de M. le curé Poncet, et nous adressons nos remercîments à ces deux patients érudits du canton de Vif.

Le préfet ne parle, dans son *Carnet*, ni de Blanc La Goutte, ni des chanoines Barthélemy, ni de Menilgrand, ni du curé Allemand, ni même de Dupuy de Bordes, professeur à l'École d'artillerie de Grenoble et à l'École centrale de la même ville, bien que ce dernier ait publié plusieurs ouvrages mentionnés dans la *Biographie du Dauphiné* de M. Rochas.

Les dernières visites du Préfet, dont nous ayons à parler, furent consacrées à des savants de premier ordre dans la ville. Berriat-Saint-Prix nous offre, en effet, l'exemple d'une carrière scientifique des plus complètes, par ses études sur la jurisprudence, par ses recherches historiques et par ses publications intéressantes sur des sujets très-variés. M. Rochas a consacré à ce savant et laborieux fondateur de la Société des lettres et des arts de Grenoble, un article très-complet, qui nous dispensera de citer tous ses travaux. Berriat-St-Prix fut successivement, professeur de législation et d'économie politique à l'École centrale de Grenoble, professeur de procédure à l'École de droit de la même ville et, en 1819, sur la proposition de Lanjuinais, professeur à l'école de droit de Paris, enfin membre de l'Institut (académie des sciences morales et politiques). Sa scrupuleuse exactitude à remplir ses devoirs officiels, a fait constater, par un des administrateurs de l'instruction publique, que, pendant un professorat de cinquante années, il manqua seulement sept leçons. Ses ouvrages sont ainsi divisés dans la Bibliographie de M. Rochas: 1° Jurisprudence, 41 articles; 2° Economie politique, statistique industrielle, 10 articles; 3° Littérature, 5 articles; 4° Histoire, 12 articles; 5° Histoire littéraire, 12 articles; 6° Mémoires et *factums*, 12 articles; 7° Travaux inédits, 10 mémoires.

Son roman ayant pour titre: *l'amour et la philosophie*, en cinq volumes, est rempli de portraits de personnes appartenant à la société de Grenoble et qu'il nous serait possible de désigner encore sous leurs véritables noms. La description des sites dauphinois est très-exacte ; plusieurs scènes de sentiment se passent dans la commune de Vif, lieu d'habitation de M. Berriat-St-Prix, et à la Fontaine-ardente, l'une des sept merveilles du Dauphiné.

Le Préfet jeta un coup d'œil de connaisseur sur la bibliothèque, aussi riche en livres de jurisprudence que de littérature, assemblée par le savant dauphinois, dans son appartement de la rue des Vieux-Jésuites ; il fut aussi vivement frappé de la mémoire prodigieuse dont Berriat-St-Prix lui donna de nombreuses preuves; sa connaissance approfondie de toutes les ressources que présentait le département, n'était pas moins remarquable. A cette occasion, le Préfet acquit la conviction que l'auteur anonyme de la *statistique du département de l'Isère*, couronné par la Société littéraire de Grenoble, devait être le savant professeur de droit à l'Ecole centrale de cette ville. Le manuscrit original de cette statistique, que nous avons longtemps cherché parmi les papiers laissés par Berriat-Saint-Prix, sans pouvoir constater ce qu'il était devenu, est aujourd'hui la propriété de M. Casimir Périer. M. Chaper, qui a formé une collection si précieuse de livres relatifs à l'histoire du Dauphiné, en possède une copie complète, et il ajoute, dans une note que nous avons sous les yeux : « ce travail est plein de faits et mérite d'être souvent consulté. » — De son vivant, M. Berriat-St-Prix en inséra de nombreux chapitres dans les *Annales politiques de l'Isère*, surtout pendant les années 1809 et 1810.

Fourier ne tarda pas, non plus, à remarquer, chez le jeune professeur, certains usages singuliers et même quelques manies, fort innocentes d'ailleurs. Malgré ses opinions politiques très libérales, Berriat-St-Prix n'avait pas voulu abandonner la coiffure à ailes de pigeon de l'ancien régime et le catogan en salsifis. Plus tard, il fut aussi rebelle à l'usage du pantalon, importé en France par les Anglais, en 1814, et il figurait encore, en 1845, parmi les trois ou quatre personnages de Paris, qui n'avaient jamais quitté les culottes, les souliers à boucles et les montres à breloques.

Un pamphlet du temps, publié dans le *journal des écoles*, signale aussi la manie qu'avait le savant jurisconsulte, de ne jamais parler à un officier supérieur de l'armée, sans lui dire : *mon colonel, mon général*. Le prétexte de cet usage réservé aux militaires, provenait de ce que, dans sa jeunesse, il avait été quartier-maître d'une compagnie des engagés volontaires de la légion de l'Isère et que cette compagnie avait fait campagne en 1794. Il est vrai que cette campagne s'était bornée à une marche militaire, de quelques kilomètres, pour aller de Grenoble à Gières. Arrivé dans ce village, où sa compagnie fit étape, une proche parente de Berriat-St-Prix, informée de son arrivée, demanda à le loger chez elle et le soigna si bien qu'elle lui donna une indigestion de confitures. Cette indisposition fut constatée par le chirurgien de la compagnie, qui le renvoya se soigner à l'hôpital de Grenoble. Ainsi se termina la campagne militaire du futur professeur de droit Berriat-St-Prix.

Le Préfet se rendit enfin chez Champollion-Figeac, rue Pérolerie; il y remarqua aussi une belle bibliothèque, sur la formation de laquelle nous avons déjà donné divers renseignements (ci-dessus p. 50). Les rapports du Préfet et du bibliothécaire de la ville étaient presque journaliers, par suite des travaux littéraires que Fourier préparait avec persévérance, ou encore à l'occasion des recherches archéologiques qu'il avait confiées à Champollion-Figeac et qui intéressaient le département.

Nous aurons à parler longuement de ces divers travaux d'érudition (voyez ci-après); mais constatons de suite l'analogie des goûts et des destinées des deux savants. Avant de se fixer à Grenoble, tous les deux avaient voulu obtenir un emploi à Paris, pour y continuer leurs études scientifiques et littéraires; tous les deux avaient échoué. — Tous les deux eurent connaissance, plus ou moins complètement, d'une Note, en date du 26 ventôse an VI, adressée au Ministre de l'intérieur, et ainsi conçue:

« Le Directoire vous charge de mettre à la disposition du
« général Bonaparte, les ingénieurs, artistes et autres subor-
« donnés de votre ministère, ainsi que les différents objets
« qu'il vous demandera, pour servir à l'expédition dont il est
« chargé. »

Comment cette Note, dont on trouve des copies du temps dans les papiers des deux savants, parvint-elle à leur connaissance? C'est ce que nous ignorons complètement; mais tous les deux firent immédiatement faire des démarches, pour être compris au nombre « des artistes ou autres subor-
« donnés » attachés à l'expédition dont Bonaparte était chargé. Cette désignation, assez vague d'abord, d'un personnel scientifique, servit, plus tard, à former la fameuse Commission qui accompagna l'expédition militaire de Bonaparte en Egypte et à laquelle on a dû de si utiles notions sur un pays presque

inexploré jusqu'à la fin du XVIIIe siècle. La demande de Fourier fut seule accueillie. Malgré la protection du capitaine Champollion, qui avait été aide de camp du duc de Chartres à Jemmapes, Champollion-Figeac ne pût se faire attacher à cette Commission et il écrivait, en ce temps-là, à son père résidant à Figeac :

« Si j'ai des regrets, c'est de n'avoir pas fait partie de la Commission scientifique de l'armée d'Egypte. »

Le capitaine Champollion fut plus heureux ; il fut embarqué pour cette contrée lointaine, avec sa compagnie, sur un bâtiment grec, que le mauvais temps obligea de relâcher à Gênes, en prairial de l'an X ; c'est du moins ce qu'écrivait à Champollion-Figeac, « le chef de brigade du trente-deuxième de ligne, Auguste Darricau. »

A son retour en France, Fourier trouva Champollion-Figeac à Grenoble ; un goût particulier pour l'étude des antiquités égyptiennes réunit alors les deux savants et tous les deux, contre leur gré, se trouvèrent fixés définitivement dans cette ville et pour de longues années. — L'un et l'autre y jouirent d'une grande influence, d'une considération incontestée et tous les deux quittèrent Grenoble, après de bien graves événements, qui bouleversèrent la France en 1815. Fourier, au moment de se séparer de son ami Champollion-Figeac, lui écrivait :

« Je renouvelle tous mes remercîments à M. Champollion-
« Figeac et je le prie d'être bien persuadé, que je n'oublierai
« jamais les marques d'attachement qu'il m'a données ; et
« que mon plus grand désir serait de les reconnaître. Il y a
« une association naturelle, entre toutes les personnes qui
« cultivent les sciences ; mais, à ce sentiment, se joint le sou-
« venir de mes obligations personnelles envers M. Champollion-
« Figeac et je me les rappellerai toujours , dans quelle
« circonstance que ce soit. — Lyon, 25 mars 1815.
                                          FOURIER. »

Cette lettre fait partie de la Correspondance littéraire de notre savant compatriote. (T. III, p. 215, *autographe*).

La visite officielle du Préfet chez Champollion-Figeac ne fut pas de longue durée et comme Fourier ne connaissait pas encore la Bibliothèque de la ville, à l'accroissement de laquelle il portait cependant le plus vif intérêt, il se borna à prendre jour pour étudier cet important établissement. C'est donc à la Bibliothèque de Grenoble que nous allons retrouver les deux savants, s'entretenant des richesses bibliographiques qu'elle contenait et des ressources qu'elle pouvait offrir aux travailleurs érudits de la ville.

Avant de quitter Champollion-Figeac, Fourier lui demanda de lui dresser une liste, aussi complète que possible, des hommes scientifiques ou littéraires nés dans le département, mais qui ne l'habitaient plus, et, enfin, un second état des personnages marquants, dans la politique et l'administration, également originaires du Dauphiné, mais qui n'y résidaient pas.

XIII

LES GRANDES CÉRÉMONIES OFFICIELLES PRÉSIDÉES PAR FOURIER

La *Société littéraire de Grenoble assiste à ces cérémonies.* — Les *Flalquet-Planta, les vicaires épiscopaux Hélie et Grange, l'évêque élu Raymond, Chépy, le clubiste, et les députés de l'Isère.* — *Un Républicain administrateur du département trop zélé pour les fêtes.* — *Lettre du ministre de l'intérieur.* — St-*Marcellin dit les Termopyles.* — *Fête des préliminaires de la paix.* — *Serment prêté par les autorités civiles et les curés du diocèse de Grenoble, entre les mains du Préfet et en présence de l'évêque Claude Simon.* — *Cérémonie solennelle à Notre-Dame.* — *Les grands vicaires de l'évêque et les desservants.* — *Les paroisses, les succursales et les circonscriptions électorales.* — *Le Genevrey de Vif.* — *Renouvellement de la municipalité de Grenoble.* — MM. *de Montchenu, Leborgne, Accarias, de Barral, Berlioz, Beyle, Ch. Bernard, Didier, Marquis de La Valette, Marquis de La Porte, de Marcieu, de Pisançon, Augustin Périer, Teissère, Gagnon, Allier.* — *Les candidats sénateurs, députés et députés suppléants.* — *Les colléges électoraux; Champollion-Figeac, secrétaire de ces assemblées.* — *Lettre de Dubois-Fontanelle.* — *Le comte Abrial, sénateur; sa lettre au Préfet. Réponse du préfet.* — *Fourier, chevalier de la Légion d'honneur.* — *Arrestation et exécution du duc d'Enghien; impression fâcheuse qu'en éprouve le département.* — *La corporation des avocats et des avoués.* — *L'école de droit de Grenoble et ses professeurs.* — *Didier est nommé directeur de cette école.* — *Cette école supprimée à la suite de troubles politiques dans la ville.* — *Son rétablissement, ses élèves distingués: M. Marcel Reymond.* — *Son livre sur le Musée de Grenoble.* — *Proclamation de la paix avec la Russie et la Prusse, illuminations et réjouissances.* — *Projet d'organisation d'une faculté des sciences et des lettres à Grenoble.* — *Fêtes pour le mariage de l'Empereur avec Marie-Louise.* — *Fête de l'anniversaire de la naissance de Napoléon, le 15 août.*

Les cérémonies imposantes ne manquèrent pas à Fourier, pendant les premières années de son administration départementale ; elles se succédèrent même assez rapidement, lors qu'il avait à peine terminé ses visites officielles. Nous ne mentionnerons que les principales fêtes, celles qui eurent une réelle influence sur les sentiments politiques, littéraires et religieux de la population dauphinoise. Nous ne nous occuperons pas de savoir dans quelle proportion les membres de la Société des sciences, des lettres et des arts de Grenoble s'y associèrent, en y assistant, ou en célébrant par des poésies, par des adresses et par des discours, ces importantes réunions, parce que nous consacrerons un *chapitre spécial* à ces discours d'apparat. Nous allons donc d'abord donner les récits officiels de ces fêtes nationales du commencement de ce siècle, afin de recueillir dans nos *Chroniques Dauphinoises*, d'une part, des modèles du lyrisme de nos compatriotes, au sujet des événements marquants qu'ils célébrèrent dans notre département (voyez les chapitres suivants); et, d'autre part, pour donner des spécimens de la prose la plus élégante des citoyens de Grenoble, voulant manifester leur dévouement à la République et successivement au Directoire, au Consulat, au Consulat à vie, à l'Empire et à la Restauration. La même génération a donc vu s'accomplir six transformations gouvernementales en moins de vingt et un ans.

Nous pensons qu'il est aussi nécessaire de faire précéder cette étude littéraire des discours, des adresses et des proclamations politiques, remontant à l'extrême limite du cadre que nous avons fixé à cette publication relative aux savants du Dauphiné, c'est-à-dire vers 1794, de quelques notions générales sur les opinions des principaux administrateurs et hommes politiques du département, sans trop empiéter sur le sujet du chapitre spécial à l'*éloquence politique*. — Au début de la période qui nous occupe et présidant aux cérémonies officielles, nous trouvons en première ligne parmi nos compatriotes les plus éloquents, d'abord Falquet-Planta, président du Conseil général du département de l'Isère. Nous avons déjà cité un exemple du style imagé de cet administrateur, à l'occasion de la célébration de la fête de l'Etre suprême (ci-dessus p. 84); mais la verve juvénile et républicaine qui brille aussi dans l' *Adresse à la convention nationale*, nous porte à penser que son fils n'était pas étranger à la rédaction de ces documents. Planta fils se fit, en effet, toujours remarquer par l'élégance et la vivacité de ses discours et plus encore par la mobilité de ses opinions politiques, sous le Consulat, sous l'Empire et sous la Restauration.

L'acte le plus important rédigé par Falquet-Planta, après l'Adresse dont nous venons de parler et dont nous allons donner quelques paragraphes, fut un arrêté longuement motivé, que l'on trouve imprimé dans le très-intéressant ouvrage d'Albin Gras: *Deux années de l'histoire de Grenoble* p. 37, et qui avait pour but de réunir dans une espèce de fête de la concorde, les énergumènes de la Commune, au moyen d'un appel au peuple. On reconnaîtra dans le fragment suivant de l'*Adresse à la Convention* le style de l'auteur du *programme* de la fête de l'Etre suprême et les tendances de son esprit politique dans l'organisation des fêtes dont nous allons à avoir à parler.

Adresse à la Convention.

« Citoyens législateurs, — La royauté n'est plus, nos armées sont triomphantes ; par quelle fatalité, lorsque les voies ne devraient retentir que des cris de la victoire, sommes-nous obligés de faire entendre les accents de la douleur ! — La royauté n'est plus et nous voyons autour de vous, au milieu de vous, des factieux, des agitateurs, qui prétendent dominer la souveraineté nationale.

« La royauté n'est plus ; vous avez proclamé l'unité de la République, l'égalité en est la base et une faible portion de la République semble vouloir jouir seule des droits de tous, puiser seule dans le trésor public et rendre tous les départements ses tributaires. — Citoyens, la Commune de Paris doit un compte, il faut qu'il soit rendu.

« Une horde de brigands et d'assassins a compromis l'honneur français, par les massacres du 2 et du 3 septembre ; il faut qu'ils périssent sous le glaive de la loi. — Des tribuns stipendiés prétendent dicter des lois à la Convention, faire fléchir sous leurs clameurs la volonté nationale, il faut qu'ils soient réduits au silence. »

La fin de cette *adresse* se trouve dans l'ouvrage que nous venons de citer (p. 28), nous n'en avons donné que les premiers paragraphes.

Après Falquets-Planta, on peut mentionner avec regret parmi les énergumènes éloquents du département de l'Isère, qui organisèrent des fêtes religieuses, les deux vicaires épiscopaux du diocèse révolutionnaire de Grenoble, messieurs Hélie et Grange; ce dernier présidait le club dit : de la Société populaire. M. Albin Gras donne également plusieurs spécimens de leur éloquence et de leur *attitude* républicaine, aux pages 29 et 33 de son livre précité. Mais l'évêque constitutionnel Raymond s'efforçait, au contraire, à la même époque, de lutter avec une éloquente énergie contre les discours anti-religieux du clubiste Chépy. Aussi cet évêque, qui avait été élu par la population, fût-il considéré comme suspect et incarcéré pour avoir refusé de se *déprêtriser* et d'assister à des fêtes par trop païennes.

Les députés montagnards de l'Isère brillaient par leur mutisme approbatif des péroraisons les plus violentes; ils laissaient tout dire, tout faire et assistaient à toutes les fêtes. C'est ainsi que les députés Amar, Dubois-Crancé, Albit et Gauthier passèrent, dans les clubs de Grenoble, les temps les plus orageux de la révolution.

Mais à la fin du siècle dernier, les ovations républicaines commencèrent à affecter un ton plus modéré. Cependant, il n'était pas toujours très-prudent de prendre l'initiative de fêtes politiques dans un département, même à l'occasion d'un événement heureux. Les deux lettres suivantes, l'une de Imbert, commissaire du pouvoir exécutif dans l'Isère, l'autre du Ministre de l'intérieur, en sont les preuves évidentes. Voici ces deux documents :

« Citoyen Ministre, — La fête à l'occasion de la paix avec l'Empereur a été célébrée, dans cette ville, en suite d'une annonce de l'Administration centrale, avec la plus grande pompe; elle fut annoncée, la veille, au son de toutes les cloches; le lendemain, des salves d'artillerie se firent entendre, les magasins furent fermés, toutes les autorités se réunirent au département, les instituteurs des écoles primaires, les professeurs de l'Ecole centrale, les directeurs de la manufacture d'horlogerie, des guerriers couverts de blessures, les amateurs et les artistes assistèrent également à cette fête. Elle est exactement décrite dans le *Courrier patriotique*; je joins ici quelques exemplaires du discours que je prononçai à cette occasion.

« Cette fête se célébra dans toutes les communes, avec un enthousiasme qui tient presque du délire; l'opinion est si fortement prononcée, le besoin de la paix est si vivement senti d'un bout de la France à l'autre, qu'il ne serait pas en la puissance humaine de continuer plus longtemps la guerre, tant il est vrai que les peuples ne se trompent jamais sur ce qui les intéresse.

HILAIRE. »

Paris, le..... prairial an V.

Réponse du Ministre. — Citoyen, j'ai reçu, avec votre lettre du 18 floréal dernier, les imprimés qui m'informent des détails sur la fête célébrée dans votre commune, à l'occasion de la paix. Sans doute, la joie manifestée dans cette circonstance, par vos concitoyens, est un sentiment que partagent tous les français, tous les amis de la République et de l'humanité. Ils peuvent, sans inconvénient et dans les cercles de leurs sociétés, se livrer aux doux épanchements dont cet heureux événement est la cause et l'objet ; mais, Citoyen, un sentiment plus scrupuleux, celui du devoir et d'une sollicitude prévoyante sur le danger d'une impulsion prématurée, a-t-il pu permettre aux administrateurs de votre département, de donner à cette fête un appareil aussi éclatant, l'appareil d'une fête nationale ? Cette explosion bruyante des vœux de vos concitoyens pour la paix n'aurait-elle aucune influence sur les clauses des traités qu'on stipule, mais qui ne sont point encore conclus, si elle venait à se répéter, avant le temps, sur tous les points de la République ? Et votre discours lui-même, a-t-il pu frapper les oreilles de ces mêmes citoyens, sans vous donner au moins l'incertitude qu'il éveillerait l'impatience paternelle, lui ferait concevoir des espérances trop hâtives, réagirait peut-être jusqu'aux frontières et peut-être enfin, dans l'hypothèse subsistante d'une pareille conduite de la part des autres administrations centrales, nuirait à des mesures dont quelques circonstances extraordinaires pourraient indiquer au gouvernement la nécessité, pour l'avantage et l'honneur de la nation ?

« Les fêtes nationales, Citoyen, peuvent être politiques ou impolitiques; la mobilité de leurs différents aspects; les résultats opposés dont elles sont susceptibles, les placent au rang des objets qui doivent être déterminés et réglés par la loi; sous ce point de vue et d'après ce principe, l'Administration centrale de votre département et vous avez dépassé le cercle de vos attributions. Vos motifs ont été purs, je n'en doute pas; ma conviction à cet égard m'interdit le reproche, mais j'ai dû vous prémunir contre la récidive d'une faute involontaire et commise par enthousiasme: cet enthousiasme est permis à un philantrope jouissant des douceurs de la vie privée; les lois sévères de la prudence et du devoir en interdisent les élans dans la carrière honorable des fonctions publiques. »

Le Ministre de l'Intérieur. »

Imbert ne dut pas être satisfait d'avoir fait du zèle, et, cependant, Réal suivit, bientôt après, son exemple; mais il fut plus heureux, car il ne fut pas blâmé ; cela tenait, peut-être, à ce que son père était député et résidait alors à Paris. Nous citerons, pour ce motif, la relation que le sous-préfet de Saint-Marcellin, Gustave Réal, a consacrée à exprimer les sentiments de joie extrême, qui se manifestèrent dans cette ville, à l'occasion « de la nouvelle ravissante » des préliminaires de la paix, en l'année 1800 (6 vendémiaire an ix). Le Moniteur universel, journal officiel du gouvernement, publia cette relation (an ix p. 89), et parut attacher une importance spéciale à cette fête politique, dans un des cantons de notre département, sans toutefois en faire connaître les motifs.

En reproduisant, sans commentaire, le récit de cette fête politique de St-Marcellin, si vantée par le *Moniteur universel*, nous imiterons la discrétion de la feuille officielle, sur le but de cette publication, puisque nous l'ignorons entièrement. Voici cet article :

« Les notifications des préliminaires de la paix parvinrent, par un courrier extraordinaire, au sous-préfet de St-Marcellin, département de l'Isère, le 6 vendémiaire, à onze heures du soir. A l'instant, des salves d'artillerie furent ordonnées par ce magistrat, et, le lendemain, à sept heures, la notification du Premier Consul et l'arrêté du préfet furent proclamés, avec solennité et accueillis avec transport. Le sous-préfet arrêta aussitôt une fête en l'honneur de la paix ; le 10 vendémiaire est le jour désigné.

« La veille et à l'aurore naissante de ce jour, les boîtes, le canon retentissent et annoncent aux communes environnantes, qu'il est un grand événement. Pour s'en instruire, les citoyens viennent en foule au chef-lieu ; là ils trouvent l'arbre de la liberté orné de guirlandes de fleurs, le temple décadère couvert d'emblèmes, le maire et ses adjoints, en costumes, distribuant *la nouvelle ravissante de la paix*.

« A dix heures, les autorités civiles et militaires, précédées d'une nombreuse musique, se rendent à l'arbre de la liberté et, de là, au temple décadère, où déjà était un concours nombreux de citoyens de tout sexe et de tout âge.

« La notification de la paix, le discours par lequel le sous-préfet célébra tour à tour, et le bienfaiteur et la grandeur du bienfait, les hymnes à la paix improvisés, inspirent un nouvel enthousiasme, qui éclata par ces acclamations plusieurs fois répétées : Vive la République ! Vive Bonaparte !

A deux heures, tous les membres des autorités constituées de St-Marcellin, plusieurs maires et juges de paix de l'arrondissement invités par le sous-préfet, se réunissent pour un banquet civique. Les convives, également unis par le sentiment d'une affection respective et par la joie générale, portèrent ces toastes :

« *Le sous-préfet* : A l'union des cœurs ! elle seule peut ajouter au bonheur que promet la paix !

« *Le maire* : Au héros de la France, au pacificateur du monde ; puisse-t-il être toujours magnanime, toujours lui-même !

« *Jubié fils aîné:* A la république, au gouvernement; puissent ses principes être la règle du monde entier !

« *Chabert* : A notre digne sous-préfet !

« A huit heures du soir, la ville fut illuminée avec un luxe et une profusion, qui annonçaient que les cœurs étaient au plus haut degré d'exaltation ; enfin, à dix heures du soir, commencèrent un feu de joie, les chants et les danses prolongés, *avec décence*, jusqu'à minuit. »

Ce récit est le dernier, *en style républicain*, que contient le journal officiel ; à partir de cette époque, les formules du département, les discours des fonctionnaires et les joies du canton de St-Marcellin, prirent une allure plus monarchique; et cependant, Jubié fils aîné était devenu sous-préfet de cet arrondissement et il connaissait le fameux procès-verbal, de pluviôse an II, par lequel la municipalité de St-Marcellin motivait le changement de nom de cette ville, en celui des Thermopyles (voyez pièces justificatives, n° 32). Le procès-verbal est bien digne des méditations de la postérité ; il a été publié une première fois dans l'*Echo du Dauphiné* tome premier , numéro du mercredi 4 avril 1860.

Le 3 juillet 1803, Fourier se rendit à la cathédrale Notre-Dame de Grenoble, pour y recevoir, en présence de l'évêque Claude Simon, le serment des curés nommés dans le diocèse. Cette cérémonie eût lieu en grande pompe et devant une assistance considérable. La veille, le préfet avait installé aussi, mais avec moins de solennité, les vicaires généraux de l'évêché. Le 16 juillet, ce fut le tour des curés des trois paroisses de Grenoble : St-Hugues, St-Louis, St-Joseph ; les desservants des deux succursales St-André et St-Laurent, ne prirent possession de leur église qu'un an plus tard et les desservants de l'arrondissement de Grenoble, le 4 janvier 1804 seulement.

La répartition du territoire du département en paroisses et en succursales, avait été faite, dans les bureaux de l'évêché, d'après une carte de Cassini, sans tenir exactement compte de la configuration du terrain et des obstacles que les torrents et les montagnes pouvaient créer à ces pauvres desservants. De nos jours, les préfets ne furent pas plus habiles; ils formèrent des circonscriptions électorales, en agglomérant des cantons séparés les uns des autres par des obstacles infranchissables et des distances considérables, de telle sorte que les habitants des divers cantons d'une même circonscription, n'ayant aucune communication habituelle entre eux, restèrent toujours forcément hostiles les uns aux autres, et aux candidats qui n'étaient pas originaires de leurs régions.

Quant aux succursales, on nous en a désigné une, située au Genevrey de Vif, dont la circonscription religieuse était divisée en deux par un torrent très-large et très-impétueux, que l'on ne pouvait traverser, à cette époque, faute de pont. On trouvait bien, dans un endroit escarpé et très-resserré, une planche étroite, pour passer d'une rive à l'autre de ce torrent; mais cette passerelle était peu solide; elle était surtout mal entretenue par les maires des deux localités intéressées à s'en servir et elle était, de plus, très-souvent emportée par les grandes eaux. Le desservant du Genevrey, obligé, en tout temps et pendant toutes les saisons, de porter, de jour et de nuit, les secours religieux sur la rive opposée à celle qu'il habitait, se trouvait ainsi exposé à des dangers sérieux. Il arriva également, ce que tous les habitants prévoyaient depuis longtemps, c'est que la planche mal assujettie s'ébranlerait pendant le passage des voyageurs et que le prêtre desservant tomberait dans le torrent.

Cet événement eut lieu, en effet, et, malheureusement, pendant la plus grande crue de l'année : le desservant se noya. L'évêque avait attendu, pour remédier à cet inconvénient souvent signalé de la circonscription religieuse du Genevrey, qu'un événement déplorable rendit un changement indispensable. Mais l'église n'aime pas à modifier ses décisions et l'évêque, malgré ses excellents rapports avec l'administration pendant l'Empire, préféra maintenir le *statu quo*, que de proposer au Ministre des cultes de l'autoriser à prendre de nouvelles mesures, pour empêcher de tels malheurs. Cet état de choses dure encore de nos jours; mais, tacitement et sans décision écrite, le desservant du Gua est autorisé à faire le service religieux dans la partie de la paroisse du Genevrey, qui est située sur la rive gauche du torrent et qui se nomme *Les Saillants*.

Il résulte de ces nouvelles dispositions les inconvénients suivants : les pauvres des Saillants doivent être secourus par le desservant du Genevrey ; les riches des Saillants vont se faire baptiser, se marier et se faire enterrer au Gua. Le maire du Gua ne veut plus laisser enterrer les riches des Saillants dans le cimetière du Gua, parce qu'il est trop petit. Les enfants pauvres des Saillants font leur première communion au Genevrey et les riches au Gua. Enfin, quand il meurt une personne aux Saillants, les habitants ne savent s'ils doivent déclarer le décès à Vif, au Genevrey ou au Gua. Il suffirait pour supprimer tous ces inconvénients, que l'autorité ecclésiastique dit : Le passage du torrent de Gresse est aujourd'hui très-facile, puisqu'il existe un magnifique pont en ciment au Genevrey, et le service religieux de cette succursale étant devenu possible pour le même prêtre sur les deux rives du torrent, à l'avenir, le desservant du Genevrey sera chargé, ainsi que le prescrit le décret constitutif des paroisses et des succursales, du service religieux de sa circonscription située sur les deux rives du torrent. Mais cette décision est vainement sollicitée de l'évêché depuis de nombreuses années. On répond : il ne faut pas diminuer le casuel du desservant du Gua. Le pauvre homme ! il devrait au moins accepter, en même temps, toutes les charges qui concernent les pauvres.

En la même année 1803, la municipalité de Grenoble était depuis longtemps en fonctions, et, en raison des changements politiques récents, le préfet jugea nécessaire de renouveler en partie cette administration. Parmi les membres du Conseil municipal qui furent désignés par le sort pour être remplacés, nous remarquons les noms de : Abel de Montchenu, propriétaire ; Leborgne, négociant ; Accarié, notaire, etc. Les nouveaux conseillers furent choisis, avec un soin extrême, par le préfet, et l'opinion publique sanctionna ces nominations. Les nouveaux conseillers furent : Charles-Joseph de Barral, ancien conseiller au Parlement ; François Berlioz, Charles Bernard, Beyle, ancien avocat ; Borel St-Victor, Champel, avocat ; Dalban, ancien procureur au bailliage du Grésivaudan ; Jean-

Paul Didier, Charles Durand, de Planelli marquis de La Valette, de La Porte, marquis de l'Artaudière, de Marcieu, major de cavalerie; Augustin Périer, Piat-Desvial, de Pisançon. Les autres membres non renouvelés, étaient Messieurs : Teisseire, Revol, avocat; Gagnon, Arthaud, Claude Vallier, Joseph Chamrion, Laugier, médecin; Giroud, receveur général, et Allier, imprimeur. Il eut été difficile de composer plus convenablement un Conseil municipal et d'y représenter, d'une manière plus rationnelle, les intérêts politiques, industriels, scientifiques et nobiliaires de la ville. Le préfet procéda en personne, le 5 octobre 1803, à l'installation de ce Conseil municipal.

Les élections furent en tout temps un moment de crise gouvernementale et, à cette époque d'entière liberté, le gouvernement ne les abandonnait pas plus que de nos jours.

En l'an VI, au dire du *Commissaire du pouvoir exécutif*, « la majorité des électeurs paraissait composée de républicains; « les partis des ennemis de la liberté étaient en minorité; « mais il était à craindre que les républicains ne se divisassent « et que les royalistes, profitant de cette division, fissent pas- « ser ceux qui leur étaient dévoués. Imbert, commissaire du « Gouvernement, devait employer, pour combattre les roya- « listes, toute l'influence qu'il pouvait avoir comme commis- « saire et comme membre de l'assemblée primaire. (Rapport au Ministre, du 14 germinal an VI). » Les élections de l'an IV et de l'an V avaient été faites, disait-il, par les royalistes; mais en l'an VI, comme de nos jours, l'intervention du gouvernement fut ouvertement avouée, et Imbert « avait pris « toutes les mesures possibles, pour empêcher que les ennemis « de la République influencent les choix à faire dans les as- « semblées primaires et n'en obtinssent des résultats dange- « reux pour la cause de la liberté. » (Rapport du 25 pluviôse.) Dans un dernier rapport en date du 4 floréal, Imbert disait encore au Ministre : « On ne place chez les ennemis prononcés « de la Révolution, que des électeurs à l'abri, par leurs lu- « mières et leurs principes sages et fermes, de toute séduction. « Ceux dont le patriotisme était douteux et que leur peu de « lumière pouvait rendre susceptibles d'égarement, ont été « placés chez des républicains capables d'éclairer leur cons-

« cience dans les élections et d'empêcher leur suffrage de
« s'égarer. »

Les colléges électoraux chargés de désigner les candidats sénateurs du département de l'Isère, les candidats à la députation et les députés suppléants, furent convoqués le 19 novembre 1803, mais ne causèrent aucune préoccupation. Fourier dirigea l'installation de ces Colléges, qui élirent pour président M. de Barral, et pour secrétaire Champollion-Figeac. Dubois-Fontanelle avait une vive affection pour son collègue de la Société des sciences et des lettres de Grenoble, et il lui adressa immédiatement le billet suivant :

« On vient de m'apprendre que M. de Champollion a été
« nommé secrétaire de l'assemblée électorale. Je le prie
« d'agréer mes félicitations; c'est une preuve de la confiance
« qu'il mérite si bien et dont on est toujours un peu flatté. »
(Correspondance littéraire, t. II, autographe.)

Fourier s'occupa surtout du choix des candidats, et, sur ses instances, on désigna : pour le sénat, MM. Clary et Marc-Joseph de Grattet du Bouchage. — Pour le Corps législatif : Fourier préfet; Joseph-Marie de Barral, Jean-Jacques Raymond, Maurel de Rochebelle, Renauldon, maire, et de Bourcet. Il ne vint alors dans l'esprit d'aucun des habitants de la ville, d'accuser le préfet de pression administrative; autre temps, autre mœurs !

Ces présentations n'étaient que pour la forme, puisque le sénateur choisi par le gouvernement, fût le comte Abrial, ancien ministre de la justice, qui n'avait pas été désigné par le département. Il donna avis au préfet de sa nomination à la sénatorerie de l'Isère, par une lettre dont nous devons citer le passage suivant :

« Je m'applaudis d'être envoyé dans un pays aussi recom-
« mandable par le bon esprit et l'aménité de ses habitants,
« que par le mérite des gens instruits en tous genres qui s'y
« trouvent. »

Fourier eut donc à recevoir officiellement ce haut fonctionnaire de l'Empire, lorsqu'il se rendit dans le département de l'Isère, et à lui « présenter tous les gens instruits et remarquables qui s'y trouvaient. »

Il répondit au sénateur Abrial, par la lettre suivante :

« Grenoble, 4 août.

« Monsieur le sénateur, j'ai reçu la lettre que vous m'avez fait l'honneur de m'adresser, en date du 24 juillet, pour m'annoncer votre prochaine arrivée à Grenoble.

« Je me suis empressé de faire connaître cette agréable nouvelle aux autorités et aux habitants de cette ville, qui partagent bien vivement le plaisir qu'elle m'a fait éprouver.

« Je me félicite, en mon particulier, d'un événement que nous avons longtemps espéré, mais que diverses circonstances vous ont obligé de différer. Je désire, Monsieur le sénateur, que vous veuilliez bien, en cette occassion, me donner une nouvelle preuve de votre bienveillance, en acceptant l'offre d'un logement dans ma maison, pendant votre séjour à Grenoble. Vous savez qu'un célibataire n'a pas besoin d'un vaste logement, celui que j'ai l'honneur de vous offrir est absolument séparé et indépendant de celui que j'occupe, et il présente quelques facilités et agréments qu'il serait difficile de vous procurer dans un hôtel garni. J'ai prié plusieurs fois M. Hounet de vous transmettre cette offre et de vous assurer du plaisir que j'éprouverai si vous voulez bien l'accepter.

« Je vous prie aussi de me faire connaître le jour précis de votre arrivée, afin que je prenne les mesures convenables pour vous faire rendre les honneurs prescrits par les règlements et inspirés surtout par les sentiments dont le magistrat et les habitants sont animés envers un grand dignitaire de l'État, à l'estime et à la bienveillance duquel ils attachent le plus grand prix. » Recevez, etc.

Les Colléges électoraux, de l'année 1803, se composaient seulement des notables de chaque arrondissement ; la liste de l'arrondissement de Grenoble comptait en tout 204 électeurs. En 1808, elle n'était pas plus nombreuse, ainsi que nous l'avons constaté, au moyen de la liste officielle, qui fut transmise au secrétaire des Colléges électoraux, M. Champollion-Figeac, en exécution de l'article VIII du décret impérial du 13 mai 1806. A cette époque, la maison Allier était déjà l'imprimerie attitrée de la préfecture. Parmi les noms qui figurent sur cette liste, les plus connus alors étaient ceux de : MM. Accarias, Allegret, Berriat St-Prix, Bilon, Chamrion, Champollion-Figeac, Clappier-Delille père, Debarral, Debelle, Duport-Lavilette, Dupuy-Debordes, Falquet-Planta, Fourier, préfet ; Jacquemet, Laugier, Mallein, procureur général ; Maurel, conseiller de préfecture ; Mérand, Paganon, Alphonse Périer, Pison-Dugaland, Royer-Deloche, Savoye-Desgrangètes, Trousset, juge, etc. Les noms de maires, qu'on remarque dans cette liste, sont ceux de : MM. Aimard, *au Villard-*

de-Lans; Benoît-Dupérier, à *St-Jean-d'Hérans;* Berthier, à *Corenc;* Boulon, à *Vizille;* Champollion à *Valbonnais;* Colson, à *Allemont;* Cros, *au Périer;* Durand-Lamolinière, à *Chichilianne;* Fauchet, *au Monestier-de-Clermont;* Février, *au Gua;* Journel, à *Chirens;* Pélissier, à *Mens;* Pognent, à *Voreppe;* Réal, à *Jarrie.*

Dans cette liste, les noms des électeurs sont classés alphabétiquement; ils sont suivis de l'indication des prénoms, de l'année de la naissance, des qualifications et du domicile politique par arrondissement, canton et commune. L'électeur le plus âgé avait *quatre-vingts ans,* c'était Etienne Marcel, conseiller de préfecture. Les septuagénaires étaient au nombre de sept; mais les sexagénaires abondaient. Tous les noms que nous avons mentionnés, sont *ortographiés dans la liste imprimée* ainsi que nous les avons reproduits. Il y avait, de plus, dans cette liste, trois présidents de canton; celui du *Touvet,* M. Bravet; celui de *St-Laurent-du-Pont,* M. Margot; celui de *La Mûre,* M. Gueymard. Quelques magistrats et les principaux fonctionnaires complétaient cette liste, sur laquelle la Société des sciences et des lettres était représentée par quatorze de ses membres; ce nombre est remarquable, en raison de ce que tout l'arrondissement électoral de Grenoble ne comptait que deux cent quatre membres (Voyez pièces justificatives, n° 29).

L'année 1804 commença, à Grenoble, par une cérémonie en l'honneur du Préfet de l'Isère, qui venait d'être créé chevalier de la Légion d'honneur. Auguste Bardel, alors rédacteur en chef des *Annales politiques et littéraires,* en rendit compte dans le n° du 6 janvier; en ces termes :

« Avant-hier, le citoyen Fourier, membre de l'Institut d'Egypte et préfet de notre département, a prêté, entre les mains du président du Tribunal d'appel, à l'audience du matin, son serment de membre de la Légion d'honneur: il était accompagné du citoyen Beaufort, conseiller de préfecture faisant fonctions de secrétaire général, et de son secrétaire particulier. Les huissiers du Tribunal, revêtus de leur costume, l'attendaient sous le portique du palais de justice et l'ont introduit dans la salle d'audience. Le président (le citoyen Brun) a prononcé, à cette occasion, un discours sur les vertus et services publics qui rendent un citoyen digne de faire partie de la Légion d'honneur. Il a rappelé, dans cette heureuse allocution, les découvertes littéraires que le citoyen Fourier a faites dans la haute Egypte, les services importants qu'il a rendus lorsqu'il y était le chef de l'administration de la justice et commissaire du gouvernement près le Divan du Caire, et enfin ceux qui le distinguent aujourd'hui sous sa préfecture.

« Quelques jours auparavant, le clergé de cette ville, ayant à sa tête M. Bouchard, premier vicaire général, était venu féliciter le citoyen Fourier, sur le brevet d'honneur que le gouvernement lui a décerné. » Fourier fut donc compris dans les premières promotions de la Légion d'honneur. Cet ordre de chevalerie n'existait, en effet, que depuis le 19 avril 1802, et la loi qui le constituait n'avait pas été votée sans quelques difficultés par les Assemblées politiques de cette époque. Nous avons même trouvé, avec quelque surprise, parmi les opposants, le nom de notre compatriote Savoie de Rollin, alors membre du Tribunal : il avait cependant été, avant 1789, avocat général au Parlement de Dauphiné, et il n'hésita pas, quelques années plus tard, à se faire faire baron par l'Empire. Nous aurions admis cet acte d'opposition de la part d'un député classé parmi les purs républicains, qui ont toujours traité cette distinction, très-recherchée sous tous les régimes, de hochet de la vanité, tout en se hâtant de se faire créer chevalier le plus tôt possible. Il en a été ainsi du moins pour notre compatriote Edouard Rey, un des derniers promus de la Troisième République ; mais M. Savoie de Rollin n'était ni républicain, ni hostile à Bonaparte, alors premier consul.

Avant l'établissement de la Légion d'honneur, le Premier Consul avait déjà habitué l'armée à des distributions de sabres d'honneur, avec ou sans inscriptions commémoratives du motif de cette faveur. Les purs d'avant 1789 s'empressèrent de crier à l'ancien régime et les opposants se moquèrent hautement de cet usage, mais ils acceptèrent néanmoins les sabres avec empressement.

Le général Moreau était au nombre des hommes marquants les plus hostiles à Bonaparte; aussi saisit-il avec ardeur une occasion de tourner en ridicule cet innovation établie par le Premier Consul. Pendant un dîner de grande cérémonie donné à son château de Grosbois, un convive ayant vanté l'exquise exécution d'un plat, le général fit mander son cuisinier par un valet de pied, et, dès qu'il fut entré dans la salle à manger : je vous ai appelé, lui dit le général, pour vous décerner une casserole d'honneur, sur la demande de mes convives, à l'occasion du dîner que vous nous avez confectionné ! Et il lui donna l'accolade de la chevalerie de la casserole, devant toute l'assistance.

Mais toutes les personnes instruites et remarquables du département de l'Isère furent bien péniblement impressionnées, au mois de mars 1804, par un funeste évènement politique et sans que le comte Abrial, ancien ministre de la justice et sénateur de l'Isère, cherchât à calmer leurs violentes et légitimes récriminations, en transmettant à ses commettants des renseignements sur les motifs d'un acte aussi étrange.

La nouvelle venait, en effet, de se répandre, que le jeune duc d'Enghien, brave et déjà célèbre général, avait été enlevé, dans la nuit du 15 au 16 mars, par un guet-apens prescrit par le Premier Consul, sur un territoire neutre voisin de la France, dans la principauté d'Ettenheim, qui touchait à notre frontière.

Arrivé à Strasbourg, les officiers supérieurs chargés de cette triste opération, MM. Ordener et Caulincourt, reçurent l'ordre de conduire rapidement leur prisonnier à Vincennes. Une commission militaire y était assemblée dès avant l'arrivée du prince, et, au milieu de la nuit, elle procéda à son interrogatoire, à son jugement, à sa condamnation et à son exécution, dans les fossés du château, à la lueur de quelques lanternes indispensables, pour terminer promptement cette lugubre expédition.

Le général Hulin présidait la commission militaire ; mais les termes dans lesquels il rendit compte à un de ses amis, par la lettre suivante, de son odieuse mission, glacé d'indignation au moins autant que l'acte lui-même. Voici cette lettre, dont nous avons vu l'original, portant le timbre de la poste : Paris, R. F. Taxe 3, contresigné, au dos : P. Hulin, avec cette adresse : « Au général Maçon, commandant les grenadiers de la réserve à Arras.

« Garde du gouvernement, infanterie.

« Vincennes, le 30 ventose, an XII.

« P. Hulin, général de brigade, commandant les grena-
« diers, à son ami Maçon.

« Le ci-devant duc d'Enghien, arrêté et conduit hier au
« château de Vincennes, a été jugé et condamné à mort, par
« une commission militaire, dont j'étais président. Ce matin
« à trois heures.

« Je ne puis en écrire davantage, étant excédé de fatigue;
« il a été exécuté de suite.

« P. HULIN. »

« Mille au général (sic) Jamel et aux amis. »

Le sénateur Abrial s'abstint, comme nous l'avons dit, de toute communication avec les habitants de sa sénatorerie de l'Isère, au sujet des motifs politiques de cette rigoureuse sentence. L'impression qu'elle produisit fut des plus vives et s'effaça bien lentement dans l'esprit des populations du Dauphiné. Tous les Mémoires et toutes les histoires de l'Empire donnent des récits divers de ce funeste événement et du mécontentement qu'il causa, *dit-on*, au premier Consul et à sa femme. On pourra néanmoins consulter encore avec fruit, sur ce sujet, la nouvelle version, qui se trouve dans les deux volumes in-8°, publiée en 1844, par le petit-fils de Bigot de Préameneu, ministre de la justice, M. Eug. Nogarède de Fayet, sous le titre de: *Recherches historiques sur le procès et la condamnation du duc d'Enghien*. Nous avons aussi appris, par cette publication, que l'on trouva dans une des poches du prince, « un petit paquet destiné à la princesse de Rohan et contenant « des cheveux, un anneau d'or et une lettre.» Le préfet de police Réal, à qui il fut remis, inscrivit sur l'enveloppe, les mots suivants:

« Pour être remis à la princesse de Rohan, de la part du ci-devant duc d'Enghien. » (Voyez une note complémentaire, pièces justificatives, n° 30).

Les avocats et les avoués du ressort judiciaire de la Cour de Grenoble, officiellement rétablis comme corporation, par la loi du 22 ventôse, an XII, demandaient à être installés régulièrement. L'autorisation du Préfet était nécessaire et elle fut accordée. Cette cérémonie, qui consistait à prêter serment à la Cour d'appel de Grenoble, eut lieu en avril 1804. Nous remarquons parmi les personnes connues, qui prêtèrent le serment prescrit par la loi: Piat-Desvials, Borel St-Victor, Duport-Lavilette, Pal, Claude Burdet.

L'Empire exigea de ses fonctionnaires une prestation de serment, qui eut lieu pendant le printemps de l'année 1804. Voici le programme de la cérémonie de la prestation de serment des autorités civiles, qui eut lieu à Grenoble pardevant le préfet du département de l'Isère, délégué pour cet objet par Sa Majesté Impériale :

« Le dix-huit prairial présent mois, chacun des chefs d'administration ou de corps civil réunira auprès de lui tous les membres de son administration, ainsi que les préposés et chargés d'emplois.

« Tous les fonctionnaires civils, administrateurs, instituteurs se rendront ainsi, en corps et en costume, à l'hôtel de la préfecture, au jour susdit et à six heures du soir, pour y prêter le serment prescrit par l'article 56 du sénatus consulte du 28 floréal dernier, suivant les formes déterminées par le décret de Sa Majesté.

« Le préfet tiendra la séance dans la salle des assemblées du Conseil général du département.

« Les diverses autorités et les fonctionnaires seront reçus à l'entrée de l'hôtel, et accompagnés par les huissiers jusqu'à l'entrée de la grande salle.

« Lorsque tous les corps seront ainsi rassemblés, le préfet prendra la parole pour exposer l'objet de la cérémonie, et il sera donné lecture des lois et arrêtés relatifs à la prestation de serment. (Voyez ci-après au chapitre de l'éloquence politique, le discours de Fourier).

« Les diverses autorités administratives et les fonctionnaires seront successivement appelés par le secrétaire général.

« Chacune des personnes appelées prononcera debout à haute voix la formule du serment et s'approchera pour signer le procès-verbal de cette prestation.

« Le chef de chaque corps civil prononcera à haute voix la formule du serment et après avoir signé le procès-verbal, il appellera chacun des membres de la même administration.

« A cet effet, les chefs auront soin de former la liste exacte de ces fonctionnaires.

« Le soir, les édifices de la mairie et de la préfecture seront illuminés ; il y aura aussi illumination et concert dans les jardins publics.

« Vu et arrêté par le préfet du département de l'Isère, le 14 prairial, *an XII de la République.*
J.-B.-J. FOURIER.

L'Ecole de droit de Grenoble, établie par décret Impérial du 22 septembre 1804, n'était pas encore pourvue de professeurs ; mais, le 2 novembre 1805, le choix du ministre s'était fixé sur MM. Didier, Planel, Pal, Joly, Berriat-St-Prix, Burdet et Marin. Il fut alors nécessaire de procéder à l'installation officielle de cette Ecole, dont l'établissement avait été demandé par tous les habitants de la ville. Didier en fut nommé directeur; mais les cours ne commencèrent que sept mois plus tard, le 19 mai 1806.

A cette occasion, Royer-Deloche, l'un des procureurs généraux de la Cour de Grenoble, prononça un long discours, que le *Moniteur universel* n'a reproduit qu'en partie (p. 240). — Didier prit ensuite la parole pour faire l'éloge de Napoléon : « qui enchaîne les événements à sa gloire, à sa « fortune; il commande à la victoire, étant maître du temps, etc.. » Le lyrisme est à son plus haut degré (voyez le chapitre de l'*Eloquence Politique*).

Cette Ecole de droit fut assez florissante et il en sortit même quelque élèves très-distingués; mais, en 1821, elle fut supprimée, à la suite de troubles politiques survenus dans la ville. L'Ecole de droit de Grenoble, rétablie quelques années plus tard, ne reprit ses succès habituels que pendant le règne de Louis-Philippe; elle soutint alors sa réputation ancienne. De nos jours encore, elle est très-florissante et les élèves nouveaux se font un devoir de continuer cette renommée, par leurs succès au concours général annuel (voyez pièces complémentaires, n° 31). M. Marcel Reymond, fils de l'ancien conseiller général de l'Isère pour le canton de La Mûre, a été un des premiers lauréats de ce concours entre toutes les facultés de droit de France. Les études artistiques de notre jeune compatriote ne sont pas moins remarquables. M. Marcel Reymond vient de publier un beau volume, orné de dix photographies et relatif aux principaux tableaux du Musée de Grenoble.

Le canton de Pont-de-Beauvoisin eut aussi, en 1805, sa petite manifestation monarchique, à l'occasion du passage sur son territoire de l'Empereur, se rendant en Italie. Enfin, la ville de Grenoble, ne voulant pas rester trop en retard, relativement aux sous-préfectures, profita du couronnement de Napoléon comme roi d'Italie, au mois de mai de la même année, pour faire connaître, à l'exemple de la ville de Saint-Marcellin et de l'arrondissement de La Tour-du-Pin, ses sentiments impérialistes. Le *Moniteur officiel* fut également chargé d'en transmettre l'expression au chef du gouvernement. Nous remarquons encore dans ces articles des dates du calendrier républicain (1er floréal an XIII, 9 prairial et le mot citoyen); mais c'était le seul témoignage relatif à un état de chose qui n'existait plus. Voici le texte des deux articles, dont nous venons de parler :

« Pont-de-Beauvoisin, le 29 germinal an XIII *(Moniteur* p. 855, 21 avril 1805.)

« Le passage de LL. MM. dans le département de l'Isère, quelque rapide qu'il ait été, a pu leur donner une juste idée de l'esprit qui anime ses habitants. Tous les endroits qu'Elles ont traversés étaient décorés de fleurs et de verdure; les plus petits villages même avaient leur arc de triomphe et leurs inscriptions.

« L'Empereur a reçu, avec beaucoup de bonté, les différentes autorités du pays et il a pu se convaincre, par nos témoignages de respect et de dévouement, qu'il n'a pas de sujet plus fidèles que les citoyens du département de l'Isère. »

Quelque temps après, « le premier président et une députation de la Cour d'appel de Grenoble se rendirent à Chambéry et ils eurent aussi leur audience, le 27 germinal. Le même jour, « l'Empereur étant à Chambéry, se rendit inopinément au fort Barreau, lorsque personne ne l'y attendait : à deux heures, sa Majesté est sortie en voiture et est allé visiter le fort Barreau, à plus de quatre lieues de Chambéry, sur la route de Grenoble ; à six heures S. M. a reçu une députation de la ville de Grenoble. »

Cette dernière audience donna lieu à divers incidents assez curieux, qui ne furent pas favorables aux autorités grenobloises. Nous regrettons de ne pouvoir reproduire la relation très-intéressante qu'en avait rédigé Berriat-St-Prix. Cette excursion dans le domaine de l'administration, nous entraînerait trop loin. Mais nous devons encore reproduire l'article du *Moniteur Universel* (an XIII, p. 1059), relatif à Grenoble.

« Grenoble, le 9 Prairial (mai 1805).

« De toutes les parties de ce département, nous recevons des détails sur les fêtes célébrées par les communes, en l'honneur du sacre et couronnement de S. M. le roi d'Italie, empereur des Français. Des feux de joie, des feux d'artifices, des *Te Deum*, des danses, des festins donnés la plupart par les maires, des illuminations, toutes les réjouissances enfin ont été une preuve manifeste de l'allégresse publique et de l'amour du peuple pour son auguste souverain. »

La proclamation, en grande pompe et dans toute la ville de Grenoble, de la paix conclue et signée par l'Empereur, avec la Russie et la Prusse, eut lieu le 9 août 1807. Les cloches des églises de la ville furent toutes mises en mouvement en même temps; le canon tonna de tous les côtés des remparts; le soir, une brillante illumination termina splendidement cette fête, qui fut présidée par le préfet, accompagné du maire Renauldon.

Les fêtes se succédaient avec une rapidité peu ordinaire, et cependant, contrairement aux habitudes de nos compatriotes les poëtes dauphinois, nous n'avons pas trouvé de recueils spéciaux de poésies relatives à ces divers événements, assez notables. Il en fut de même pour la fête annuelle de l'Empereur, établie par un décret de 1806 : l'anniversaire de l'année 1808, ne fut l'objet d'aucune *cantate* nouvelle, ou autre poésie patriotique. Le Préfet reçut les ordres de Paris, par une circulaire du ministre et répondit la lettre suivante :

« Grenoble, le 2 août 1808.

« Monseigneur, J'ai reçu la circulaire que vous m'avez fait l'honneur de m'adresser, en date du 26 juillet dernier, concernant la fête du 15 août. Je me suis empressé de prendre les mesures convenables, pour que cette solennité soit célébrée dans toutes les communes de ce département, avec tout l'appareil qui convient à la grandeur de son objet et aux souvenirs illustres qu'elle rappelle. Je ne doute pas que vos intentions et les ordres du gouvernement ne reçoivent leur entière exécution ; les dispositions des administrateurs et des habitants m'en sont garant.

« Je prie votre Excellence d'agréer, etc.

FOURIER. »

Mais le *Moniteur Universel* (p. 945) se chargea de suppléer au silence des Muses, par la publication de l'article suivant :

« Grenoble, ce 21 août 1808.

« Toutes les classes des habitants de cette ville se sont empressées de prendre part à la fête de l'anniversaire de la naissance de S. M. l'Empereur, et de manifester les sentiments d'admiration, d'amour et de reconnaissance qui les animent. Quantité d'ouvriers de diverses professions, tous membres des *Bureaux de Bienfaisance mutuelle* établis à Grenoble, se sont rendus le 15, à cinq heures après midi, dans un local qui avait été préparé la veille, au Cours, dont le buste de S. M. faisait l'ornement principal et où des tables avaient été disposées. Pour maintenir l'ordre *et la décence*, les convives avaient nommé un président du festin. Ils ont porté la santé de l'Empereur ; elle a été bue au milieu des acclamations générales des convives et de leurs vœux pour son auguste personne. »

Certainement les poëtes dauphinois n'auraient pas célébrés, par des expressions plus tendres, l'amour et la reconnaissance des populations du département de l'Isère, que ne l'a fait notre compatriote, rédacteur de cet article du Moniteur Officiel. Cependant, nous ne pouvons nous empêcher de remarquer, que des banquets donnés aux dépens des *Sociétés de charité mutuelle* de la ville, représentaient une dépense considérable, dont l'objet s'éloignait par trop du principe de cette fondation de prévoyance. Aussi ces Bureaux tombèrent-ils bientôt après dans l'oubli.

Ce fut donc un acte de bonne administration municipale, que la réorganisation, après 1832, pendant la mairie de M. Berriat, de ces *Sociétés de secours mutuels* ; les banquets furent interdits par le règlement nouveau. Aussi, lorsque M. Berriat, ancien intendant militaire, cessa d'être maire de Grenoble, laissa-t-il dans les caisses des Sociétés de secours mutuels, une réserve de plus de 30,000 francs, provenant des souscriptions et des cotisations des membres de ces associations de prévoyance.

Un décret impérial du 17 mars 1808, ayant prescrit qu'il y aurait à Grenoble une faculté des sciences et des lettres, le Préfet se trouva assailli par un certain nombre de prétendants aux chaires, qui devaient être créées par le gouvernement et à l'inspection académique dépendant de cette faculté ; mais les plus capables n'étaient pas les plus actifs et le Préfet, trop bon juge en ces matières, ne dut pas se laisser surprendre par les médiocrités remuantes : sa protection fut réservée aux plus capables. Toutefois, les cours n'ouvrirent qu'une année plus tard. Nous aurons donc à rappeler, dans un chapitre spécialement consacré à la Faculté de Grenoble, l'organisation de cet établissement et les succès de son enseignement, dès son début ; enfin nous signalerons quelques prétentions singulières, qui se manifestèrent avant que cette institution nouvelle fût en plein exercice.

Le Tribunal de Commerce de Grenoble, créé en vertu d'un décret du 6 octobre 1809, signé par l'Empereur alors en résidence au château de Schœnbrunn en Autriche, n'avait pas été encore installé l'année suivante. Le Préfet n'aimant pas les élections, avait retardé celles des membres de ce tribunal aussi longtemps que possible. Elles furent cependant fixées au 4 juin 1810, et le choix des électeurs fut des plus judicieux. Parmi les élus, on pouvait citer : MM. Augustin Périer, Pellat aîné, Charles Durand, François Berlioz, Claude Ducruy, Joseph Chanrion, Henri Mounier, etc.

Le Préfet n'installa pas de suite ce tribunal de commerce, quoiqu'il fut très satisfait du résultat des élections.

Enfin, on doit se figurer tout l'éclat que le Préfet eut soin de donner aux nombreuses fêtes organisées par la ville de Grenoble et l'administration départementale, le 20 avril 1810, à l'occasion de la célébration du mariage de l'Empereur avec l'Archiduchesse Marie-Louise d'Autriche.

Telles furent les principales grandes cérémonies officielles et les événements notables du commencement du siècle, qui eurent lieu dans le département de l'Isère; d'autres, dont nous parlerons plus tard, eurent moins de retentissement, sauf toutefois les voyages que nous allons rappeler dans le chapitre suivant.

XIV

LES PAPES PIE VI ET PIE VII A GRENOBLE ET LEURS VOYAGES A TRAVERS LE DAUPHINÉ.

Arrivée de Pie VI à Corps, à La Mure, à Vizille. — Il passe la nuit au château. — Récit de M. Augustin Périer. — Entrée de S. S. à Grenoble, à Tullins, à St-Marcellin, à Valence. — Le Gouvernement donne l'ordre de le transférer à Dijon, en passant par Vienne et par Lyon. — Mauvais état de la santé du Pape. — Mort de Pie VI à Valence. — Le livre de Mademoiselle de Franclieu sur la captivité du Pape en Dauphiné. — Lettres de Réal et de Cambacérès. — Le Concordat. — Agitation religieuse en France. — Premier voyage de Pie VII, en 1804. — Réception officielle. — Honneurs civils et militaires. — Lettre de Portalis. — Lettre du sous-préfet Sapey. — Le Pape retourne à Rome. — Annexion des Etats pontificaux à l'Empire français. — Enlèvement du Pape pendant la nuit. — Escalade du palais Quirinal. — Le roi Murat, les généraux Radet et Miollis. — Voyage du pape à travers l'Italie. — Arrivée du pape Pie VII à Grenoble, après son enlèvement de Rome. — Récit de cet enlèvement. — Colaud de La Salcette, préfet par intérim de l'Isère. — Girard, conseiller de préfecture et agent secret du Ministre de la police. — L'archevêque de Tours, Mgr. de Barral. — Récit de Champollion-Figeac, témoin oculaire du séjour du Pape. — Bulletins confidentiels relatifs au séjour de S. S. adressés au Ministre de la police par Girard. — Le livre du comte d'Haussonville: L'église romaine et le premier Empire. — Le cardinal Pacca à l'hôtel Belmont. — L'appartement du pape à la préfecture: incident. — Manifestations religieuses des habitants de l'Isère. — Le Pape transféré à Savone. — S. E. Pacca, enfermé au château de Fénestrelle. — Le Pape passe à St-Marcellin, à Valence, à Montélimar, à Romans, à Aix, à Marseille et séjourne à Savone. — Le comte Anglès et son rapport sur les négociations de Savone. — La bête extraordinaire de Bernin, article du Moniteur Universel à ce sujet. — Quel est l'auteur de cette mystification? — La police du duc Decaze, du comte Anglès, du baron Mounier. — Le livre sur le Concordat, publié par ordre de Napoléon. — Tentative d'enlèvement du Pape pendant son séjour à Savone. — Il est emmené à Fontainebleau. — Pie VII revient à Savone. — Le nouveau préfet appartenait à une famille illustre de Gênes. — Ses sentiments de respect et de dévouement envers le pape. — Le marquis de Brignole rend compte au gouvernement de l'arrivée de S. S. à Savone. — Enthousiasme de la population. — Le marquis annonce au Pape qu'il est libre de repartir pour Rome. — Avant de partir, le Pape célèbre la messe. — Le marquis de Brignole, sujet du roi de Sardaigne. — Son affection pour Gênes, sa patrie. — Il est chargé de diverses missions diplomatiques. — Il est nommé ambassadeur en France. — Réception sympathique qui est faite, à Paris, au marquis de Brignole. — Son érudition classique. — Ses qualités éminentes comme diplomate.

Nous avons réservé le récit, qui concerne l'arrivée et le séjour des papes Pie VI et Pie VII à Grenoble, pour un chapitre spécial servant de complément aux récits des fêtes brillantes, aux événements et aux nouvelles terribles, qui occupèrent l'attention des habitants de notre département jusqu'à la fin de l'année 1810. Nous ne pouvions pas passer sous silence ces circonstances mémorables pour notre ville et pour plusieurs de nos compatriotes membres de la Société littéraire, qui se trouvèrent mêlés si honorablement à ces événements, les uns par accidents et les autres par le fait de leurs fonctions officielles. Nous voulons parler du marquis de Brignole, préfet de Montenotte, de Messieurs Colaud de La Salcette, préfet par intérim de l'Isère, Champollion-Figeac, bibliothécaire, Renauldon, maire de la ville. M. Girard, conseiller de préfecture, était l'agent secret du Ministre de la police générale de l'Empire, et le comte Anglès, directeur du troisième arrondissement de la sûreté générale à Paris, transmettait les ordres du duc d'Otrante à son agent à Grenoble, pendant que le préfet par intérim ne recevait ni instructions, ni communications d'aucune sorte du Ministre de l'intérieur, son chef hiérarchique.

Le département de l'Isère fut donc agité par une profonde émotion, à trois reprises différentes, lors des arrivées et des séjours des Papes dans les diverses localités de sa circonscription administrative, savoir: en 1799, en 1804 et en 1809. Nous ne nous étendrons pas longuement sur le voyage de Pie VI, prisonnier de la République en Dauphiné, pour deux raisons. La première, parce que Mademoiselle de Franclieu vient de nous raconter, avec beaucoup de charmes, dans un joli volume in-18, sorti des presses de M. Allier et ayant pour titre: *Pie VI dans les prisons du Dauphiné*, Grenoble, Aug. Cote, 1878, tous les détails de cette douloureuse pérégrination du chef de l'Eglise Catholique.

Dans ce livre intéressant, Mademoiselle de Franclieu poétise, autant que possible, cette triste captivité du Saint-Père, en rendant compte des circonstances les plus minimes qui la concernent; elle les étudie, il est vrai, à travers le prisme de sa foi ardente et de ses profondes croyances religieuses; mais elle a soin, cependant, de publier, en même temps: le récit du journal républicain *Le Clair-Voyant*, les lettres des prêtres constitutionnels de Briançon, de Gap, celles de Raymond, évêque élu du département de l'Isère, siégeant à Grenoble; la correspondance de Rolland, juge et délégué du Gouvernement pour accompagner le Pape dans le département, enfin la lettre du Ministre de l'intérieur Quinette, par laquelle il approuve complètement la conduite de Réal, notre compatriote, alors Commissaire du pouvoir exécutif dans l'Isère, au sujet de ce voyage. Nous n'avions donc que peu de documents nouveaux importants, à faire connaître sur cette circonstance mémorable. Nous donnons cependant deux lettres inédites, l'une de Réal, expliquant la conduite de Rolland, l'autre du Ministre Cambacérès, prétendant que la conduite de ce fonctionnaire avait été *répréhensible*.

La seconde raison que nous avons eu de ne pas nous occuper plus spécialement du voyage de Pie VI, concerne uniquement le degré d'intérêt que pouvait présenter cet événement pour nos *Chroniques Dauphinoises*. En effet, lorsque le Pape fut enlevé de Rome, le 20 février 1798, après l'assassinat de l'ambassadeur de France, général Duphot et par ordre de la République, qui venait d'occuper militairement les États pontificaux, le Pape était âgé de 82 ans. Il fut emmené successivement à Sienne, à Florence, à Modène, à Parme, à Alexandrie, à Casal, à Turin, et enfin il arrivait, en 1799, à Suze, dans un état de souffrance et d'infirmité des plus lamentables. Sa Sainteté avait été frappée d'une attaque de paralysie de toute la partie inférieure du corps. La papauté et le Pape étaient donc agonisants, lorsque le Saint Père arriva au château de Vizille, chez M. Augustin Périer, où il passa la nuit du 5 au 6 juillet, dans une pièce dite *Le Salon*. Mais avant d'arriver dans cette résidence confortable, le Pape avait séjourné à Corps le 2 juillet 1799, à La Mure, le 3 et le 4.

Le *Journal* manuscrit *des événements mémorables arrivés au château de Vizille*, rédigé par M. Aug. Périer, contient le récit du séjour du Saint-Père. En parlant de son hôte, M. Périer dit : « Sa Sainteté était accablée par la vieillesse, la « fatigue de la route et la persécution; Elle semblait dans un « état voisin de l'enfance. » Ce voyage perdait donc toute son importance politique et religieuse. Cette opinion relative à l'état du Pape, exprimée par un des hommes les plus considérés dans le département, doit-être remarquée, surtout si nous la rapprochons de l'appréciation suivante du caractère de M. Aug. Périer, tirée du Carnet du Préfet.

« Aug. Périer est le chef d'une famille justement considérée
« et jouissant d'une grande fortune ; il réunit les *lumières,*
« *la prudence* et *la moralité la plus distinguée* ; il est
« membre du Conseil d'arrondissement et de l'administration
« de l'hospice civil de Grenoble, depuis plusieurs années. Il
« ne cesse de rendre les services les plus importants dans les
« places gratuites, et il jouit de l'estime qu'il mérite sous tous
« les rapports. »

Le Pape était donc déjà en enfance ou agonisant, lorsqu'il arriva dans le département de l'Isère, et sa présence ne fut d'aucun secours pour régler la question religieuse, qui se débattait alors dans ce département. La majeure partie de la population du Dauphiné, surtout celle qui habite les montagnes, n'avait pas cessé de faire célébrer le culte catholique, par des prêtres non assermentés, toutes les fois qu'elle avait pu obtenir cette faveur d'un ecclésiastique dévoué. Aussi le Pape, malgré son mauvais état de santé, fut-il parfaitement accueilli, en se rendant d'Embrun à Valence, à travers le département de l'Isère. Il séjourna à Grenoble les 7, 8 et 9 juillet 1799 ; il en partit pour Tullins le 10 ; il était à Saint-Marcellin le 11, y séjourna le 12, arriva à Romans le 13 et à Valence le 14 juillet. Pie VI était à peine installé dans cette ville, que le Directoire décida, contre l'avis des médecins, que l'on transférerait encore le Pape de Valence à Dijon, après avoir reconnu que le séjour de La Guillotière, près de Lyon, était impossible.

La Commission administrative du district de Vienne fut donc prévenue que S. S. passerait par cette ville du département de l'Isère, après avoir quitté la Drôme, le 25 thermidor. (Lettre de Curnier, préfet, archives départ. de l'Isère).

Mais la mort de Pie VI mit fin à toutes les combinaisons du gouvernement républicain. Le seul fait que nous ayons à constater, relativement au passage de sa Sainteté en Dauphiné, est consigné dans les deux dépêches suivantes, l'une de Réal et l'autre du Ministre Cambacérès, dont voici les textes :

« Grenoble, 15 fructidor an VII, (août 1799).
« LE COMMISSAIRE DU POUVOIR EXÉCUTIF DU DÉPARTEMENT.
« Citoyen Ministre, par votre lettre du premier fructidor, vous m'invitez à vous rendre compte des motifs qui m'ont

déterminé à choisir le citoyen Rolland, juge au tribunal civil du département de l'Isère, pour accompagner le *ci-devant Pape*, à son passage sur le département de l'Isère, lorsqu'il se rendit de Briançon à Valence. Les voici :

« Après en avoir conféré avec l'administration centrale, nous pensâmes que ne pouvant moi-même quitter mon poste pour veiller à la sûreté du transport du *ci-devant Pape*, il convenait de charger de cette mission un fonctionnaire public, sage, prudent et *connu par son civisme*.

« Le citoyen Rolland, qui réunit toutes ces qualités, nous parut le plus propre à cette mission. Je le lui proposai ; il ne l'accepta que pour m'obliger et après en avoir référé à plusieurs membres du tribunal. Au surplus, je n'ai que des éloges à donner à la manière dont il l'a remplie et à son désintéressement. Il n'a exigé que les déboursés.

« Salut et respect. RÉAL. »

LE MINISTRE DE LA JUSTICE AU MINISTRE DE L'INTÉRIEUR.

« Paris, 18 Thermidor an VII.

« Le Commissaire du Pouvoir exécutif dans l'Isère, ayant nommé pour accompagner le Pape jusqu'à Valence, le Directeur du Jury de l'arrondissement de Bourgoin, et la conduite de ces deux fonctionnaires m'ayant paru *répréhensible*, je viens de m'en expliquer avec celui qui est sous ma surveillance.

« Comme le Commissaire du Pouvoir exécutif est sous la vôtre, je vous invite à prendre, à son égard, la mesure que vous jugerez convenable.

COMBACÉRES. »

Cette réprimande imméritée du Ministre de la Justice n'eut pas d'autre suite ; mais le fait très-important de la fidélité de la population de l'Isère au culte catholique, sera complétement établi, dans un chapitre suivant de nos *Chroniques Dauphinoises*, relatif à *l'Esprit public* et aux prêtres constitutionnels, aux prêtres réfractaires, à la célébration des cérémonies religieuses pendant la première République, enfin, par les documents concernant la *Petite Église*, qui ne voulut pas reconnaître le Concordat. Tels ont été les motifs que nous avons eus de ne pas accorder au voyage du pape Pie VI mourant, la même importance que méritent les deux séjours en France de son successeur.

En 1804, Pie VII fut amené officiellement dans notre pays et reçut tous les honneurs civils dus à son rang suprême. Dès que l'itinéraire de S. S. fut réglé, le Ministre de l'intérieur et son directeur adressèrent au Préfet des instructions précises, contenues dans les lettres suivantes :

LE MINISTRE DE L'INTÉRIEUR, PAR INTÉRIM, AU PRÉFET DE L'ISÈRE.

« Paris, le 11 Brumaire an XIII.

« Je vois, Monsieur, par un itinéraire du voyage à Paris du Saint-Père le Pape, que sa Sainteté doit passer par votre département.

« Sa Majesté Impériale m'ayant donné ses ordres, sur les honneurs à rendre à sa Sainteté, pendant la route, je vous préviens que l'intention de l'Empereur est que vous alliez recevoir sa Sainteté sur la limite de votre département, et que vous soyez accompagné d'un détachement de la gendarmerie et d'un autre de la Garde nationale du canton dans lequel vous recevrez sa Sainteté.

« Chaque Sous-Préfet viendra pareillement la recevoir à la limite de son arrondissement; et les maires des communes l'attendront chacun sur la limite de sa municipalité; ils seront accompagnés de leurs adjoints, du Conseil municipal et d'un détachement de la Garde nationale.

« Dans les villes où sa Sainteté s'arrêtera ou séjournera, les autorités et les fonctionnaires civils seront avertis de l'heure à laquelle sa Sainteté leur accordera audience; ils lui seront présentés par le grand officier désigné pour accompagner sa Sainteté.

« Ils seront admis devant Elle, suivant leur ordre de préséance.

« Lorsque sa Sainteté aura séjourné dans une ville, les mêmes autorités qui l'auront reçue à l'entrée, se trouveront à sa sortie, si Elle sort de jour.

« Je vous recommande, Monsieur, de faire parvenir, sur le champ, ces instructions aux Sous-Préfets et à tous les Maires des arrondissements et des communes que sa Sainteté doit traverser, de veiller à ce que tous les postes soient garnis du nombre de chevaux indiqués, et enfin de prendre toutes les autres mesures, qui doivent assurer la marche de sa Sainteté et l'exécution des ordres de sa Majesté Impériale.

« Vous voudrez bien m'informer promptement des événements, qui pourraient contrarier ou retarder la marche de sa Sainteté.

« Je vous renouvelle, etc. PORTALIS. »

A la même époque, les *Annales politiques et littéraires*, des 7, 9, 14 et 16 novembre 1804, contenaient, de plus, les articles suivants :

« Une légation composée de S. Em. Mgr. le Cardinal Combacérès, archevêque de Rouen; de M. le sénateur Aboville, et de M. le maître des cérémonies Salmatoris est partie de Paris, le 11 de ce mois, pour se rendre aux frontières de l'Empire et y recevoir sa Sainteté. Cette légation doit traverser le département de l'Isère, et il a été donné des ordres pour qu'il leur fut rendu les mêmes honneurs qu'aux Ministres. »

« Du 9 novembre 1804, (18 Brumaire an XIII). — « L'arrivée du Souverain Pontife en France et son passage par notre département, sont très-prochains. Les honneurs civils à lui rendre sur sa route ont été réglés par S. M. l'Empereur, et les ordres sont donnés en conséquence. Chaque Préfet doit aller le recevoir sur la frontière de son département, escorté de détachements de gendarmerie et de gardes nationaux ; chaque Sous-Préfet se rendra sur la limite de son arrondissement, et les Maires des communes, accompagnés de leurs adjoints, du Conseil municipal et d'un détachement de garde nationale, l'attendront sur la limite de leur municipalité.

« Dans les villes où le Pape s'arrêtera, les autorités et les fonctionnaires seront avertis de l'heure à laquelle sa Sainteté leur accordera audience. Ils lui seront présentés suivant l'ordre des préséances, par le grand officier désigné pour l'accompagner.

« Le voyage du chef suprême de l'Eglise dans l'Empire Français sera, dans l'histoire, une époque bien mémorable, parmi tant d'autres non moins célèbres, dont nous sommes les heureux témoins, dans un nouveau siècle, qui nous fait oublier tant d'années de désordres et de malheurs. Nous ne connaissons pas encore les honneurs militaires qui doivent être rendus au souverain Pontife. »

« Du 14 novembre 1804. — Le Pape sera à Chambéry le 23 novembre et à Pont-de-Beauvoisin le 24, d'après l'itinéraire envoyé par un courrier extraordinaire du Cardinal Fesch.

« Nous avons annoncé dernièrement les honneurs civils qui seront décernés au souverain Pontife pendant son voyage à Paris. S. M. l'Empereur vient de déterminer les honneurs militaires, qui lui seront rendus. En voici un précis, etc. »

« Du 16 novembre 1804, (25 Brumaire an XIII). — M. le général Molitor, commandant la division, est parti hier pour Chambéry, pour y recevoir sa Sainteté. Le même jour, des détachements de gendarmerie et d'artillerie se sont mis en marche pour le Pont-de-Beauvoisin, où le Saint-Père doit passer. Les habitants de la ville de Grenoble se sont empressés de fournir cinquante chevaux, pour le cortège de sa Sainteté. M. Beaufort et M. Royer sont allés, en l'absence du Préfet, recevoir le Pape au Pont-de-Beauvoisin. (Voyez aussi pièces justif., n° 33). »

Les n°⁸ des 23 et 25 novembre contiennent le récit du séjour du Pape dans cette ville, et la lettre suivante du Sous-Préfet de l'arrondissement communal de La Tour-du-Pin, rendit compte au Préfet, du séjour du Pape à Pont-de-Beauvoisin.

« La Tour-du-Pin, le 21 Brumaire an XIII.

« Monsieur le Préfet, — Conformément aux intentions de sa Majesté l'Empereur, je me suis trouvé, le 27 Brumaire dernier, au Pont-de-Beauvoisin, pour la réception du souverain Pontife. M. Royer, conseiller de préfecture, et M. Beaufort, secrétaire-général, s'y trouvèrent aussi; ils ont pu vous rendre compte de ce qui se passa et vous instruire, entr'autres choses, que sa Sainteté avait pris la résolution de faire halte à Bourgoin, le lendemain 28, et d'y prendre quelques rafraîchissements, avec toute sa suite. En conséquence, M. Royer, conseiller de préfecture, dépêcha sur le champ une ordonnance pour Bourgoin, avec invitation au Maire de commander aux habitants de ladite commune, de préparer le déjeûner du cortége. Le Maire de Bourgoin donna sur le champ les ordres nécessaires à trois aubergistes.

« Sa Sainteté ayant changé d'avis, trois heures plus tard, il fut expédié une seconde ordonnance à Bourgoin, pour contremander les préparatifs du déjeûner; mais déjà les provisions avaient été achetées, des appartements avaient été meublés, d'autres démeublés, en sorte qu'il est juste d'indemniser les trois aubergistes de Bourgoin, soit de leurs déboursés, soit de la perte qu'ils ont faite sur leurs provisions, qui ont resté pour leur compte ; ces aubergistes m'ont adressé chacun un mémoire, que je joins ici, et d'après lesquels ils réclament, savoir :

1° Jean-Baptiste Rivoire, 200 livres.
2° Antoine Guillerd, 200
3° Jean et Antoine Lavigne, 180

« Je me suis convaincu, par moi-même, que les demandes de ces trois citoyens sont exagérées, et je pense que les indemnités qui leur sont dues doivent être réduites ainsi qu'il suit:

1° Pour Jean-Baptiste Rivoire, à 150 livres.
2° Pour Antoine Guillerd, à 96
3° Pour Jean et Antoine Lavigne, à 96

« Je joins aussi, à cet envoi, une réclamation de la brigade de gendarmerie, de résidence en la commune de La Tour-du-Pin, qui demande une indemnité de cent vingt francs, pour quatre jours de service extraordinaire qu'elle a faits à Pont-de-Beauvoisin, à l'occasion du passage du Saint Père. M. le Préfet du département du Mont-Blanc a accordé une pareille gratification aux brigades de son département, qui se sont déplacées. C'est ce qui a donné à la brigade de La Tour-du-Pin, lieu d'espérer la même faveur. Je vous prie, en mon particulier, de faire tout ce qui sera en votre pouvoir pour indemniser cette brigade, dont je suis extrêmement content.

« Enfin, il passa, le 27 Brumaire, à Bourgoin, un convoi faisant partie de la suite du Saint-Père. Ce convoi, composé de trois évêques, un prélat, trois prêtres, le maître d'hôtel de Monseigneur Maidome (sic), et de plusieurs domestiques, déjeuna à Bourgoin, chez la veuve Drevet. On donna en payement à cette veuve, une reconnaissance ou bon pour la somme de cent sept francs, payables par tels administrateurs que devrait.

« Vous trouverez, ci-jointe, la reconnaissance susdite, traduite de l'Italien. La veuve Drevet prétend que l'on a oublié de porter en compte des articles qu'elle évalue à soixante et onze francs. Ensorte qu'elle réclame la somme totale de cent soixante-dix-huit francs.

« Je pense qu'il conviendrait de donner à cette femme, la somme de cent vingt francs, et qu'au moyen de ce, elle n'aura pas lieu de se plaindre. Vous trouverez, ci-jointe, les différentes pièces sur lesquelles j'ai appuyé mon avis. Je vous prie de vouloir bien ordonnancer, au plutôt, les sommes que vous croirez convenables, pour faire cesser les demandes des diverses parties intéressées.

« Salut et respect.   SAPEY. »

De Pont-de-Beauvoisin, le Pape se rendit à Lyon, où il fut reçu et fêté par le Cardinal Fesch, qui le logea à l'archevêché. S. S. se rendit ensuite à Fontainebleau, où Elle séjourna pendant la plus grande partie de son premier voyage en France. Mais les événements qui se passèrent dans cette résidence impériale, ne sont pas de notre compétence. On en trouve un récit très-exact, dans l'histoire du Palais de Fontainebleau de Champollion-Figeac, et nous aurons, accidentellement, à en parler, à l'occasion de notre compatriote M. de Barral, archevêque de Tours, qui fut mêlé aux négociations relatives au Concordat. De retour à Rome, Pie VII eut à traverser des circonstances bien pénibles et à suivre, par l'intermédiaire du Cardinal Pacca, avec le gouvernement français, des négociations très-orageuses. Elles aboutirent à l'annexion des États Pontificaux à l'Empire français, et à un second voyage du Pape en France, dont nous allons nous occuper dans ses plus grands détails, en ce qui concerne le séjour en Dauphiné et à Savone.

Fourier était momentanément en résidence à Paris, lorsque la nouvelle imprévue de l'arrivée du pape Pie VII à Grenoble, en 1809, fut annoncée à la préfecture de l'Isère, par une lettre du prince Borghèse, qui se trouva dans le courrier ordinaire d'Italie, distribué le matin dans la ville.

Nous devons d'abord rappeler, très sommairement, les événements politiques qui causèrent ce nouveau voyage du Pape en France, voyage qui a été souvent reproché à Napoléon, comme un acte d'une excessive violence.

Le premier Concordat relatif aux affaires du culte avait été négocié entre le Premier Consul et le Saint-Père, signé à Paris le 15 juillet 1801, et, après un long examen d'une congrégation de cardinaux, ratifié dans tout son contenu, à Rome, le

15 août de la même année ; puis enfin, ce traité avait été soumis à l'approbation du Tribunal, du Corps législatif français et promulgué comme loi de l'État, au mois d'août 1802. A la suite de ce Concordat, le culte fut officiellement rétabli en France ; mais cette première convention laissait encore sans solution une foule de questions secondaires des plus contestées. Il fut impossible de les régler pendant le séjour du pape à Fontainebleau, en 1804, lors du couronnement de Napoléon.

C'est à cette époque que l'Empereur eut surtout recours aux lumières, au caractère conciliant et à la finesse d'esprit de notre compatriote, Louis-Mathias de Barral, ancien élève de St-Sulpice, puis évêque de Troyes et alors archevêque de Tours, après avoir été conclaviste du cardinal de Luynes. Ce prélat, « l'une des trois meilleurs têtes du clergé français « comme théologien Gallican » (voyez pièces justificatives n° 34), avait d'abord été chargé d'une mission délicate auprès des ecclésiastiques du diocèse de Poitiers, qui refusaient de reconnaître le concordat de 1801 et voulaient adhérer à la *Petite Eglise*, alors récemment établie en France, et dont il existe encore quelques membres dispersés dans les montagnes du Dauphiné. Le succès de cette mission avait accru la réputation d'habile négociateur de notre archevêque et détermina l'Empereur à envoyer Mgr de Barral à Fontainebleau, demander au Pape de nouvelles concessions, que les séductions de langage de Napoléon (quand il voulait les employer), n'avaient pu arracher au souverain Pontife. L'archevêque obtint quelques nouveaux articles, mais peu importants, et le pape repartit pour Rome, laissant l'Empereur assez mécontent.

Les affaires ecclésiastiques, qui étaient provisoirement réglées par les articles organiques, continuèrent à être discutées, parfois très vivement, entre la cour de Rome et celle de France. M. le comte d'Haussonville, membre de l'Académie française et sénateur, nous a retracé, avec toute la supériorité de son talent, ces importantes négociations, et il nous a fait connaître les emportements de l'Empereur à ce sujet, en reproduisant textuellement les dépêches du monarque à son ambassadeur à Rome et à son ministre des cultes à Paris. Nous renvoyons donc le lecteur à ce curieux et très intéressant ouvrage, qui a pour titre : *L'Eglise Romaine et le premier Empire*, dont quelques fragments ont paru dans la Revue des deux mondes.

Mais avant d'arriver au point qui concerne plus spécialement nos *Chroniques Dauphinoises*, le séjour du pape à Grenoble, nous devons dire que l'Empereur était de plus en plus exaspéré, par la résistance à ses propositions, qu'il trouvait constamment à Rome, depuis que le cardinal Pacca avait succédé au cardinal Consalvi, dans la direction des affaires politiques et religieuses de cette cour. L'Empereur se décida malheureusement alors à prendre des mesures de rigueur contre le Pape. Sans consulter aucun de ses ministres, Napoléon, étant à Vienne en Autriche, promulga un décret, en date du 17 mai 1809, par lequel il annexait le territoire de l'Eglise et le domaine de St-Pierre à l'empire français. Cette grave mesure (voyez pièces justificatives n° 35) parut, aux yeux des agents de l'Empereur en Italie, entraîner forcément l'éloignement du St-Père de la ville éternelle. Bien que cet ordre n'eût pas été donné formellement, les événements politiques semblaient l'exiger.

En effet, le roi de Naples Murat, ayant été chargé de mettre à exécution le décret impérial d'annexion, se rendit à Rome et fit arborer le drapeau Français sur le château St-Ange, (10 juin.) Le pape répondit à cet acte de violence, par une protestation et par une bulle d'excommunication contre Napoléon (Voyez pièces justificatives n° 36.) Ces divers actes surexcitèrent à un tel degré l'irritation des populations de la ville et des campagnes romaines contre la France, que le roi de Naples eut des inquiétudes sérieuses sur le maintien de la tranquillité publique, surtout en raison de ce que le corps d'armée d'occupation était alors fort peu nombreux (environ douze cents hommes.) — Un conseil fût tenu sous la présidence de Murat, par les généraux Miollis, Radet et par le ministre napolitain Sallicetti. Ce conseil reconnut qu'il y avait lieu de faire immédiatement un coup d'éclat, capable d'intimider les populations. Sur la proposition et les vives instances du général Radet, l'enlèvement du pape fût décidé le 26 juin 1809, et le général Miollis reçut l'ordre de mettre à la disposition du général de gendarmerie Radet, les hommes, les troupes et le matériel dont il aurait besoin, pour exécuter cet acte aussi dangereux que délicat à entreprendre.

Pour être absolument exact dans le récit de cet enlèvement du pape et surtout pour rendre scrupuleusement compte de son séjour à Grenoble, nous allons suivre : 1° le récit de Champollion-Figeac, *témoin oculaire*, et nous le prendrons dans le dernier ouvrage que ce savant a publié, à l'âge de 88 ans, sous ce titre : *Le Palais de Fontainebleau, son histoire*, etc. Ce magnifique volume in-folio, imprimé à l'imprimerie impériale et orné de belles planches, est devenu assez rare aujourd'hui, l'édition ayant été presqu'entièrement détruite par l'incendie du Louvre et des Tuileries, en 1871, sauf quelques exemplaires distribués, en 1869, par l'Empereur, aux grands officiers de sa maison. 2° Nous compléterons ce premier récit, par un autre fragment du même auteur, qui se trouve dans un volume in-8°, publié en 1844, sous le titre de : *L'Egypte et les cent jours*. 3° Mais pour ce qui concerne les instructions confidentielles du gouvernement relatives au pape, aux actes qui en résultèrent et à la conduite des divers fonctionnaires dans ces délicates circonstances, nous donnerons textuellement les lettres des agents secrets, les ordres du ministre, les bulletins journaliers et confidentiels relatifs au séjour du Saint-Père à Grenoble, et, à son départ pour Savone. La correspondance des préfets du Rhône, de la Drôme, des Bouches-du-Rhône et de Montenotte, nous feront connaître les incidents du passage du pape dans ces différents départements, et l'émotion qu'il causa aux populations. Maintenant revenons à Rome, lors de l'investissement du palais de Sa Sainteté.

L'enlèvement du pape, par l'escalade militaire du palais Quirinal, (*Alias* Monté-Cavallo), sous les ordres du général Radet, ancien garde-chasse du prince de Condé, eut lieu le 6 juillet 1809, à trois heures du matin. Dès que le général eut pénétré dans le palais, il se mit à la recherche de l'appartement que Sa Sainteté occupait cette nuit là, car Elle en changeait fréquemment, s'attendant, chaque soir, à un guet-à-pens de la part des autorités militaires françaises. Cette recherche dura plus d'une heure, pendant laquelle le Pape et le cardinal Pacca, prévenus de ce qui se passait, avaient pu s'habiller et se réunir dans le cabinet de travail de Sa Sainteté. Aussi le général Radet, en pénétrant dans ce cabinet, après en avoir brisé la porte, fut-il vivement impressionné de se trouver en face du pape, revêtu de ses habits pontificaux, entouré de quelques cardinaux et de plusieurs prélats de sa maison. Néanmoins, à quatre heures du matin, le Pape et le cardinal Pacca étaient emmenés de Rome, dans une voiture fermant à clef, Sa Sainteté s'étant contentée de dire, pour toute protestation à l'occasion de cet acte de violence : « Contre la force, la justice « et la raison sont vainement invoquées. »

Le général Radet occupait le siège de la voiture, ayant à ses côtés un gendarme français.

Le bagage personnel que le pape emportait avec lui n'était pas considérable, puisque, au dire du ministre de France à Rome, M. Cacault: « le bon pape ne dépensait rien pour lui, et n'avait que deux habits et deux chaussures. » De plus, il n'avait dans sa poche, au moment de son enlèvement, qu'une petite tabatière en bois et dans sa bourse qu'un papetto, d'autres disent vingt baïoques. Quant au cardinal Pacca, lorsqu'il fit, pendant le voyage et devant le pape et le général Radet, le compte de l'argent dont il pouvait disposer, il se trouva qu'il n'ajoutait à la réserve métallique du pape, que trois grossi, ou quinze baïoques. Ces deux illustres personnages possédaient donc en tout, environ trente-cinq sous !

Le pape, comme on doit bien le penser, avait été très ému par tous les événements de la nuit: aussi fut-il assez indisposé pendant la route. Il ne s'arrêta, cependant, pour la première fois, qu'à sept lieues de Rome, à Viterbe, afin de prendre quelques aliments. On lui offrit alors un œuf frais et du vin d'Orviette. Pie VII passa la nuit à Radicofani, où il fut rejoint par son camérier Doria Pamphili, qui lui apportait du linge et un vêtement de rechange. Le lendemain, en allant à Florence, toujours sous l'escorte du général Radet et de son gendarme, la voiture du Pape versa à Poggibonzi, sans que Sa Sainteté reçut heureusement aucune blessure.

On arriva à Florence, le huit juillet au soir, et le général conduisit le Pape chez la grande duchesse de Toscane, Elisa Bacciochi, qui l'envoya passer la nuit à la Chartreuse, après avoir déclaré que le général Radet « lui faisait là un cadeau bien embarrassant. » — Le St-Père repartit de la Chartreuse de Florence, le 9 à quatre heures du matin, pour Gênes, où il logea chez les Spinola. Le 15 juillet, on dirigea l'auguste prisonnier de Gênes, par Alexandrie, Mondovi et Rivoli sur Grenoble, où l'avis de cet évènement arriva le 20 juillet.

Ce jour là même, le comte Bigot de Préameneu écrivait à l'Empereur :

« Le bruit du voyage du Pape est répandu. Les ecclésiastiques marquent de l'étonnement, de la curiosité, le désir que cela ne fût pas arrivé ; mais je n'ai par le moindre indice de fermentation. Je suis persuadé que tous les évêques donneront, dans cette circonstance difficile pour eux, les preuves de fidélité à leur devoir et de dévouement à votre auguste personne. »

Quant à l'agent secret du Ministre de la police à Grenoble, le sieur Girard, ancien receveur des Domaines et alors conseiller de préfecture, il adressa la dépêche suivante au duc d'Otrante.

« Le Conseiller de préfecture du département de l'Isère, à son Excellence le sénateur Ministre de la police générale de l'Empire à Paris.

« Grenoble, le 22 juillet 1809.

« Monseigneur, — J'ai l'honneur de vous informer que le Pape est arrivé hier, 21 du courant, à 6 heures du soir ; je joins ici les noms de toutes les personnes qui sont à sa suite. S. S. a été reçue et logée à l'hôtel de la préfecture, avec le prélat Doria, maître de la chambre, le médecin et le chirurgien de Sa Sainteté, son aumônier et six domestiques.

« D'après les intentions de Son Alt. Imp. le prince gouverneur général des départements au delà des Alpes, j'ai retenu à Grenoble M. Boisard, colonel de la 29e légion de gendarmerie, qui a conduit le Pape depuis Gênes jusqu'à Grenoble. Cet officier m'est désigné comme très intelligent et zélé pour le service de Sa Majesté. Je l'ai chargé d'exécuter toutes les mesures que j'ai cru devoir prendre, pour la sûreté de la personne de Sa Sainteté et du cardinal Pacca. (Voir pièces justificatives n° 37).

« J'ai logé le cardinal dans une maison séparée, avec le prélat Pacca, son neveu, et trois domestiques. Un chef d'escadron de gendarmerie, à qui la garde du Cardinal était confiée, continuera à exercer la surveillance sur ce personnage, qui m'est désigné comme adroit et fort instruit.

« J'ai fait pourvoir à la nourriture de S. S. et de toute sa suite convenablement ; et quoique je n'aie fait rendre aucun honneur extérieur au Souverain Pontife, j'ai eu pour lui tous les égards convenables. Je lui ai demandé de me faire connaître s'il désirait se promener dans le jardin attenant à son logement et qui est à l'usage du public ; s'il veut s'y montrer, un officier de planton ne le perdra pas de vue. On a dressé une chapelle dans la maison, où l'aumônier de Sa Sainteté a dit la messe.

« L'impatience du public pour voir le Saint-Père est extrême, surtout celle du clergé. J'ai cru que je devais attendre vos ordres, avant que de permettre aux ecclésiastiques et autres personnes de le visiter. Je vous prie instamment de me transmettre des instructions précises, sur la conduite que je dois tenir sous les divers rapports. Je ne dois pas vous dissimuler, Monseigneur, que, dans le public, on entend quelques murmures sur la conduite tenue à l'égard du St-Père; les ecclésiastiques surtout s'apitoient sur le sort du pontife et de la religion.

« On veut interpréter les motifs de la conduite du gouvernement dans cette circonstance; les uns disent qu'on a enlevé le Pape et qu'on l'a conduit en France, parce qu'il avait lancé un décret d'excommunication contre l'Empereur. (Voyez pièces justificatives, n° 36); les autres que le Pape avait le projet de se rendre en Sicile; que les Anglais devaient l'enlever et le conduire à Palerme, ou en Espagne; d'autres disent qu'il s'est démis de la papauté et qu'il avait convoqué les cardinaux pour faire élire un autre Pape.

« Cet événement extraordinaire frappe tous les esprits, les agite; mais j'ai lieu de croire que la tranquillité ne sera pas troublée, et je ne négligerai aucun des moyens qui sont à ma disposition, pour la maintenir.

« Si V. E. jugeait convenable que le Pape résidât pendant quelque temps à Grenoble, il me paraîtrait convenable de le loger dans une campagne, à quelque distance de la ville, où une garde, sous le titre de Garde d'honneur, veillerait à sa sûreté et empêcherait les communications dangereuses.

« Du reste, quelque soit votre détermination sur tous ces points, je prie V. Ex. de me la faire connaître le plus promptement possible et je m'empresserai de m'y conformer.

« Le cardinal Pacca me fait demander la permission de communiquer avec Sa Sainteté. Je ne crois pas devoir l'accorder, jusqu'à ce que je connaisse vos intentions. Je dois vous faire observer que le Pape et le Cardinal ont voyagé dans la même voiture, depuis Lumbin jusqu'à Grenoble, et que leur séparation, *que j'ai cru devoir ordonner, d'après la lettre du directeur de la police de Turin*, écrite par les ordres de S. A. I. le prince Borghèse, a paru les affecter l'un et l'autre.

« Le colonel de gendarmerie Boisard m'a appris que, pendant la route, le prélat Doria lui dit que le Pape n'avait pas d'argent; le colonel répondit que si S. S. voulait lui faire écrire un mot de sa part pour en faire la demande, il lui ferait remettre la somme dont il aurait besoin. Peu de temps après, le prélat Doria a demandé au colonel, si l'argent offert appartenait au gouvernement français, ou s'il serait remis par l'obligeance personnelle de M. Boisard; celui-ci ayant répondu que l'argent offert était l'argent du gouvernement, le prélat a répondu que Sa Sainteté n'en voulait pas.

« J'ai encore recueilli du rapport du colonel, que dans une conversation avec le Pape, celui-ci a dit : « L'Empereur m'en « fait de bien cruelles ; mais je l'aime toujours et je regrette « que ma conscience ne me permette pas de faire ce qu'il « veut exiger de moi. »

« J'aurai l'honneur de vous faire connaître, dans la suite, toutes les circonstances qui me paraîtront dignes de votre attention. Je joins ici copie de l'arrêté que je prends pour charger les deux officiers de la gendarmerie, de ce qui a rapport à la suite de la personne du Pape et du Cardinal. (Voyez pièces justificatives, n° 37).

Je prie votre Excellence d'agréer, etc.

Le conseiller de préfecture,
GIRARD.

Fourier fut prévenu à Paris, par le Ministre de la police, de l'arrivée du Pape à Grenoble et d'avoir à se tenir prêt à partir dans quelques heures ; mais, lorsque le préfet alla prendre congé et demander ses instructions, Foucher duc d'Otrante lui dit : « Votre remplaçant n'est pas très-fort, mais vous pouvez rester ; je vais vous débarrasser de votre voyageur. » — Le remplaçant officiel du préfet était Colaud de La Salcette, conseiller de préfecture, ancien grand vicaire de son oncle l'archevêque d'Embrun, cousin du général du même nom, qui avait commandé à Rome et qui se retira du service militaire, en 1814, avec de très-beaux états de service.

Il s'éleva quelques rumeurs défavorables, à l'occasion de la conduite de Colaud de La Salcette dans cette grave conjecture ; mais que dire et que faire quand une dépêche du prince Borghèse, gouverneur des départements au delà des Alpes, vous annonce inopinément le voyage imprévu du chef suprême de l'Eglise et qu'à l'arrivée de la dépêche, le vénérable pontife n'est plus qu'à quelques lieues de la ville ; quand aussi le défaut de toute instruction de la part du Ministre de l'intérieur, vous laisse ignorer si vous recevez ou le souverain de toute la chrétienté, ou un illustre prisonnier politique. Dans une position dominée par tant d'incertitude, le préfet intérimaire fit tout pour allier son respect avec sa responsabilité et surtout avec le maintien de la tranquillité publique. Ce voyage avait été réglé par le hasard, l'Empereur était à Schœnbrunn, et, n'ayant pas ordonné l'enlèvement du St-Père, n'en avait pas réglé ni la destination, ni l'itinéraire; les autorités françaises en Italie se le transmirent successivement de l'une à l'autre. Mais ce qui rendait la situation de Colaud de La Salcette encore plus pénible et embarrassante, c'est qu'il ignorait qu'il n'était qu'un représentant nominal du Ministre de l'intérieur, sans aucun pouvoir réel, parce que la conduite de cette affaire relevait du Ministre de la police et que ce Ministre avait à Grenoble son agent secret, M. Girard, auquel il adressait ses ordres, avec les pouvoirs nécessaires pour les faire exécuter. Colaud de La Salcette n'avait donc que le titre de préfet par intérim, sans en remplir les fonctions; elles étaient dévolues secrètement à Girard.

Lorsque le Pape et le cardinal Pacca se trouvèrent réunis, pour la première fois depuis leur départ de Gênes, dans le grand salon de la préfecture de Grenoble, il y eut entre ces deux illustres personnages, une scène très-touchante; mais celle qui eut lieu à leur seconde séparation, fut encore plus pathétique. En effet, par suite d'ordres d'origine inconnue, (voyez ci-dessus, page 226, les ordres *confidentiels* donnés à Girard), le cardinal Pacca eut pour logement l'hôtel Belmont, situé sur le quai de l'Isère, à quelque distance de la préfecture. En même temps, M. de La Salcette crut nécessaire de refuser au grand vicaire de l'archevêque de Lyon, S. E. le cardinal Fesch, l'accès auprès du St-Père (voyez bulletins confidentiels, p. 230, 231); il leur demandait d'attendre deux ou trois jours les instructions du gouvernement. En toute circonstance, M. de La Salcette se montra plein de respect, et si sa haute taille et son âge donnaient peu de grâce à ses manières, ses intentions ne pouvaient être suspectées, et le St-Père se montra satisfait des soins et du respect que lui témoigna ce préfet par intérim.

« J'ai vu alors tous les jours, ajoute Champollion-Figeac, l'intérieur de la préfecture, pendant que le St-Père l'habitait; j'ai dressé, dans son cabinet, une bibliothèque temporaire, composée des livres qu'il me demandait et dont plusieurs concernaient le Dauphiné; j'ai formé aussi une nombreuse collection pour Son Éminence le cardinal Pacca, et j'ai vu partout prévenance, vénération, soumission même, la responsabilité de l'autorité publique réservée. »

Les personnages qui accompagnaient ou rejoignirent le pape à Grenoble, étaient : 1° le préfet Doria Pamphili, dont Sa Sainteté disait : « E l'imberbe Doria, avec sa voix de femme; » il avait rejoint le St-Père à Radicofani; 2° Giovani Seglia, son aumônier; 3° Carlo Porta, son médecin; 4° son chirurgien, Camillo Ceccarini. Le pontife se promenait tous les jours sur la terrasse du jardin de ville et donnait sa bénédiction à un peuple immense, qui se réunissait dans la partie basse de ce jardin appelée *le bois*, et au milieu de laquelle se trouve une statue d'Hercule, en bronze, dont la tête est le portrait très-ressemblant du connétable de Lesdiguières.

Mais voici un incident assez curieux, que Champollion-Figeac n'a pas imprimé dans son récit et que nous lui avons entendu raconter. Lorsque le préfet par intérim et le bibliothécaire eurent épuisé toute leur attention à orner convenablement et autant que le permettait le peu de temps dont ils pouvaient disposer, l'appartement du St-Père à la préfecture, ils firent encore ensemble et une dernière fois la révision du mobilier, pour s'assurer que rien n'y manquait : prie-Dieu, fauteuil, livres et le reste; ils se retirèrent pensant n'avoir rien oublié de ce qui pouvait être utile à Sa Sainteté. Mais lorsque le pape prit possession de son appartement, le camérier sortit immédiatement pour dire à ces deux fonctionnaires : vous avez omis de placer un crucifix sur le prie-Dieu du St-Père. Il était tard, et comme on ne trouva pas de Christ dans la préfecture, on dût réveiller le curé de St-André, qui alla prendre, sur le maître-autel de l'église, le crucifix demandé par le Pape.

Nous venons de résumer le récit d'un des honorables témoins, *de visu*, du séjour du Pape à Grenoble; il est néanmoins nécessaire de compléter cette relation, pour le lecteur curieux de connaître *le dessous des cartes*, par la publication du texte inédit et confidentiel des *bulletins* envoyés tous les jours, par Girard, au Ministre de la police à Paris, en réponse aux instructions qu'il recevait fréquemment de ce fonctionnaire. Voici ces *bulletins confidentiels,* au nombre de huit :

BULLETIN CONFIDENTIEL N° I.

« Grenoble, le 24 juillet 1809.

« Dans la journée du 22 et du 23, vers le soir, Sa Sainteté a désiré prendre l'air et se promener dans le jardin attenant à la préfecture. Les grilles du jardin étaient fermées ; une grande foule environnait le jardin, et le Saint-Père a distribué des bénédictions à tout le monde. Je l'ai accompagné pendant la promenade, à laquelle le Maire de Grenoble a aussi assisté.

« Le 23, le St-Père a dit la messe dans son appartement, quelques personnes pieuses ont été admises à l'entendre. Toutes ces cérémonies se terminent par des bénédictions aux personnes présentes. Dans la soirée, le Pape, accompagné de M. le Général de Division et de M. le Maire, s'est encore promené dans le jardin, pendant une demie heure, et a distribué des bénédictions à tout le peuple, qui était aux environs.

« Cette condescendance et cette apparition du Pape au milieu des principaux fonctionnaires, a paru satisfaire le public *et les murmures ont cessé*. Le public dit à présent : puisque Sa Majesté a ordonné que le Pape fut amené en France, il faut qu'il ait eu de bonnes raisons.

« Je n'ai pas voulu admettre les visites en corps et en cérémonie de la part du clergé ; quelques ecclésiastiques se sont présentés comme particuliers pour recevoir la bénédiction pontificale ; mais le Pape n'a adressé la parole à aucun d'eux. J'attends des ordres pour diriger ma conduite à l'égard du clergé.

« Hier, le cardinal Pacca a demandé au chef d'escadron préposé à sa garde, un prêtre pour le confesser. Ce militaire, sans consulter le colonel Boisard, en a adressé la demande à M. le Maire de la ville, qui l'a envoyé. J'ai invité le Maire *à ne pas se mêler de ce qui concerne la police relative à Sa Sainteté*.

« Le Pape avait demandé un confesseur pendant son séjour à Alexandrie, le colonel crut devoir le refuser ; depuis lors il n'a plus insisté. Je viens d'ordonner au chef d'escadron, qui est auprès du Cardinal, de m'adresser directement toute demande qui lui serait faite à ce sujet. Ces communications secrètes me paraissent avoir des inconvénients et je ne les permettrai qu'autant que le gouvernement m'y aurait autorisé.

« J'ai encore fait intercepter quelques lettres adressées à Rome ; je prie de les faire parvenir à leur adresse, le plus promptement possible, si elles sont indifférentes, afin que les personnes de la suite du Pape continuent à n'avoir pas de la méfiance.

« Un cuisinier est chargé de fournir à la nourriture de Sa Sainteté et de toutes les personnes de sa suite ; j'ai demandé le compte, dont je vous ferai connaître le résultat, depuis l'arrivée de Sa Sainteté à Grenoble. Ce cuisinier me demande des fonds. Veuillez bien me faire parvenir les autorisations nécessaires, le plus promptement possible.

« Hier, le Cardinal Pacca a désiré se promener ; je l'ai accompagné dans la voiture de M. le Préfet, avec le chef d'escadron ; ce cardinal n'a communiqué avec personne pendant la promenade. Son Éminence a paru satisfaite de cette manière d'agir à son égard. Je continuerai à en user de même, jusqu'à nouvel ordre. »

Bulletin confidentiel n° 2.
« Grenoble, le 25 juillet 1809.

« Le Pape s'est promené encore, hier 24, dans le jardin attenant à la Préfecture; il a distribué des bénédictions à tout le peuple, qui était rassemblé en foule à l'entour de la grille du jardin. L'empressement du public à assister à la messe du Pape et à recevoir sa bénédiction se soutient. M. le colonel Boisard accorde, tous les jours, la permission à quelques personnes. Je n'ai pas cru devoir m'opposer à cette communication, qui paraît satisfaire le peuple; mais j'ai résisté, jusqu'à présent, à toutes les instances et importunités des membres du clergé, qui voulaient lui faire des visites en corps et lui adresser des compliments.

« Les rapports des agents de la police me font connaître qu'on a cessé de tenir des propos inconsidérés sur les opérations du Gouvernement, à l'égard des affaires de Rome. Je continue à faire exercer la plus stricte surveillance sur tout ce qui a rapport à la maison du Pape et à celle du Cardinal Pacca.

« Le Maire de Grenoble proposa, avant-hier, à Sa Sainteté de se promener en voiture, et elle lui répondit: « qu'elle ne voulait monter en voiture que pour aller à Rome. »

« J'ignorais cette réponse, et, lui ayant fait la même demande, il m'a répondu que non, « *parce que l'église était en deuil.* » Vous apprécierez la valeur de ces propos. Je le visite chaque jour et je continue à avoir pour lui les plus grands égards. Dans la conversation, lui ayant demandé comment il se portait, il m'a répondu: « bien pour le physique, mais mal pour le moral, » il a habituellement l'air assez soucieux.

« Je réitère la demande des fonds nécessaires pour fournir à la dépense de la maison du Pape et à celle du Cardinal, qui vivent séparément; sans cela, je me trouverai dans le plus grand embarras, à raison des formes qui régissent la comptabilité. »

Bulletin confidentiel n° 3.
« Grenoble, le 26 juillet 1809.

« Le Pape a continué, comme les jours précédents, à se promener dans le jardin attenant à la préfecture et l'empressement du public à recevoir sa bénédiction se soutient; il n'en est résulté aucun inconvénient.

« On fait lire, tous les jours, le Moniteur au Pape. La lettre de Sa Majesté aux évêques (voyez ci-après, p. 238), a paru le rendre rêveur. Je ne sache pas qu'il ait tenu aucun propos à ce sujet.

« Quelqu'un de la maison a lu sur une feuille de papier, qui était entre les mains du chapelain du Pape, les mots suivants, qu'on avait commencé d'y écrire: « *Vous devez croire que nos principes sont opposés...* » Rien autre n'y était écrit. On ignore si ces mots étaient de la main même du chapelain : on a lieu de le croire. Cependant, cet ecclésiastique paraît doué d'une grande douceur de caractère et d'assez de gaieté.

« Hier 25, M. Barthelon, banquier très-estimable de cette ville, est venu me communiquer une lettre de son correspondant de Turin, *les sieurs Nigra frères*, par laquelle on le prie de vouloir bien compter *dix mille écus romains* à Sa Sainteté. Le banquier de Turin avait été chargé de faire ce payement par le sieur Marin Torlonia, banquier à Rome. Je n'ai pas cru devoir m'opposer à ce que cette somme fut comptée. M. Barthelon a offert au Pape de lui faire d'abord remettre *six mille francs* à compte, et d'acquitter successivement le reste de la somme. Le Pape a consenti, sans difficulté, à cet arrangement et il a paru satisfait de l'offre qui lui était faite. Il a lu la lettre du banquier de Turin, et n'a point demandé si les fonds qui lui sont offerts appartiennent au Gouvernement.

« La tranquillité continue à être parfaite. Cependant, comme une très-grande foule de personnes se réunit tous les jours aux diverses issues de l'hôtel de la préfecture et s'efforce d'y pénétrer, pour entendre la messe du Pape, ou recevoir sa bénédiction, et que je crains que les attroupements, qui n'ont d'autre motif que la piété ou la curiosité, n'occasionnent quelque désordre ou accident, je charge M. le colonel de la gendarmerie Boisard de prendre toutes les mesures convenables, pour que personne ne soit admis à la messe du Pape, pendant quelque temps et jusqu'à ce que le Gouvernement ait fait connaître ses intentions à ce sujet.

« Le Cardinal Pacca continue à être isolé et ne communique point avec le Pape.

« Je n'ai point parlé de M. l'Évêque de Grenoble, parce que, le jour même de l'arrivée du Pape, ce prélat s'était rendu à Lyon pour y faire des ordinations. Je m'attends qu'à son retour, M. l'Évêque fera des instances auprès de moi pour voir Sa Sainteté ; mais je suivrai, à son égard, la même marche que j'ai tenue à l'égard des autres ecclésiastiques et je ne le laisserai point communiquer avec le Pape, jusqu'à ce que le Gouvernement m'ait transmis ses ordres. »

BULLETIN CONFIDENTIEL N° 4

« Grenoble, le 27 juillet 1809.

« Hier, 26 du courant, M. l'Evêque de Grenoble est arrivé de Lyon, et m'a demandé l'autorisation de visiter le Saint Pontife. Je lui ai fait observer que, n'ayant reçu aucun ordre à cet égard et aucune autre autorité, ni corporation, n'ayant fait de visites, je croyais convenable d'attendre que le Gouvernement m'ait fait connaître ses intentions. Il s'est rendu à mes observations, et il a été convenu que cette visite serait différée, jusqu'à ce que le Gouvernement m'ait transmis des instructions à ce sujet.

« Comme une foule trop considérable se portait aux avenues de la préfecture, pour assister à la messe papale, et que j'avais lieu de craindre quelque désordre ou accident, j'ai fait défendre l'entrée de l'hôtel pendant la messe du Pape. D'ailleurs, Sa Sainteté m'avait manifesté que le trop grand nombre de spectateurs occasionnait trop de chaleur, et qu'il en était incommodé. Le matin, Sa Sainteté a dit la messe à son ordinaire; Elle continue à se promener dans le jardin et à donner des bénédictions à la foule empressée de les recevoir.

« Hier soir, M. Doria, maestro di Camera, m'a fait demander la permission d'introduire un prêtre pour le confesser. Je n'ai pas cru devoir le lui permettre. Je lui ai dit que j'avais formellement demandé des instructions sur ce point, et je ne doute pas que dans cette demande il n'y eut tout autre motif, que celui de purifier sa conscience, puisqu'il n'a pas manqué de dire sa messe, ce matin, comme à son ordinaire.

« La plus grande tranquillité règne dans la ville. Les ecclésiastiques et les dévots sont occupés à expliquer et à commenter la lettre de Sa Majesté l'Empereur aux évêques (ci-après, p. 238), que j'ai fait imprimer à la la suite du 28ᵉ bulletin et répandre dans toutes les communes.

« Ils discutent surtout ce passage : « Nous environnerons « les Ministres de la considération que *nous seuls pouvons* « *leur donner*. Nous écouterons leur voix, *dans tout ce qui a* « *rapport au spirituel et au règlement des consciences.* » Quelques-uns croient voir, dans ces expressions de Sa Majesté, le dessein formé de s'établir chef de religion. »

BULLETIN CONFIDENTIEL N° 5

« Grenoble, le 28 juillet 1809.

« M. Barthelon, banquier de cette ville, devait compter d'abord 6,000 fr. au Pape, sur les 54 mille qu'il est chargé de lui faire toucher; mais S. S. ayant demandé 10,000 francs, cette dernière somme lui a été payée. Je désire que le Gouvernement veuille bien me faire connaître s'il n'y a aucun inconvénient à ce que la somme entière de 54 mille francs lui soit comptée successivement.

« Le Pape continue à jouir d'une bonne santé et à distribuer des bénédictions au peuple, lorsqu'il se promène dans le jardin.

« L'affluence continue à être considérable; mais il ne se passe aucun désordre et la plus grande tranquillité règne dans cette ville. J'ai jugé convenable de défendre que l'on admit des étrangers à la messe du Pape.

« Je me suis fait présenter, par le fournisseur, un état de la dépense faite, depuis six jours, pour la table du Saint-Père et de sa suite, et celle du cardinal Pacca et de sa suite. Le nombre des personnes nourries, y compris les officiers de gendarmerie chargés de la garde, les officiers de planton et les gens de peine employés, s'élève au nombre de 28. Toutes ces personnes déjeûnent, dînent et soupent.

« Le compte du fournisseur s'élève à 1,800 francs, sans y comprendre la dépense relative à l'ameublement. Je viens d'ordonner quelque réduction, et je veillerai à ce que une économie convenable soit observée dans tous les articles de la dépense. Je prie de me faire parvenir au plutôt l'autorisation nécessaire pour faire payer cette dépense, car le fournisseur ne pourrait continuer longtemps à faire les avances.

« Je joins ici deux lettres interceptées ; quelques-unes qui m'ont été présentées décachetées et qui ne contenaient que des nouvelles sur la santé, ont été mises à la poste. »

BULLETIN CONFIDENTIEL N° 6

« Grenoble, le 29 juillet 1809.

« Vu les inconvénients qui pourraient résulter du trop grand concours de personnes, qui se présentaient pour assister à la messe de S. Sainteté et dont le Pape était fatigué, je refuserai toute permission à cet égard, jusqu'à ce que le Gouvernement m'ait fait connaître la conduite que je dois tenir.

« Ayant appris, le matin, que plusieurs personnes avaient été introduites dans la chapelle, j'ai chargé M. le colonel Boisard de prendre les mesures nécessaires, pour qu'à l'avenir aucune personne étrangère ne fût admise à assister à cet office, jusqu'à ce que des ordres me soient parvenus.

« Sa Sainteté continue à se promener et à distribuer des bénédictions à la foule empressée.

« M. l'Évêque de Grenoble avait consenti à différer sa visite au Pape jusqu'à l'époque où le Gouvernement m'aurait fait connaître les rapports que S. S. doit avoir avec le clergé. Néanmoins, hier 28, ce prélat m'a demandé avec instance de lui accorder l'autorisation de voir le Souverain Pontife. J'ai persisté à la lui refuser, et je me suis appuyé sur ce qu'ayant demandé des ordres à ce sujet, je ne dois pas les prévenir ou les contrarier par mes démarches. J'ai dû d'autant plus me refuser à ces visites et à ces communications, que je suis informé que le clergé est occupé à discuter la lettre de Sa Majesté aux évêques de France. »

BULLETIN CONFIDENTIEL N° 7

« Grenoble, 30 juillet 1809.

« Jusqu'à ce jour, il n'a rien été changé dans la manière de vivre du Pape et de Son Eminence. Je continue à défendre toute communication particulière des ecclésiastiques et du public avec S. S. Il s'est promené à son ordinaire, hier 29, dans le jardin et y a donné des bénédictions au peuple, qui se présente à l'entour de la grille. Je l'accompagne ordinairement dans ses promenades, avec M. le général commandant la division et le Maire de la ville. J'ai été à portée de m'apercevoir que l'empressement du peuple pour cette cérémonie diminue. Un grand nombre de personnes se promenait dans le bois, qui est hors de l'enceinte où le Pape se promène ; tandis qu'il donnait sa bénédiction, beaucoup d'hommes tenaient leur chapeau sur la tête et paraissaient ne prendre aucune part à ce qui se passait.

« Dans la multitude assemblée, on entendait les uns dire que le Pape avait volontairement quitté Rome pour venir en France, les autres, qu'il voulait se livrer aux anglais et se rendre en Sicile. D'autres ajoutaient : « on a bien fait, pourquoi n'a-t-il pas voulu reconnaître les rois d'Espagne et de Hollande ? » Je n'ai pas lieu d'être mécontent de ces diverses opinions. Du reste, la plus grande tranquillité règne et tout se passe dans l'ordre et la décence convenables. »

Malgré la défense absolue faite par le Gouvernement aux journaux d'Italie et de France, de donner aucune nouvelle ni des voyages, ni des séjours du Pape, et quoique cet ordre eut été rigoureusement suivi, ces événements n'étaient pas moins connus, dans toute la France, par la rumeur publique. La préoccupation du Gouvernement fut alors de connaître exactement l'effet que produisait ces nouvelles sur l'esprit public, dans le Lyonnais, la Drôme, les Bouches-du-Rhône, etc. Les préfets furent interrogés, et nous allons reproduire deux spécimens des réponses qui furent adressées au Ministre de la police, par ces fonctionnaires.

« LE PRÉFET DU RHONE AU COMTE ANGLÈS, CHARGÉ DU 3e ARRONDISSEMENT DE LA POLICE GÉNÉRALE.

« Lyon, le 22 juillet 1809.

« Je reçois à l'instant la lettre par laquelle vous me faites l'honneur de m'informer que le Pape va à Grenoble et qu'il ne viendra pas à Lyon. Cette nouvelle me fait infiniment plaisir, parce que je la regarde comme d'une grande importance pour la tranquillité de cette ville.

« Vous désirez que je vous informe de tout ce qui se passe dans la contrée, relativement au séjour du Pape. Je sens comme vous, Monsieur le Conseiller d'Etat, combien il est important que vous soyez instruit des plus petits détails à ce sujet ; mais je vois que le seul moyen d'obtenir des informations régulières et exactes, c'est d'avoir un agent à Grenoble, même pendant que le Pape habitera cette ville, autrement j'en suis trop éloigné pour connaître, avec exactitude et régularité, ce qui s'y passera.

« Je vais m'occuper de suite de la recherche d'un homme qui puisse convenir à cet emploi délicat, mais important.

« Je ne le ferai cependant partir, que lorsque vous aurez bien voulu me faire connaître que vous approuvez cette mesure. Cet agent pourrait s'occuper non-seulement des alentours du Pape, mais *des divisions intestines qui règnent toujours à Grenoble.* Les citoyens sont, m'assure-t-on, toujours divisés en deux classes, comme en 1790, et le préfet est regardé comme *subjugué par le parti aristocratique.*

« Je n'ai aucune preuve de ce que j'avance ici sur des *ouï dire;* mais, ayant l'honneur de vous écrire confidentiellement, j'ai cru ne devoir rien vous dissimuler, sur la position d'une ville que le séjour présumé du Pape rend bien importante pour la police. Je vous prie de vouloir bien me donner vos ordres relativement à l'agent que je crois utile d'envoyer dans cette ville. La dépense ne pourra pas être forte; mais j'espère que Son Excellence voudra bien me l'allouer sur les fonds secrets de son département.

« Veuillez agréer, etc.   MAILLOCHAU. »

« Lyon, 28 juillet 1809.

« Monsieur le Conseiller d'Etat, — L'affaire du Pape ne fait ici que peu de sensation *publique.* On en a parlé assez froidement pendant quelques jours, et déjà on s'occupe d'autre chose. Mais, dans l'intérieur des familles, les femmes et les prêtres expriment la plus vive douleur sur ce qui s'est fait et une frayeur plus grande sur ce qui se fera. Les uns et les autres, quoique beaucoup suivis, n'ont heureusement ici que peu de considération publique et d'influence.

« Plusieurs lettres d'Italie ayant annoncé que le palais du Pape avait été pris d'assaut par la gendarmerie et que, sur son refus de renoncer au pouvoir temporel, le Pontife avait été déclaré prisonnier, on s'apitoie sur son sort; et quand les imaginations auront été exaltées dans ces petits clubs dévots, il serait possible qu'on partît en foule pour visiter le *martyr.* Convaincu que ce pélerinage pourrait avoir des résultats fâcheux et n'est pas dans les vues du Gouvernement, je me propose de l'empêcher autant qu'il sera en moi. Mais comme il est, en même temps, très-important de ne pas fournir aux fanatiques le moindre indice qu'on les craigne, voici les moyens que je compte employer.

« J'inviterai M. le Maire à ne donner des passe-ports pour Grenoble, qu'aux personnes que des affaires réelles appellent dans cette ville; on peut facilement trouver des prétextes pour en refuser aux autres, et j'engagerai la gendarmerie à exiger sévèrement, sur cette route, l'exhibition des passe-ports. Je crois qu'on parviendra ainsi, sans éclat, à retenir dans leurs foyers beaucoup d'individus qui n'iraient à Grenoble que pour chercher de nouveaux aliments au fanatisme. Comme rien n'indique, au reste, que ces courses doivent commencer de suite, j'aurai le temps de recevoir vos instructions à ce sujet, et je vous prie de vouloir bien me les donner au plutôt.

« Dans le cas, assez probable, où le Pape ne devrait pas rester à Grenoble, je demande surtout que si on lui fait prendre la route de Lyon, on s'arrange pour l'y faire passer pendant la nuit, et, même alors, il serait important que j'en fusse informé auparavant.

« Ayant appris que des assemblées de prélats auront lieu dans deux communes du canton de l'Ardèche, je me suis empressé d'en donner connaissance à la préfecture, afin que l'on puisse s'informer des motifs de ces réunions et qu'on prenne des mesures pour les prévenir désormais, car les prêtres, pris chacun isolément, sont timides; mais rassemblés, ils sont capables de faire bien des sottises.

« Agréez, etc.   Maillochau. »

Un nouveau point noir, dans les affaires religieuses de France, s'élevait déjà à l'horizon: l'Empereur venait de prescrire aux évêques de l'Empire, par la lettre-circulaire ci-après, datée du camp de Znain en Moravie, de faire des prières publiques et de chanter un *Te Deum* en l'honneur de la victoire de Wagram. Cet ordre, en temps ordinaire et malgré sa forme inusitée, n'aurait soulevé aucune difficulté; mais l'Empereur venait d'être excommunié, Sa Sainteté était prisonnière, gardée à vue et son premier ministre incarcéré à l'hôtel Belmont. Comment le clergé accueillerait-il cette lettre de l'Empereur et comment exécuterait-il les ordres qu'elle contenait?

Ce fut le Cardinal Fesch qui se chargea de tourner la difficulté, qui s'imposait instantanément aux méditations du clergé. Son Eminence, consultée par les grands vicaires de Paris et par ceux de son archevêché de Lyon, répondit aux uns et aux autres, de se borner à adresser des actions de grâce à Dieu pour la victoire de Wagram et sans parler, dans les mandements, ni de l'Empereur, ni de sa lettre-circulaire et surtout sans l'imprimer à la fin du mandement, comme cela était d'usage, afin d'éviter tout commentaire. Les grands vicaires suivirent l'avis du Cardinal; mais l'Empereur ne se montra pas très-satisfait de cette solution et fit demander immédiatement des explications au Cardinal, son oncle, par l'intermédiaire du Ministre des cultes. Il fit prescrire, en même temps, aux préfets de lui rendre compte de la manière dont les évêques et le clergé exécuteraient ses ordres, relativement au *Te Deum*; de surveiller la vente et la circulation des brochures relatives au Pape et aux affaires ecclésiastiques, qui se répandaient en France particulièrement par l'entremise des libraires et colporteurs de Chambéry; enfin M. le Ministre des cultes informait l'Empereur du résultat des négociations suivies avec le Pape.

Les documents inédits que nous allons reproduire, d'après les originaux conservés aux archives départementales de l'Isère et aux archives nationales de Paris, se rapportent à ces divers ordres et aux renseignements demandés. C'est d'abord la lettre-circulaire de l'Empereur, ensuite les rapports des préfets, sous-préfets et commissaires de police, enfin les explications du Cardinal Fesch, qui sont des plus intéressantes. La lettre du ministre des cultes mérite aussi une attention particulière.

LETTRE-CIRCULAIRE DE L'EMPEREUR NAPOLÉON AUX ÉVÊQUES.

« M. l'Évêque de Grenoble, les victoires d'Enzersdorf et de Wagram, où le dieu des armées a si visiblement protégé les armes françaises, doivent exciter la plus vive reconnaissance dans le cœur de nos peuples. Notre intention est donc, qu'au reçu de la présente, vous vous concertiez avec qui de droit, pour réunir nos peuples dans les églises et adresser au ciel des actions de grâce et des prières conformes aux sentiments qui nous animent.

« Notre Seigneur Jésus-Christ, quoique issu du sang de David, ne voulut aucun règne temporel. Il voulut, au contraire, qu'on obéît à César, dans le règlement des affaires de la terre. Il ne fut animé que du grand objet de la rédemption et du salut des âmes. *Héritier du pouvoir de César*, nous sommes résolus à maintenir l'indépendance de notre trône et l'intégrité de nos droits. Nous persévérerons dans le grand œuvre du rétablissement de la religion. *Nous environnerons ses ministres de la considération que nous seul pouvons leur donner*. Nous écouterons leur voix dans tout ce qui a rapport au spirituel et au règlement des consciences.

« Au milieu des soins des camps, des alarmes et des sollicitudes de la guerre, nous avons été bien aise de vous donner connaissance de ces sentiments, afin de faire tomber dans le mépris, ces œuvres de l'ignorance et de la faiblesse, de la méchanceté ou de la démence, par lesquelles on voudrait semer le trouble et le désordre dans nos provinces.

« On ne nous détournera pas du grand but vers lequel nous tendons et que nous avons déjà, en partie, heureusement atteint: le rétablissement des autels de notre religion, en nous portant à croire que ces principes sont incompatibles, comme l'ont prétendu les Grecs, les Anglais, les Protestants et les Calvinistes, avec l'indépendance des trônes et des nations.

« Dieu nous a assez éclairé pour que nous soyons loin de partager de pareilles erreurs: notre cœur et ceux de nos sujets n'éprouvent point de semblables craintes; nous savons que ceux qui voudraient faire dépendre de l'intérêt d'un temporel périssable, l'intérêt éternel des consciences et des affaires spirituelles, sont hors de la charité, de l'esprit et de la religion de celui qui a dit : *Mon Empire n'est pas de ce monde.*

« Cette lettre n'étant à d'autres fins, je prie Dieu, M. l'Évêque de Grenoble, qu'il vous ait en sa sainte garde.

« Donné en notre camp impérial de Znaïn en Moravie, le 13 juillet 1809. NAPOLÉON.
Par l'Empereur, le ministre secrétaire d'État,
H. B. MARET.

LE CONSEILLER DE PRÉFECTURE GIRARD AU COMTE ANGLÈS.

« Hier 30, il a été chanté un *Te Deum* dans l'église cathédrale de Grenoble, en exécution des ordres de S. M. l'Empereur et Roi. J'avais été averti de l'heure de cette cérémonie par M. le premier président de la Cour d'appel. Surpris de ne recevoir aucun mandement de M. l'Évêque, ainsi que c'était l'usage précédemment, je lui en ai demandé par écrit un exemplaire; il ne m'a fait aucune réponse. Je suis d'ailleurs informé qu'aucun mandement n'a été lu, ni affiché dans cette ville. Je pense néanmoins que l'Évêque donnera aux curés des paroisses de son diocèse l'ordre de chanter le *Te Deum*, par une circulaire, ou de telle manière qu'il jugera convenable. Aussitôt que j'aurai pu me procurer cet écrit, je l'adresserai au Ministre de la police à Paris.

« Il me revient que les ecclésiastiques publient aux oreilles des dévots et dévotes, que jamais la religion n'a été plus en danger; que quelques-uns font des prières extraordinaires et recommandent aux fidèles d'en faire, pour la conservation de la religion. J'ai demandé des informations plus précises sur ces faits. »

BULLETIN CONFIDENTIEL N° 8.

« Grenoble, le 31 juillet.

« Les circonstances actuelles me déterminent à tenir le Pape dans un plus grand isolement encore. Je m'occupe à lui procurer un logement à la campagne, à une lieue de la ville. Là je lui ferai fournir une garde suffisante et M. le colonel Boisard continuera d'être chargé de sa sûreté et d'empêcher qu'il n'ait aucune communication avec le public et surtout avec les ecclésiastiques. Aussitôt que le logement sera trouvé et préparé, je présenterai divers motifs au Pape pour le lui faire accepter.

« Hier 30, S. S. a pris l'air dans le jardin, à son ordinaire. Le peuple paraît moins empressé à recevoir sa bénédiction; rien n'a troublé l'ordre public, depuis l'arrivée de S. S. en cette ville.

« Cependant, si, malgré les précautions que j'ai prises et la surveillance de M. le colonel Boisard, il arrivait le moindre événement contraire aux intentions de S. M., je vous prie d'être persuadé que je saurais réprimer les excès, quels qu'ils soient et quelqu'en soient les auteurs.

« La force armée, qui est à Grenoble, est bien insuffisante à raison des besoins, si j'en excepte les Portugais, auxquels je ne voudrais pas confier la garde du Pape. »

Le Ministre des Cultes a l'Empereur

« Paris, 7 août 1809.

« Sire, je dois rendre compte à Votre Majesté de ce qui vient d'arriver dans l'exécution des ordres qu'Elle m'a donnés, pour proposer au Pape une modification dans les bulles d'institution canonique à délivrer aux évêques nommés.

« Les prélats désignés par Votre Majesté ont adressé des lettres respectueuses, autant que fortes et pressantes. Son Altesse Mgr. le Cardinal Fesch a regardé comme le meilleur moyen de réussir, celui d'envoyer de Lyon à Grenoble porter sa lettre par un de ses grands vicaires nommé Courbon, très habile théologien et très bien intentionné. Son Eminence m'a écrit pour que je m'assurasse s'il aurait la facilité d'arriver et de parler au Pape. J'ai envoyé mon secrétaire-général demander au Ministre de la police s'il était besoin de quelque passeport ou permission. Il m'a fait répondre qu'il n'en était aucunement besoin. M. Courbon a fait le voyage et n'a pu lui parler. J'avais adressé quelques lettres à l'Évêque de Grenoble, pour les remettre, et je lui avais donné des instructions pour conférer avec le Pape. Je mets sous les yeux de Votre Majesté sa réponse, qui me parvient à l'instant. Il paraît que les ordres donnés par le Ministre de la police ont été mal entendus, mal exécutés. L'arrestation du Pape et ce qui se passe à Grenoble ne peuvent être secrets. Cela chagrine les évêques et les prêtres. Rien ne m'annonce qu'il en puisse résulter des troubles, mais les ecclésiastiques pourraient commencer à concevoir des inquiétudes, et la dernière lettre dans laquelle Votre Majesté a manifesté aux évêques ses intentions et ses principes religieux, a eu le meilleur effet.

« Je suis avec un profond respect, Sire, de votre Majesté impériale et royale,

« Le très-humble et très-obéissant, très-fidèle et très-dévoué serviteur et sujet.

Le Comte Bigot de Preameneu. »

S. E. le cardinal Fesch a l'Empereur.

« 27 Août 1809.

« Sire, Votre Ministre des cultes m'a demandé des éclaircissements sur l'omission faite par mes grands vicaires de Lyon, d'une partie de la lettre de Votre Majesté aux évêques, à l'occasion des étonnantes victoires de Wagram.

« Je ne me suis pas contenté de les lui donner verbalement, j'ai cru nécessaire de lui adresser la lettre dont copie est ci-jointe. Elle établit les faits et expose, en partie, les raisons qui peuvent être données par écrit, car dans une lettre on ne peut pas détailler tous les motifs de prudence et de sagesse, qui décident l'administrateur à prendre tel ou tel parti. Ces faits consistent : 1° dans l'ordre donné par moi à mes grands vicaires *de ne parler que des victoires*; 2° dans l'*omission* faite par ceux-ci, dans le mandement, *de la lettre de Votre Majesté*, selon l'usage.

« Le Ministre ne m'avait pas encore envoyé la circulaire de Votre Majesté, pour le diocèse de Lyon, lorsque les grands vicaires capitulaires de Paris s'adressèrent à moi, pour me confier l'embarras où ils étaient sur le commentaire à donner dans un mandement, qui devait être imprimé dans la nuit, pour le *Te Deum*. Leur manière de voir n'était pas la même, leurs vues étaient incohérentes, elles auraient déplu à Votre Majesté autant qu'au public. Je décidai alors qu'il ne fallait parler *que de la victoire remportée et des actions de grâces à rendre à Dieu*. Cependant, j'eus occasion de voir le Ministre des cultes le même soir ; il applaudit aux raisons qui m'avaient décidé à prendre le parti sus-dit.

« Le diocèse de Lyon présentait encore des difficultés plus graves. Les alarmes croissent en raison de l'éloignement de la capitale, où plus facilement on éclaircit les doutes, on dissipe les craintes inspirées par les circonstances, et je dus me résoudre à donner le même ordre à Lyon.

« Votre Majesté remarquera, que ces grands vicaires étaient bien plus embarrassés que ceux de Paris, au point que non-seulement ils suivaient mes ordres en *ne parlant pas des observations que Votre Majesté adressait aux évêques*, mais même qu'ils ne les insérèrent point dans leur mandement.

« Votre Majesté verra les raisons qu'ils m'ont données officiellement et ils ont cru devoir omettre ce que la prudence leur dictait impérieusement de faire. Ils ont dû craindre qu'une grande partie des curés, effrayés d'ailleurs par la voie sourde de la malveillance, n'augmentât les alarmes, ce qui n'aurait pas manqué, n'eussent-ils fait que d'exhorter les fidèles à redoubler leurs prières pour les circonstances actuelles. En retranchant, dans leur mandement, les susdites observations, ils ont obvié à l'inconvénient d'être obligé de sévir contre ceux qui, par indiscrétion et plus encore par ignorance, auraient pu déraisonner.

« Sire, le diocèse de Lyon est très-difficile à gouverner. Les partis sont toujours en présence. Le jansénisme, le plus effréné ennemi de toutes les lois, qui rallie dans son sein tous les révolutionnaires exagérés, les anti-concordatistes et les malveillants de toute espèce, ne s'endort pas et profite de toutes les occasions pour accréditer les bruits les plus absurdes, pour inspirer aux catholiques la méfiance et la crainte. Ces ennemis du gouvernement, eux seuls, auraient voulu voir les prêtres se mettre dans le cas d'être réprimandés et sévèrement punis ; mais qui administre doit prendre sur soi de tâcher de prévenir ces malheurs. Ainsi, mes grands vicaires, ne croyant pas déplaire à Votre Majesté, ont dû prendre le parti de l'omission susdite.

« Du reste, je puis témoigner à Votre Majesté qu'elle n'a pas, en France, de sujets plus fidèles et plus attachés que ces grands vicaires. Je dois les connaître: ils peuvent avoir manqué par trop de prudence, et s'ils ont trop osé, c'est qu'ils sont accoutumés à prêcher toute la journée la confiance que les catholiques doivent avoir en Votre Majesté, et à écrire sans cesse pour dissiper toutes les craintes et les alarmes.

« Permettez, Sire, que j'exprime à Votre Majesté, le désir de la voir arriver bientôt au sein de son Empire, sa présence produira des biens immenses, un mot d'encouragement rétablira la paix et la confiance. Oui, Sire, non-seulement le clergé, mais tous vos sujets catholiques, s'affligent, se désolent, s'exaltent, les meilleurs sont calmes, ils se reposent sur la Providence et sur la direction des premiers pasteurs ; les plus faibles s'inquiètent, les mauvais veulent prévoir l'avenir et croient effacer leurs démérites par de vains soucis et des présages sinistres.

« Je suis avec respect, Sire, etc.

J. CARD. FESCH. »

« Le commissaire de police de la ville de Grenoble, à Monsieur le Préfet du département de l'Isère.

« Grenoble, ce 14 septembre 1809.

« J'ai l'honneur de vous transmettre les renseignements que j'ai pu me procurer, sur les recherches que vous m'aviez ordonné de faire, pour découvrir si, dans notre ville, il n'y existait pas une brochure intitulée : *Correspondance authentique de la Cour de Rome avec la France, depuis l'invasion de l'État romain, jusqu'à l'enlèvement du Souverain Pontife*, écrit en italien et en français, et, dans ce dernier cas, en faire faire la saisie entre les mains de ceux qui pourraient les faire circuler et chez ceux qui pourraient en avoir des dépôts.

« Par les démarches secrètes que j'ai faites, je me suis assuré qu'aucun de nos imprimeurs ou libraires n'en avaient en leur pouvoir; j'ai également fait mouvoir des personnes secrètes qui me sont affidées, près des marchands colporteurs des papiers-nouvelles, à l'effet de savoir si ces derniers ne vendaient pas cet ouvrage sous le manteau, lesquelles recherches me sont devenues infructueuses jusqu'à ce jour.

« Néanmoins, j'ai appris qu'il existait quelques brochures dans différentes maisons particulières de cette ville, qu'on pense se les être procurées de la ville de Chambéry, ce qui me porterait à croire que le dépôt s'y trouve, ou que ces brochures y ont été imprimées. Quoi qu'il en soit, je vous prie, Monsieur, d'être persuadé que je ne ralentirai point ma surveillance à cet égard, pour me mettre à même de satisfaire à vos ordres.

« J'ai l'honneur, etc. »

La surveillance des agents du gouvernement s'étendit, à cette époque, particulièrement sur les sermons qui furent prêchés dans les églises de la ville de Grenoble, relativement au

Pape. Les pamphlets et écrits clandestins, qui circulaient dans le département, n'occupaient que le second rang dans les informations de la police. Nous donnons divers exemples des rapports qui furent adressés au Préfet de l'Isère, ou à celui qui le remplaçait officiellement :

« Je soussigné, commissaire de police de la ville de Grenoble, déclare que, moi et mes adjoints, nous étant rendus, hier dimanche, six du présent, dans les différentes églises de cette ville, Messieurs les curés et desservants se sont bornés à prêcher sur l'évangile du jour; qu'ils n'ont rien dit contre le gouvernement; que seulement ils ont recommandé le Pape aux prières des fidèles.

« Grenoble, ce 7 août 1809.

MORELIN, *commissaire de police.* »

Quant au rapport adressé au Ministre des cultes, sur la lettre de l'évêque de Grenoble, au sujet du *Te Deum* pour la victoire de Wagram, il disait simplement :

« L'évêque a adressé une circulaire aux curés et desservants pour leur prescrire de chanter le *Te Deum*. Il les engage, à cet effet, à redoubler leurs prières. Sa circulaire n'a pas d'autre objet. Il n'a pas joint la lettre de S. M. »

Le Ministre lui en adressa des reproches.

« Le sous-préfet de l'arrondissement de St-Marcellin, à Monsieur le Préfet du département de l'Isère.

« Instruit qu'il circulait ici une pièce manuscrite, qui avait été aussi colportée dans les villes voisines, j'ai cherché à la connaître. Je crois qu'il est de mon devoir de vous adresser cet écrit, quoique je puisse présumer qu'il sera parvenu à votre connaissance. On assure aussi qu'il existe des copies de plusieurs lettres et pièces diplomatiques, que l'on dit être imprimées.

« La lecture de semblables choses ne peut qu'être nuisible à l'ordre, ne fut-ce que par les conversations et discussions, même privées, auxquelles elles donnent lieu ; car, sous les autres rapports et en dépit de la malveillance, je ne forme aucun doute de l'inutilité et du ridicule de tous les efforts, s'il pouvait être présumable que l'on puisse chercher à en tenter de sérieux, pour porter atteinte à la tranquillité publique et altérer en rien l'absolue soumission et le respect dus au souverain.

« J'ai l'honneur, etc.

GRASSOT. »

« Saint-Marcellin, le ... août 1809.

« Déjà, et depuis les premiers jours de ce mois, je m'étais tenu en mesure pour obtenir des renseignements exacts et confidentiels, sur tout ce qui, dans les cantons, pourrait se faire ou se dire de ridicule et de dangereux, et j'ai paralysé par ce moyen, ou au moins mis ordre, à la récidive de plusieurs discours et propos publics et privés, plus imprudents et déplacés que graves, et que dès lors j'ai pu ne pas signaler.

« Quant aux renseignements que vous me demandiez sur MM. les ministres du culte, je n'ai pas perdu un instant pour les recueillir confidentiellement, et vous les présenter avec l'exactitude et la circonspection dus à ces sortes d'affaires. J'ai l'honneur de vous soumettre copie de la lettre que j'ai adressée, close et chargée, à sept fonctionnaires publics, dont la discrétion et les principes sages me sont parfaitement connus. Ce sont MM. Duc, maire de Saint-Marcellin, de Rivole, maire de Tullins, Martin, maire de l'Albenc, Accoyer, maire de Rives, Vigier, maire de Pont-en-Royans, Salomon, maire de Sardieu et Silvestre Saint-Rome, membre du Conseil d'arrondissement. Ces deux derniers appartenant aux cantons de Saint-Etienne et de Roibon, où il importe d'exercer, plus encore qu'ailleurs, une surveillance active. J'espère, Monsieur le Préfet, pouvoir, sous quelques jours, répondre convenablement à votre attente.

« Tandis, ne formez nul doute sur le maintien de l'ordre le plus désirable: je ne crains que les menées clandestines, que la circulation d'écrits dangereux et l'emploi de tous ces petits moyens qui donnent lieu à une agitation, calculée peut-être, mais, je le repète, les efforts de la malveillance n'aboutiront à rien, et fut-elle assez active pour faire ce qu'elle ose jeter en avant de la fermeture des temples avant deux mois, je persisterais à penser que ce serait un acte de folie, nuisible à ceux des ministres qui oseraient se le permettre, mais qui n'aurait aucune influence sur la tranquillité publique. Le maintien de cette tranquillité, la soumission, l'attachement au gouvernement de Sa Majesté, sont des devoirs et des sentiments, qu'ici notamment, une immensité de bons citoyens placent en tête de leurs devoirs et de leurs sentiments.

« Quelles seraient donc les œuvres de l'ignorance ou de la méchanceté, qui pourraient prévaloir contre de semblables principes ?

« J'ai l'honneur, etc. Grassot. »

L'esprit public était donc vivement ému, au mois d'août 1809, par la nouvelle du voyage du Pape, par sa captivité en France et par l'obligation dans laquelle se trouvait le clergé, d'adresser néanmoins des prières à Dieu pour l'Empereur Napoléon I*er*, victorieux à Wagram et dont la fête se célébrait aussi au mois d'août. Le séjour prolongé de Napoléon en Allemagne augmentait encore les difficultés de la situation politique et administrative, à cause de la lenteur des communications entre Paris et l'Allemagne, l'Empereur changeant à chaque instant de résidence. Aussi, les ordres contradictoires se succédaient plus fréquemment que par le passé. C'est ainsi que Napoléon écrivait d'Allemagne au duc d'Otrante, en parlant de l'enlèvement du Pape de la ville de Rome : « puisque cela s'est fait contre mon gré, je désire que l'on garde Sa Sainteté à Grenoble », — au moment même où l'agent du Ministre, M. Girard, conseiller de préfecture, recevait l'ordre de ce Ministre de faire partir le Pape pour Savone et le Cardinal Pacca pour Fénestrelle.

Les documents suivants vont nous faire connaître la teneur des ordres de départ relatifs au Pape et au Cardinal, le chiffre des dépenses occasionnées par le séjour de Sa Sainteté et de sa suite à Grenoble, le mécontentement de l'évêque de ce diocèse de n'avoir pas pu être reçu par le Pape, bien qu'il fut chargé d'une mission auprès de S. S., de la part du gouvernement. Enfin, nous avons pensé que le meilleur moyen de faire exactement connaître les manifestations populaires et les incidents du voyage du Souverain Pontife par Saint-Marcellin, Montélimar, Valence, Aix et Marseille, pour arriver à Savone, était de reproduire les dépêches mêmes des agents du gouvernement dans ces localités; elles nous diront exactement les impressions des populations qui furent admises à saluer le Pape à son passage dans ces diverses villes.

« Son Ex. le sénateur Ministre de la police générale, à M. le conseiller de préfecture de l'Isère Girard, (à lui seul). — Reçue le 1ᵉʳ août.

« Paris, le 27 juillet 1809.

« Vous prendrez, Monsieur, dès la réception de cette lettre, les mesures nécessaires pour que le Pape puisse continuer son voyage, par la route la plus commode, excepté Lyon, jusqu'à Savone.

« Les personnes qui l'ont accompagné jusqu'à présent peuvent le suivre, *à l'exception du Cardinal Pacca*, qui, d'après les ordres que je vous adresse par ce courrier, doit partir pour le fort de Fénestrelle.

« Informez-moi de l'exécution de ces différents ordres.

« Recevez, etc.   FOUCHÉ. »

« Son Ex. le sénateur Ministre de la police générale, à M. Girard, conseiller de préfecture de l'Isère, (à lui seul). — Reçue le 1ᵉʳ août.

« Paris, le 27 juillet 1809.

« J'ai lieu de penser, Monsieur, d'après la correspondance que je reçois d'au-delà des Alpes, que le Pape doit, maintenant, être arrivé à Grenoble.

« Dans ce cas, vous appellerez auprès de vous le Cardinal Pacca, l'un des prélats qui accompagne ce Pontife, et vous le ferez transférer, sous bonne garde, à la citadelle de Fénestrelle. Ces ordres devront être exécutés sans le moindre délai, et le détenu ne communiquera avec personne du moment de son arrestation et durant son voyage.

« Vous m'instruirez également des dispositions que vous aurez faites pour l'exécution de mon ordre, ainsi que de tout ce qui concerne le séjour que le Pape pourra faire dans votre ville.

« Recevez, etc.   Fouché. »

« P. S. Vous direz au Cardinal, que je le rends responsable de toutes les instigations qui seront faites en son nom. »

Départ du Pape

« Grenoble, le 2 août 1809.

« Le conseiller de préfecture du département de l'Isère, Girard; à M. le Conseiller d'État, Anglès, comte de l'Empire, chargé du deuxième arrondissement de la police générale.

« Monsieur le Conseiller d'État, — J'ai l'honneur de vous informer que, d'après les ordres de son Excellence le sénateur Ministre de la police générale de l'Empire, du 27 juillet dernier, le Pape est parti ce matin de Grenoble, à 2 heures 3/4 après minuit, pour continuer son voyage sur Savone, passant par Valence, Avignon, Aix et Nice, accompagné de sa suite ordinaire.

« A 3 heures 1/4, le Cardinal Pacca est parti *tout seul*, conduit à la citadelle de Fénestrelle, par M. Guillot, chef d'escadron de la gendarmerie, avec une escorte et défense de le laisser communiquer avec qui que ce soit. Je rends compte à Son Excellence le Ministre de la police générale, de l'exécution de ses ordres, par mon rapport de ce jour.

« Les mesures ont été si bien prises pour les départs, que le public n'en a été informé que plusieurs heures après.

« La dépense pour le Pape et sa suite, pendant leur séjour à Grenoble, a été très considérable; j'en vais faire régler les mémoires; j'aurai l'honneur de vous les adresser incessamment.

« D'après la demande de M. le colonel Boisard, je lui ai remis 6,000 francs pour les frais de route du Pape et de sa suite et pour celle du Cardinal à Fénestrelle. J'ai emprunté cette somme; je vous prie de vouloir bien me fournir les moyens de la rembourser au plutôt.

« Son Excellence le Ministre de la police générale ne m'ayant rien prescrit, concernant le neveu du Cardinal et son secrétaire, j'ai cru devoir les mettre à la disposition de Son Altesse Impériale le Prince gouverneur des départements au-delà des Alpes, attendu que ces personnes m'ont été désignées comme très suspectes et dangereuses; elles sont parties, peu de temps après le Cardinal, accompagnées par un gendarme jusqu'à Turin.

« Agréez, Monsieur le Conseiller d'État, etc.

« Le conseiller de préfecture : Girard. »

« L'Évêque de Grenoble, à Son Ex. Monseigneur le Ministre des cultes, comte de l'Empire.

« Grenoble, le 2 août 1809.

« Monseigneur, — Dès que j'eus reçu, (1ᵉʳ août, à 9 heures du matin), la lettre de Votre Excellence, en date du 28 juillet dernier, je m'empressais de donner avis de la commission honorable dont vous me chargiez à M. Girard, conseiller, faisant les fonctions en l'absence du Préfet, et je le priais de demander au Saint Père l'heure à laquelle il voudrait bien m'admettre à son audience. Cette lettre fut répondue par une promesse verbale de m'écrire le lendemain, et, *dans la nuit même, à deux heures et demie du matin*, c'est-à-dire aujourd'hui, le Saint Père est parti : on croit que c'est pour Valence ou Nice.

« Je ne sais si son gardien a eu des ordres particuliers de le tenir au secret, ce qu'il y a de certain, c'est que le Saint Pontife n'a joui d'aucune espèce de liberté, qu'il n'a reçu aucun honneur, aucune visite, que personne n'a été admis à le voir, sinon quelques femmes qui ont reçu sa bénédiction dans son appartement, et que mon clergé et moi-même avons été constamment exclus de sa présence et consignés nommément, quoique j'aie sollicité cette faveur par deux fois différentes.

« Le seul délassement qui lui a été permis dans sa captivité, c'est de se promener tous les jours dans le jardin de ville contigu à la Préfecture, sur les cinq heures du soir, avec la précaution d'en faire sortir ceux qui s'y promenaient. Les grilles du jardin étaient entourées d'une foule innombrable de personnes de toutes les conditions, qui attendaient très respectueusement la bénédiction du Saint Père. Sa Sainteté était flattée de ce témoignage de respect et de dévotion et Elle donnait à tous sa bénédiction, comme un père à ses enfants.

« Si ces rassemblements ont été annoncés au gouvernement comme un mouvement du peuple en faveur du Saint Père, je dois rendre cette justice à la ville de Grenoble, qu'elle est sincèrement attachée à l'Empereur ; du reste, je m'abstiendrai de faire aucune réflexion.

« Daignez agréer tous mes regrets de n'avoir pas même été admis à entamer les négociations dont vous m'avez honoré, et recevoir le nouvel hommage de mon profond respect.

† CLAUDE, évêque de Grenoble.

VOYAGE DU PAPE

« Valence, le 2 août 1809.

« M. Boisard, colonel de la 27ᵉ légion de gendarmerie, à M. le Préfet du département de l'Isère.

« Monsieur le Préfet, — Parti ce matin de Grenoble, vers deux heures du matin, notre route jusqu'à Saint-Marcellin a été paisible et bonne. Il a fallu s'y arrêter pour que le Pape y prît quelque nourriture ; bientôt nous avons été assiégés par les femmes, qui voulaient des bénédictions ; ce n'a pas été sans embarras que nous nous sommes tirés de leurs mains; cependant tout a été tranquille et décent.

« Au sortir de Saint-Marcellin, nous avons été accueillis par la pluie et le tonnerre, l'un et l'autre ne nous ont plus quitté jusqu'à Valence, où nous couchons ce soir ; l'orage a été effrayant; pendant six heures au moins, la pluie a tombé avec une abondance peu commune; elle *a inondé l'intérieur des voitures et particulièrement celle du* Saint Père, ce qui nous a contraint d'arrêter un moment à Romans, où la foule a assiégé le Pape, avec un fanatisme inconcevable. J'ai craint un moment qu'il fut étouffé.

« A notre arrivée à Valence, personne ne s'est présenté; nous sommes descendus à la poste, M. le Préfet, que j'avais prévenu, m'ayant fait dire qu'il n'avait point de logement à offrir ; il m'a fait dire qu'il ne viendrait point voir Sa Sainteté, son voyage étant incognito.

« M. l'Évêque s'est présenté, mais, sur mes observations, il s'est aussitôt retiré sans voir le Pape ; il m'a été assuré qu'il avait fait un mandement vigoureux et dans le sens de la lettre de S. M. I.

« Trop occupé, lors du départ de Grenoble, je n'ai pu remercier M. Girard, conseiller de Préfecture, non-seulement pour ce qu'il avait eu la bonté de me dire de flatteur sur le service que j'ai rempli, d'après son arrêté ; mais encore des soins actifs qu'il a mis à donner une direction excellente à la mission pénible et délicate qui nous était confiée. Veuillez agréer, etc.
BOISARD. »

A. M. LE CONSEILLER D'ÉTAT, COMTE ANGLÈS

« Lyon, le 3 août 1809.

« Monsieur le Conseiller d'État, — Plusieurs lettres de Grenoble annoncent que le Pape, après avoir, comme de coutume, donné sa bénédiction pendant toute la journée, a été forcé de monter en voiture, à 3 heures du matin, sans en avoir été prévenu auparavant, et que le cortége a pris la route de Nice. On ajoute que le Cardinal, qui était venu avec lui de Rome, n'a pu communiquer une seule fois avec le Pape et qu'il vient de partir pour Turin; que l'évêque de Grenoble n'a également pas pu voir le Pape, enfin que M. Courbon, qui s'était présenté avec une lettre de M. le Cardinal Fesch, n'a pas été admis à la remettre au Pape, auquel elle était adressée, quoiqu'il fut en même temps porteur de lettres des Ministres de la police et des cultes, qui l'autorisaient à communiquer avec le Pape.

« Vous savez mieux que moi ce qu'il y a de vrai dans tout cela; mais sans en rien savoir, je nie à ceux qui m'en parlent l'existence de cette lettre du Ministre de la police, parce que cette circonstance ferait ici le plus mauvais effet, car on prétend y voir la preuve du peu d'accord entre les différents membres du gouvernement et d'une sévérité excessive de la part de ceux qui ont donné des ordres contraires. Au retour de l'abbé Courbon, je saurai positivement à quoi m'en tenir, et j'espère l'engager à se joindre à moi pour faire tomber la nouvelle de cette lettre prétendue.

« Les dévotes s'agitent, parlent de la fin du monde, de l'Antechrist, etc.; mais, en général, on parle fort peu de cette affaire du Pape, et le peu qu'on en dit est sage, ou au moins très modéré. La masse du clergé craint uniquement pour ses moyens de subsistance ; elle se soumettra, avec plus de facilité qu'on ne croit, à tout ce que le gouvernement voudra ordonner, pourvu qu'elle y voie qu'on a pourvu d'une manière fixe à son aisance. Elle s'attend généralement à la création d'un patriarche, qui exercerait en France l'*apparence* de la puissance spirituelle, tandis que l'Empereur serait le véritable chef de l'Église. Cette idée ne révolte point les ecclésiastiques et je crois qu'il serait facile de la faire goûter, avec certains ménagements, au moins à la majorité.

« Veuillez agréer, etc. MAILLOCHAU. »

« Le Sous-Préfet de l'arrondissement de Montélimar, à M. Girard, conseiller de préfecture, à Grenoble, (confidentielle). (Voir ci-après, p. 252, un rapport du maire de la ville).

« Montélimar, le 5 août 1809.

« Le Pape passa avant-hier, à midi, et s'arrêta dix minutes chez le maître de poste, le sieur Chabaud. Il a béni quelques prêtres et quelques femmes. Les dévotes affluaient sur son chemin; on lui a même offert des fleurs et des fruits. Mais l'attitude générale a été bonne et analogue à l'opinion, qui est la confiance au gouvernement et le respect pour tous ses actes.

« Si je recueille quelques faits qui me paraissent importants, j'aurai l'honneur de vous en informer et ne communiquerai à qui que ce soit notre correspondance.

« Recevez, etc. J. GAUD-ROUSSILLAC. »

« LE MAIRE DE VALENCE A M. LE PRÉFET, ETC. (Confidentielle)

« Valence, le 5 août 1809.

« J'ai l'honneur de répondre à votre lettre du 4 courant, ayant pour objet de connaître le degré d'influence qu'a laissé sur les esprits le voyage du Pape et son passage par cette ville. Son arrivée, dans cette commune, était parfaitement ignorée; ce n'est qu'à la descente de sa voiture, à la porte de l'auberge du Louvre, faubourg Saulnière, que Sa Sainteté a été aperçue. Sa suite a donné la certitude de sa présence et la demande qui a été faite, de la part de sa maison, à plusieurs habitants, de quelques paires de draps plus fins que ceux que l'on trouve ordinairement dans les hôtelleries, a confirmé son existence dans la susdite auberge.

« Beaucoup de personnes attirées, plutôt par la curiosité que par des motifs de politique, se sont portées dans la rue et même dans les cours de l'hôtellerie, pour voir Sa Sainteté, qui est extrêmement fatiguée et se met au lit, peu de temps après son arrivée.

« Le lendemain matin, une foule plus nombreuse se rendit au même endroit, dans le même espoir que la veille, et, en effet, quelques personnes se sont introduites dans la chambre du Pape, au moment de son départ. Elles ont été très satisfaites de la bénédiction que le Pape leur a donnée et il paraît que l'empressement d'un chacun tendait à ce seul but. Ceux qui n'ont pu pénétrer, ont reçu, dans la rue, la bénédiction de Sa Sainteté de la fenêtre de sa chambre; et, après son départ, chacun est rentré chez soi, ne parlant que de la bénédiction qu'il avait reçue.

« Les personnes les plus marquantes au nombre de celles qui se sont introduites, ont eu la discrétion de ne point manifester d'autre curiosité, si ce n'est celle de savoir quelle était la ville qui avait été choisie pour la résidence du Pape. Nul n'a été instruit, parce qu'il a été répondu qu'on ne la connaissait pas.

« En général, ce passage inattendu paraît avoir surpris, mais rien jusqu'ici ne fait présumer qu'il puisse avoir quelque influence sur les esprits. Si quelques personnes conservent le souvenir du passage de Sa Sainteté et cherchent à en découvrir les causes, par des conjectures toujours hasardées, elles ont l'attention de le faire *intra muros*, et de ne laisser transpirer aucune de leurs idées. A l'égard du peuple, il a été spectateur très froid de ce passage, et aujourd'hui, il ne s'en rappelle déjà plus. Vous pouvez compter sur mon zèle à vous tenir informé de tout ce que je pourrai apprendre, par la suite, sur cet événement.

« Agréez, etc.   HAUTA, *maire*.

« Le Préfet du département de la Drôme, à M. le Conseiller d'Etat, chargé du deuxième arrondissement de la police générale, comte de l'Empire. (Confidentielle).

« Valence, le 8 août 1809.

« Monsieur le Comte, — Le courrier d'hier m'apporta la lettre *confidentielle*, que vous m'avez fait l'honneur de m'écrire, en date du 29 du mois dernier, concernant l'arrivée du Pape à Grenoble, et son passage vraisemblable dans ce département.

« Effectivement, quelques heures après, un courrier se présenta chez moi de la part de M. le colonel de gendarmerie Boisard, de service près de Sa Sainteté, pour m'annoncer son arrivée prochaine dans cette ville, pour y coucher. Il était environ 4 heures 1/2 du soir. J'envoyais aussitôt le chef de mon bureau particulier, un de mes fils, conduire le courrier dans la meilleure auberge et le chargeais de pourvoir à tout ce qui serait nécessaire au logement et au service de Sa Sainteté. A peine s'étaient-ils rendus à cette auberge, qui est celle de la Poste, que la voiture de M. Boisard parut d'abord, et un instant après celle du Pape, accompagné seulement d'un prélat, d'un médecin, d'un cuisinier, de deux ou trois valets de chambre, autant de domestiques.

« Sa Sainteté jouit d'une très-bonne santé, et s'est remise en route, ce matin, sur les huit heures, se dirigeant vers Avignon. M. le colonel de gendarmerie m'a fait témoigner sa satisfaction de tout ce qui s'était passé dans ce court séjour.

« Mgr l'évêque, ses grands vicaires, membres du chapitre et autres ecclésiastiques, se présentèrent, hier au soir, pour rendre leurs hommages à Sa Sainteté. Ils ne furent point admis ; quelques laïs seulement et femmes jugés, par leur mise, susceptibles d'être introduits devant Elle, dans son intérieur, obtinrent sans difficulté d'y avoir accès.

« Ce matin, avant le départ, de même, pendant à peu près une demie heure, il y avait un certain concours, mais point d'affluence indiscrète, ni animée. L'ordre et le calme n'ont pas été menacés un instant. Il m'est revenu qu'il n'en a pas été de même à Romans, quoique le Pape ne s'y soit arrêté que pour le temps de relayer.

« M. Boisard s'est plaint d'avoir été insulté, en voulant contenir la foule. Il a trouvé que la brigade de gendarmerie de résidence dans cette ville avait mal fait son devoir, et a ordonné au capitaine de la mettre aux arrêts. Il n'y a eu d'ailleurs aucun accident fâcheux, ni incident capable d'inquiéter.

« Incessamment, Monsieur le Comte, j'aurai l'honneur de vous rendre mon compte particulier et spécial, tel que vous me le prescrirez sur le degré d'influence que j'aurai remarqué avoir été produit par cet événement, sur l'opinion publique. Tant qu'à présent, les apparences au moins sont satisfaisantes.

« Veuillez agréer, etc.

MARIO-MORLIN. »

« Le commissaire général de police, à M. Anglès, conseiller d'Etat, comte de l'Empire, chargé du 3ᵉ arrondissement de la police générale, à Paris.

« Marseille, les 8 et 9 août 1809.

« Monsieur le Comte, — Le passage du Pape à Aix est demeuré le sujet de tous les entretiens. Les prêtres sont toujours très-réservés, mais, entre eux, ils ne dissimulent pas leurs vives alarmes ; le départ du Pape de Rome, dont on ne connait pas précisément les détails, son arrivée en France ; sa marche rétrograde vers l'Italie, accompagné sans cesse par un officier supérieur de gendarmerie, donnent lieu à une foule de conjectures, qui décèlent l'inquiétude et le mécontentement de leurs auteurs.

« Ces alarmes, ce mécontentement se manifestent aussi dans les *salons*. L'opinion, à cet égard, y est à peu près générale ; on y blâme bien positivement cette manière de faire voyager le Pape ainsi escorté, *et tant que le Journal officiel ne donnera pas quelques explications sur cette matière délicate*, je ne pense pas que l'opinion s'améliore.

« Dans les lieux publics, les discoureurs, les mécontents ont la bouche close; sous ce rapport, le but de la police est atteint. Il est hors de sa portée de maîtriser l'opinion, qui ne se manifeste que parmi les cotteries des sociétés particulières.

« La ville est calme, les chemins sont sûrs, les délits graves très-rares, ces résultats sont satisfaisants, dans les circonstances où nous sommes.

« Je vous informe, confidentiellement, qu'un de ces jours derniers, M. l'archevêque d'Aix disait, dans un de ses petits comités, à l'occasion du passage du Pape à Aix: « J'ai trop vécu de quelques mois ! »

« Son mandement, à l'occasion du *Te Deum*, qui a été chanté pour célébrer les victoires d'Enzersdorf et de Wagram, est, il est vrai, établi sur de bons principes; mais le style en est mou, sans couleur et l'on éprouve, après l'avoir lu, que celui qui l'a écrit a craint de se compromettre.

« Le mandement de M. l'évêque d'Avignon, relativement au même objet, est d'une énergie très-remarquable dans le moment actuel. Il paraphrase dans le sens le plus favorable au gouvernement, la dernière lettre de S. M. I. aux évêques.

« Agréez, etc.

DE FERMON. »

« Le Maire de Romans à M. le Préfet (Confidentielle).

« Romans, 12 août 1809.

« Monsieur le Préfet, — Je n'ai pu répondre plutôt à votre lettre confidentielle du 3 courant, à cause d'un voyage que j'ai fait, cette semaine, pour mes affaires particulières. Ami du gouvernement, je sens l'importance des renseignements que vous me demandez, touchant le passage du Pape dans notre ville, son voyage, etc. La tâche est difficile, parce que les données ne se peuvent fixer que sur quelques faits, ou sur des opinions incertaines et souvent très-douteuses. Je veux cependant vous faire part des circonstances de son séjour, de trois quarts d'heure, en cette ville, ainsi que je les ai recueillies de témoins oculaires.

« Arrivé, le mercredi 2 août, à 2 heures après-midi, devant la maison de la poste aux chevaux, le mauvais temps, la pluie et quelques écrous perdus, obligèrent le conducteur à faire descendre Sa Sainteté de voitures; elle entra dans la maison du sieur Clément, maître de poste, avec sa suite, qui avait besoin d'un grand feu pour sécher leurs vêtements. Le bruit fut bientôt répandu en ville, que le Pape était arrivé; quelques dévots du quartier furent de suite avertir M. le curé et M. le vicaire de la paroisse. Dans un instant, ils arrivèrent et parvinrent à s'introduire dans la chambre, où se trouvait le Pape et où étaient une cinquantaine de personnes, qui, malgré la force, s'étaient introduites. L'on ne comptait guère dans ce nombre qu'une vingtaine d'hommes, parmi lesquels les plus marquants étaient M. le curé, M. le vicaire Guyon, M. l'abbé Darlandes, MM. Dupont, Roux fils et Penet, membres de la fabrique; MM. de Montélegier, M. Seyron, etc. Il n'y fut sans doute pas entré autant de monde, si M. le colonel de gendarmerie n'eut point eu à s'occuper de quelques réparations urgentes aux voitures. Il fit beaucoup de bruit lorsqu'il s'en aperçut; mais, comme le départ approchait, il ne fit pas évacuer.

« Le Saint Père étant dans cet appartement, demanda une chambre particulière pour y faire ses prières; on la lui donna; de la chambre de la réunion où il était d'abord, il fallut traverser un corridor pour se rendre à celle où il priait. M. le vicaire tâcha de s'y glisser pour parvenir auprès du Pape, qui n'était qu'avec son neveu et deux domestiques; mais, ayant frappé à la porte, le neveu ouvrit et lui dit que Sa Sainteté n'était pas visible; il persista néanmoins à rester à la même porte jusqu'à ce que le Pape dut en sortir. Alors le neveu sortit de la chambre, s'entretint un moment avec le vicaire, et le Pape ayant paru pour s'acheminer, le vicaire le soutint par le bras pour l'aider à descendre l'escalier et arriver à la chambre de l'assemblée. Là, M. l'abbé Darlandes lui fit un petit discours en latin, qui ne fut compris de personne, à cause du brouhaha. Le Pape lui répondit par 3 ou 4 mots en même langue et l'on crut entendre qu'il lui disait qu'on l'envoyait à Nice.

« Dans ce moment, chacun s'empressa de recueillir particulièrement, autant que possible, la bénédiction du St-Père et, bientôt après, il partit. M. de Montélegier avait offert au colonel, à son arrivée, de le recevoir dans sa maison, lui observant qu'elle serait plus analogue à la dignité de Sa Sainteté; mais il fut repoussé brusquement par M. le colonel, et alors, il ne chercha plus qu'à recueillir, comme les présents, les bénédictions de Sa Sainteté.

« Ce que je dois vous dire maintenant n'aura plus de fondement sur des faits, mais sur des conjectures et quelques raisonnements lancés au hasard, soit par des partisans, qui voient toujours tout d'un œil défavorable et de mauvaise humeur, soit par d'autres qui sont indifférents surtout, soit enfin par ceux qui sont enthousiastes du grand homme qui nous gouverne.

« Dès que la lettre de S. M., adressée aux évêques de l'Empire fut connue, (voyez ci-dessus p. 238) l'on s'aperçut ici d'une certaine agitation parmi tous les ecclésiastiques; les curés ou desservants des paroisses des environs se portèrent, pendant quelques jours, en nombre dans la ville; ils paraissaient inquiets, questionnaient, demandaient même des conseils et s'entretenaient, sans doute entre eux, de ce qu'ils devaient faire; mais, il ne m'est connu qu'aucun d'eux ait manifesté de faire des actes de résistance. Je crois cependant fermement, que s'ils pouvaient trouver quelques moyens pour entraver les vues du gouvernement, ils ne manqueraient pas de s'en saisir, et ce point de ralliement que la politique éclairée de notre auguste chef vient de leur ôter, est la mesure la plus sûre pour leur empêcher de jeter le monde observateur de la loi de Notre Seigneur Jésus-Christ, dans un état de discorde et de désunion. Au reste, sur ces matières, je ne saurais aller plus loin et je dis, de bonne foi, qu'il faut rendre à Dieu ce qui est à Dieu et à César ce qui appartient à César.

« Ici, nous vîmes des femmes pleurer sur le sort du Pape, à son passage; quelques hommes montrèrent de la sensibilité. M. le curé ne lui put pas articuler un mot. M. le vicaire, dont le zèle est un peu ardent, chercha à lui parler en particulier, dans la chambre où il était seul, mais il ne put y parvenir. M. Seyron, spectateur, suivait ses démarches des yeux, et, s'il a pu lui dire quelque chose, ce n'est que par l'entremise du neveu, à qui il parla deux ou trois fois à la porte.

« Je dois dire que, s'il y a un peu plus de fermentation dans les têtes de femmes et même de quelques hommes dans ce pays, nous le devons à l'influence d'une mission que l'on a prêchée, après Pâques, en cette ville; je crois ces mesures excellentes pour ramener à l'esprit de la religion la masse des citoyens, qui s'en était éloignée depuis la Révolution, et de ceux qui, nés depuis lors, n'avaient presque pas entendu parler des principes de morale, mais pour exprimer et développer les maximes sublimes de l'Evangile, il faudrait des hommes dégagés de passion, de préjugés et surtout des amis sincères du gouvernement, ce qui est difficile de trouver parmi eux; si, comme l'on ne peut pas en douter, il doit en résulter un bien manifeste, il me semble que ces moyens extraordinaires devraient au moins émaner de l'autorité suprême, et je pense que ces mesures livrées au gré d'intrépides prédicateurs, comme elles l'ont été depuis quelque temps, ont contribué à faire, peut être, fléchir l'attachement que nous devons au souverain, plutôt que de lui fournir des soutiens.

« D'abord, l'on s'est écarté, dans ce temps-là, des décrets du Concordat, en forçant une infinité de personnes à se faire de nouveau conférer les bénédictions nuptiales, parce qu'elle leur avait été conférée par des prêtres constitutionnels; on a été jusqu'à rebaptiser même. Il en est résulté de là quelques désordres dans des ménages, parce que bien des maris ne voulaient pas s'y soumettre. Nous avons observé aussi que le choix des douze sujets missionnaires, avait été fait parmi les inconstitutionnels, ou ceux qui avaient fait des abjurations solennelles parmi eux. Ce qu'il y a de certain, c'est qu'il y a encore une ligne de démarcation a cet égard bien déterminée; il y a aussi une classe de prêtres qui exerce cependant des fonctions sacerdotales, *qui n'ont pas à ce qu'on assure le Pape pour point de réunion, à cause du Concordat;* j'en connais deux, en cette ville, qui n'ont jamais fait ni ne feront pas des fonctions sacerdotales *à l'église paroissiale*. Ce sont M. de *St-Marc*, qui exerce dans la ci-devant église paroissiale de St-Nicolas, qui appartient à deux dames de cette ville, et M. l'abbé *Cotte*, aumônier des dames institutrices de la Visitation. Il est donc hors de doute qu'entre eux il y a déjà schisme;

mais je pense que les mesures énergiques et salutaires, que l'Empereur nous annonce devoir prendre, feront disparaître toutes ces nuances. (Sur le schisme de la *petite Eglise*, voyez les pièces justificatives n° 38, et un chapitre ci-après relatif au culte pendant les années 1794 à 1810).

« Je pense aussi que, dans la circonstance où nous nous sommes trouvés la semaine dernière, à raison du passage du Pape, il eut été d'une nécessité indispensable de lire au prône, le dimanche suivant, 6 août, comme il était prescrit au curé de le faire, la lettre de S. M. et le mandement de Mgr l'évêque de Valence ; mais tout a passé sous silence, ce qui me paraît porter un caractère de résistance, ou tout au moins de mécontentement et d'inquiétude sur les mesures du gouvernement. Je ne doute pas que s'ils eussent rempli avec franchise et fermeté, ce devoir qui leur était imposé ce jour-là par Mgr l'évêque, ce dévouement n'eut produit les plus salutaires effets sur les consciences faibles et inquiètes.

« Cette inexécution de publication de mandement est presque habituelle ; mais, comme les administrateurs civils n'ont point d'inspection sur ces sortes d'actes, pour en constater l'exécution, il faut espérer que le gouvernement prendra des mesures pour cette surveillance, qui est, à mon avis, d'une importance majeure. Je n'entends point ici faire de délations particulières à cet égard, mais j'observe que ces sortes d'actes étant publiés dans diverses paroisses, tandis qu'ils ne le sont pas dans d'autres, cela détruit l'unité d'action que le gouvernement s'attend à trouver chez les ministres du culte, qui, chargés par lui d'aussi importantes fonctions, doivent concourir essentiellement au maintien de l'ordre social.

« Quant aux missions, je pense aussi que le gouvernement prendra des mesures pour les mettre en rapport avec les autorités civiles, soit pour le temps apte à leur admission dans les communes, soit pour le choix des personnes chargées des sermons et des discours.

« Depuis le passage du Pape, on a fait mille contes ; on le regarde comme un prisonnier d'Etat conduit au fort Mont-Alban, à Nice ; je crois que c'est à peu près le mot ; on conte des aventures vraies ou fausses, arrivées pendant le cours de son voyage ; mais l'on se retranche, aujourd'hui, à dire (et cela part encore du foyer de la discorde), que le Pape a conféré ses pouvoirs, en partant de Rome, à quelqu'un qui se fera connaître en temps et lieu.

« Quoique certaines personnes, dont on ne se douterait pas, jouent un rôle actif dans tout ceci, je crois pouvoir dire que leur influence, ni leurs petites menées, ne causeront aucun mauvais effet dans ce pays, où l'esprit en général est bon.

« Je dois terminer ici, Monsieur le Préfet, mes petites disgressions, ou plutôt, peut-être, mes divagations, pour des objets sur lesquels je n'avais jamais entrepris d'écrire ; mais, toujours pénétré de l'intérêt public, c'est sans haine et sans fiel que j'ai tracé ces renseignements.

« Cette relation doit être absolument secrète ; je me recommande donc toujours à votre sage discrétion et vous prie de m'accuser réception de l'épitre et de la réduire en cendre.

« J'ai l'honneur, etc.

GIRAUD aîné, maire. »

« Rapport du comte Anglès, relatif aux dépenses du Pape à Grenoble : 5,263 fr. 75 c. ; avances 6,000 fr.

« Paris, 18 août 1809.

« M. le Préfet de l'Isère a transmis les différents mémoires relatifs à la dépense qu'ont occasionné le séjour du Pape à Grenoble et son départ pour Savone. Cette dépense s'élève à 5,263 fr. 75 c. Le Préfet en sollicite le prompt paiement, attendu qu'elle est due à plusieurs fournisseurs, qui sont pour la plupart hors d'état de faire des avances considérables et prolongées. Le Receveur général du département se trouve, en outre, à découvert d'une somme de 6,000 fr., qui a été remise à M. le colonel Boisard, pour le voyage de Sa Sainteté. C'est donc en totalité une somme de 11,263 fr. 75, dont le Préfet réclame le remboursement. Je pense qu'il est instant de satisfaire à cette juste réclamation. Je proposerai, en conséquence, de renvoyer à l'examen de la 1re division de la comptabilité les pièces qui l'établissent ».

En marge est écrit : « Approuvé et renvoyé à Monsieur Bochart, par décision de S. E. du 18 août 1809. »

Ce fut surtout après le départ du Pape que les plus vives récriminations s'élevèrent contre le conseiller de préfecture Girard, agent secret du Ministre de la police ; le pauvre Collaud de La Salcette fut bien un peu compris dans les plaintes ; mais, comme l'on connut plus exactement le rôle secondaire qu'il avait rempli dans cette circonstance, Girard supporta, plus particulièrement, le poids des malédictions publiques. Il l'avoue lui-même dans les deux lettres suivantes, adressées au Ministre de la police générale.

« Grenoble, le 7 août 1809.

« ..... Depuis que le Pape a quitté Grenoble, l'ordre public n'a point été troublé et l'on se borne, par continuation, à dire les choses les plus extravagantes sur mon compte, à raison du zèle et de la discrétion que j'ai mis à exécuter les ordres de Votre Excellence ».

« Grenoble, 16 août 1809.

« .... Je sais seulement qu'il n'est sorte de mauvais propos qu'on ne débite sur mon compte, à raison de la fermeté que j'ai déployée, dans une circonstance aussi délicate et qui intéresse si essentiellement le gouvernement. Aussi je ne continuerai pas moins à surveiller, avec la plus grande activité, le *clergé et les dévots*, jusqu'à l'arrivée de M. le Préfet. A cette époque, je quitterai Grenoble, ainsi que j'ai eu l'honneur de l'annoncer à Votre Excellence, pour me retirer dans un autre département. »

Le désir de connaître quelle pouvait être l'impression produite sur l'esprit public, en France, par cette marche rétrograde vers l'Italie, que le Gouvernement venait de faire faire au Pape, lorsqu'on le croyait définitivement installé à Grenoble, devint l'objet des préoccupations du Ministre des cultes et du Ministre de la police générale; de nouvelles instructions furent transmises aux préfets. Les dépêches déjà reproduites dans les pages précédentes, renseignaient suffisamment le gouvernement sur ce point et les nouveaux rapports ne constatèrent aucun changement dans l'esprit public. Mais nous avons voulu aussi étudier l'état de l'opinion générale à ce moment, dans les livres et brochures qui furent imprimés au sujet de l'enlèvement du Pape. indépendamment des ouvrages déjà cités, nous avons dû consulter : 1° Une brochure in-8°, qui a pour titre : *Notice historique pour servir à l'histoire de Napoléon Bonaparte, contenant les détails inédits sur l'enlèvement du Pape Pie VII, en 1809.* — Cette brochure, imprimée en 1820, ne renferme, sur ce sujet, que les détails intéressants qui se trouvent dans le récit de Champollion-Figeac. 2° Les Mémoires du cardinal Pacca dans ses *œuvres complètes*. 3° Le *Rapport* adressé par le général Radet au Ministre de la guerre, à Paris, et qui est conservé au Dépôt historique de ce même ministère. Dans ce Rapport, le général se donne le principal rôle pour l'enlèvement du Pape: c'est lui qui a proposé et fait décider cette mesure ; c'est lui qui l'a préparée et exécutée, avec le plus grand succès; enfin, il a amené heureusement le St-Père jusqu'à Florence, chez la grande duchesse de Toscane. Il ne parle pas, il est vrai, de l'accident arrivé à Poggibonzi, ni des émotions populaires que causa le passage du Pape dans diverses localités, lorsqu'il était reconnu, ni surtout de la grave indisposition de Pie VII, pendant le trajet de Rome à Florence. Mais, vers 1820, le général essaya de rejeter sur le gouvernement impérial une partie de la responsabilité de cette affaire, dont il se vantait avec complaisance, en 1809. 4° Enfin, nous avons trouvé dans une relation italienne anonyme, conservée au British muséum, des détails qui sont considérés, par M. le comte d'Haussonville, comme très-exacts, et dont nous avons fait notre profit.

Nous pouvons donc affirmer, d'après tous les documents que nous venons d'énoncer et les lettres inédites ci-dessus reproduites, que les inquiétudes et les émotions du public étaient excessives en ce qui concernait le Pape et les affaires religieuses, aussi bien en Italie qu'en France et surtout en Dauphiné. Aussi, nos compatriotes attendaient-ils avec une certaine anxiété, le moment où ils recevraient enfin, par le journal officiel du gouvernement, quelques explications sur tant d'événements extraordinaires, au sujet desquels aucune feuille publique ne donnait de renseignements.

Mais quelle ne fut pas la stupéfaction des Dauphinois, Clergé, Noblesse et Tiers-Etat, lorsqu'ils trouvèrent dans le *Moniteur universel* du 9 août 1809, et dans les *Annales du département de l'Isère* du 2 du même mois (n° 92), pour toute explication relative aux voyages du Pape en Italie et en France, le récit *fantastique* suivant, qui, pendant plusieurs mois, fut la seule nouvelle concernant le St-Père et le département de l'Isère, publiée par ces feuilles officielles. Et cependant, ce récit fabuleux avait pour but de calmer l'agitation des esprits, ou tout au moins de distraire le public de ses préoccupations. Ce récit offre quelques variantes, si on compare le texte donné par le Moniteur officiel avec celui des *Annales du département de l'Isère*, qui parut le premier. Ce dernier journal l'avait annoncé par les lignes suivantes, qui ne furent pas reproduites par le Moniteur : « M. le maire de la commune « de Bernin nous a adressé la note suivante. Nous nous em-« pressons de la publier, en priant MM. les maires qui pour-« raient avoir des renseignements supplémentaires, *de vouloir* « *bien nous les faire parvenir*»; mais le Moniteur donnait de plus que les *Annales* le premier paragraphe suivant, qui nous semble laisser apercevoir le but de cette publication. « *Les esprits étaient en effet très-occupés du passage de... etc.* ». Voici le texte de ce document complété d'après les deux journaux :

LA BÊTE EXTRAORDINAIRE DE BERNIN

« Grenoble, 1ᵉʳ août 1809.

(*Moniteur Universel*, p. 870 et *Annales politiques*, n° 92 de l'année 1809).

« Les esprits sont très-occupés du passage, dans la commune de Bernin, d'un animal inconnu, que les traces qu'il a laissées font présumer être un reptile, plus gros que ceux que l'on connaît en France. M. le maire de cette commune a envoyé, à Grenoble, un détail de ce qu'il a recueilli à cette occasion et dont voici les principales circonstances (Moniteur) :

« Dans la nuit du 14 au 15 juillet, on entendit les chiens aboyer d'une manière extraordinaire. Ce furent ceux du bas de la commune qui commencèrent ; successivement, on entendit ceux du haut à plus de mille mètres de distance. Le lendemain, on observa la trace d'un animal qui devait être monstrueux, mais de l'espèce duquel personne ne pouvait se faire une idée. On jugeait seulement qu'il devait avoir à peu près la forme d'un énorme serpent. Absent du pays et n'y étant revenu que trois jours après, voici les observations que j'ai pu recueillir sur cette trace, qui existait encore dans presque toute son étendue.

« Cet animal paraît être parti des bords de l'Isère et a pris sa direction vers la montagne, en traversant un espace de plus de trois mille mètres. Dans toute cette étendue, sa trace était parfaitement marquée dans les prés, les blés, les chanvres, les terres labourées et même les chemins qu'il a traversés. Elle était légèrement ondoyante, ayant de douze à seize pouces de largeur. Arrivé près du premier village, il a trouvé une haie de bois mort sur son passage ; il paraît avoir choisi, dans le milieu de la hauteur, l'endroit le moins fourré ; il a écrasé sous lui les épines, comme si on les eut brisées à dessein. A quelque distance de là, il paraît s'être arrêté sous un arbre, où l'on a observé un espace en forme circulaire, d'environ deux mètres et demi de diamètre et où le terrain était battu. On n'a pas pu voir exactement, si cet animal avait pris la position des serpents, lorsqu'ils se roulent en spirale ; mais il y a lieu de le présumer.

« En repartant, il a changé sa direction, mais en allant toujours vers la hauteur. Arrivé près de la grande route, il lui a fallu traverser une haie vive ; on a remarqué, dans le passage qu'il s'est ouvert, trois branches d'aubépines brisées ; sa trace sur la grande route avait été parfaitement marquée et paraissait encore sur les bords. Il a poursuivi son chemin jusqu'au haut de la commune, où l'on a perdu sa trace *dans un torrent*.

« Jusque-là, elle était parfaitement marquée sans discontinuité, tant dans les creux, les élévations, les berges des fossés, que dans les endroits plats et unis. En un mot, elle suivait les inégalités des terrains ; dans les blés et les chanvres qu'il a traversés, les tiges étaient régulièrement renversées et écrasées, comme si on y eut traîné une pièce de bois ronde et excessivement lourde, sans qu'il y eut à droite, ni à gauche, aucun dégât qui pût faire penser que c'était l'ouvrage des hommes.

« En réduisant autant que possible la grosseur que cette trace peut faire présumer, à l'animal qui l'a faite, il devait avoir au moins trois décimètres (environ dix pouces) de diamètre et par conséquent près d'un mètre de circonférence.

« *Il ne paraît pas que personne ait vu cet animal*, seulement on a observé de nouveau sa trace, sur la commune de Crolles, où il paraît qu'il est redescendu vers la rivière; mais je n'ai pu me procurer aucun renseignement positif sur cette nouvelle trace.

« Je transmets ces observations à M. le Rédacteur, pour les insérer dans le journal du département et provoquer celles des habitants des communes, où cet animal pourra se montrer. »

Il est inutile d'ajouter qu'il ne fut plus jamais question de cet animal extraordinaire dans les Annales du département de l'Isère, ni dans le Moniteur universel.

Après avoir publié cette singulière mystification, le moment vint cependant, pour le gouvernement, de s'expliquer sur cet enlèvement du Pape et sur les suites qu'il pouvait entraîner, lorsqu'un Concile se réunit à Paris, en 1811. La situation était des plus embarrassantes. Ce fut l'ancien bénédictin Daunou, qui se chargea de rédiger le texte officiel d'une communication destinée à cette assemblée. Voici en quels termes, peu exacts, il dissimula les actes de violence dont le Saint-Père avait été l'objet.

« Le Pape avait tout fait pour que sa présence à Rome devint inutile, et quelques-uns de ses partisans pouvaient, malgré lui, la rendre dangereuse. Il *sortit* le six juillet, à l'insu de l'empereur, *et vint à Savone*, où Sa Majesté *le fit recevoir, traiter et établir avec tous les égards dus au malheur*. »

Quant à la bête fantastique de Bernin, nous avons eu la curiosité de rechercher quel était l'auteur de cette prodigieuse invention. Il était non moins précieux de savoir également, si quelques vieux habitants de cette commune en avaient conservé un souvenir quelconque. Nous nous sommes transportés dans cette localité du département de l'Isère. Le maire, en 1809, était M. Pierre Bernard, homme peu lettré et incapable, m'a-t-on dit, d'avoir rédigé l'article des Annales du département de l'Isère; de plus, il était décédé sans laisser aucune note sur ce sujet (et pour cause!), ni dans les registres municipaux, ni dans ses papiers personnels, *ni dans sa correspondance officielle*. Deux des plus anciens propriétaires du pays, très-âgés, m'ont dit *qu'on leur avait raconté*, dans leur jeunesse, un événement exactement semblable à celui dont il est question dans le récit du Moniteur et des Annales; mais qu'ils savaient que personne n'avait jamais rien vu. On disait, cependant, qu'à l'endroit où ce monstre s'était reposé, la terre avait conservé longtemps une odeur méphitique.

On ne doit pas oublier que le préfet exigeait, à cette époque, comme nous le constaterons dans un chapitre suivant sur *L'Esprit public dans le département de l'Isère*, que chaque maire lui rendît compte des moindres querelles de cabarets, tapages nocturnes et des plus petits accidents arrivés dans leurs localités; il en accusait toujours réception, en demandant, quand il y avait lieu, des détails complémentaires. Or, aux Archives départementales de l'Isère, il n'existe aucune lettre du maire de Bernin, des mois de juillet et d'août 1809, et le registre officiel de la correspondance du préfet permet de constater que ce fonctionnaire n'a pas écrit de lettre au maire de Bernin, à cette même époque; de plus, il n'existait pas de torrent au haut de la commune, dans lequel les traces du serpent aient pu disparaître. Enfin, le Rédacteur en chef des *Annales politiques* avait un parent, M. Trousset, conseiller à la Cour de Grenoble, qui habitait Bernin, et ce magistrat ne lui a jamais transmis aucun renseignement à ce sujet.

L'ancien régime avait eu la bête du Gévaudan, celle de Bernin a pu offrir quelqu'intérêt au public des temps modernes; mais ce récit était-il de nature à tenir lieu d'explications catégoriques, relativement aux voyages du Pape en France? Il nous est permis d'en douter.

Quant à l'insertion de l'article dans le journal officiel et dans les *Annales*, d'après la sévère surveillance exercée sur la rédaction de ces journaux (voyez pièces justificatives n° 14, et ci-dessus, p. 92 et 97), elle ne peut avoir eu lieu qu'avec l'autorisation du gouvernement. Le Ministre de l'intérieur devait être étranger à cette communication, puisqu'il n'avait jamais transmis à ses agents officiels aucune instruction relative au séjour du St-Père en Dauphiné, cette grave affaire étant de la compétence du Ministre de la police générale et de M. Girard, agent secret.

Pour retrouver le nom de l'auteur de cette mystification, nous avons dû étudier avec attention les rapports du comte Anglès à son ministre, pendant les années 1809 et 1810, et nous avons observé: que, dans une foule de circonstances, cet administrateur avouait avoir tenté de détourner l'attention publique d'un événement inquiétant pour le gouvernement, *en semant des bruits singuliers.* On trouve aussi, dans deux volumes politiques, imprimés en 1821, sous le titre de : « *Adresse aux chambres. La police sous Messieurs Decaze, comte Anglès et baron Mounier* », le reproche adressé particulièrement au comte Anglès, d'avoir, pendant la Restauration, inventé : 1° Le faux Dauphin Bruno; 2° Les piqueurs attaquant les femmes dans Paris ; 3° Les pétards de gravier ; 4° Enfin, la pluie d'argent du carrefour Montesquieu à Paris. Pourquoi n'aurait-il pas aussi inventé, pendant le premier Empire, le fameux serpent de Bernin, qui était apparu dans une localité du département de l'Isère, où Anglès avait habité? «Les *badauds et les gobe-mouches*» n'existaient-ils pas sous l'Empire, comme sous la Restauration ! C'est sur eux que le comte Anglès avait jeté les yeux, pour distraire l'attention publique, si émue par l'enlèvement du Pape. Les moyens inventés par cet administrateur servirent sous tous les gouvernements et réussirent plus ou moins ; en voici un second exemple, plus efficace que celui dont nous venons de parler.

Le 10 août 1809, le Ministre des cultes, Bigot de Préameneu, écrivait à l'Empereur :

« Votre Majesté m'a donné l'ordre de faire faire deux ou-
« vrages, l'un sur le Concordat, l'autre sur les guerres que
« les papes ont fait à la puissance qui avait de la prépondé-
« rance en Italie. Je vais sur le champ m'occuper de chercher
« deux personnes en état de faire promptement un travail
« aussi important. »

Nous ignorons quels furent les littérateurs qui mirent leur plume au service du gouvernement, moyennant finance.

Le pape Pie VII séjourna à Savone pendant les années 1810 et 1811, toujours très-rigoureusement surveillé, sous la direction de M. de Chabrol, par des agents français, dont il était entouré. Les événements de ces deux années s'étant passés en dehors du Dauphiné, notre intention était de ne pas nous en occuper, comme ne se rattachant pas à nos *Chroniques dauphinoises* ; mais, ayant eu connaissance d'un remarquable Rapport inédit, résumant les événements de ces deux années et rédigé par notre compatriote le comte Anglès, pour le Ministre de la police, nous n'avons pas dû priver nos lecteurs de cet éloquent récit, pour deux raisons : la première, c'est qu'il émane d'un savant du département de l'Isère ; la seconde, c'est qu'il nous montre sous son véritable jour, un personnage qui a joui d'une certaine réputation comme préfet de police et Ministre de la police générale, durant l'Empire et la Restauration.

Voici ce rapport :

Séjour du Pape a Savone. — Rapport du comte Anglès, adressé a son Ex. le Ministre de la police générale.

« A mon entrée en exercice, une circonstance particulière fixait l'attention et réclamait tous les soins de la police générale, dans le troisième arrondissement. Je veux parler du séjour du Pape à Savone. Un coup d'œil rapide sur les faits qui ont précédé son arrivée dans cette ville, mettra V. E. à même d'apprécier les difficultés qu'il présentait et les mesures adoptées pour prévenir, autant que possible, toute espèce de résultats fâcheux.

« La réunion des États Romains à l'Empire avait fait une impression plus ou moins vive, sur tous les points des départements au-delà des Alpes. Elle avait trouvé, presque partout, des esprits faciles à inquiéter et peu disposés à reconnaître la force des raisons politiques, qui motivaient cette disposition de Sa Majesté. Les différentes pièces que fit paraître le Pape, et entre autres la protestation et la bulle d'excommunication (Voyez pièces justif. n° 36), furent connues presque simultanément à Livourne, à Florence, à Gênes, à Turin. La police porta toute sa vigilance de ce côté et *tandis qu'on faisait répandre adroitement dans le public, que ces actes étaient apocryphes,* on en recherchait les distributeurs, les copies en étaient saisies et la circulation en était interrompue dès son origine.

« L'effet produit par leur première apparition cessa peu à peu, comme de lui-même, sans qu'il ait été nécessaire d'employer aucune mesure de rigueur, pour imposer silence aux malveillants.

« Cependant, la présence du Pape à Rome, ou se commençait l'organisation des deux départements formés des anciens États de l'Église, semblait entretenir l'opposition d'une partie du peuple aux institutions nouvelles, et la force d'inertie qu'il exerçait encore, offrait plus d'obstacles à vaincre, qu'une résistance ouverte. *Le Gouverneur Général lui signifia l'ordre de partir de Rome, le 6 juillet 1809, et de se rendre à Florence avec le Cardinal Pacca, dont l'arrestation avait été ordonnée* (Voyez ci-dessus p. 246). Le lendemain même du départ, le parti porté pour les Français se prononça plus librement, et quatre mille habitants de Rome vinrent se faire inscrire pour être compris dans la garde civique.

« Le Pape, arrivé à Florence, fut dirigé sur Alexandrie, de cette ville sur Gênes, qu'on eut soin de ne pas lui faire traverser, et sur Turin, où l'on prit la même précaution. Il passa le Mont-Cenis le 17 juillet et fut conduit à Grenoble.

« Le passage du Pape à travers les départements au-delà des Alpes, n'avait pas produit toute l'impression que l'on pouvait craindre. Cependant, il n'avait pas voulu quitter ses habits pontificaux ; il avait été reconnu presque partout et la précaution adoptée à l'égard de Gênes et de Turin, avait été dictée par une sage prévoyance.

« Un ordre du 27 juillet prescrivit la translation à Savone, département de Montenotte, du Pape et de sa suite. Le Cardinal Pacca avait été déjà transféré à Fenestrelle. Le Pape arriva le 19 août à Savone. Le 13 du même mois, Sa Majesté avait transmis à son Altesse Impériale le Prince gouverneur général des départements au-delà des Alpes, des ordres détaillés sur la manière dont sa Sainteté devait être traitée à Savone. Ils furent ponctuellement exécutés par le préfet (M. de Chabrol).

« Les principales dispositions désignaient le logement du Saint Père, la surveillance qui devait l'entourer, et prescrivait qu'on le laissât parfaitement libre pour tout ce qui regardait les fonctions religieuses.

« Dans les premiers moments, des personnes de marque des pays voisins affluèrent à Savone. La police porta une attention spéciale sur les voyageurs. Ils ne virent le Pape qu'à sa messe et au baisement des pieds, qui avait lieu le matin. Le peuple, rassemblé sur la place, recevait la bénédiction, qui lui était donnée par le Pape, d'une tribune disposée pour cette cérémonie au palais épiscopal, devenu celui du Saint Père, et le plus grand ordre était observé dans ces cérémonies.

« Le 18 septembre, M. Salmatoris arriva à Savone, avec la mission de monter la maison de sa Sainteté sur le pied d'un palais impérial. Il procéda sans retard à remplir cet ordre.

« Le 22 du même mois, M. le comte César Berthier, général de division, fut nommé gouverneur du palais de S. S. et chargé de la police intérieure, qui, jusqu'à ce moment, avait été confiée au préfet.

« Dans cet état de choses, dont on ne pouvait prévoir, ni calculer la durée, le devoir du troisième arrondissement de la police générale, était de recommander la plus stricte surveillance aux autorités du département de Montenotte et au directeur de la police à Turin, de se faire rendre un compte exact et détaillé de tous les événements relatifs au séjour du Pape à Savone, de les faire connaître régulièrement à son Excellence, en lui proposant les mesures qui paraissaient nécessaires pour le maintien de la tranquillité sur ce point, ou sur tous ceux de l'Empire, où des correspondances secrètes, parties de Savone, pouvaient faire naître l'inquiétude et le désordre.

» D'un autre côté, il était nécessaire de profiter des fréquents rapports de M. de Chabrol, préfet de Montenotte, avec le Pape, pour lui transmettre les instructions qui devaient le guider, afin de connaître les dispositions du Saint Père et pouvoir apprécier les espérances qu'il laissait pour conclure un arrangement. Ce double but a constamment dirigé la correspondance, presque journalière, du troisième arrondissement avec M. le Préfet de Montenotte. Mon prédécesseur avait adopté et j'ai suivi une marche, qui a été constamment observée jusqu'ici et qui a paru obtenir l'approbation de Votre Excellence : celle des *bulletins* supplémentaires rendant compte, jour par jour, des rapports faits par M. de Chabrol. La série de ces bulletins présente l'ensemble des événements auxquels le séjour du Pape a donné lieu, des mesures qui ont été adoptées pour maintenir l'ordre et la tranquillité, des dispositions où s'est trouvé le Saint Père à différentes époques, et surtout de l'impression qu'ont produit sur son esprit les événements politiques et les actes du gouvernement, qui ont eu lieu dans cet espace de temps.

« Je vais avoir l'honneur d'en mettre le tableau rapide sous les yeux de Votre Excellence, qui, peut-être, ne verra pas sans intérêt ce résumé concis et méthodique de *près de 500 rapports*, adressés sur cet objet au troisième arrondissement.

« Dans les premiers moments de son séjour à Savone, le Pape se montra chagrin ; il se plaignait de son enlèvement de Rome, de l'isolement où il se trouvait, de la privation du Conseil et des moyens nécessaires pour expédier les affaires ecclésiastiques.

« Le 7 septembre, sur un ordre exprès de M. le duc d'Otrante, mon prédécesseur écrivit au Préfet de Montenotte pour l'engager à demander au Pape, de faire connaître les personnes qui lui seraient nécessaires, afin de composer un Conseil pour la délibération des affaires ecclésiastiques et une secrétairerie pour leur expédition. Le Pape éluda cette proposition ; il dit qu'il avait lieu de craindre que le gouvernement ne chercha ainsi à se faire désigner les personnes les plus attachées à sa cause, et que, d'après cette idée, il ne pouvait donner la liste demandée. Il se contenta d'indiquer les individus qui remplissaient les mêmes emplois deux ans auparavant.

« Malgré ce refus, qui tendait peut-être à éloigner la formation d'une résidence nouvelle, on organisa l'évêché, où demeurait le Saint Père, sur le pied d'un palais impérial. Il se montra affligé de ces changements ; il répéta qu'il n'avait besoin de rien ; qu'il ne voulait rien accepter du gouvernement, ni pour lui, ni pour les personnes de sa maison ; peu à peu il se fit à ce nouvel état de choses.

« Le 2 septembre, il s'était rendu à la Madone de Savone, chapelle célèbre hors de la ville, où il avait solennellement officié.

« Le 8 du même mois, il avait dit la messe dans la cathédrale ; depuis cette époque, il ne fit plus aucune fonction religieuse à l'extérieur.

« Le Pape adopta un plan de vie régulier ; sa journée était partagée entre la prière, la lecture et l'expédition des affaires ecclésiastiques, sur lesquelles il pouvait donner seul ses décisions. Le public était admis, le matin, à la messe et au baisement des pieds. L'exacte surveillance établie, a empêché qu'il n'en résultât aucun inconvénient.

« Le Préfet, dans ses fréquentes conférences avec Sa Sainteté, observait la disposition de son esprit et en rendait un compte journalier. La première impression vive qu'il éprouva, fut produite par la lecture de la réponse de Sa Majesté aux députés de Rome. Elle me parut très-émue, Elle dit : « Que Dieu « seul pouvait terminer ses affaires ; que les hommes n'y « pouvaient rien ; qu'Elle en était si persuadée, qu'Elle ne s'é- « tait adressée à aucun prince chétien pour avoir son appui ; « que dans ses déclarations, Elle n'avait eu pour but que de « justifier sa conduite personnelle aux yeux de l'Europe. » Cette altération dura quelques jours ; plusieurs phrases du compte-rendu de la situation de l'Empire, qui la concernaient et qu'elle lut le 22 décembre, parurent l'affliger de nouveau.

« La nouvelle de la dissolution du mariage de Sa Majesté, parvint, à Savone, le 25 du même mois ; le Pape en fut peu ému. « Peut-être, disait-il, l'acte s'est-il fait dans les formes ; « pour en juger, il faudrait connaître toutes les circonstances. » Il ne sembla pas attacher une grande importance à cet événement.

« La réunion des cardinaux à Paris soutenait les espérances du Pape et contribuait à l'empêcher de se prononcer. Il trouvait néanmoins que les affaires allaient bien lentement ; il s'en expliqua à diverses reprises.

« Le 6 janvier, il insista sur la nécessité de le rendre à la liberté et de le renvoyer dans son siége. « Il protesta qu'il ne « réclamerait pas ses biens temporels, pourvu que l'on n'exi- « geât pas de lui une renonciation qu'il ne pouvait faire ; que, « si on le préférait, toutes ses relations avec le gouvernement « cesseraient ; que la correspondance avec les évêques suffisait « pour la conduite des affaires de l'Eglise.

« Le lendemain, il déclara de nouveau : « qu'il ne pouvait ac- « cepter aucune pension du gouvernement ; qu'il ne nom- « merait à l'avenir des cardinaux, que sous la condition du « même refus ; que si on lui affectait des domaines qui lui « eussent appartenu, l'affaire changerait de face et pourrait se « conclure. »

« Une nouvelle mesure ordonnée par le gouvernement, de nature à émouvoir vivement le Pape, s'était exécutée à Rome, d'où on faisait partir les secrétaireries, les archives et même les effets pontificaux. Il se montra fort irrité de ces dispositions et de l'idée de voir son siége fixé à Paris. Il ajouta : « qu'il « était même inutile qu'il s'y rendît pour terminer ses affaires ; « que Sa Majesté avait ses notes entre ses mains ; que M. le « cardinal Fesch savait ce qu'il désirait ; qu'il ne pouvait rien « y ajouter, ni en retrancher rien. » Il se montra entièrement éloigné de prendre l'initiative; il est constamment fidèle à cette résolution.

« Le sénatus-consulte qui fixe la situation politique du Pape venait de paraître; j'écrivis au Préfet de Montenotte, une lettre dans laquelle je lui traçais la marche qu'il devait suivre, pour sonder l'impression qu'il ferait sur le Saint-Père, et pour empêcher qu'il ne fît paraître quelque acte nouveau.

« Le 1ᵉʳ mars, le sénatus-consulte fut remis au Pape. Il en fut vivement ému; il dit: « qu'il n'attaquait pas moins le spi-
« rituel que le temporel; qu'il le mettait sous la dépendance
« du gouvernement; que les choses ne pouvaient rester dans
« cet état. » Le Préfet craignit que le Pape ne fît paraître quelque déclaration. La surveillance redoubla au dehors du palais.

« Le Pape était dans cette disposition, lorsqu'un événement du plus haut intérêt vint fixer son attention. La nouvelle du mariage de Sa Majesté avec une archiduchesse d'Autriche arriva à Savone. Dans les premiers moments, le Pape sembla en douter. Lorsqu'elle lui fut confirmée, il parut ne pas comprendre cette alliance; il dit: « Qu'on ne pouvait s'y atten-
« dre; qu'une union avec une princesse d'Angleterre, dont il
« avait été question d'abord, l'aurait moins surpris. » Les jours suivants, il resta plongé dans une méditation profonde. Il se pénétrait des nouveaux rapports politiques que ce mariage établissait entre les différentes puissances de l'Europe. Ces combinaisons ne lui parurent pas d'abord favorables; il dit: « Que tout lui annonçait qu'on le réduirait de plus en
« plus, et qu'il serait forcé de s'en tirer par quelqu'éclat nou-
« veau; que tout alors tomberait dans une confusion irré-
« médiable. »

« La lecture du décret par lequel Sa Majesté accordait quelques concessions au clergé, sur la demande du Comité ecclésiastique, le rappela à des idées plus calmes. Sa tranquillité s'accrut de jour en jour. Le 6 avril, il montrait une résignation complète; il dit au Préfet: « Qu'il fallait nécessairement
« que les grands changements qui s'opéraient en Europe fus-
« sent l'ouvrage de la Providence, et qu'il devait s'y soumet-
« tre. »

« Il reçut, quelques jours après, la lettre de démission du cardinal Oppizoni, de l'archevêché de Bologne, sans en paraître très-ému. Il apprit avec la même disposition, le sequestre des biens de treize cardinaux. Il se montra peu sensible à la mesure de rigueur dont ils étaient frappés. On eut même lieu de soupçonner qu'il voyait avec une secrète satisfaction, qu'un certain nombre des membres du sacré collége s'étaient compromis pour sa cause; il s'expliqua peu à peu à cet égard. Il passa dans le calme les trois semaines qui suivirent.

« Le 13 mai, M. le baron de Leberstern, envoyé par M. de Metternich auprès de S. S., avec l'approbation de Sa Majesté, arriva à Savone, muni de papiers très en règle. Cet incident réveilla toutes les espérances du Saint-Père et des gens de sa maison. Le bruit circula que l'Autriche était choisie pour intermédiaire entre la France et le Pape. M. de Leberstern eut plusieurs conférences avec S. S. Il n'y fut question que d'obtenir des décisions sur plusieurs affaires ecclésiastiques de l'Allemagne. M. l'envoyé autrichien repartit bientôt, après avoir tenu la conduite la plus circonspecte à Savone. Le Pape lui déclara, entre autres, qu'il n'accorderait aux évêques d'Autriche que les mêmes pouvoirs qu'à ceux de France.

« Je profitai des dispositions favorables où se trouvait S. S. et de la direction donnée aux idées par le voyage de M. de Leberstern, pour tracer au Préfet de Montenotte le plan qu'il devait suivre dans ses conversations avec le Pape, afin de l'éclairer sur ses véritables intérêts et sur les intentions de S. M., et de connaître ce qu'on devait craindre ou espérer de ses dispositions. Le Préfet suivit la marche indiquée. Il eut lieu de s'assurer que le Pape désirait vivement un arrangement; mais que rien ne le pourrait déterminer à une renonciation aux biens de l'Eglise, ni à faire le premier pas. Cependant, jamais S. S. n'avait paru plus portée à un accommodement. Le docteur Porta, son médecin, en qui Elle montra beaucoup de confiance, en causant avec le Préfet, chercha à excuser les actes émanés de Rome, et que S. S. en sacrant à Rome l'Impératrice ferait sans doute une démarche, qui équivaudrait à une rétractation de tous les actes émanés du St-Siége antérieurement. On pouvait juger par les discours des gens de la maison de S. S., de ses propres dispositions; diverses occasions ont montré l'exactitude de cette manière de voir: en général, les personnes de sa suite observaient, par son ordre, un silence complet sur sa position, sur la leur et sur les événements politiques.

« Vers cette époque, le S. Père s'appliquait particulièrement à ne montrer aucune humeur contre le gouvernement, et à ne pas parler des mesures qui pouvaient lui causer quelque chagrin. Il dit au Préfet : « Que ses affaires personnelles ne « le touchaient pas, et que le bien de l'Eglise seul lui faisait « souhaiter un arrangement. »

Le 24 juin, il apprit, sans émotion, la nouvelle de l'arrivée prochaine des cardinaux Spina et Caselli à Savone. Il montra peu d'empressement à les voir. Dans les conférences qu'il leur accorda, il se prononça sur les affaires de Rome avec plus de force qu'il ne l'avait fait encore. Il eut une conversation particulière avec M. le cardinal Spina, dans laquelle il s'éleva contre un changement de résidence; il ne pouvait quitter Savone que pour retourner à Rome; à Paris, à Avignon, il se regarderait comme prisonnier; il ne sortirait pas, il n'exercerait aucune fonction publique; il parut surtout voir avec peu de plaisir le cardinal Caselli. Il lui reprochait d'avoir accepté, sans lui demander la permission, la place de sénateur. On eut lieu de croire qu'il n'aimerait pas à traiter avec ce prélat.

« Pendant le séjour des cardinaux à Savone, le Pape évita surtout qu'on pût soupçonner qu'il profita de leur voyage, pour entamer une négociation. Pour ce motif, il interdit au prélat Doria, son chambellan, d'aller leur présenter ses devoirs. Il dit même: «que ce n'était pas ainsi que l'on pourrait « traiter de ses affaires; qu'il faudrait qu'il pût nommer deux « cardinaux de son choix et que le gouvernement désignât « aussi deux personnes, pour régler les différents points de « contestation. »

« Les cardinaux quittèrent Savone, sans que leur séjour et leur départ aient fait une grande impression sur le peuple. Le Pape continua sa manière habituelle de vivre.

« Le décret prononçant la réunion d'un certain nombre d'évêchés des Etats Romains, causa au Pape une vive agitation. Il dit: « que le schisme éclatait. » Peu après cette impression s'effaça.

« Différents événements, qui se succédèrent, firent, sur l'esprit du Saint Père, une impression plus ou moins marquée. La clôture des couvents de Gênes, le mode adopté pour le remboursement de la dette publique dans les départements de Rome et de Trasimêne; la vente des biens ecclésiastiques en Autriche, pour le même usage; le passage par Savone des religieux liguriens forcés de rentrer dans leur patrie, altérèrent tour à tour sa tranquillité et lui donnèrent occasion de se prononcer contre ces mesures.

« Il apprit avec une indifférence apparente, le 14 octobre, la nomination de M. le Cardinal Maury à l'archevêché de Paris. Il s'expliqua sur son compte d'une manière peu favorable. Il dit qu'il donnait un exemple funeste à l'Eglise; il parla de sa carrière passée, remarqua qu'il avait plusieurs fois changé d'opinion; il ajouta qu'il ne l'avait jamais compris, mais que c'était un homme adroit. Il fit cette dernière observation, en apprenant la nomination de M. l'abbé Maury à la place de vicaire général. La lettre que lui écrivit ce prélat sembla le satisfaire; mais il déclara qu'il ne pouvait donner l'institution canonique, privé comme il l'était de l'exercice de sa liberté et de l'assistance de son Conseil.

« Le calme habituel du Pape parut ensuite renaître. Le 20 novembre, il fut un peu ému du décret qui désigna l'évêché de Paris pour son habitation. Il répéta: « que Saint Pierre lui-même avait fixé le Saint Siége à Rome; qu'on ne pouvait rien y changer. » Depuis ce moment, il parut agité de pensées secrètes.

« Le 28 novembre, dans une conversation avec le Préfet, il annonça: « qu'il était au moment de faire paraître des « déclarations analogues à celles qu'il avait déjà publiées. » Le Préfet lui fit observer combien l'effet en serait fâcheux et combien une telle démarche serait inutile. Il répondit: « Que « lors même qu'il ne le ferait pas, le schisme se déclarerait de « lui-même; que le désordre était au comble; qu'il voyait « bien qu'on voulait qu'il se rendit à Paris et s'engagea par « cette démarche; mais qu'il n'en ferait rien, qu'il ne pouvait « y aller de sa propre volonté; que si on l'y conduisait, il

« irait comme il était venu à Savone, sans résister, mais sans
« y consentir. »

« Ce fut le surlendemain que le Pape donna les brefs, qui motivèrent la résistance passagère de quelques membres des clergés de Florence et de Paris, quoique toutes les précautions eussent été prises pour empêcher la circulation d'écrits semblables; elles furent éludées, soit qu'ils aient été remis par les gens du Pape, qui sortaient librement, à des individus hors de la ville, soit qu'ils aient été expédiés avec des affaires ecclésiastiques. Quoiqu'il en soit, je dois faire observer que la police intérieure du palais, et par conséquent des papiers et des individus qui en sortaient, était toute entière entre les mains de l'autorité militaire; et que l'action de la police du Préfet que je dirigeais, ne commençait qu'à l'extérieur.

« Aussitôt que M. de Chabrol eut connaissance du décret qui le nommait *commissaire impérial auprès de Sa Sainteté, pour l'expédition des affaires ecclésiastiques*, il s'occupa des dispositions nécessaires pour entrer en exercice. Dans le premier moment, le Pape parut choqué de ce nouvel arrangement ; il dit : « qu'on se méfiait de lui; qu'on craignait qu'il
« ne se déclarât ; que cependant il n'avait jamais communiqué
« avec l'extérieur que par les agents du gouvernement, et
« qu'il croyait que c'était son devoir, dans l'état où il se
« trouvait. » Le commissariat impérial fut néanmoins organisé, et le Saint Père parut peu à peu s'y habituer.

« Le 5 décembre 1810, on conçut la crainte de quelques mouvements à Gênes ; des mesures furent aussitôt prescrites pour mettre le Pape en sûreté, si les craintes devenaient plus pressantes. La surveillance reçut une nouvelle activité sur tous les points, et le calme ne fut pas altéré.

« S. E. le Ministre des cultes avait transmis directement à M. de Chabrol, des instructions pour sonder les véritables intentions du Pape et connaître ses idées sur un arrangement. Le 8 janvier 1811, le Préfet remplit cet ordre ; ses démarches furent infructueuses : le Pape ne montra que des pensées inconciliables avec les circonstances, et ne laissa voir aucun esprit de modération.

« Dans la nuit suivante, l'ordre donné par S. A. I. le Prince gouverneur général de saisir toute la correspondance de l'évêque de Savone et des gens de la suite de S. S., arriva à Savone et fut mis à exécution avant le jour. A partir de ce moment les événements se pressent.

« Le 10 janvier, la maison extérieure du Pape a été congédiée, le Préfet lui a déclaré que le gouvernement était forcé de le considérer comme ennemi de l'État; il affecta une grande résignation. On ne lui a laissé de moyens d'écrire que pour lui seul : une partie de ses gens est séparée de son service, quelques-uns même sont arrêtés.

« Le 14 janvier, tous les livres, documents, papiers, moyens d'écrire ont été enlevés à Sa Sainteté.

« Le 29, les ordres de Votre Excellence, relatifs au renvoi, à l'arrestation et au maintien des gens du Pape ont été mis à exécution.

« Le 3 février, d'après les ordres de S. E. le Ministre des cultes, le Préfet a fait connaître au Pape, les funestes effets de sa conduite et les malheurs qui en sont résultés pour ses agents. Le Saint Père a affecté du calme ; il paraissait ambitionner le martyre. Seulement, il a dit: « qu'il n'avait prétendu « qu'expédier une affaire ecclésiastique, en écrivant aux « chapitres, et que, si le hasard lui avait fait parvenir quelque « écrit, il n'avait pas eu de correspondance secrète suivie. »

« Depuis ce moment, *tous les moyens d'écrire ayant été enlevés au Pape*, les personnes de sa maison étant consignées à l'évêché, les communications du Préfet avec le Saint Père ayant cessées, les rapports à cet égard sont devenus nuls et insignifiants.

« Le 20 février, le capitaine de gendarmerie d'élite, M. Lagoisse, est arrivé à Savone et a pris le commandement de l'intérieur de la maison du Pape, le Préfet annonça que cet officier paraît avoir le zèle et le dévouement nécessaires pour l'exercice de ses fonctions.

« Le 24 février, M. Lagoisse a vu le Pape ; il l'a trouvé toujours le même. S. S. lui dit que, n'ayant ni plumes, ni encre, Elle ne pouvait rien écrire. Cet officier lui a demandé si, dans le cas où il lui en parviendrait, par une voie secrète, Elle en userait. Elle a répondu: « qu'elle devait le prévenir qu'Elle « ne renonçait pas à profiter de tous les moyens qu'elle aurait « pour exercer ses droits pontificaux et les actes de l'autorité « papale. »

« Telle est la situation où se trouvent les affaires du Pape à Savone, suivant les derniers rapports qui m'ont été adressés.

« Si, maintenant, d'après l'observation constante de plus de 18 mois, on veut se faire une idée précise du caractère du Pape et de ses dispositions, il paraît assez prouvé:

« 1° Qu'il est naturellement irritable, mais que la première impression, très vive chez lui, s'efface et disparaît par degré.

« 2° Que rien ne pourra l'engager à consentir à une renonciation aux biens temporels de l'église.

« 3° Qu'il est également éloigné de prendre l'initiative pour un arrangement quelconque, et qu'il croit qu'il est de sa dignité, comme de ses devoirs, d'attendre des propositions et sans les prévenir.

« 4° Que, dans sa situation actuelle, il est résolu de ne faire aucune démarche, et qu'en rejetant toutes les ressources de ce qu'il appelle une politique mondaine, il compte, pour la conclusion de ses affaires, sur des événements surnaturels, bien persuadé que Dieu n'abandonnera pas la cause de l'église, que tout ce qui arrive a lieu par l'ordre de la Providence.

« D'un autre côté, on peut croire que le gouvernement obtiendrait de lui des concessions importantes sur plusieurs points, à l'égard desquels il s'était montré jusqu'ici inflexible.

« Quoique le devoir de la police générale, pendant le séjour du Pape à Savone, ait été plutôt d'observer et de recueillir des renseignements que d'agir, j'ai cependant eu occasion de soumettre plusieurs rapports spéciaux à Votre Excellence sur cet objet, et de lui proposer différentes mesures jugées nécessaires pour le maintien de la tranquillité à Savone, ou sur d'autres points.

« Le 22 février, M. le duc d'Otrante accorda, sur mon rapport, au commissaire de police à Savone, une gratification de 500 francs, pour le surcroît de travail et de dépenses que lui causait le séjour du Pape.

« Le 15 mars, je lui fis connaître les graves inconvénients qui résultaient de la libre correspondance de Savone avec Rome et réciproquement. Les principaux étaient : d'entretenir la résistance du Pape, de le troubler par des nouvelles fausses ou exagérées et d'offrir le moyen de passer des écrits contraires aux intentions du gouvernement, dans la ville même où leur effet pourrait être le plus à craindre. Je l'informais, en même temps, que le Préfet de Montenotte s'était concerté avec le directeur de la poste à Savone, pour visiter toutes les lettres venant des États Romains, ou partant pour cette destination. M. le duc d'Otrante prescrivit de continuer la surveillance. Un grand nombre de lettres, qui ont procuré des renseignements précieux, ont été successivement interceptées par suite de cette mesure nécessaire, et l'analyse en a été mise sous les yeux de Votre Excellence.

« L'attention se porta plus loin. Quelques détails écrits par des soldats en garnison à Savone, à leurs parents dans les départements de l'Ouest, étaient devenus le texte de commentaires capables de faire naître l'inquiétude et le trouble parmi le peuple ; des dispositions furent faites pour que les lettres écrites de Savone, par des soldats, dans les départements du Nord, de l'Ouest et du Midi de la France, où les idées religieuses sont plus exaltées, fussent soumises, avant leur départ, à un examen particulier. Ce soin, comme celui de l'inspection de la correspondance de Savone, fut spécialement confié à M. de Chabrol.

« Le 13 décembre dernier, j'ai eu l'honneur de soumettre à Votre Excellence, les nouvelles mesures de surveillance adoptées à Savone, d'après les inquiétudes conçues du côté de Gênes et la nécessité de mettre quelques fonds à la disposition du Préfet, pour subvenir aux frais qu'entrainaient ces dispositions.

« Votre Excellence, par la décision du même jour, accorda à M. de Chabrol 6,000 francs, dont il doit lui rendre compte.

« Déjà, par une lettre du 8 janvier, j'ai donné des instructions détaillées au Préfet de Montenotte, sur la surveillance active et présente partout, qu'il devait établir autour du palais du Pape et dans son département. Les fonds accordés par Votre Excellence l'ont mis à même d'exécuter ces ordres.

« Tandis que j'étais attentif à tout ce qui se passait à Savone, je ne l'étais pas moins à l'impression que pouvait produire sur les autres points du troisième arrondissement, les événements qui avaient lieu dans cette ville, ou qui se rattachaient à ceux-ci ; j'ai eu occasion d'entretenir à cet égard une correspondance avec les préfets et directeurs de police.

« En dernier lieu, lorsque les changements opérés autour du Pape furent trop marquants, pour que la nouvelle ne se répandit pas dans toute l'Italie, j'ai écrit simultanément aux préfets, aux directeurs et aux commissaires généraux de police, pour leur tracer la conduite qu'ils devaient tenir dans cette circonstance. Je leur prescris d'étudier l'opinion générale ; d'observer de près les prêtres suspects et les mécontents de tous les partis ; d'user de leur propre influence pour répandre des idées saines sur ces événements, d'employer à propos la force morale du gouvernement et diriger, dans le meilleur sens possible, l'esprit public ; enfin, de me rendre un compte exact des résultats de leurs observations et des mesures qu'ils jugeront nécessaires.

« Telle est la marche que j'ai cru devoir suivre dans cette importante affaire du séjour du Pape à Savone, et tel est le résumé des événements qui l'ont accompagné et des renseignements journaliers que je me suis procurés sur le Saint Père. Je dois ajouter que le gouvernement a trouvé dans M. de Chabrol, un fonctionnaire également dévoué et intelligent, qui a mis, dans l'exécution des ordres délicats qui lui ont été confiés, tout le zèle et toute la mesure qu'on pouvait en attendre, et qui, par l'influence dont il jouit dans son département, y a maintenu le calme le plus parfait, dans des circonstances difficiles, sans que l'esprit public ait été altéré un seul instant. »

D'après les rapports des agents français, le *mouvement extraordinaire*, qui s'était produit à Gênes, au mois de décembre précédent (ci-dessus, pag. 270) venait de se renouveler tout récemment, et cette démonstration fit craindre, au Ministre de la police générale, que les Anglais n'enlevassent le Pape, après avoir pénétré dans la ville de Savone. Le gouvernement français prit le prétexte de cet acte d'hostilité, pour obliger le Saint Père à se rendre de nouveau à Fontainebleau. Il résida, comme pendant son premier voyage, dans le palais impérial, où il reçut l'impératrice Marie-Louise, ainsi qu'il avait admis en audience solennelle l'impératrice Joséphine, après l'avoir sacrée, à Paris, en 1804.

Mais les temps calamiteux pour la France arrivaient à grands pas ; les désastres militaires de 1813 firent entrevoir au souverain pontife, le moment où il pourrait être mis en liberté. Il obtint d'abord l'autorisation de regagner provisoirement sa résidence de Savone : S. S. y arriva au mois de février 1814.

Le Pape remarqua immédiatement et avec satisfaction, de nombreux changements dans le personnel attaché à son service ; mais S. S. fut encore plus satisfaite de ses rapports habituels avec les autorités administratives. Le nouveau Préfet de Montenotte n'était pas étranger à ces diverses améliorations morales et matérielles. Il appartenait à une illustre famille génoise, qui comptait parmi ses ancêtres plusieurs doges alliés fidèles du chef de la chrétienneté, et le gouvernement connaissait les sentiments de respect et de dévouement du nouveau Préfet pour le souverain pontife. Aussi le Pape fut-il reçu à Savone par le marquis de Brignole, Comte de l'empire, moins en prisonnier qu'en souverain. Cet éminent administrateur avait déja donné des preuves de sympathie à la cause pontificale. Pie VII, qui se souvenait avec amertume de la surveillance active et sévère exercée par M. de Chabrol, lors de son premier séjour à Savone, ne tarda pas à s'apercevoir de ces modifications et, dans ses conversations familières, il appelait en badinant le marquis de Brignole : « Il mio buon carceriere ». Le préfet de Montenotte rendit compte au Ministre de l'intérieur par la dépêche suivante, du retour de Sa Sainteté dans sa circonscription préfectorale. On remarquera, sans doute, que cette dépêche est plus empreinte, dans sa rédaction, de la finesse d'esprit du diplomate, que de la sécheresse habituelle des lettres administratives. Le Préfet avait pris toutes les précautions nécessaires, pour faire respecter les ordres du gouvernement... mais un enthousiasme soudain, excité par la dévotion générale, etc. Voici ce document.

LE MARQUIS DE BRIGNOLE, PRÉFET DE MONTENOTTE, AU MINISTRE DE L'INTÉRIEUR.

« Monseigneur, — Je crois qu'il est de mon devoir de prévenir Votre Excellence que le Pape, dont l'arrivée m'avait été annoncée de Nice par mon collègue M. le Préfet des Alpes-Maritimes, est arrivé à Savone le jour d'hier, à quatre heures et demie du soir. D'après l'avis que j'avais reçu de Final, où il avait couché la nuit précédente, il serait descendu à Spotorno, pour y changer la chaise à porteur dans laquelle la situation de la route l'avait obligé de voyager depuis

S. Rémo, contre la voiture *que j'ai eu le soin d'y faire trouver*. J'ai envoyé, dans cette commune, un détachement de cent hommes de troupe de ligne, pour empêcher qu'à cette occasion la dévotion des habitants ne donnât lieu à quelque inconvénient.

« Tout s'est passé avec une grande tranquillité. J'ai eu la précaution de me rendre moi-même à cet endroit, comme j'ai eu également celle d'envoyer M. le Sous-Préfet de Savone à Final, pour imposer aux partis que des rivalités mal entendues ne manquent pas d'éveiller dans de telles circonstances, surtout dans les petites communes.

« Le Pape était accompagné de M. Lagorse, chef d'escadron de gendarmerie de la garde impériale; sa suite était composée de M. Bertalozzi, archevêque d'Edessa, son aumônier, de M. Porta, son médecin et de quatre domestiques. M. l'évêque de Savone se rendit à sa rencontre jusqu'à Spotorno. Le St-Père le fit monter dans sa voiture, où il y avait aussi M. Bertalozzi.

« A son entrée sur le territoire de la commune de Savone, il a été reçu par le clergé. Un bruit s'étant répandu la veille dans la ville, que le peuple était dans l'intention de détacher les chevaux de la voiture du Pape et de la trainer lui-même jusqu'à l'église, j'ai cru devoir faire appeler plusieurs habitants de différentes classes, pour leur faire connaître que mon intention formelle était de ne pas permettre de tels éclats. J'ai donné des ordres analogues à M. le commissaire de police. Ces dispositions ne purent cependant pas empêcher *qu'un enthousiasme soudain, excité par la dévotion générale, ne fit saisir par la multitude les chevaux, qui furent détachés à l'instant et la voiture trainée à bras d'hommes jusque sur la place de la Cathédrale*. Une foule immense était accourue sur le passage du St-Père.

« J'ai, cependant, la satisfaction de pouvoir assurer à Votre Excellence, que le moindre désordre n'a eu lieu dans cette circonstance. M. Lagorse, lui-même, m'a attesté qu'il avait admiré la bonne conduite des habitants dans cette occasion et qu'il avait cru presque impossible de conserver tant d'ordre, dans une réunion aussi nombreuse et extraordinaire. Pour en garantir le maintien, je m'étais concerté d'avance avec M. le général commandant le département, et avec le capitaine, commandant la gendarmerie. Tous les canoniers gardes-côtes étaient sous les armes, à leurs batteries respectives, tout le long de la côte. Trois cents hommes de troupe de ligne étaient disposés depuis Spotorno jusqu'à Savone, par petits détachements. Un détachement nombreux et le Clergé, escortaient la voiture du Pape; les corps de garde aux portes de la ville avaient été renforcés. Le commissaire de police parcourait la route de Vado à Savone avec ses agents.

« Je suis descendu moi-même de voiture, pour m'assurer de l'exécution des dispositions que j'avais prescrites. J'ai eu lieu de remarquer que mes ordres étaient respectés et que l'enthousiasme et la dévotion n'altéraient en rien la soumission aux autorités.

« Le Pape descendit à la cathédrale, où il a été reçu par le Cardinal Spina, arrivé le matin de Gênes ; il prit la bénédiction donnée par le Cardinal, et la donna lui-même au peuple. L'église était remplie de monde : j'ai pris le parti de faire ouvrir une porte intérieure, qui, de la sacristie de la cathédrale, donne dans l'évêché, où était préparé le logement pour le St-Père et sa suite. Il y entra par cette porte, accompagné de M. l'évêque et de moi, et se retira, peu de moments après, dans sa chambre pour se reposer.

« Presque tous les habitants ont illuminé leurs maisons. Une tranquillité parfaite a continué à régner et aucun symptôme de désordre n'est paru à ma connaissance. Le caractère paisible des habitants et la vigilance des autorités ne me laissent pas le moindre doute, que le calme, qui a toujours régné dans cette ville depuis mon arrivée, puisse être troublé.

« Je me ferai un devoir de tenir Votre Excellence au courant de tous les événements et de tous les détails qui pourront se rapporter à la circonstance du séjour du St-Père en cette ville. J'ai recommandé, en cette occasion, une surveillance particulière sur les voyageurs et sur les bruits publics, dont je m'empresserai de lui faire connaître les résultats.

« Je suis avec respect, etc.

« *Le Préfet de Montenotte, comte de l'Empire,*
« DE BRIGNOLE. »

Ce fut le marquis de Brignole qui, le premier, apporta au Pape, quelque temps après, la nouvelle du décret rendu à Paris par l'Empereur, le 10 mars 1814, en vertu duquel il restituait ses états au souverain Pontife et le Préfet de Montenotte eut encore la satisfaction de dire au pape : — « Votre Sainteté est libre et peut partir dès demain. — Demain je ne partirai pas, répondit Pie VII ; c'est la fête de Notre-Dame de la délivrance, patronne de cette ville et je veux dire la messe dans votre église métropolitaine. » Ces paroles du Pape sont rappelées par M. le Comte d'Haussonville, dans son ouvrage ayant pour titre : l'*Eglise romaine et le premier Empire.*

Le 17 mars, le St-Père quitta Savone, après cinq années environ de captivité et il donna en partant, au dernier préfet de Montenotte, des témoignages particuliers de sa bienveillance et de son souvenir.

Quant au marquis de Brignole, dont le dévouement à **Gênes**, sa patrie, ne s'est jamais affaibli, il devint sujet du roi de Sardaigne, en vertu des traités de 1815. Il entra alors dans la carrière diplomatique et, après avoir rempli plusieurs missions importantes, il fut nommé ambassadeur de son souverain près le roi de France. Nous nous souvenons des vives sympathies que cet ambassadeur sut inspirer à la société parisienne de cette époque. L'érudition classique du marquis égalait ses hautes qualités de diplomate, et on n'a pas oublié les réceptions brillantes de l'ambassade de Sardaigne, dont Son Excellence faisait les honneurs avec tant de bienveillance et une si rare distinction. La ville de Gênes compte de nombreux embellissements qu'elle doit à la générosité des Brignole et il y a peu d'année que l'héritière de cette maison, Madame la Duchesse de Galliera, s'inspirant des traditions patriotiques de sa famille, a donné à cette cité le Palais des Brignole et la célèbre galerie de tableaux qu'il renfermait. Parmi les chefs-d'œuvre qu'on y admire se trouvent les magnifiques portraits du comte et de la belle comtesse de Brignole peints par Van Dick.

Ainsi se termina le drame politique de l'enlèvement du Pape, après l'escalade militaire du palais Quirinal : cet événement aurait pu devenir funeste à l'Empire ; il valut près de 5 années de captivité à Pie VII, dans le beau pays de France, et au gouvernement impérial de bien graves embarras. — Mais, nous voilà bien loin de nos savants du département de l'Isère : revenons donc à leurs réunions habituelles de quinzaine et à leur travaux littéraires et archéologiques des années 1809 et 1810.

XV

TRAVAUX DES MEMBRES DE LA SOCIÉTÉ DES SCIENCES DES LETTRES ET DES ARTS DE GRENOBLE, PENDANT LES ANNÉES 1809 ET 1810.

Le *Ministre de l'intérieur Crétet.* — Le *Préfet lui envoie les ouvrages de Champollion-Figeac et de Berriat-Saint-Prix demandés par ce ministre.* — *Lettres du préfet et du ministre relatives aux travaux de la Société.* — La *Météorologie de Gagnon.* — *Sonnini et le nouveau coton.* — Le *Code rural et MM. Trousset, Beyle, Bravet, L. Royer, etc.* — *Voyage à Gènes par H. Berriat.* — *Discours de Berriat-Saint-Prix.* — Le *cadastre de 1706.* — *Remercîments du Ministre et éloge des travaux de la Société.* — *Fourier appelle l'attention du Ministre sur les travaux des deux Champollion et de Bilon.* — *Extraits des procès-verbaux des séances de la Société.* — *Mémoires lus par divers membres : observations grammaticales.* — *L'histoire naturelle du Dauphiné.* — *Les patois.* — *Comédie, par Bourguignon.* — *Planta et la méthode Pétalozzi.* — *Mort de Crétet (v. p. 101).* — Le *Comte de Montalivet lui succède au ministère de l'intérieur.* — *Ses lettres relatives à la Société et réponses du Préfet.* — *Les églises, les vieux châteaux du Dauphiné.* — *Lettre de Lanjuinais.* — *Monge, Le Lièvre et l'ingénieur Barral.* — *Recherches relatives à l'agriculture.* — *Faujas de Saint-Fond.* — *Le sirop de sucre de raisins.* — *Les betteraves.* — *Les conserves Appert.* — *La gélatine des os, appliquée, par Trousset, à l'alimentation.* — *Couteaux antiques et inscriptions.* — *Crosse du Dauphin Humbert.* — *Artaud, Cauchard, Martin et Révoil.* — *Renseignements divers envoyés à la Société.* — *La Mélusine de Poitou et celle du Dauphiné.* — *Note de Champollion-Figeac.* — *Masse d'armes de Bayard.* — *Marcellin Fournier.* — *Raymond de Juvénis.* — *Les antiquités de Vienne de Lelièvre.* — *Le miracle de l'Ozier en sept langues.* — *Plaintes de Martin au sujet de ses compatriotes.* — *Un fils du sultan religieux à Montfleury.* — *Manuscrits et médailles de Chalvet.* — *Lettres du comte de Pina et d'Archambaud à ce sujet.* — *Médailles en plomb inconnues des Numismates.* — *M. Gustave Vallier.* — *Le géographe Nicolas de Nicolay.* — *Nominations de membres correspondants de la Société.* — *M. Jomard et les bateleurs et jongleurs de l'Orient.* — *Victorien Fabre.* — *Inscription concernant le Vivarais.* — *Premier mémoire de Champollion-le-Jeune sur l'écriture hiéroglyphique.* — *Mémoire de Champollion-Figeac sur le texte grec de l'inscription de Rosette.* — *M. Gail.* — *M. de Sacy.* — *Les travaux de la Société en 1810.* — *L'antiquaire Akerblad et le prince de Suède.* — *Mémoires lus à la Société.* — *Correspondance littéraire de Champollion-Figeac.* — *Villar, Faujas de Saint-Fond et Georges Cuvier.* — *Dacier, secrétaire perpétuel de l'Institut, constate que les travaux de philologies sont abandonnés.*

CRÉTET, notre compatriote, ministre de l'intérieur depuis le mois d'août 1807, ne s'était jamais occupé d'études littéraires, ni d'archéologie (voyez p. 101); comme le plus grand nombre des Dauphinois, il avait vécu éloigné des grands centres révolutionnaires et il avait passé les temps les plus orageux de cette période de troubles, dans sa terre de Champmol, en s'occupant d'agriculture. La carrière politique de Crétet ne commença qu'en 1795 ; mais bien que placé à la tête d'administrations, dont les travaux ne lui étaient pas familiers, il se montra toujours à la hauteur de sa position.

Nous n'avons donc pas été surpris de trouver, dans la correspondance administrative de cette époque, des preuves de l'intérêt particulier que ce ministre prenait aux succès de la Société des sciences, des lettres et des arts de Grenoble. Les travaux de ses membres méritaient, sous tous les rapports, même par leur nombre et leur variété, l'attention d'un homme d'état et les applaudissements des savants. Pour bien préciser l'importance des études de tout genre, qui occupèrent cette Société littéraire, nous commencerons par reproduire la correspondance administrative entre la Société, le ministre, le préfet et de hauts personnages scientifiques, pendant les années 1809 et 1810, afin de constater quelle fut la part d'impulsion que cette réunion littéraire reçut, soit de l'administration supérieure, soit des corps savants de Paris. Elle fut évidemment des plus insignifiantes. Nous donnerons ensuite la série des communications adressées directement à la Société et provenant de l'initiative des membres résidants ou des membres correspondants. Enfin, des extraits des procès-verbaux des réunions de cette Société, complèteront l'ensemble des faits propres à faire apprécier les utiles élucubrations des savants du département de l'Isère, provenant de leur initiative spéciale, pendant la période que doit embrasser cette partie de nos Chroniques Dauphinoises, c'est-à-dire jusqu'à la fin de l'année 1810.

Le Ministre de l'intérieur n'eut connaissance des travaux de la Société des sciences, des lettres et des arts de Grenoble, que par les comptes rendus des journaux de Paris ; cette Société était donc restée, jusqu'en 1809, étrangère à toute sollicitation auprès de l'administration supérieure. Dès que l'attention du ministre Crétet eut été appelée sur ces publications, il demanda, par lettre en date du 26 avril 1809, des renseignements précis au préfet, sur ces divers mémoires. Sa lettre était ainsi conçue :

« J'ai souvent prié MM. les Préfets de me transmettre les
« ouvrages publiés dans leurs départements, sur des sujets
« relatifs à l'histoire, à la statistique et à l'industrie des pays.
« Je crois devoir vous rappeler cette demande, à l'occasion
« d'un article inséré dans le Moniteur, par lequel j'apprends,
« qu'en 1807, M. Champollion-Figeac a publié un ouvrage
« sur les *Antiquités de Grenoble*, et, dernièrement, une
« Notice sur les accroissements de la Bibliothèque de la même
« ville. Il ne saurait être indifférent, pour mon bureau de
« statistique, de prendre connaissance de ces ouvrages et de
« ceux du même genre, qui auront pu paraître dans ces der-
« nières années dans votre département. Je vous prie donc de
« lui adresser un exemplaire de chacun de ces ouvrages, dont
« le prix d'achat sera imputé sur les dépenses imprévues du
« département. Je vous invite, en outre, à me communiquer,
« pour un temps très-court, le Catalogue méthodique des
« objets appartenant à l'histoire naturelle du département, et
« qui composent le cabinet de Grenoble.
« C'est une chose infiniment utile que de s'attacher à
« réunir, au chef-lieu d'un département, tout ce qui peut
« donner une idée de sa production en tous genres. J'aime-
« rais à savoir ce qui a été fait pour atteindre ce but. Je vous
« renouvelle, etc. »

Le Préfet transmit au Ministre, un exemplaire des *Anti-quités de Grenoble*, de la *Dissertation sur un monument souterrain* et de la *Notice sur les accroissements de la bibliothèque de la ville*, publiés par Champollion-Figeac. Il y joignit divers mémoires relatifs à la statistique, ainsi que les catalogues de la minéralogie, des quadrupèdes, des oiseaux, des insectes et celui des plantes Alpestres, qui composaient l'herbier de la bibliothèque. Ces catalogues furent rédigés par Jullien ; mais comme cet établissement possédait de plus un recueil complet d'échantillons des bois de l'ancienne province de Dauphiné, il fut également signalé au Ministre.

Crétet avait la réputation d'être un habile agriculteur. Aussi, s'intéressa-t-il particulièrement aux renseignements relatifs aux variations atmosphériques du département, rappelées dans un Mémoire lu, pendant une séance de la Société littéraire (15 février 1808), par M. Gagnon, et ayant pour titre : *La Météorologie, son histoire et son utilité*. Cette science datait des travaux du professeur Toaldo ; Cotte lui fit faire de grands progrès, en écrivit l'histoire et en résuma les principes ; enfin Lamark s'étant livré tout entier à l'étude de cette science, fit pour la météorologie, ce que de Lalande avait fait pour l'astronomie. Le docteur Gagnon, de Grenoble, était son correspondant le plus estimé. Le Mémoire de Sonnini sur l'asclépiade de Syrie fixa aussi l'attention du ministre. L'auteur pensait que cette plante était très-propre à remplacer le coton. Le Préfet joignit à cet envoi des Mémoires littéraires, la liste des membres de la commission consultative formée au chef-lieu du département, par le gouvernement, pour examiner un projet de *Code Rural*. Les membres nommés étaient : MM. Trousset, Fleury et Guilloud, conseillers à la cour d'appel; le Préfet y ajouta MM. Bravet, Louis Royer, Rognat, Buisson, Chabert, Beyle, Pison-Dugaland.

Les autres ouvrages transmis au Ministre furent: le Mémoire de M. Nicolas, sur les eaux minérales du Dauphiné ; un résumé contenant tous les renseignements relatifs au tremblement de terre de 1808, rédigé par un membre de la Société des sciences et des lettres. Nous avons déjà parlé de cet événement (ci-dessus, p. 66); mais nous avons imprimé par erreur, d'après le Moniteur, 5 heures 50 minutes du matin; il faut lire *du soir*. — Nous ajouterons de plus à notre récit précité et d'après le Mémoire de la Société, les notes suivantes: à Vif, on ressentit deux secousses successives, très-sensibles; M. Gaymard, maire de Corps, informa la Société que ce phénomène s'était manifesté à la même minute, dans la même direction qu'à Grenoble et avait causé la chute de deux cheminées et de quelques ardoises de plusieurs toits. Au Fort-Barraux, même observation, mais pas d'accident; au Bourg-d'Oisans, huit secousses à différents jours ; à Pignerol, on avait éprouvé 33 secousses, qui avaient exercé des dégâts considérables ; la Sous-préfecture et la Mairie étaient devenues inhabitable.

Nous citerons encore, pour compléter la liste des ouvrages envoyés au Ministre, un tirage à part du journal les *Annales politiques*, contenant le récit d'un *voyage à Gênes en 1807*, par H. Berriat (voir le n° du 14 août 1808), et le *Discours* sur les jouissances des gens de lettres par Berriat-Saint-Prix.

Cet envoi fut reçu avec la plus grande satisfaction, par le secrétaire d'État de l'Intérieur, ainsi que le constate la lettre suivante:

« Paris, 27 juin 1809.

« Monsieur le Préfet, j'ai reçu les différents ouvrages « imprimés et manuscrits relatifs à votre département, que « vous avez eu l'attention de m'adresser le 4 de ce mois, et « je m'empresse de vous en faire mes remercîments.

« J'aurai soin, conformément à vos désirs, de vous faire « repasser les catalogues des objets d'histoire naturelle déposés « au Musée de Grenoble, aussitôt que j'aurai pu en faire « usage et consulter des naturalistes, dont je me propose de « recueillir les avis.

« Les soins que prend M. Champollion-Figeac pour « compléter et entretenir en bon état, la riche bibliothèque « publique de cette ville, méritent beaucoup d'éloges et prou- « vent le zèle de ce savant, pour contribuer aux progrès des « sciences. Veuillez, je vous prie, lui en témoigner ma « satisfaction et le remercier, en mon nom, de ses utiles « travaux.

« Je désirerais que vous puissiez me procurer un exem- « plaire de la *Bibliothèque historique du Dauphiné*, par Guy « Allard, revue par Chalvet, (Grenoble 1797, in-8°) ; de « *l'histoire naturelle* de la même province, par M. Faujas, « (Grenoble 1781, in-8°) et de l'ouvrage de M. Villar, sur « la *botanique*, (Grenoble 1786, in-8°) ; ces livres manquent « à la collection de mon ministère et j'attache du prix à « pouvoir les y joindre.

« Je crois aussi devoir, à cette occasion, vous rappeler la « lettre que je vous ai écrite, le 28 avril 1808, au sujet des « anciens cadastres du Dauphiné et notamment celui de 1706. « Je serais bien aise de savoir quel résultat ont eu vos « démarches à ce sujet.

« CRÉTET. »

Le Préfet de l'Isère répondit au ministre Crétet, sous la date du 11 août 1809 :

« D'après vos intentions, j'ai l'honneur de vous adresser :

1° *L'histoire des plantes du Dauphiné*, par Villar, un exemplaire complet, petit in-4°, avec la collection des plantes, 4 volumes, prix 60 francs ;

2° *Bibliothèque du Dauphiné*, revue par Chalvet, un volume, prix 5 francs ;

3° *Histoire naturelle du Dauphiné*, par Faujas, un volume in-8°, prix 6 francs.

« J'ai fait payer le prix de ces ouvrages à M. Champollion-Figeac, sur les fonds de dépenses extraordinaires, ainsi que vous m'y aviez autorisé précédemment.

« L'employé qui avait été chargé de faire des recherches sur les anciens cadastres du Dauphiné et notamment sur celui de 1706, est malade depuis plusieurs mois ; j'ai lieu de croire que son rétablissement ne tardera pas à s'effectuer, et je lui renouvellerai l'ordre de faire les recherches que vous avez ordonnées. J'aurai l'honneur de vous en faire connaître le résultat. »

Le 9 septembre, Fourier écrivait de nouveau au Ministre de l'intérieur.

« En exécution de la lettre que vous m'avez fait l'honneur de m'adresser, je vous transmets :

1° Une *Notice* imprimée, contenant le règlement de la Société des sciences et arts de Grenoble, la liste de ses membres et leurs travaux ;

2° Un *Mémoire* contenant quelques observations de l'ancienne Société et les faveurs qu'elle sollicite de la bienveillante protection de S. M. ;

3° Une *Note* des productions littéraires les plus importantes des membres de cette Société, depuis son institution.

« Je ne puis, Monseigneur, qu'appuyer de tous mes vœux les cinq demandes contenues dans le Mémoire de la Société. Les faveurs qu'elle sollicite seraient une récompense bien honorable de ses travaux passés, et un puissant motif d'émulation pour l'avenir.

« Un grand nombre des membres de cette Société se distinguent par leur mérite et par leurs ouvrages, tous, par leur zèle pour le progrès des sciences, et par leur dévouement sincère au gouvernement et à la personne de Sa Majesté l'Empereur et Roi.

« J'ai l'honneur de joindre ma recommandation spéciale au témoignage honorable que rend la Société à M. Jean-François Champollion, élève du cours de langues orientales, actuellement à Paris. Sa bonne conduite, son application et ses succès, font espérer qu'il se rendra digne de la protection du gouvernement et de celle de Votre Excellence.

« Son frère est secrétaire de la Société des sciences et des arts de Grenoble ; son zèle, ses talents et ses connaissances dans les objets d'antiquité, ont rendu déjà d'importants services ; il jouit de la considération publique due à ses qualités morales et à son mérite littéraire ; dans toutes les circonstances, il s'empresse de seconder les vues de l'administration ; ses ouvrages sont désignés dans la Notice imprimée. Je me félicite de pouvoir lui rendre ce témoignage, et de le recommander à la bienveillance spéciale de Votre Excellence.

« Je dois aussi désigner avec éloge à V. Ex., parmi les talents naissans de la Société de Grenoble, M. Hippolyte Bilon fils, docteur en médecine des facultés de Paris et de Montpellier ; ce jeune médecin annonce un talent distingué dans son art et une faculté précieuse pour l'enseignement ; ses ouvrages sont désignés, pages 54 et 55 de la Notice imprimée. (Voyez aussi ci-dessus, p. 15, 50, 62, 18, 286).

« Conformément aux intentions de Votre Ex., j'aurai l'honneur de lui adresser le compte-rendu des travaux de cette Société, pendant les années 1808 et 1809, et je dirigerai, autant qu'il dépendra de moi, les travaux de cette académie vers la description statistique du département, les antiquités qu'il peut renfermer et l'histoire locale. »

En même temps, le président de la Société des sciences, des lettres et des arts recevait du Préfet la lettre suivante :

« Grenoble, le 13 septembre 1809.

« J'ai eu l'honneur de vous adresser la copie d'une lettre de S. Ex. le Ministre de l'intérieur, par laquelle il me charge de lui envoyer, toutes les années, le compte-rendu des travaux de la Société que vous présidez.

« Vous m'avez transmis une *Notice* imprimée des travaux de l'Académie de Grenoble jusqu'au 1ᵉʳ janvier 1808. Pour satisfaire aux intentions bienveillantes de S. Ex., je vous invite à me faire parvenir, le plus tôt possible, le compte-rendu des travaux de la Société pendant l'année dernière.

« Ces renseignements compléteront ceux que j'ai transmis au gouvernement ; j'ai fortement recommandé au Ministre de l'intérieur les vœux de votre Société, contenus dans la Notice du 25 juin 1807 ; je désire qu'ils obtiennent le succès que vous avez droit d'attendre.

« Je vous prie aussi, Monsieur, de remplir, par tous les moyens qui sont en votre pouvoir, les vues de S. Ex., manifestées dans la dernière phrase de sa lettre précitée, en ces termes : « Vous devez vous attacher spécialement à diriger « les travaux de cette académie vers la description statistique « du département, les antiquités qu'il peut renfermer et l'his- « toire locale. » Je m'en rapporte à cet égard à votre zèle, à vos lumières et aux dispositions bien connues de la Société de seconder les projets du gouvernement. » (Les documents ci-dessus mentionnés sont conservés aux Archives départementales de l'Isère.)

Les procès-verbaux des séances ordinaires de la Société littéraire, pendant l'année 1809, constatent que M. Champollion-Figeac avait lu, le 15 février, la seconde partie de son *Mémoire sur les patois de la France* et, en particulier, sur ceux du département de l'Isère, suivi d'un essai sur la littérature dauphinoise ; M. Jullien, une *Notice sur les ouvrages d'histoire naturelle* que possède la Bibliothèque de la ville ; M. Berriat-Saint-Prix avait communiqué des *Observations grammaticales sur l'emploi ou la suppression du que relatif* ; M. Bourguignon fils avait donné lecture d'une pièce de Théâtre de sa composition. En avril, M. Berriat-Saint-Prix avait lu son *Discours sur les vices du langage judiciaire* ; M. Jullien, une *Notice* sur deux recueils de formes cristallographiques, en bois et en terre cuite, que possède la Bibliothèque de la ville. Enfin, M. Planta, général de brigade, avait donné lecture de la première partie d'un Mémoire très-intéressant sur la *méthode d'enseignement* de M. Pestalozzi.

Nous n'avons mentionné, dans cet extrait des procès-verbaux, ni les discutions relatives au prix annuel, distribué par cette assemblée, ni les autres Mémoires relatifs à la Grèce et à Rome, qui n'intéressaient pas le Dauphiné.

La Société apprit avec de vifs regrets que le mauvais état de la santé du ministre Crétet l'avait obligé d'abandonner, depuis le mois d'octobre, les hautes fonctions dont il était chargé. Le repos qu'il goûtait alors dans sa retraite ne prolongea pas longtemps ses jours : il mourut le 28 novembre. L'Empereur lui fit rendre les plus grands honneurs funèbres prescrits par le décret sur les préséances. Les restes mortels du ministre Crétet furent transportés au Panthéon (Voyez ci-dessus, p. 101 et 102).

Le successeur de Crétet au ministère de l'intérieur fut le Dauphinois Bachasson de Montalivet. Il se fit rendre compte, avec non moins de soins que son prédécesseur, des travaux des membres de la Société littéraire de Grenoble. Comme le Préfet n'avait pas encore répondu à la dernière dépêche de Crétet, le comte de Montalivet lui adressa une lettre de rappel, à la suite de laquelle furent envoyés les renseignements suivants :

« En exécution des dispositions contenues dans la lettre que vous m'avez fait l'honneur de m'adresser le 10 août 1809, j'ai invité la Société des sciences et des arts de Grenoble à fournir les divers renseignements indiqués dans les notes qui étaient jointes aux catalogues des objets d'histoire naturelle, déposés à la bibliothèque de cette ville. Je l'ai aussi engagée à faire rédiger un Mémoire sur l'étendue et les noms de lieux particuliers donnés à quelques parties de ce département.

« On vient de me transmettre le travail relatif à ces deux objets ; je m'empresse de le faire parvenir à Votre Excellence, et je desire qu'il puisse remplir ses intentions. »

L'impulsion étant donnée et bien que le Préfet fut absent, le Président de la Société reçut, quelques jours après, les lettres suivantes, et, dès son retour à son poste, Fourier se hâta aussi d'entretenir le nouveau Ministre de l'intérieur des intérêts de la Société littéraire de Grenoble. Il reçut enfin du ministre, sous les dates des 22 et 23 mars, des lettres pleines de félicitations pour la « direction que prenaient les utiles travaux » de cette assemblée. Voici le texte de ces documents, ils sont tirés, les uns des Archives départementales de l'Isère, les autres des archives de Paris, enfin d'autres de la Correspondance littéraire de Champollion-Figeac (tome 3).

« Le Préfet au Président de la Société littéraire de Grenoble :

« Grenoble, le 19 février 1810.

« J'ai l'honneur de vous transmettre un exemplaire du programme des prix proposés par la Société d'encouragement pour l'industrie nationale, pour les années 1810, 1811 et 1814. Veuillez bien le communiquer aux membres de la Société et leur faire connaître que l'objet de ces programmes est du plus grand intérêt pour l'industrie et que le gouvernement attend de leur amour pour le bien public, qu'ils ne négligeront rien pour engager les manufacturiers et les artistes à s'occuper de la solution des problèmes qui sont proposés. »

LE PRÉFET AU MINISTRE DE L'INTÉRIEUR.

« Grenoble, le 10 mars 1810.

« Monseigneur, — En exécution de vos ordres antérieurs, j'ai l'honneur de vous transmettre la Notice sommaire des travaux de la Société des sciences et arts de Grenoble, pendant les années 1808 et 1809.

« Je prie Votre Excellence de vouloir bien accorder sa protection bienveillante à cette Société. Un grand nombre de ses membres réunissent à des talents distingués, les sentiments les plus estimables et un entier dévouement à la personne et au gouvernement de Sa Majesté. Je vous prie de vouloir bien vous faire représenter ma lettre, en date du 9 septembre dernier, ainsi que les demandes de la Société des sciences et arts de Grenoble, qui y étaient jointes, et de lui accorder les faveurs qu'elle sollicite, soit comme une récompense de ses travaux, soit comme un motif puissant d'émulation et d'encouragement.

« Le programme des prix que cette Société vient de proposer pour sujet du concours, prouve qu'elle s'efforce de remplir vos intentions, en dirigeant ses travaux vers la description statistique de ce département, son histoire locale et celle de ses antiquités. Je suis, etc. »

NOTICE DE QUELQUES MÉMOIRES LUS DANS LES SÉANCES DE LA SOCIÉTÉ ET DES OUVRAGES PUBLIÉS par ses membres résidents, pendant les années 1808 et 1809. (Cette notice était jointe à la lettre précédente).

BILON: Mémoire relatif à l'influence des passions sur la production des maladies.

DURAND: Traduction française d'une Eglogue de Nemesianus et d'une autre du Calpurnius.

GAGNON: Résultat de ses observations météorologiques pendant l'année 1809

CHAMPOLLION-FIGEAC : Recherches sur les patois du département de l'Isère, suivi d'un essai sur la littérature dauphinoise.

JULLIEN : Mémoire sur les organes des plantes.

DUBOIS-FONTANELLE : Contes en vers.

RAGOUNAUD : Tableau de l'état de Rome, à l'époque de la conquête des Gaules par Jules César.

LE MÊME. Fragment sur l'état de Rome depuis la conquête des Gaules jusqu'au règne de Domitien. (3 autres Fragments).

BERRIAT-ST-PRIX : Dissertation grammaticale sur le verbe *imposer* et *en imposer*.

CHAMPOLLION-LE-JEUNE : Essai sur la religion des anciens Egyptiens, d'après les auteurs, les manuscrits orientaux et les monuments.

— Notice d'un manuscrit hébreux de la Bibliothèque de Grenoble.

CAMEL : Expériences sur le galvanisme et l'électricité.

DUBOIS-FONTANELLE : Rapport sur la traduction en vers français des Bucauliques de Virgile, par Tissot.

JULLIEN : Notice critique des ouvrages d'histoire naturelle que possède la Bibliothèque de Grenoble (2° fragment).

BERRIAT-ST-PRIX : Observations sur l'extrait inséré dans le Moniteur d'un Mémoire relatif à l'agriculture du département de l'Isère, par M. Perrin-Dulac, et à ses nombreuses erreurs.

— Rapport relatif au projet d'établissement sanitaire auprès des eaux de la Motte-Thermale, près Grenoble, demandé par le Ministre de l'intérieur. (Voyez ci-après, un second rapport).

Les autres mémoires lus à la même époque ont déjà été mentionnés.

LETTRE DU PRÉFET AU PRÉSIDENT DE LA SOCIÉTÉ DES SCIENCES, DES LETTRES ET DES ARTS.

« Grenoble, le 19 mars 1810.

« J'ai reçu la lettre que vous m'avez fait l'honneur de m'adresser le 8 du courant, ensemble la Notice des travaux de la Société, pendant les années 1808 et 1809. Je viens de le transmettre à S. Ex. le Ministre de l'intérieur, et je le prie de vouloir bien lui accorder sa protection bienveillante et les demandes que la Société a formulées.

« Je vous renvoie une lettre que je vous ai adressée, le 13 septembre dernier, dans laquelle je vous rappelle les intentions du gouvernement, la direction qu'il désire que vous donniez aux travaux de l'académie; je ne doute pas que vous ne vous y conformiez. »

LE MINISTRE DE L'INTÉRIEUR, COMTE DE L'EMPIRE, A M. LE PRÉFET DE L'ISÈRE.

« Paris, le 22 mars 1810.

« Monsieur, J'ai reçu votre lettre du 10 de ce mois, la Notice des Mémoires lus dans les séances de la Société des sciences et des arts et des ouvrages publiés par ses membres résidents, pendant les années 1808 et 1809.

« Je ne puis qu'applaudir aux efforts de la Société. Je vois avec satisfaction la direction que prennent ses utiles travaux. Je vais m'occuper de l'examen des demandes de cette Société, transmises au ministère par votre lettre du 9 septembre dernier.

« Recevez, etc.

« MONTALIVET. »

« Paris, le 23 mars 1810.

« Le travail de MM. Berriat-Saint-Prix et Champollion-Figeac, que vous m'avez transmis dernièrement et qui est relatif aux diverses contrées du département de l'Isère, connues sous un nom spécial, m'a semblé ne laisser rien à désirer et renfermer tous les éclaircissements qui m'étaient nécessaires sur ce point.

« Veuillez, je vous prie, témoigner à ces deux savants combien je suis satisfait de ce Mémoire intéressant, et les remercier, en mon nom, de cette nouvelle preuve de leur bonne volonté et de l'intérêt qu'ils prennent au progrès de tous les genres de connaissances. Je suis, etc.

« MONTALIVET. »

LE PRÉFET AU PRÉSIDENT DE LA SOCIÉTÉ LITTÉRAIRE.

« Grenoble, le 30 avril 1810.

« J'ai l'honneur de vous transmettre un exemplaire de la circulaire ou Notice de M. Fleuret, ancien professeur de l'Ecole militaire, concernant son ouvrage intitulé : *l'art de composer des pierres factices aussi dures que le caillou et recherches sur la manière de bâtir des anciens.*

« S. Ex. le Ministre de l'intérieur, qui m'a adressé cette circulaire, a jugé que cette découverte mérite d'être plus connue, et m'invite à favoriser la publication des utiles procédés dont elle se compose.

« Je vous prie, Monsieur le Président, de vouloir bien seconder les intentions bienfaisantes de S. Ex., en invitant les membres de la Société, qui se trouvent placés dans des circonstances favorables, à éprouver eux-mêmes les moyens dont il s'agit et à en propager l'usage, par leurs avis et leurs exemples. »

« Grenoble, le 19 juin 1810.

« Le gouvernement désire obtenir des renseignements exacts sur les monuments français et principalement sur les anciens châteaux et les abbayes existant dans le département.

« Je ne puis plus promptement et plus surement remplir ses intentions, qu'en vous priant de vouloir bien soumettre aux membres de la Société littéraire que vous présidez, les questions ci-jointes et de les inviter à fournir sur chacune de ces questions, des réponses assez détaillées, pour que l'on se forme une idée de l'intérêt que chacun des lieux peut présenter par son origine, par son importance dans l'histoire et par l'époque de l'art qu'il retrace.

« Veuillez bien, Monsieur le Président, me faire parvenir le plus tôt possible le travail dont il s'agit ; je compte à cet égard sur vos soins et votre complaisance accoutumés, ainsi que sur ceux des membres de la Société qui, dans toutes les circonstances, donnent des preuves de leur zèle éclairé pour tout ce qui peut intéresser la gloire et la prospérité des sciences et de l'Etat. »

« Grenoble, le 21 août 1810.

« J'ai l'honneur de vous adresser une copie de la lettre de S. Excellence le Ministre de l'intérieur, en date du 13 du courant ; je vous prie de la communiquer à la Société que vous présidez et à M. Jullien, et d'y joindre l'expression de mes remercîments particuliers.

« Je saisis cette circonstance pour vous prier de vouloir bien me faire parvenir, le plus tôt possible, le travail que je vous ai demandé sur les incendies et sur les anciens châteaux et abbayes, mais surtout le premier, qui m'est demandé avec instance. »

Telle fut la correspondance échangée entre le préfet de l'Isère, les ministres et la Société des sciences et des lettres de Grenoble, pendant les années 1809 et 1810 ; les communications épistolaires des savants entre eux étaient encore plus nombreuses, mais nous ne citerons que les suivantes, qui rentrent dans notre cadre.

Le sénateur et membre de l'Institut Lanjuinais se montrait très satisfait des travaux archéologiques lus à la Société par Champollion-Figeac. Le 3 mai 1810, il lui écrivait : « J'ai lu et relu avec plaisir, votre dissertation sur l'inscription grecque du temple de Dendérah ; j'en ai été fort satisfait. Je crois que vous avez donné le vrai texte et le vrai sens : cela fait beaucoup d'honneur à votre érudition et à votre sagacité. Veuillez recevoir, etc.

« LANJUINAIS, *sénateur.* »

L'antiquaire Oberlin, de Strasbourg, informait son ami Villar, doyen de la faculté : « qu'il avait lu le petit ouvrage
« de M. Champollion-Figeac, sur l'inscription de Dendérah,
« avec bien du plaisir ; que cette publication ne laissait rien à
« désirer et faisait le plus grand honneur à son auteur. »
(Correspondance littéraire, t. 2e, autographe).

Monge et Lelièvre, de l'Institut, s'occupaient de recueillir des notions exactes, pendant un voyage à Aix en Savoie, sur les Alpes Dauphinoises, et comme ils rencontrèrent dans cette ville l'ingénieur Barral, qui avait exploré les glaciers du Montdelans peu de temps auparavant, ils lui demandèrent communication des observations qu'il avait été à même de faire pendant cette excursion. Barral s'empressa de satisfaire aux désirs de ces deux illustres savants, en leur donnant des exemplaires de ses *lettres* imprimées sur ce sujet, dont quelques-unes avaient parues dans les *Annales politiques et littéraires* de Grenoble. Monge ne laissa pas ignorer à Barral combien ses observations scientifiques l'avaient intéressé.

Quant aux Mémoires, Rapports, etc., lus pendant les diverses séances de la Société littéraire de Grenoble, durant le second semestre de 1809, nous avons trouvé, dans les procès-verbaux, les mentions suivantes parmi les Mémoires qui intéressaient plus particulièrement le Dauphiné. Cette nouvelle liste complétera donc l'état des travaux littéraires, dont nous avons parlé aux pages, 11, 34, 35, 63, 64, 70, 137 et 180.

Lectures faites par : BERRIAT - SAINT - PRIX, description du repas de Humbert II, dernier Dauphin de Viennois; CHABERT, géomètre, problème d'algèbre relatif aux intérêts viagers et ordinaires; ESPIÉ, démonstration d'une nouvelle espèce de planétaire; JAY, traduction en vers libres du Pastor Fido; JULLIEN, observations sur l'histoire naturelle des montagnes de l'Oisans; BERRIAT-ST-PRIX, dissertation sur la petite route de Briançon, depuis le temps des Romains; Dissertation sur la police et la législation criminelle du temps des Dauphins; BILON, essai sur le bonheur; BOURGUIGNON-DUMOLARD, sur l'institution du Jury; CHAMPOLLION-FIGEAC, histoire de l'inscription en caractères hiéroglyphiques, en caractères cursifs égyptiens et en grec, trouvée à Rosette, suivie d'observations sur le texte grec; VIDAUD D'ANTHON, observations sur les portraits de Mably, Condillac, Vaucanson et Valbonnais, peints par Le Camus; DUBOIS-FONTANELLE, mémoire sur la crédulité née de l'ignorance; Le dernier chant d'un vieux citoyen; FOURIER, rapport sur les lettres inédites de Euler; LE GÉNÉRAL DE LA SALETTE, réflexions sur les procédés de la peinture au lait, découverts par CADET DE VAUX; Observations sur quelques parties de l'état actuel de la musique en

Italie; LAURENCE, hymne au soleil; SARRET, de Goncelin, carte géographique de la France; DE SINARD, élégies et stances adressées à sa nièce; TEISSEIRE, observation sur une nouvelle manière de peigner le chanvre; HÉRICARD DE THURY, mémoire sur les houillères du département de l'Isère; Notice sur la carbonisation de la tourbe; LAURENCE, traduction en vers de quelques odes d'Horace; PERRETON, épître sur la confiance; SILVY, observations sur une quantité prodigieuse d'épingles, avalées par une jeune femme; VILLAR, mémoire sur l'établissement d'une école spéciale d'histoire naturelle et de médecine à Grenoble.

L'histoire de l'agriculture ne fut point oubliée et elle occupa l'attention de plusieurs membres de la Société, qui recherchèrent: 1° à quelle époque on avait, autrefois, employé la chaux et la marne, comme moyen d'échauffer la terre; 2° quand on s'était servi des herses en fer et de la faulx; 3° à quelle époque avait commencé la fabrication du beurre et de la crême; 4° quelle était la forme des voitures et la largeur proportionnelle à donner aux jantes des roues, suivant le chargement des voitures.

Mais Faujas de St-Fond se montra plus homme pratique: il fit venir, dans sa maison de campagne de St-Fond, d'accord avec le Ministre de l'intérieur:

« Quelques personnes de Paris, très habiles chimistes, « pour disposer les choses de manière à faire, un peu en « grand, du *sirop de sucre avec des raisins*, et encourager, « par cet exemple, les propriétaires du voisinage à adopter « cette méthode, lorsqu'ils l'auraient vu pratiquer. » (Correspondance de Champollion, tome 2).

La question du sucre était, à cette époque, à l'ordre du jour, à cause du blocus continental, et le ministre faisait publier, par le *Moniteur Universel* et par les autres journaux officieux de cette époque, une *instruction* sur le sirop et les conserves de raisin, destinés à remplacer le sucre dans les principaux usages de l'économie domestique. Ces instructions portaient la signature de Parmentier.

Mais la betterave, analysée dans le même but de produire du sucre, sans le secours des colonies, donna des résultats plus satisfaisants que le raisin; il fût reconnu qu'elle renfermait une plus grande quantité de matières saccarines. Le Préfet fit alors étudier la culture de cette racine dans son département, afin de savoir la quantité et la qualité de betteraves qu'il pourrait produire.

Le Préfet communiqua aussi à la Société une *note* relative à la méthode Appert, pour la conservation des fruits et des légumes, et il la fit publier dans le journal de la ville. En même temps, il faisait réimprimer le rapport de feu le docteur Trousset, sur les eaux minérales du département et particulièrement sur celles d'Uriage, d'Allevard et de La Motte ; et un autre *Mémoire*, du même auteur, *sur la gélatine des os et son application à l'économie alimentaire*. Cette dernière découverte de Trousset avait eu un certain retentissement et une utilité pratique que Fourier tenait à faire connaître dans les campagnes.

Des personnes mêmes étrangères à la Société littéraire et aux études archéologiques, s'empressaient de communiquer au secrétaire de cette assemblée, qui était alors Champollion-Figeac, des copies et des empreintes d'inscriptions, que l'on découvrait dans le département. En 1810, M. Brison, avoué transmit le dessin d'une inscription trouvée à Crolles, sur une colonne de 70 centimètres de circonférence. Le 4 novembre de la même année, Faujas de St-Fond informait le secrétaire de la Société :

« Que l'on venait de découvrir, près de sa propriété, quatre
« superbes couteaux en bronze, qui avaient la forme de
« poignards pour l'usage des sacrifices. Ils étaient d'une très
« belle forme et trois d'entre eux dans un état parfait de
« conservation. Les lames, quoique de cuivre, coupaient
« aussi bien que si elles étaient d'acier ; mais ce n'était point
« un cuivre rouge pur, il était mélangé d'un autre métal, qui
« n'était pas le zinc ou l'alumine. — Je vais faire analyser ce
« métal par Vauquelin, ajoutait-il, et nous saurons quel est le
« métal dont les Romains faisaient usage pour durcir le
« cuivre. » (Correspondance littéraire, tome 2, p. 303).

L'antiquaire Artaud, de Lyon, prévenait aussi que : « le
« cabinet de son ami, M. Révoil, contient un monument d'un
« grand intérêt pour les Grenoblois, et il proposait de l'échan-
« ger contre un autre objet ancien. » Il s'agissait de « la crosse
« de Humbert, dauphin, qui donna ses états à Philippe de
« France, afin de se faire Prieur des Dominicains et patriarche
« d'Alexandrie. Sa sépulture était devant le maître autel des
« Jacobins de Paris, où il fut trouvé, pendant la Révolution,

« avec ses vêtements sacerdotaux et la crosse, qui est dans le
« cabinet de Révoil. La matière en est en cuivre doré, ornée de
« deux figures, et, de distance en distance, de quelques cris-
« taux certis de ...... (mot déchiré); sans doute pour les faire
« briller davantage; je vous en envoie la figure. »

Nous possédons un beau dessin de cette crosse; mais nous ignorons dans quel cabinet de curiosité se trouve ce monument. M. Gustave Vallier a bien voulu faire aussi des recherches à ce sujet, dans les collections du Lyonnais, mais sans plus de succès.

Le conservateur du Musée de Lyon adressait ensuite à Champollion-Figeac la lettre suivante :

« Je m'empresse de vous offrir un des premiers exem-
« plaires de ma *Notice sur le Musée de Lyon*; vous y verrez
« que j'ai pris la liberté de vous citer, au sujet d'une
« inscription d'Helvices; ce ne sera sûrement pas la seule
« occasion qui se présentera à moi, pour rendre hommage à
« vos connaissances profondes. Voulez-vous permettre,
« Monsieur, que je vous félicite sur votre nomination à la
« place de directeur de la Bibliothèque de Grenoble; un
« pareil poste ne peut que vous être agréable, puisqu'il vous
« met à même de vivre au milieu des ouvrages des savants,
« parmi lesquels vous figurez déjà d'une manière marquante.
« Mon ami, M. Révoil, est à la veille de partir pour Paris.
« Cette circonstance l'empêche de s'occuper de l'échange de la
« crosse de Humbert. Il espère que vous voudrez bien renouer
« le fil de la négociation, lorsqu'il sera de retour dans cette
« ville. Je compte accompagner mon ami dans la capitale, où
« je m'empresserai de visiter M. Millin, notre ami commun.
« Quelques affaires m'obligent de me présenter chez le
« Ministre de l'intérieur; j'ai appris que Son Excellence vous
« distinguait comme vous méritez et qu'elle vous a chargé de
« travaux importants. Y aurait-il de l'indiscrétion, Monsieur,
« à vous demander une lettre pour ce ministre. J'ai appris,
« avec la plus grande peine, que notre ami d'Anthon était très
« malade, etc.

« ARTAUD. »

(Correspondance littéraire, t. 2, p. 70).

Eloi Johanneau, qui venait de recevoir, à Paris, un Mémoire de M. Mazet, sur la *Mélusine du Poitou*, demandait à la Société littéraire des renseignements sur la *Mélusine du Dauphiné*, celle des Bérenger de Sassenage, pour compléter le travail de M. Mazet. Champollion-Figeac fut chargé de lui répondre et lui envoya la *note* suivante, relative à l'origine présumée de cette tradition du moyen âge :

« La Mélusine du Dauphiné, dont on a l'histoire en beaux vers latins, dans les *Silves* du président de Boissieu sur les sept merveilles du Dauphiné, ne tire-t-elle pas son origine de l'état physique des régions escarpées, dont les habitants, pendant six mois de l'année, disparaissaient sous les masses des neiges, qui couvraient toute la surface de leur pays. Etrangers à ce monde pendant cet intervalle de temps, incertains de l'époque où ils seront rendus à la lumière, ne voyant devant eux qu'une suite de temps qu'ils ne peuvent jamais apprécier, soumis aux seuls besoins de la nature, munis de provisions anciennes que la longueur de l'hiver est près de mettre en défaut, réunis sous le même toit que les animaux compagnons de leurs travaux et de leur peine, à la faible lueur d'une lampe, dont la flamme incertaine semble ne donner qu'à regret la lumière, qui seule ôte à ce séjour l'apparence de ténèbres éternelles, ces montagnards ignorants et curieux, occupent leurs loisirs à écouter les histoires du chef de la famille, ce bisaïeul vénéré, qui, après la prière adressée à l'éternel, commence l'*histoire véritable* d'un chevalier errant, d'une princesse infortunée, d'un démon malfaiteur, d'un lutin espiègle, d'un serpent ailé, enfin des sorciers, des esprits et des revenants. Ces histoires, le bisaïeul les raconte comme il les a entendues de la bouche de son bisaïeul, qui, lui-même, les avait appris du sien. L'esprit de ces montagnards, incapable de la moindre invention, ne saurait rien ajouter au texte de ces matériaux entendus avec une sorte de crainte respectueuse, inhérente aux narrations même. Ainsi, de génération en génération, l'histoire des peuples nous parvient par une source qu'on doit aussi consulter, quoiqu'elle nous offre la vérité enveloppée des langes de l'ignorance et de l'erreur, mais les recherches philosophiques sauront s'y reconnaître et les dégager, comme l'analyse chimique arrache l'or aux blocs informes de métaux grossiers, qui le dérobent à la vue du vulgaire.

« Je sens cependant combien il est difficile de classer les faits des différents âges, qui ne font qu'un seul et même corps. Je sais combien il y a d'inconvénients à craindre, je tâcherai de les éviter, en réunissant quelques-unes des traditions, etc. »

En même temps, une active rivalité s'établissait à Lyon, entre MM. Artaud, Martin et Cochard pour communiquer à la Société les renseignements qu'ils pouvaient se procurer sur les antiquités intéressant le département de l'Isère et conservées dans les Musées et les collections particulières du Lyonnais.

Cochard, conseiller de la préfecture du Rhône, écrivait à Champollien-Figeac, pour lui signaler : 1° une inscription déposée au Musée de Lyon, qui se rapportait à un décurion de Grenoble ; 2° un Mercure *artaïen*, ou mercure barbu ;

3° des Assias ou (ascia) que l'on trouvait sur des pierres tombales de vierges chrétiennes du V° siècle ; 4° l'épitaphe d'Helvius, décurion et curateur des nautoniers de Vienne, qui avait été placée dans un des murs de l'église de Saint-Étienne de Lyon, puis enlevée pour être portée au Musée Saint-Pierre de cette ville; 5° des inscriptions découvertes à Voreppe ; 6° une autre inscription provenant de l'église Saint-Jean près le Palais de Justice de Grenoble et publiée par le célestin Dubois.

Martin donnait, de son côté, des renseignements sur le manuscrit du révérend père Fournier (et non Fornier), dont il possédait une copie. Il signalait, dans cet ouvrage, un chapitre contenant un récit très fidèle des horreurs commises par les protestants du Dauphiné; dans un autre, il était longuement parlé des Vaudois. Mais comme le titre de ce manuscrit ne nous semble pas très exactement transcrit par Martin, nous allons copier fidèlement sa lettre, en lui laissant la responsabilité de sa version :

« Venons à Marcellin Fournier; l'histoire de cet auteur
« est intitulée : *Histoire générale des Alpes - Maritimes*
« *et Cottiennes et particulièrement de la métropolitaine*
« *et de la ville d'Embrun*, chronographique et mêlée
« de la séculière avec l'ecclésiastique, divisée en quatre
« parties, fort abondantes en diverses curiosités, composée
« par le révérend père Fournier, de la compagnie de Jésus,
« Tournonet. Cet ouvrage était dédié à Monseigneur illustris-
« sime et révérendissime archevêque et prince d'Embrun,
« comte de Guillestre, de Brézier et de Beaufort, conseiller
« du roi en son Conseil privé, Monseigneur Guillaume
« d'Hugues.

« Le manuscrit était un gros in-4°, assez mal relié, conte-
« nant 822 pages et une table des matières. Le papier était
« très commun; à la fin de la 82° page, j'ai remarqué cette
« date : *9 avril 1642*. J'ai parcouru cet ouvrage avec avidité,
« parce que j'espère un jour mettre à profit cet auteur, dans
« mon *histoire du Dauphiné*, que je réserve pour ma
« vieillesse, si tant est que j'y parvienne.

« Marcellin Fournier se plaint, dans la préface de son
« manuscrit, que plusieurs maisons illustres ne lui aient pas
« communiqué les renseignements qu'il désirait; « je puis,
« comme lui, former la même plainte, ajoute Martin, vu que
« je n'ai *jamais été encouragé et que je n'ai trouvé dans ma*
« *patrie qu'égoïsme et ingratitude.* » Le manuscrit de Mar-
« cellin intéresse aussi Grenoble, sous le rapport de l'histoire
« des Dauphins. Si M. Fourier, qui encourage les gens de

« lettres et qui me veut du bien, voulait me charger de copier
« ce manuscrit pour la Bibliothèque de Grenoble, j'en serais
« très content et cela arrangerait bien mes affaires. »

Martin ajoutait, de plus, des renseignements relatifs à un *dictionnaire de la langue vulgaire du département de l'Isère,* par Charbot.

Au mois de septembre de la même année, Cauchard adressait encore à la Société littéraire, par l'intermédiaire de Champollion-Figeac, de nouveaux renseignements concernant : 1° Claude d'Albon, jurisconsulte et poëte Dauphinois, auteur de la *Lotharingéide*, en vers latins héroïques, et de la *Généalogie des princes de la maison de Lorraine*; 2° sur Boissat, auteur d'un *ouvrage en sept langues, sur le miracle de N. D. de l'Osier*; 3° sur Claude Brosse, dont le procès au parlement, plaidé en 1631, contenait des pièces en langage vulgaire de Briançon; 4° sur Antoine Chevallet, qui avait composé, en 1520, le *mystère de Saint-Christophe*, en quatre journées et vingt mille vers. Il fût joué, en 1527, et imprimé trois ans après à Grenoble, sous le titre de : « *La vie de Saint-Christophe,* élégamment composée en lignes françaises et par personnages, par maistre Chevallet, jadis souverain maistre en telles compositions »; 5° sur l'histoire manuscrite, in-folio, de Dauphiné, par *Raymond de Juvénis* ; ce volume était dans la bibliothèque de Carpentras et il désirait qu'on en prit copie; 6° sur les antiquités de Vienne, de Jean Le Lièvre; 7° sur Charles du Mottet, seigneur de Séchilienne et de Champier, habile négociateur, souvent employé par le connétable de Lesdiguières.

Ce fut ce gentilhomme qui fit cadeau au duc de Savoie, de la masse d'arme de Bayard, conservée aujourd'hui au Musée d'artillerie de Turin.

8° Sur Antoine Malet, vy-bailli de Saint-Marcellin et plus tard juge mage à Grenoble, qui cultiva avec succès les lettres, vers 1502, et mourut en réputation d'un savant jurisconsulte; 9° sur Ennemond Malet, fils du précédent, envoyé en ambassade par François Ier, auprès du duc de Savoie, en 1529; 10° sur le bailli des montagnes de Dauphiné, Alphonse de Valebelle, comte de Montfuron. (Il existe des pièces originales sur ce personnage, aux archives de Saint-Omer, sous la cote

II, G. 36); 11° sur deux *sonnets* composés par Denantes, avocat à Vienne, et qui ont été insérés dans les œuvres de Boileau; 12° sur Nicolas de Nicolay, seigneur Darfeuille, dont les navigations et les pérégrinations ont eu une certaine célébrité; 13° sur un manuscrit très-curieux, de l'année 1665, qui se trouvait aux Archives de la Préfecture de Grenoble, parmi les documents provenant du monastère de Montfleury, et qui contenait un état des dépenses de cette maison religieuse. Ce manuscrit donnait aussi des renseignements sur la vie du père Ottoman, de l'ordre de Saint-Dominique, qui se rendit à Montfleury, le 16 août 1667, et était le fils d'Ibrahim, empereur des Turcs.

Il avait été fait prisonnier par les Maltais, lorsqu'il se rendait à la Mecque, avec la sultane Validé, sa mère. Moréri mentionne cet événement et l'histoire d'Ottoman pourrait certainement faire le pendant de celle de Zizime, d'après l'opinion exprimée par Cochard. Des médailles en plomb, très bien exécutées, représentaient le père Ottoman; mais nous pouvons affirmer que le riche médailler de la bibliothèque de Grenoble ne possède pas un exemplaire de cette rareté numismatique; nous devons même ajouter que notre savant compatriote et numismate Gustave Vallier n'a jamais pu en découvrir un seul exemplaire.

Ces deux derniers renseignements (n° 12 et 13), de Cochard, adressés à la Société littéraire de Grenoble, nous semblent nécessiter quelques indications complémentaires, se rattachant à nos *Chroniques Dauphinoises*, et tirées de ces documents originaux, qui existent encore de nos jours. En ce qui concerne Nicolas de Nicolay, par exemple, M. Cochard ne parle que des pérégrinations de notre célèbre géographe dauphinois. Il a passé sous silence sa description du Berry, du Lyonnais, Beaujolais et son « *Bréviaire des anciens droits, honneurs et prérogatives des Dauphins de Viennoy* ». M. Rochas cite ces ouvrages dans sa *Biographie du Dauphiné*; mais il convient, en même temps, que les renseignements relatifs à Nicolay sont très incomplets; il ignore si ce voyageur est originaire de l'Oisans, comme l'ont prétendu divers auteurs du dernier siècle, ou de la terre de Bressieu. Nous ne nous sommes pas attachés non plus aux détails biographiques relatifs à cet auteur; mais nous avons cherché dans les quatre manuscrits de Nicolay, que possède la bibliothèque nationale de Paris, les textes qui peuvent intéresser l'histoire de notre province. Les volumes manuscrits du fonds français n° 2790 et 2791 concernent le Berry; le premier des deux est l'exemplaire même qui fut offert à Catherine de Médicis; la magnifique reliure porte les armes de cette princesse: de France écartelé de Médicis. Les cartes et le texte, sur beau vélin, sont admirablement caligraphiés; mais rien dans cet ouvrage ne concerne notre province. Le second manuscrit est sur papier; ce n'est qu'une copie du n° 2790, seulement il n'a pas de cartes.

« La générale description de l'antique et célèbre cité de « Lyon, du pays Lyonnois et du Beaujolois, selon l'assiette, « limite et confins d'iceux », contient plusieurs chapitres qui nous intéressent : ce manuscrit porte le n° 24,106 du fonds français de la bibliothèque nationale, il est aussi dédié au roi et à sa mère Catherine de Médicis. Le chapitre des marchandises, qui sont de la manufacture ordinaire de la ville de Lyon *et autres pays de la France,* qui se débitent en ceste foire de Lyon (p. 130 et 142), indique les divers produits du Dauphiné et du département de l'Isère en 1573; sous ce rapport, ce chapitre est curieux à étudier, ainsi que le précédent, page 116: « De toutes espèces de changes, avec le vrai calcul et supputation des sommes baillées en échange ». Un grand nombre d'inscriptions romaines y sont reproduites ; enfin, voici ce que dit Nicolay de l'imprimerie de Lyon, en 1573:

« De l'imprimerie de Lyon, avec un advertissement pour la réduire au pristin estat qu'elle souloit estre anciennement. — L'un des plus grands commerce et trafique qui se font en la ville de Lyon est, où souloit estre le papier imprimé et à imprimer, de sorte que l'imprimerie estoit l'une des plus fameuses de l'Europe et d'icelles résultoient de merveilleuses utilités, lucres, prouffits et maniements de deniers aux Lyonnois, lesquels, pour la perfection dudit art d'imprimerie, employoient beaucoup de personnes, qui autrement demeuroient inutiles.

« Ce que voyant, les très chrestiens rois de France, mesme le roy François I*er* du nom, père et restaurateur des bonnes sciences, et depuis luy le roy Henri II, voulurent exempter cette imprimerie de tous droits. »

Quant au « Bréviaire des anciens droits, honneurs et privilèges des Dauphins de Viennois, extraits et recueillis de plusieurs documents et inscriptions très authentiques, tant de la Chambre des comptes de Grenoble, *que de la maison de la ville de Vienne* », il concerne presqu'exclusivement l'histoire de cette dernière ville avant que le Dauphiné ne fut constitué en état indépendant, et lorsque cette ville était métropolitaine. Ce manuscrit, qui porte le n° 6001 du fonds français de la bibliothèque nationale, est dédié à messire Jacques d'Albon, lieutenant général du Lyonnois, etc. L'auteur y parle, avec le plus grand éloge, de maître Jacques Gabet, juge ordinaire de Vienne, homme de grande érudition, tant en lettres civiles que humaines et grand amateur d'antiquités. » Mais les biographes de ce personnage sont absolument muets sur les diverses circonstances de sa vie. Nicolas de Nicolay nous apprend, de plus, que ce qui distinguait les armoiries des Dauphins de Viennois de celles des Dauphins d'Auvergne, c'est que les premières portaient un Dauphin *vif, aux oreilles rouges*, et les secondes, un Dauphin *mort, aux oreilles blanches* ; que ce qui fait la limite entre le Viennois et le Grésivaudan, c'est l'*Arintho* ; que la seigneurie de La Tour allait depuis Lyon jusqu'à la chapelle Saint-Vincent, qui est sur le grand chemin tirant de Grenoble, entre la ville de Voreppe et le château. Il dit aussi qu'au mont Bioul, lorsqu'on jetait une pierre dans l'eau qui se trouvait au sommet, on soulevait immédiatement une tempête des plus dangereuses. Cet effet miraculeux ne se produit plus de nos jours.

Le Discours de Mathé de Laval, placé en tête du *Lyonnois*, et dans lequel il fait l'éloge de son beau-père Nicolas de Nicolay, contient les vers suivants, adressés à Catherine de Médicis ; ils semblent indiquer que ce dernier ouvrage avait été rédigé avant la publication des *pérégrinations* de Nicolay :

> Si n'ay je opinion qu'un jour sa majesté
> N'use, envers cet autheur, de libéralité,
> Qui pourra l'amener et luy donner courage,
> De faire voir le jour aux fruits de maints voyages,
> Qu'il a, comme soigneux, recueillis de sa main,
> Pour ne déperdre oisifs ses jours, ans, envain ;
> Et là se pourroit voir avec quelle industrie,
> Ton Darfeuille a moulé le projet de sa vie.

Le livre de dépenses de Montfleury, relatif à Ottoman et qui doit se trouver aux Archives de la préfecture de l'Isère, parmi les registres provenant de cette maison religieuse, qui sont inventoriés dans un volume ayant pour titre : *Tableau numérique par fonds des archives départementales*, imprimé en 1848, a été recherché avec soin par M. Prudhomme, archiviste du département nouvellement entré en fonctions ; mais ce dépôt est dans un assez mauvais état et il n'a pas encore été possible de le retrouver.

M. d'Archambaud, d'Avignon, neveu de Chalvet et son héritier, possédait les médailles et les manuscrits de ce savant compatriote ; il désirait les céder à la Bibliothèque de la ville, ou à la Société des sciences et des lettres de Grenoble. Il écrivait à Champollion-Figeac, sous la date du 14 février 1809 :

« L'histoire des Voconces et les autres travaux de mon
« oncle, forment 10 ou 12 gros volumes in-4° ; de plus, il
« nous a laissé aussi quelques pierres avec des inscriptions et
« une superbe mosaïque, qui a été trouvée près de Vaison et
« que mon oncle a fait servir à paver la chapelle de Vérone,
« maison de campagne qu'il habitait et que nous possédons,
« après l'avoir fait complètement réparer. Quant aux médailles
« dont j'ai le désir de me défaire, il y en a six cents en argent,
« quatre mille quatre cents en grand, moyen et petit bronze,
« et onze cent quatorze monnaies. J'en demande mille francs,
« M. de Pina, de votre ville, m'en offre neuf cents livres. »

M. de Pina informa, ainsi qu'il suit, Champollion-Figeac, du résultat de son examen superficiel de ces médailles. « M.
« de Pina a vu trop précipitamment les médailles de M.
« d'Archambaud, pour pouvoir jamais prétendre les estimer
« un peu exactement. Aussi s'est-il toujours contenté d'enché-
« rir de quelques louis, sur les offres d'un amateur de Nismes,
« qui a eu des données plus exactes sur la valeur de la
« collection. » Enfin, au mois de mars 1809, M. d'Archambaud écrivait encore : « Le désir que vous paraissez émettre à
« ce que ces médailles retournent à Grenoble et surtout entre
« les mains de M. de Pina, est un motif pour me déterminer
« à les donner au bas prix qui m'est offert. C'est dans cet
« esprit que j'écris à Madame d'Agoult, que, vendant ces
« médailles en aveugle, j'en avais fixé le prix à mille francs ;
« mais que, sachant qu'elles retourneraient à Grenoble, si M.
« de Pina en faisait l'acquisition, je m'étais décidé à les lui
« donner pour neuf cents livres. Ce n'est du reste qu'une
« partie des médailles qu'avait mon oncle. Il en existait plus
« de cent en or, elles ont toutes disparues. »

Par suite de circonstances particulières, les médailles achetées en 1809, par M. le marquis de Pina, sur les instances de Champollion-Figeac, devinrent la propriété de la ville de Grenoble, lors du décès du marquis, et ce fût encore Champollion-Figeac, après un intervalle de trente années, qui fut chargé d'estimer ces médailles, sur la demande de M. Rivier, maire de la ville; mais cette collection avait été considérablement augmentée, ainsi que nous pouvons le présumer, d'après une lettre du comte de Pina, datée de Romans, et dont voici le contenu :

« Vous m'aviez fait espérer, Monsieur, que vous auriez la
« complaisance de m'écrire de Paris, pour m'apprendre la
« décision de M. Millin sur mes médailles, que vous avez eu
« la bonté de lui soumettre. Le mois de septembre s'est écoulé,
« je n'ai point reçu cette lettre, que j'attendais avec beaucoup
« d'impatience et je viens vous la demander. Permettez-moi
« aussi de vous parler des livres; avez-vous eu la bonté de
« vous occuper de leur recherche et espérez-vous les trouver ?

« Je suis à Romans, depuis huit ou dix jours ; j'ai reçu
« quelques présents, entr'autres un certain nombre de mé-
« dailles d'argent, qu'on m'a données pour gauloises et qui
« sont effectivement d'une fabrique barbare. Dans quelques
« jours, j'irai à Tournon, et c'est dans cette ville (à Tournon,
« département de l'Ardèche), que je vous prie de m'adresser
« votre réponse.

« Agréez, je vous prie, Monsieur, l'assurance des sentiments
« d'attachement avec lesquels, etc.

« C. DE PINA. »

La Société des sciences, des lettres et des arts de Grenoble était donc en possession, dès l'année 1809, d'une certaine renommée, qui fit désirer à des Dauphinois et à des étrangers de distinction, d'être nommés membres correspondants de cette Société archéologique; elle reprit alors le titre d'*Academie Delphinale*. En tête des demandes agréées par la Société, nous devons placer celle de l'abbé Raillon, né à Bourgoin, évêque d'Orléans, puis de Dijon et enfin archevêque d'Aix; il habitait alors Paris et il était très occupé d'études littéraires, tout en remplissant les fonctions de professeur d'éloquence à la faculté de théologie de Paris. (Voyez, p. 101).

Vinrent ensuite les demandes de Millin, de l'Institut; de Jomard, président de la commission chargée de publier l'ouvrage sur l'Egypte; de Roquefort, très connu par ses travaux sur le moyen âge; d'Eloi Johanneau, par ses études sur les antiquités celtiques (voyez ci-dessus, p. 69), ainsi que M. Cambry; de Fremiel, secrétaire de la Société littéraire de Dijon ; de

Lacoste de Cahors; de Sonnini, dont nous avons déjà souvent parlé; d'un autre Lacoste, qui habitait l'Auvergne et s'occupait spécialement de minéralogie (Il avait épousé une demoiselle St-Pères, de Grenoble); de Perrier (Scipion), membre de la commission des arts au ministère de l'intérieur; de Lacombe St-Michel, général de division; de Gaillard, prieur de la Côte-St-André; de Sauzey et de Boulard, membres du Corps législatif; de Bauchet-Laborde, commandant de la place de Grenoble; de M. de Labuisse, etc. Toutes ces personnes s'étaient fait connaître, soit par des communications archéologiques adressées à la Société, soit encore en faisant hommage à cette assemblée d'ouvrages imprimés à différentes époques. Rolland, principal du collège de Gap, avait envoyé son *Histoire des hautes et des basses Alpes*; Lacoste, des échantillons minéralogiques de l'Auvergne et divers renseignements sur l'histoire naturelle de ce pays; Lacoste de Cahors, des empreintes d'inscriptions anciennes, qui pouvaient intéresser le Dauphiné et d'autres, qui concernaient le Quercy, mais sur l'interprétation desquelles, il demandait l'avis de la Société. Il exprimait, en même temps, le désir d'obtenir une copie de la *Chronique manuscrite de Malleville*, appartenant à la Bibliothèque de Grenoble et relative au Quercy. Artaud fit hommage de sa *Notice sur le Musée de Lyon*; Victorin Fabre, de poésies de sa composition; le capitaine du Génie, Teullié, sachant que le Préfet de l'Isère avait chargé Champollion-Figeac de faire des recherches sur les patois du Dauphiné et des provinces voisines, transmettait copie d'une chanson en langage vulgaire du Quercy.

M. Cambry écrivait, à cette époque, à Champollion-Figeac:

« Je vous prie de me faire passer à Paris le diplôme de la Société de Grenoble, qui m'honore infiniment, en me plaçant au nombre de ses membres.

« Votre projet sur les patois me semble on ne peut mieux conçu. Vous lui donnez toute l'extension qu'il peut avoir; les ouvrages de cette espèce, qu'on fait partout, vous seront d'une grande utilité. Il sera précieux de démontrer que l'ancienne langue des Celtes existe toute entière dans les diverses provinces, comme je viens de m'en convaincre dans Narbonne et dans les environs de cette ville, malgré les changements que les Romains, les Goths, les Visigoths, les Francs, les Sarrasins ont dû produire dans son langage. »

Enfin, Bonin, habile mécanicien du département, en envoyant le modèle d'une pompe à incendie qu'il venait d'inventer et en rendant compte de son mécanisme, demandait à être élu membre correspondant de cette Société.

Nous venons de mentionner les principaux sujets traités dans les lettres et Mémoires que les membres correspondants adressaient fréquemment à la Société des sciences et des lettres de Grenoble; mais il nous a été impossible d'analyser plus longuement, ou de reproduire tous les textes, dont la plupart sont inédits et très intéressants pour l'histoire de notre département. Il nous a semblé, cependant, qu'il y avait lieu de faire quelques exceptions en faveur des *lettres* et *notices* que nous allons citer, en raison des personnages de qui ces travaux émanent et que l'on trouvera aux pièces justificatives n° 39.

Le premier document est une très-intéressante *lettre* de M. Jomard, membre de la Commission d'Egypte; et qui fut plus tard nommé membre de l'Institut, malgré un pamphlet très-violent publié contre lui par Paul-Louis Courier. Cette lettre concerne les *Bateleurs et les Jongleurs* de l'antiquité et des temps modernes; elle servait de complément à un Mémoire lu à la Société par M. Planta fils, et ayant pour titre: *Recherches sur la Gymnastique* chez les anciens et les modernes. Le second document est aussi une *lettre* très-spirituelle de Victorien Fabre, écrite à l'occasion de sa nomination comme membre correspondant de la Société littéraire de Grenoble; elle contient, de plus, de curieuses considérations sur Homère, à l'occasion de la *Notice* que Champollion-Figeac avait lue à la Société, sur une édition de ce poëte préparée par Wetstein. Le troisième document n'intéresse pas directement l'histoire du Dauphiné; mais comme ce fut le Mémoire qui servit de point de départ à une importante découverte que Champollion-le-Jeune ne réalisa cependant que douze années plus tard, il nous a semblé curieux d'en donner un fragment, parce qu'il fut aussi lu à la Société littéraire de Grenoble, le 7 août 1810. Ce Mémoire qui a pour objet: *Les Ecritures des anciens Egyptiens*, est entièrement de la main de Champollion-le-Jeune; il occupe trente pages, grand in-4°. Il porte cependant plusieurs corrections de rédaction faites par son frère Champollion-Figeac. Il nous a été donné, en 1865, par

M. Emmanuel Teisseire, qui le tenait de son père, ancien membre de la Société des sciences, des lettres et des arts de Grenoble et député de l'Isère. Le Mémoire dont il s'agit renferme les éléments même de la grande découverte qui immortalisa le nom de Champollion-le-Jeune. Il est à remarquer qu'en 1810, notre jeune compatriote soutenait déjà, contrairement à l'opinion de l'Institut, que l'écriture égyptienne était alphabétique (Voyez ci-dessus, p. 19), et, entraîné par cette conviction, il réalisa, après douze années de recherches persévérantes, une des plus mémorables découvertes des temps modernes, celle qui a ouvert les plus vastes horizons à l'histoire des temps anciens. La Grammaire Égyptienne, imprimée par Firmin Didot, en 1836, et publiée par les soins de son frère Champollion-Figeac, fut le corollaire de cette découverte.

Quand on étudie la correspondance littéraire de Champollion-Figeac pendant les années 1808, 1809 et 1810, avec son frère, avec les orientalistes et les hellénistes de Paris, on remarque combien leur opinion sur les monuments de l'Égypte différait de celle des membres de l'Académie des inscriptions. Toute l'attention des deux Champollion était alors portée sur l'inscription de Rosette. Déjà Champollion-Figeac avait écrit à Gail, membre de l'Institut, à la date du 15 ventôse an XIII (Correspond. littéraire, I, p. 130) : « Le respect que j'ai pour
« la langue d'Homère et le désir de lui être le moins étranger
« possible, m'a fait donner quelque temps à son étude. Je l'ai
« surtout recherchée dans les monuments; et, sous ce rap-
« port, il en est peu qui puisse offrir plus d'intérêt que celui
« de Rosette. M'étant procuré un fac-simile de cette ins-
« cription, j'osai en entreprendre la traduction. Je la terminai
« et le travail de M. Amailhon sur cette inscription, m'offrit
« un terme de comparaison. Je diffère de lui en plusieurs
« points, permettez-moi de vous les soumettre. »

La réponse de Gail ne se fit pas attendre, elle est très-longue et répond à tous les doutes relevés par Champollion-Figeac sur la traduction d'Amailhon. Gail ajoutait en terminant : « Depuis dix ans, je suis si occupé de mes observa-
« tions sur Théocrite, de ma traduction de Xénophon et de
« mes variantes et scholies, que je lis rarement ce qui exige
« réflexion, méditation et recherches. La fameuse inscription
« de Rosette étant dans ce cas, je l'ai peu lue, peu étudiée.
« Je vais cependant hasarder quelques notules... »

Le 4 juillet 1807 (voyez correspond. littéraire, p. 150, 151, 160), Champollion-Figeac écrivait à son frère :

« Ne te décourage pas sur le texte Egyptien, c'est ici le cas
« d'appliquer le précepte d'Horace: une lettre te conduira à un
« mot, un mot à une phrase et une phrase au tout, le tout
« tient donc à peu près à une lettre; travaille toujours, jusqu'à
« ce que je puisse vérifier ton travail par moi-même... Si tu
« as essayé ma méthode pour lire l'inscription de Rosette,
« dis-moi quel a été le résultat de cet essai; il me semble
« propre à conduire à un résultat, si, comme tu l'observes
« fort bien, on connaît les mots égyptiens correspondants à
« tous les mots grecs de la partie grecque, en ayant toutefois
« égard à l'esprit de chacune des deux langues et aux tour-
« nures, qui sont propres à l'une et à l'autre. Il faut des essais
« répétés avant que de conclure. »

Champollion-le-Jeune répondait (Cor. litt., tome X, p. 93):

« Mon copte va toujours son train et j'y trouve vrai-
« ment de grandes jouissances, car, tu dois bien penser que
« ce n'en est point une petite, que de parler la langue de mes
« chers Aménophis III, Sésostris, Ramessès, Thoutmosis,
« etc. Les papyrus sont toujours présents à mes yeux, c'est
« une palme si belle à cueillir : *J'espère qu'elle m'est des-
« tinée!* Tu me conseille d'étudier l'inscription de Rosette,
« c'est justement là par où je veux commencer. »

À la même époque, M. de Sacy écrivait à Champollion-Figeac (Corresp., t. 2, p. 240).

« Je suis sensible au souvenir de M. votre frère et je l'en-
« gage à ne point abandonner la littérature orientale; *mais
« je ne pense pas qu'il doive s'attacher au déchiffrement
« de l'inscription de Rosette*. Le succès, dans ces sortes de
« recherches, est plus tôt l'effet d'une heureuse combinaison
« de circonstances, que celui d'un travail opiniâtre, qui met
« quelquefois dans le cas de prendre des illusions pour des
« réalités... »

Le travail opiniâtre a cependant conduit Champollion-le-Jeune au succès!

Des études sur les classiques grecs absorbèrent, bientôt après, toute l'attention de Champollion-Figeac; il venait d'être nommé professeur de littérature grecque à la Faculté des lettres de Grenoble, et, quelque temps après, doyen du même établissement. Son discours d'ouverture eut un véritable succès littéraire et les revues allemandes en rendirent un compte très-favorable. Ce fut à cette époque et pendant qu'il préparait son *cours*, qu'il souleva différentes questions restées sans solution jusqu'alors. Champollion-Figeac écrivait à Gail:

« Est-on enfin convenu, en France, d'une manière de lire le grec, sous le rapport de la prononciation. Ce qu'on appelle la manière française, nous met en guerre avec les étrangers, qui prétendent connaître la langue grecque ? A-t-on reçu de l'usage ou de la mode cette sanction, que l'un et l'autre donnent aux institutions, qui revivent sous leur influence. Ayant eu occasion de voir souvent Dom Raphaël, pendant le temps qu'il a passé chez M. Fourier, je ne pus parvenir à me faire entendre de lui, qu'après avoir étudié sa manière, qu'en prononçant comme lui, *c'est-à-dire comme les grecs modernes*. Je ne trouve aucun renseignement à ce sujet dans les papiers de Jean-Rodolphe Wetstein, professeur à Bâle, relatifs à son travail préparatoire pour donner une édition d'Homère ; il avait réuni une grande quantité de matériaux, qui sont aujourd'hui parmi les manuscrits de ma bibliothèque (voyez leur origine ci-dessus, p. 52). Il s'y trouve des lettres de plusieurs hommes célèbres du XVIIe siècle : Th. Gales, Daniel Leclerc de Genève, relatives à des manuscrits d'Homère et contenant des variantes tirées de divers manuscrits. »

La correspondance littéraire de Champollion-Figeac nous donnera ultérieurement la solution de cette question, encore très débattue à cette époque. Mais nous ne devons pas nous laisser entraîner trop loin, sur des sujets relatifs à l'Egypte et à la Grèce, afin de nous renfermer dans notre cadre, bien que ces études aient attiré spécialement l'attention du monde savant sur l'enseignement de la Faculté des lettres de Grenoble. Nous donnerons cependant encore un extrait d'une lettre de Champollion-le-Jeune à son frère, relative à une inscription intéressant le Vivarais et à sa nomination comme membre de la Société littéraire de Grenoble :

« .... Mon agrégation à l'Académie de Grenoble, me fait un sensible plaisir ; ce qui me flatte le plus en cela, c'est que je suis un peu plus ton frère. — J'ai vu M. de Tersan, aujourd'hui ; il m'a chargé de te dire qu'il a découvert une inscription du Vivarais, qui parle de la ville de Sognoni, qu'il croit être *Soyon* près Valence. Aucun *Itinéraire* ne parle de ce lieu. Je te prie de m'envoyer tout ce que tu as sur le Bas-Breton.

« Quant à l'Ecole normale, je ne vois pas ce qui peut me convenir dans ce... de latin et de mathématiques. Je n'ai point de disposition à endosser l'habit noir et à suivre un régime monacal; j'aime trop ma liberté pour m'exposer à être le jouet d'un *recteur*, qui, peut-être, sans orgueil, ne me vaudrait point... et puis d'ailleurs ça sent le gothique... réfléchi bien à tout cela.

J.-F. Champollion-le-Jeune.

Parmi les Mémoires communiqués à la Société, pendant l'année 1810, les lectures faites dans les différentes réunions et *qui sont mentionnées dans les procès-verbaux de la Société littéraire*, nous ne trouvons à citer, outre les travaux déjà analysés dans le commencement de ce chapitre, que les Mémoires suivants, intéressant spécialement l'histoire du Dauphiné, savoir : par Jullien, sur les coquilles du Cabinet d'histoire naturelle de la Bibliothèque de Grenoble ; — par Berriat-Saint-Prix et Champollion-Figeac, nouveau rapport sur les diverses contrées du département, qui sont connues par un nom spécial, et Mélanges historiques sur le département de l'Isère. — Programme d'un prix proposé par la Société, dont le sujet était : « L'Histoire des Allobroges et des Voconces, prouvée par les monuments et les auteurs. » La Société, en choisissant ce sujet, avait considéré, avec raison, que le but de son institution devait être de s'occuper plus particulièrement de tout ce qui concernait le département de l'Isère. La valeur du prix était de six cents francs. — Déjà l'agriculture des Celtes et des Gaulois et l'industrie de ces derniers peuples avaient occupé l'attention de la Société ; elle avait aussi écouté avec un vif intérêt, sur ce sujet, un Mémoire de M. Cambry, l'un de ses membres, et une description verbale faite par Champollion-Figeac, d'une petite statue gauloise en bronze, représentant un homme accroupi et coiffé du Cuculo-Bardus. Ce monument, très-rare, avait été trouvé à Capdenac et avait été donné à notre compatriote par M. Delbret, de Figeac (Lettre, tome 2, page 276) ; — un rapport de Schreiber relatif à la minéralogie des volcans, sur laquelle Faujas de Saint-Fond avait publié plusieurs dissertations, fut aussi lu dans une des assemblées. La Société, à la majorité de ses membres présents, n'avait pas voulu mettre au concours pour sujet de prix : « Indiquer la meilleure méthode de travailler la soie ; » cette discution eut lieu dans la séance du 14 juillet. A cette même époque, FOURIER écrivait au Président pour lui rappeler qu'il n'avait pas reçu de réponse au questionnaire adressé à la Société, pour avoir son avis sur le meilleur moyen de prévenir les incendies, dont les ravages se renouvelaient sans cesse dans le département de l'Isère. Félix FAURE fut du nombre des membres de la Société, qui fournirent des notes sur la solution de cette question (Corresp. litt. t. 2, p. 248). — Les études de l'ingénieur Barral relatives aux sources du Drac, sont aussi de cette année 1810. — La Société, de son côté, demandait au Préfet de s'intéresser à l'établissement, au château de La Motte, d'une station thermale. Pour atteindre ce but, elle fit rédiger trois nouveaux mémoires sur ces eaux minérales, par plusieurs de ses membres et elle les accompagna de plans, de cartes et de la constatation précise de la chaleur de ces eaux, qui était de 46 degrés, prises sur place. Ces renseignements furent plus exacts, que ceux donnés par Nicolas dans son Mémoire sur les eaux minérales du Dauphiné; ils furent envoyés au Ministre de l'intérieur par Fourier, avec une demande de subvention pour former un établissement important dans cette localité. Cette question s'agitait de nouveau, avec beaucoup d'animation, vingt-cinq années plus tard, lorsque M. Berriat, maire de Grenoble et frère de Berriat-Saint-Prix, voulut entreprendre d'amener jusqu'à cette ville, ces eaux, si utiles à la guérison des douleurs rhumatismales. De nombreuses brochures furent alors publiées sur ce projet d'établissement d'utilité publique; mais la mort de H. Berriat, ancien intendant militaire, ancien conseiller général de l'Isère et ancien maire de Grenoble, mit fin à la polémique alors vivement engagée.

Les communications purement littéraires faites à la Société et publiées dans le journal du département, avaient été très-nombreuses en cette année 1810. C'était presqu'une épidémie de poésies, mais une épidémie salutaire et bienfaisante, à laquelle l'archéologue Champollion-Figeac ne resta pas étranger. Nous trouvons, en effet, parmi ses papiers, un tirage à part de 6 pages in-8°, intitulé *Souvenirs de l'Amitié*, et quelques autres poésies de circonstances. Les diverses productions de ce genre, que nous pouvons encore citer, sont : 1° des Couplets nouveaux, des Acrostiches, des Idylles, des

Contes, par Alexis Michallet; 2° *la mode*, par Aug. de Lobouisse; 3° *Idylle aux Amours*, par feu Joly, ancien sous-préfet, et traduction du Pastor Fido; 4° des Bouts-Rimés, par Lemarquiant (très-bons); 5° Moralités, par Laurence; 6° Le cimetière de campagne, élégie par Mademoiselle Genève (Emile); 7° Requête d'un étudiant en droit à son professeur, par Bourgeat; 8° Le tombeau du Pédantisme, par un élève du Collége de Grenoble, C. G; 9° *Epitre* à un ami contre la bouillotte, par J.-B. Perrier; 10° Une chansonnette épicurienne, de Armand Gouffé; 11° Élégie, à celle qui m'aimait, par Eusèbe Salverte; 12° Couplets sur l'anniversaire du couronnement, chantés au Monestier-de-Clermont, par David, notaire. Mais nous donnerons le texte des poésies de Vincent de Lormel, ayant pour titre: *Le Bonsoir à Sophie*, dont nous avons parlé (ci-dessus, p. 137), à cause du succès que ces couplets obtinrent et de l'admiration qu'ils excitèrent dans le département: le lecteur appréciera ainsi le goût de nos compatriotes.

> Le jour fuit et quand, dans la nature,
> Tout va jouir du sommeil bienfaisant,
> Contre ce Dieu ton amant seul murmure,
> Et pour lui seul son charme est impuissant.
> Phœbé trop tôt a fini sa carrière,
> Trop tôt hélas! je cesse de te voir;
> Avec douleur, je vois fuir la lumière
> Quand je te dis, et toujours sans espoir,
>   Bonsoir, bonsoir.
>
> Bonsoir... hélas! mon malheur vient d'éclore,
> Le temps jaloux a dévoré le jour.
> Quant un amant aspire après l'aurore,
> La nuit devient un siècle pour l'amour.
> Las! insensible à ma voix douloureuse
> Tu fuis!... du moins mon âme, sans te voir,
> De souvenir serait encore heureuse,
> Si je pouvais te dire avec espoir,
>   Bonsoir, bonsoir.
>
> Arrête encore... sensible à ma tristesse
> D'un seul regard apaise ma douleur;
> Par un baiser, doux prix de ma tendresse,
> En me quittant, rend le calme à mon cœur.
> Ah! je te vois, et ta lèvre brûlante...
> Tu fuis encor... ô funeste devoir...
> Mais du bonheur image consolante,
> Si ce baiser du bonheur est l'espoir,
>   Bonsoir, bonsoir.

Comme nous l'avons déjà constaté: La Société des sciences, des lettres et des arts de Grenoble avait des membres correspondants, ou membres non résidents, d'une certaine notoriété scientifique ; les uns lui faisaient connaître les travaux archéologiques et littéraires qui s'exécutaient dans les provinces voisines ; les autres lui envoyaient copie de documents qui pouvaient intéresser l'histoire du Dauphiné ; de bons rapports scientifiques s'étaient donc alors établis entre des savants de divers départements et de l'étranger, bien que la Société littéraire de Grenoble ne fût affiliée ni à l'Institut national de Paris, ni à aucune autre Société archéologique. Aussi avons-nous remarqué, dans une correspondance littéraire Dauphinoise, la lettre d'un étranger de grande distinction, réclamant la protection d'un membre de la Société des sciences, des lettres et des arts de Grenoble auprès de son souverain, qui régnait dans les régions polaires. Il est vrai que ce *prince et futur roi* était d'origine française, qu'il avait tenu garnison à Grenoble, quand il était encore dans les bas grades de l'armée, (voyez ci-dessus, p. 56), et avant de devenir *prince royal* par la protection de Napoléon.

Voici cette lettre du célèbre archéologue Akerblad :

« Rome, le 29 décembre 1810.

« Monsieur, notre ami commun m'a instruit de votre
« généreuse disposition de m'être utile, auprès de Monseigneur
« le prince royal de Suède. J'ose donc compter sur votre
« indulgence, si je vous importune. Je sais tout le prix,
« Monsieur, de l'insigne service que vous voulez bien me
« rendre et ma reconnaissance d'un si noble procédé sera pour
« toujours gravée dans mon cœur.

« Quant à la confession générale, que notre ami me
« conseille de vous faire, sur ma position vis-à-vis de la cour
« de Suède, vous la trouverez bien au long dans la feuille que
« notre ami vous remettra, avec cette lettre. Si vous avez la
« patience de parcourir cette feuille, vous jugerez sans doute,
« comme moi, qu'il ne faut pas ennuyer le prince avec ces
« pauvretés. D'ailleurs, l'affaire doit être connue de tout le
« monde en Suède, et si S. A. R. désire d'en prendre connaissance, on s'empressera, sans doute, de mettre les pièces
« originales sous ses yeux. L'essentiel est que le prince donne
« l'impulsion au ministre d'État, afin qu'il s'occupe une
« bonne fois de moi et de mes intérêts.

« Mais puisqu'il s'agit d'une confession, permettez-moi,
« Monsieur, de faire mention d'une peccadille, qui n'a pu
« trouver sa place dans l'autre liste de mes péchés.

« C'est ma répugnance invincible pour le nord ; je m'em-
« presserai sans doute d'aller en Suède, pour faire ma cour au
« prince royal ; mais il m'est impossible de penser à m'y
« établir. J'ai quitté ma patrie âgé de dix-neuf ans, et si depuis

« j'y suis retourné quelquefois, cela a toujours été pour peu de
« mois : c'est que le climat du Nord m'est absolument con-
« traire ; il n'y a pas pour moi de bonheur au delà du qua-
« rante-neuvième parallèle. J'en ai fait l'expérience, il y a
« quelques années en Hollande, où je fus obligé de passer tout
« un hiver enfermé dans ma chambre. C'est aussi pour cette
« raison, que je n'ai jamais accepté les places qui m'ont été
« offertes en Suède; la France, l'Italie, ou bien la Grèce lors-
« qu'un jour Napoléon en aura fait la conquête, voilà les pays
« où je désire de passer ma vie.

« Pendant mon dernier séjour à Paris, l'infortuné Gustave-
« Adolphe me promit de créer une place à Rome, tout exprès
« pour moi, et je fis même, sur cet objet, un mémoire qui fut
« fort approuvé dans le temps ; mais ma disgrâce survint et
« il n'en fut plus question. Je n'ose pas espérer qu'on y
« pensera aujourd'hui ; aussi je borne modestement mes
« désirs, à une petite indemnité pour les arrérages de ma
« pension, avec sa continuation, jusqu'à ce qu'on juge à
« propos de me mettre en activité.

« Mille pardons, Monsieur, si j'ai dû vous entretenir lon-
« guement de mes intérêts et agréez l'expression de toute ma
« reconnaissance de vos bontés et l'hommage de la haute
« considération et du dévouement inviolable, avec lequel j'ai
« l'honneur d'être, etc.

« AKERBLAD. »

L'attention générale était donc fixée, à cette époque, en France comme à l'étranger, autant sur les savants du département de l'Isère, que sur les travaux importants qu'ils publiaient. Il résulte, en effet, d'un relevé fait par un statisticien de la Société, que depuis la fondation de cette académie en l'an IV, jusqu'à la fin de l'année 1810, cette assemblée avait tenu 88 séances, dont cinq publiques, dans lesquelles ses membres avaient lu ou discuté *deux cent vingt et un Mémoires*, dissertations, pièces fugitives, discours, rapports, etc., etc. Ce résultat est des plus remarquables. Nous ne pouvons pas ajouter, malheureusement, que la reconnaissance du savant diplomate Suèdois, plus occupé d'antiquités égyptiennes que de politique, fut aussi complète, pour Champollion-Figeac, qu'il l'avait annoncé. Nous avons même lieu de penser, qu'il fut l'auteur d'un factum anonyme, que l'on pourrait regarder comme un pamphlet dirigé contre les travaux de Champollion-le-Jeune, lorsqu'il publia, à Grenoble, l'*Egypte sous les Pharaons*. Il est vrai que Champollion-le-Jeune écrivait alors :

« Akerblad ne savait pas plus de copte qu'il ne fallait ;
« il a avoué lui-même à l'abbé de Tersan, de qui je le tiens,

« que, malgré son alphabet et ses belles découvertes, il ne
« pouvait point lire trois mots de suite dans l'inscription
« égyptienne. Cela prouve que son travail sur ce monument
« est tout aussi vain que celui de Pahlin, sur la partie
« hiéroglyphique de cette inscription. Il faut donc tout recom-
« mencer : c'est ce que je commence à voir. »

Pendant l'année 1810, on fit moins de poésie dans le département de l'Isère que les années précédentes ; mais on publia plus souvent des comptes rendus, avec citation des Recueils poétiques ou des livres d'archéologie édités par des Sociétés étrangères au Dauphiné. Dans ce genre, M. Ducoin aîné se signala particulièrement par ses nombreux articles: sur l'*Almanach des Muses*, qu'il entremêla de ses productions personnelles, telles que : *Jupiter et les arbres*; *Epître à une jeune veuve*, qui demandait en quoi la *Précision* différait de la *concision*; ensuite venaient les comptes rendus de: *La maison des champs*, poëme de Campenon ; des *Fables* de Guinguené suivies d'une fable par Ducoin: *le Fleuret et le Plastron*. L'analyse: des contes à ma fille de Boully, des publications des Jeux Floraux de Toulouse, des romans de Madame Armande-Rolland, des œuvres de Venance, publiées par de Labouisse, les romans de Mad. d'Hautpoul, la relation de l'esclavage d'un marchand de cassis à Tunis par Galland, les romans de Radcliffe, de Mackensie et une étude sur Dorat, telles furent à peu près toutes les publications de M. Ducoin aîné. Elles avaient été beaucoup plus nombreuses que nous ne l'avons dit (ci-dessus, p. 137), car il publia encore les Fables : *Le vaisseau de guerre et le vaisseau marchand ; les deux singes*; un Conte, un Epître à un ami sur l'irrésolution, des Epigrammes en vers, des vers sur Omar et la Bibliothèque d'Alexandrie, etc., Quant à M. de Liotard, il fit imprimer une *imitation libre* de l'épisode d'Ugolin de Dante et une élégie : ses *Adieux au monde*.

Après avoir cité les œuvres principales des poëtes du département, nous revenons aux travaux plus sérieux des membres de la Société littéraire de Grenoble et toujours en choisissant, de préférence, ceux qui concernent l'histoire de notre province. La statistique de l'Isère, de Berriat-Saint-Prix, fournit d'utiles renseignements historiques; ils furent publiés dans le journal les *Annales*, et ils concernent : les anciennes fortifications de la ville, les digues du Drac, les maladies contagieuses anciennes du département, les glaciers des montagnes de l'Isère, les rivières et principaux torrents, les ponts, les constructions et édifices publics et particuliers, la législation ancienne, les établissements d'instruction publique, la population, etc.

Champollion-le-Jeune critiquait, dans les *Annales*, le travail de M. Coupé, notre compatriote, inséré dans le *Journal des Arts* et relatif à l'Egypte. M. Renou retraçait le séjour de J.-J. Rousseau à Bourgoin; Champollion-Figeac nous faisait connaître le Glossaire de la langue romane de Roquefort, un fragment d'un voyage fait, en 1786, à la Bérarde en Oysans, l'état du jardin public de Grenoble avant 1789, les doctrines des Fourièristes. MM. Michallet et Berriat-Saint-Prix discutaient une foule de questions grammaticales dans les *lettres du Grammatophyles*. M. Bourgeat rendait compte à la Société d'une espèce de manne trouvée, pendant l'été, sur les feuilles de quelques arbres du département, et surtout à Meylan; d'un *Tableau littéraire du XVIII° siècle* par Victorin Fabre; des recherches de Champollion-Figeac sur les patois; du Manuel d'instruction criminelle par Bourguignon; d'un coup d'œil sur la botanique de Mouton-Fontenille, professeur à l'Académie de Grenoble. Champollion-le-Jeune publiait une *Notice* sur Omar, la Bibliothèque d'Alexandrie et sur la littérature Biblique. Mais nous reparlerons des travaux de Fourier, de Millin et des deux Champollion sur l'Egypte, l'archéologie et les patois dans un chapitre spécial à ces quatre personnages et à leur réunion momentanée à Grenoble et au château de Beauregard.

Vers la fin de l'année, Don Raphaël faisait demander à la Société de définir exactement la valeur du mot *acut*, que l'on disait applicable à une lettre accentuée; le général de La Salette s'adressait à Champollion-le-Jeune pour avoir une *notice* sur la musique des Arabes. Roquefort envoyait à Champollion-Figeac un volume de poésies en patois de Grenoble, qui n'est pas autrement désigné dans une de ses lettres de l'année 1810. On discutait longuement, dans une réunion ordinaire de la Société, l'opinion alors très-contestée: que, sous les Romains, les Gaulois avaient toujours parlé leur propre langue et que le latin fut seulement la langue du gouvernement, comme les habitants de la Perse, sous la domination des Arabes, n'avaient pas cessé de se servir de leur idiome primitif. Champollion-Figeac donnait lecture d'une *notice* sur une édition du XVe siècle de *l'imitation de Jésus-Christ*, que le *Journal des Curés* publiait ensuite. Cette édition avait pour titre : « Tractatus de imitatione christi cum tractatulo de meditatione cordis. » Elle se composait de 66 feuillets numérotés et elle était de format in-8°. Sonnini faisait hommage à la Société de son *Manuel* des propriétaires ruraux, et Faure, de Briançon, d'une brochure sur les prairies artificielles.

Les polémiques entre savants naturalistes et archéologues eurent encore une part importante dans les travaux de l'année 1810. Mais celle que Faujas de Saint-Fond signale dans la lettre suivante, nous semble trop grave pour nous contenter simplement de la mentionner; nous laisserons toutefois la responsabilité de cette nouvelle à notre compatriote, en citant le texte même de sa dépêche, pris sur l'original autographe (Corresp. litt., t. II, p. 265) :

« A Saint-Fond, par Loriol, département de la Drôme, le 9 juillet 1810.

« Monsieur... J'ai été très-content de M. de Langeac, que j'ai eu le plaisir de voir relativement à Brard. C'est un homme de bonne compagnie, qui m'a intéressé. Il m'a fait voir la demande de Brard, qu'il m'a promis de ne pas perdre de vue lorsqu'on s'occupera de la faculté de Grenoble, ce qui me paraît bien long.

« Brard gagne, de jour en jour, par son application et sa bonne manière d'étudier la nature. Vous avez pu voir, dans les *Annales du Muséum*, un Mémoire de lui très-bien fait, dans lequel il entre en lutte avec succès *contre MM. Cuvier et Brognard*, et vous en verrez, sous peu, un second, qui a eu la sanction de l'administration du Muséum d'histoire naturelle, sur le même sujet, avec de plus grands développements. Cuvier a voulu employer vainement son autorité *pour empêcher l'impression de ce second Mémoire* dans les Annales; mais il en a été décidé autrement. On commence à voir un peu plus clair dans les réputations prétendues colossales et exagérées, qui s'éclipsent quelquefois aussi promptement qu'elles se sont établies, à l'appui des intrigues d'une effronterie démesurée: celle de Brard ira doucement, mais sera durable. J'aurais beaucoup de regrets que vous fussiez privés d'un aussi parfait sujet...

« Recevez, etc. « FAUJAS. »

Après une appréciation aussi acerbe, on se repose agréablement en lisant aussi des témoignages de sentiments affectueux entre savants : la lettre suivante de Villar nous en fournit un intéressant exemple. Elle est également tirée de la correspondance littéraire de Champollion-Figeac (T. II, p. 5) et elle lui était adressée :

« Strasbourg, le 17 janvier.

« Jai reçu, Monsieur et très-estimable confrère, l'extrait de votre ancien manuscrit et je l'ai lu avec plaisir. La candeur, appuyée d'une saine érudition, préside à vos ouvrages, comme à vos actions. Ami de la nature et de la vérité, vous avez trouvé dans les sciences, les antiquités et l'histoire un préservatif sûr contre les piéges des oisifs et des ignorants. Cultivez ces délassements, ces consolations honorables pour vous, utiles pour tous. Il vaut mieux s'occuper des sciences que des hommes !

« Je dois lire pour la deuxième fois mes Notices végétales du département du Bas-Rhin, pour la statistique. A Grenoble, les beaux esprits me trouveraient ridicules : vous, Berriat et Dubois-Fontanelle, daigniez m'encourager ; ici on m'applaudit. Si ces manuscrits s'impriment, je penserai à vous les procurer.

« Je désirerais ardamment votre *Notice* sur les antiquités de Grenoble ; je vous avais manifesté mon vœu à cet égard, si vous vous en rappelez. Vous les aurez dégagés de ce fatras merveilleux et pauvre, qui dépare si souvent l'érudition de nos anciens. Votre touche naïve et pure n'en sera que plus persuasive ; avec le talisman du cœur, Jean-Jacques nous séduit par ses paradoxes. L'histoire des plantes m'a fait un nom ; je ne m'y attendais pas. Placé entre Jean-Jacques et moi par la pureté des expressions et la sincérité des pensées, vous aurez une réputation solide et la satisfaction intérieure d'une âme vertueuse.

« Les progrès de M. votre frère me font le plus grand plaisir. M. Millin fera plus pour lui que M. Fourcroy : ces messieurs ne m'accusent pas seulement la réception de ce que je leur envoie : ces oublis me paralisent. — Laissez faire le jeune homme ; il a le pied dans le vestibule : il avancera, non par l'intrigue qu'il ne connaîtra jamais ; mais par son propre mérite et par l'appui d'âmes généreuses en état de l'apprécier, car il en existe dans ce pays, mais elles se cachent. Je lui écrirai un mot et lui procurerai l'occasion de voir M. Coray, très-savant helléniste.

« Je félicite ces messieurs de la ville du bon choix qu'ils ont fait pour seconder et succéder au titulaire de la Bibliothèque de la ville. Saluez pour moi Berriat, Teisseire, Reynaud, de la préfecture. Recevez, etc.

« Villar. »

Champollion-Figeac avait la même opinion que Villar au sujet de l'antiquaire Millin. Il écrivait à son frère, à la date du 10 juin :

« Ce que tu me dis de ta manière d'être avec Millin, me fait
« le plus grand plaisir. Je te conseille fort de t'attacher à lui
« et, toute opinion scientifique à part, c'est un homme qui sait
« vivre, qui pense aux autres, obligeant, susceptible de bons
« procédés et dont la protection peut t'être utile. Tu ne dois
« rien négliger pour te tenir avec lui dans des rapports aussi
« intimes que possibles. Tu trouveras, dans le Magasin ency-
« clopédique, une dissertation sur le copte cursif par
« Akerblad ; le travail de Zoéga, sur les manuscrits coptes
« du cardinal Borgia, est aussi analysé dans le même
« recueil. »

Deux hommes nouveaux, originaires du Dauphiné et qui furent en évidence vers 1820, commençaient à se faire remarquer à la fin de cette année. L'un, M. Genoud, acquit une grande réputation comme rédacteur de la *Gazette de France* sous le nom de : De Genoude ; l'autre, plus modeste, écrivit plusieurs romans historiques: il se nommait Barginet. Nous les retrouverons bientôt.

La Société fit graver à ses frais, en cette année, les portraits de Déodat de Dolomieu et de l'abbé Pollin.

En terminant ce chapitre et après avoir rappelé tant et de si utiles travaux archéologiques, scientifiques et littéraires, nous pouvons dire, sans exagération, que la Société des sciences, des lettres et des arts de Grenoble avait bien mérité sa réputation et qu'on ne pouvait pas appliquer à ses membres, le reproche que M. Dacier, secrétaire perpétuel de l'Institut, infligeait aux érudits parisiens, dans son *Papport à l'Empereur, de l'année 1810*, en ces termes (Rapp. p. 6) : « C'est avec un sentiment pénible que nous sommes forcés de faire à Votre Majesté l'aveu que plusieurs branches de la littérature *sont menacées d'un anéantissement prochain et presque total*. La philologie, qui est la base de toute bonne littérature et sur laquelle reposent la certitude de l'histoire et la connaissance du passé, qui a répandu tant d'éclats sur l'Académie des belles lettres, ne trouve presque plus personne pour la cultiver. Les savants, dont les talents fertilisent encore chaque jour son domaine, restes, pour la plupart, d'une génération qui va disparaître, ne voient croître autour d'eux qu'un trop petit nombre d'hommes qui puissent les remplacer; cette lumière publique, propre à encourager et à juger leurs travaux, diminue sensiblement de clarté et son foyer se retrécit tous les jours de plus en plus. Faire connaître le mal à Votre Majesté, c'est s'assurer que votre main puissante saura y appliquer le remède! » — Evidemment, en l'année 1810, M. Bouillier n'aurait pas placé les Sociétés littéraires départementales sous l'impulsion, alors très-peu active de l'Académie des inscriptions et belles lettres, d'après l'opinion que vient d'exprimer son secrétaire perpétuel !

XVI

L'ESPRIT PUBLIC DU DÉPARTEMENT DE L'ISÈRE APRÈS LE 9 THERMIDOR ET JUSQU'AU DIRECTOIRE.

Le Bureau de l'esprit public, son origine et son organisation par la Convention. — *MM. Arnault, de l'Institut, le comte Anglès, le baron Mounier.* — *Les ministres de la police générale, Cochon, Cambacérès, Fouché duc d'Otrante.* — *Le tempérament prudent et réfléchi des habitans de l'Isère et le Discours de M. Paul Thibaud.* — *Rapports mensuels du Commissaire du pouvoir exécutif près le département de l'Isère adressés au gouvernement.* — *Instructions données aux maires et aux sous-préfets à ce sujet.* — *Rapport sur l'esprit public des districts de la République, présenté à la Convention, après le 9 thermidor.* — *Adresse du Directoire de Grenoble à cette assemblée.* — *Nouvelles diverses: les émigrés.* — *Le papier monnaie.* — *Le froissement des partis.* — *Représentants du peuple en mission dans l'Isère.* — *Prêtres réfractaires.* — *Monuments de la ville de Vienne, qui doivent être préservés de la destruction dont ils sont menacés.* — *Lettres du maire de cette ville et du Ministre de l'intérieur.* — *Mausolé du Cardinal d'Auvergne dans l'église Saint-Maurice.* — *Manifestations patriotiques diverses: Saint-Marcellin demande à s'appeler les Thermopiles.* — *Motifs que cette ville fait valoir.* — *Le canton de Maraton.* — *Les Sans-Culotes de Toile à Voile.* — *La Société des Jacobins de Grenoble demande un certificat de civisme: accordé.* — *Vienne la patriote.* — *Arbitrages des tribunaux de famille à supprimer dans cette ville.* — *Égoïsme de quelques manufacturiers de draps.* — *Inauguration des bustes de Marat et de Lepelletier dans le temple de la raison à Vienne.* — *Les municipalités ne peuvent connaître toutes les lois: elles se contredisent les unes les autres.* — *Il faut des municipalités salariées.* — *Le corps politique s'agite pour régénérer et non pour détruire.* — *Les biens d'émigrés.* — *Cherté des subsistances.* — *Les Voleurs.* — *Les travaux utiles.* — *Le culte catholique célébré dans la maison d'arrêt de Grenoble.* — *Les dix mille quintaux de fromages pour l'approvisionnement de Paris.* — *Passeports refusés aux personnes qui avaient servi la tyrannie de Robespierre.* — *Ferraud assassiné dans la tribune de la Convention (prairial 1795).* — *La tête de ce député portée au bout d'un pique par un membre de l'Institut (?).* — *Adresse très-patriotique des Grenoblois à la Convention, après l'assassinat de Ferraud et l'émeute du premier Prairial an trois.* — *Mission de M. Troussel dans le canton des Thermopiles.* — *Propagande réactionnaire.* — *Arrestations.* — *Tentative d'assassinat sur la personne du Commissaire du pouvoir exécutif à Grenoble.*

VINCENT-ANTOINE Arnault, de l'Académie française, un des hommes les plus distingués du premier Empire, a toujours passé pour avoir créé en France le *bureau de l'esprit public*, qu'il dirigea avec une grande habileté et qui fut si utile aux gouvernements du premier

Consul et du premier Empire, sous la vigoureuse impulsion de Fouché duc d'Otrante, ministre de la police générale ; mais les fonctions officielles du célèbre académicien étaient alors la Direction des théâtres et de l'instruction publique, au ministère de l'Intérieur. Les attributions de ce ministère n'étaient pas cependant très-exactement déterminées et elles ne le furent qu'à partir de l'an IV (1795).

Jusqu'à cette époque, le ministère de l'Intérieur perdit et il hérita parfois de divers services, appartenant à plusieurs autres administrations. Toutefois, l'instruction publique, les beaux-arts, les cultes, les bâtiments civils, la police, la sûreté générale de l'État, l'imprimerie et la librairie furent considérés comme ses plus importantes attributions. A partir du Consulat, Arnault, devenu Directeur de l'instruction publique et des théâtres, après avoir rempli diverses missions, se montra toujours le très dévoué serviteur du général Bonaparte, qui le traita avec affection, pendant sa haute fortune et cet académicien lui resta fidèle lors de ses malheurs.

Malgré la tradition relative à la création du bureau de l'esprit public que nous venons de rappeler, nous devons dire cependant, que nous avons trouvé ce service déjà organisé par la Convention nationale, sous la dénomination plus modeste de *bureau d'exécution et de surveillance des lois administratives*. Ce bureau rendait compte au Comité de législation de la Convention, de toutes les nouvelles politiques et administratives intéressantes qu'il recevait, chaque mois, des commissaires du pouvoir exécutif des départements, des districts et des agents nationaux. Mais après la révolution du 9 thermidor, les assemblées politiques reconnurent : « que les
« institutions sociales républicaines étaient encore dans un
« état d'enfance et que le peuple n'avait pu prendre une juste
« idée de ses droits, parce qu'on avait trop cherché à le
« tromper. » Il fallait donc former l'esprit public : tout en proclamant que les mesures les plus propres à contribuer activement à ce résultat, étaient de faire de bonnes lois, en réformant, en même temps, celles qui étaient mauvaises, le Comité de législation demandait, cependant, qu'on donna une plus grande activité à la correspondance administrative avec les départements et qu'on obligea les fonctionnaires à rendre

compte, chaque décadi, de tous les événements qui s'étaient produits dans les districts. Ces renseignements devaient être ensuite résumés et classés par départements, afin de voir d'un coup d'œil, dans un rapport d'ensemble et au moyen de notes marginales, qu'elle était l'esprit qui régnait dans chaque circonscription administrative de la République. Cette mesure était devenue nécessaire par suite «de la confusion, qui règne
« toujours au commencement d'un nouveau régime; l'habi-
« tude contractée par les divers agents du gouvernement, de
« rendre compte à la Convention de leurs opérations
« administratives, donnait alors lieu d'espérer que ces
« correspondances avec les départements se régularisant,
« aideraient à la formation de l'esprit public, sous une
« impulsion incessante partant de Paris. »

Comme on le voit, dans le principe, le *bureau de l'esprit public* avait pour mission de faire connaître aux assemblées politiques, les opinions qui régnaient dans chaque département; mais bientôt après, le gouvernement voulut imposer une direction à cet esprit public. Fouché duc d'Otrante et, sous ses ordres, nos compatriotes le comte Anglès et le baron Mounier, tentèrent énergiquement d'atteindre ce but. Y parvinrent-ils?

Les nombreux rapports adressés par les fonctionnaires départementaux au *bureau de l'esprit public*, formèrent des séries de documents très-utiles et dont on conserva toutefois les plus importants. Il nous a été donné de consulter tous ceux qui émanèrent du département de l'Isère et nous en avons tiré le récit des événements notables, signalés à l'administration centrale, depuis la révolution du 9 thermidor jusqu'en 1810, par ses agents dans notre localité. De l'examen de ces rapports mensuels, il est résulté pour nous la conviction, que nous avons déjà plusieurs fois exprimée (ci-dessus, p. 35 et 181), savoir : que le département de l'Isère avait eu l'heureuse fortune d'échapper *aux excès* révolutionnaires, dont avaient été épouvantées les circonscriptions administratives voisines.

M. Paul Thibaud, membre du Conseil général de l'Isère, avocat à Grenoble, n'admet pas cette appréciation, qu'il considère comme étant très erronée, « attendu que notre

« département, dit-il, a subi, comme le reste de la France, les
« mesures de proscription, de spoliation et d'arbitraire, dans
« lesquelles se résume le régime de la Terreur. » M.
Thibaud a développé, avec le talent qu'on lui connaît, cette
opinion, dans un *discours* très élégamment écrit, prononcé à
l'Académie delphinale, en février 1879, et dans lequel il
expose avec énergie sa pensée à ce sujet. Mais changera-t-il,
sur ce point, les convictions résultant de l'étude des faits,
consignés dans les actes nouvellement publiés? Nous ne le
pensons pas.

Il n'est douteux pour personne, que le département de
l'Isère a dû recevoir et promulguer les lois déplorables votées
par les assemblées politiques et les mesures arbitraires prescrites par le gouvernement; mais cette situation désastreuse
étant donnée, la question est réellement de savoir dans quelle
mesure *l'administration locale et la population* se sont
associées à l'exécution des lois et des mesures regrettables.
M. Thibaud convient cependant : « que les Sociétés populaires
« de Grenoble restèrent sous l'influence des *modérés*, *qui*
« *formaient la grande majorité de la population*, (p. 9); —
« que les sentiments de désapprobation soulevés par les
« mesures arbitraires, éclataient souvent parmi les membres
« des administrations locales, (p. 17); — que les autorités
« locales et l'opinion publique étaient favorables au mouve-
« ment de réaction qui se produisit à Lyon; — que les
« massacres de septembre avaient excité une réprobation
« unanime; — que le nom de Marat était prononcé avec
« horreur, (p. 29); — que le mouvement fédéraliste eut de
« nombreux partisans dans notre département; — enfin que
« le tempérament prudent et réfléchi des habitants de l'Isère
« et leurs tendances à la *fois modérées* et favorables aux idées
« nouvelles, *avaient offert un terrain réfractaire à des*
« *résolutions extrêmes*, (p. 62). »

Quant à la liste des *notoirement* suspects, des suspects et
des surveillés, elle fut en effet dressée pour le département de
l'Isère, mais par l'influence d'agents étrangers, envoyés de
Lyon, pour réveiller les sentiments républicains du département, alors fort modérés; toutefois, cette liste ne donna pas
lieu aux poursuites et aux arrestations qu'elle devait entraîner;

la plus grande partie des personnes qui y étaient inscrites, prévenues, purent quitter la ville et se réfugier à la campagne, sans émigrer (voyez, p. 181, 182, 183, 184). L'état des incarcérations ne mentionne que neuf personnes, tandis que la liste des suspects donnait lieu, dans d'autres départements, à des arrestations nombreuses et à de rigoureuses détentions.

Les extraits des rapports décadaires des agents du gouvernement dans le département de l'Isère, que nous allons reproduire textuellement, corroboreront, nous l'espérons du moins, l'opinion généralement admise jusqu'à présent : que l'esprit de modération des habitants de l'Isère n'a jamais cessé de se manifester pendant la Terreur et que la population a toujours été hostile aux mesures de rigueur prescrites par ce gouvernement et par tous ceux qui lui ont succédé. L'objet de ces rapports décadaires fut réglé par des décrets, des arrêtés et des instructions adressés aux Commissaires des Directoires départementaux, et, plus tard, aux préfets et sous-préfets. La délibération suivante du Directoire du département de l'Isère, prise le quintidi, cinq brumaire an trois de la République, nous fait connaître les décisions qui avaient prescrit ces *rapports* et la nature des affaires politiques et administratives qui devaient y être signalées.

« Vu l'arrêté du Comité de législation, du 22 fructidor an deux ; — Les articles 7 et 10 de la section 2me du décret du 14 frimaire dernier ; — Le Directoire: considérant qu'il satisfait entièrement aux dispositions de l'article 7 du décret ci-dessus cité, *en envoyant chaque décadi, aux commissions nationales exécutives, l'analyse de sa correspondance et de ses délibérations relatives aux objets dont elles ont la surveillance.*

« Que, cependant, les Commissions des travaux publics, de l'organisation et du mouvement des armées de terre, et des revenus nationaux ne reçoivent cette analyse qu'à la fin de chaque mois, conformément à la demande qu'elles en ont faite dans leurs lettres des 12 prairial, 1er thermidor et 25 fructidor an deuxième.

« Que le Comité de législation ayant la surveillance des administrations civiles et tribunaux, par l'article 13 du décret du 7 fructidor, a arrêté le 22 du même mois: *que les administrations des départements lui feraient parvenir exactement, à la fin de chaque mois, l'analyse de leurs délibérations.*

« Que l'exécution de cet arrêté paraît pleinement satisfaire aux dispositions de l'article 10 du décret du 14 frimaire an deuxième.

« Arrête : que l'analyse de ses délibérations, pendant le mois de vendémiaire dernier, sera envoyée au Comité de législation, conformément à son arrêté du 22 fructidor précédent et qu'il lui sera écrit pour lui demander si cet envoi ne dispense pas le Directoire d'envoyer la même analyse à chaque Commission nationale et exécutive, qui reçoit, chaque décade, le compte et l'analyse de ses délibérations et de sa correspondance relative à la partie qui la concerne. »

Après les instructions données par le gouvernement à ses commissaires près les Directoires départementaux, il y eut aussi les prescriptions plus détaillées de ces administrateurs aux maires et aux sous-préfets. Elles furent très-précises, comme on va le voir par la lettre suivante, adressée aux trois sous-préfets de notre département.

« Grenoble, 16 prairial.

« Je vous prie, citoyen, de me rendre compte, sans délai et avec détail, de tous les événements qui pourraient troubler la tranquillité publique. Je dois recevoir de vous un compte rendu, dans les premiers jours de chaque mois, dans lequel vous ferez mention de tout ce qui s'est passé dans votre arrondissement.

« Vous devrez exiger des maires une correspondance exacte et fidèle de tous les événements, afin que vous puissiez m'en rendre compte, jour par jour, en m'envoyant des bulletins conformes au modèle ci-joint.

« Si cette manière de correspondre ne s'établissait pas sur toute la ligne des pouvoirs, il me serait impossible de rendre compte au ministre de ce qui se passe dans le département, et lui serait hors d'état de pourvoir aux mesures nécessaires pour y maintenir, ou y rétablir la tranquillité. Je compte sur votre zèle. »

Toutes les communications mensuelles des Commissaires des Directoires départementaux et de districts, plus tard des préfets et sous-préfets, étaient résumées à Paris, dans un *Rapport d'ensemble*, rédigé par le *Bureau de l'esprit public* et remis soit au Comité de législation pendant la Convention, soit aux Ministres de la police générale sous le Directoire, le Consulat et l'Empire. Malheureusement, ces rapports d'ensemble, qui seraient aujourd'hui si utilement consultés pour l'histoire de ce temps-là, sont arrivés jusqu'à nous en très-petit nombre. Celui que nous avons trouvé dans les cartons de l'Isère, conservés à Paris, nous a paru d'un intérêt incontestable; il résume la situation politique et économique de la France après le 9 thermidor et, pour ce motif, nous

nous faisons un devoir de le donner *in extenso*. Il sera, de plus, connaître les faits et les événements que les agents du département devaient signaler aux autorités supérieures, enfin ce rapport définit exactement ce qui caractérisait *l'esprit public des districts* pendant la première République. Voici ce texte.

« RAPPORT SUR L'ESPRIT PUBLIC DES DISTRICTS DE LA RÉPUBLIQUE. — L'esprit public se compose de l'amour des lois et de l'exécution des lois. — L'un dépend des institutions sociales du peuple, l'autre des fonctionnaires publics chargés de faire exécuter les lois. — De bonnes institutions sociales inspirent l'amour de la République, c'est-à-dire l'attachement à son pays, la pratique des vertus publiques et domestiques; le goût du travail; la fuite de la débauche; la haine des passions irascibles et destructives du bon ordre, enfin tout ce qui peut donner au caractère moral des républicains le plus haut degré d'élévation et d'énergie.

« L'exécution des lois est entre les mains des agents nommés par le peuple, ou délégués par les mandataires du peuple; ce sont eux qui sont chargés de faire marcher le corps politique vers le seul but qu'il doive se proposer : le bonheur de tous, fondé sur la prospérité de l'Etat. Ils sont responsables ces agents de l'inexécution des lois, ou du mépris qu'on en fait. Qu'ils pêchent par ignorance ou par malveillance, le résultat est toujours le même; le corps politique souffre également et de l'impéritie des uns et de la méchanceté des autres. Les autorités supérieures doivent les rappeler sans cesse à leurs devoirs; les destituer, s'ils sont incapables; les punir, s'ils sont prévaricateurs; ne leur pardonner ni la négligence, ni la paresse, ni la légèreté qui prononce inconsidérément, sans avoir étudié le texte des lois, ou approfondi leur esprit.

« Nos institutions sociales républicaines, nous ne pouvons le dissimuler, sont encore dans un état d'enfance. *On a tant cherché à tromper le peuple,* qu'il n'a pu prendre une juste idée de ses droits. Ne lui avait-on pas persuadé que sa souveraineté résidait dans les Sociétés populaires, ces agrégations partielles qu'on avait réduites à des espèces de corporations monastiques, par des épurations adroitement combinées? Ne lui avait-on pas dit que l'égalité politique consistait dans le partage des biens, comme si l'inégalité des fortunes touchait le moins du monde aux droits sacrés des républicains, dont un grand nombre se trouveraient malheureux de cette fortune, qui fait le bonheur des autres: dont plusieurs se trouveraient pauvres demain, s'ils devenaient riches aujourd'hui? Voilà comment on avait égaré l'esprit public dans cette classe de citoyens, qui, ne s'étant point habitués à la réflexion, n'ont que l'instinct du moment et sont, comme des enfants, trop heureux d'avoir des hommes industrieux et rangés, des tuteurs qui leur fournissent un travail journalier à la campagne, ou dans les manufactures.

« Rien ne peut contribuer à former l'esprit public, comme de faire de bonnes lois, qui soient suivies de leur pleine exécution. J'appelle de bonnes lois, celles qui sont l'expression de la volonté générale. Il faut se hâter de réformer celles qui sont mauvaises, auxquelles on n'obéit que forcément. L'empire des législateurs n'est jamais plus grand, que lorsqu'il a pour base l'assentiment libre du peuple. C'est alors que l'esprit public se montre dans toute sa force. Il n'y a point de sacrifice qu'il ne commande et qu'on ne fasse avec joie, pour assurer le bonheur qu'on espère recueillir de la pratique des vertus républicaines et de l'exécution stricte des lois.

« Nous n'avons pas eu pour ce *rapport sur l'esprit public*, tous les secours que nous attendions de la *Correspondance des départements*, des districts, des agents nationaux, qui nous adressent leurs comptes décadaires. Ces comptes n'offrent pour la plupart, aucun détail qui concerne l'esprit public des départements, des districts et des municipalités. Nous recueillerons avec soin tout ce qui y a trait, sans nous asservir à un ordre méthodique, que nous n'avons pu donner à notre travail, faute d'avoir tous les matériaux nécessaires. — Nous attendons que la correspondance soit telle, que tous les districts envoient leurs comptes dans le mois ; alors nous pourrons les classer par département et *l'on verra d'un coup d'œil, par des notes marginales, quel est l'esprit qui règne dans chaque département* et même dans chaque district de la République.

« Nous donnerons aussi une attention particulière aux grandes municipalités, qui ont tant d'influence sur l'esprit public, par le grand rassemblement d'individus qu'elles renferment et pour le mouvement d'affaires qui résultent de cette réunion d'hommes. Il est plus important qu'on ne pense, d'avoir les yeux ouverts sur ces communes imposantes, qui, telles que Paris, Marseille, Nantes, Lyon et Bordeaux, impriment à tout ce qui les environne, l'esprit dont elles sont animées.

« Nous avons pensé que les agents nationaux des districts étant les contrôleurs nés des administrations qu'ils surveillent, pourraient nous instruire mieux que personne de l'état de l'esprit public. Mais un très-petit nombre de ces agents s'occupent de cet objet. Il y en a dont nous soupçonnons l'incapacité, d'autres qui laissent apercevoir trop de négligence, plusieurs qui ne font qu'analyser les arrêtés des administrations auprès desquelles ils sont établis. Cependant, il importe singulièrement que ces agents soient des hommes instruits, actifs, uniquement occupés de leurs fonctions. Nous les regardons comme autant de leviers placés dans les mains de la Convention, pour faire mouvoir la machine politique. C'est de leur application ou de leur négligence, que dépend la bonne ou mauvaise administration d'un district. Ce sont eux principalement qui sont chargés de veiller à l'exécution des lois. Il serait essentiel de les bien connaître tous, pour savoir sur quoi on peut compter et faire au besoin les réformes nécessaires ; et, comme toutes les affaires des administrations passent sous leurs yeux, qu'ils correspondent avec toutes les municipalités, personne ne pourrait mieux fixer le caractère de l'esprit public.

« Un spectacle vraiment intéressant, au milieu d'une certaine confusion inséparable du nouvel ordre de choses, c'est de voir la République française si étendue, gouvernée par les mêmes lois, assujettie aux mêmes formes, réglée dans tous ses points par cet esprit qui a détruit la tyrannie des anciennes coutumes, et n'offrant depuis le Var jusqu'aux Pyrénées, depuis Dunkerque jusqu'à Marseille, qu'un peuple tendant au même but : l'établissement solide de la République une et indivisible. Combien ce système d'unité va se perfectionner encore, par la nécessité imposée aux agents du gouvernement, de rendre compte habituellement à la Convention, de leurs opérations administratives. C'est le moyen de les tenir invariablement attachés aux formes qui leur sont prescrites par les lois, et de leur faire contracter l'habitude de s'en occuper de manière à ne s'en écarter jamais. C'est par là que les administrés les connaîtront aussi et se……. le besoin, quels que soient leurs préjugés, de se fa…… iser avec les idées républicaines.

« Une chose qui pourrait retarder la *formation de l'esprit public*, c'est non pas le fanatisme religieux, la nation est à présent trop éclairée pour s'y livrer ; mais les intrigues des prêtres pour relever leurs temples et leurs autels abattus ; les manœuvres d'une certaine classe d'hommes attachés aux prêtres par leurs vieilles habitudes, ou par l'espérance de tyranniser encore les peuples par leur moyen. Ces hommes sont répandus dans les campagnes et dans les villes ; ils s'attachent à l'ancienne religion par haine pour la révolution ; ils cherchent des occasions de semer des troubles, et ils y ont souvent réussi. Il faut les comprimer par une action forte du gouvernement, contre les chefs de ces rassemblements factieux. Ce n'est pas les cultes qu'on veut gêner, mais l'abus qu'on peut en faire. Il ne faut pas souffrir que des lois si opposées au régime républicain, se mettent de nouveau entre le peuple et la République. Elles finiraient par avilir celle-ci et lui substituer l'aristocratie sacerdotale, qui, nulle part, ne peut exister sans despotes, étant elle-même le premier germe du despotisme.

« Ici se fait sentir la nécessité de nouvelles institutions, pour remplacer les anciennes. *Le peuple a besoin de fêtes*, dans les jours de délassement qui suivent ses travaux. Jusqu'ici on s'est occupé faiblement de cet objet. Il semble que l'on n'y pense que pour l'ajourner. Cependant, il faut y venir, si l'on veut rendre impuissant les efforts du fanatisme et les calculs de la malveillance. Evitons toutefois de donner *un air de culte religieux à ces fêtes républicaines*; à moins que ce culte ne soit celui de la *déclaration des droits*, qui vaut incomparablement mieux que les Tables du législateur des Hébreux.

« Les patriotes ont vu avec douleur une chose qu'on a traitée de plaisanterie, et qui pourrait entraîner les conséquences les plus sérieuses. Ce sont les magisters de village *s'affublant en prêtres*, et disant la messe et les vêpres avec les cultivateurs. Voilà encore des prêtres, si l'on n'y prend garde; c'est encore une religion qui deviendra dominante et dont les intrigants ne manqueront pas de profiter, pour s'en faire les ministres. Poursuivons le fanatisme sous quelque masque qu'il déguise ses traits hideux. Ennemi de la raison, il l'est de l'esprit public. Opiniâtrement attaché à ses erreurs, il ne veut ni de la vérité, ni des biens dont elle est la source.

« Qu'on oblige le monstre à se cacher avec ses mélancoliques sectateurs. Nous voulons des vertus pratiques et non des théories, dont le moindre vice est le mensonge et l'imposture.

« Nous allons donner un aperçu des objets *qui intéressent l'esprit public*, tel que nous l'avons remarqué dans les comptes décadaires du mois de frimaire.

« SUBSISTANCES. — Dans presque toutes les parties de la République, on se plaint de la disette des subsistances. On écrit que l'esprit public y est bon, que les peuples sont patients; mais qu'ils souffrent beaucoup de la privation des objets de première nécessité, et surtout du manque de grain. On peut attribuer cela, en partie, aux funestes effets de la loi du *maximum* et des réquisitions, qui ont suivi bien des denrées dans les magasins de la République, où elles ont souvent éprouvé des avaries très préjudiciables et où il a été difficile de les extraire au besoin, par le manque de chevaux et la difficulté des transports. Le commerce va sans doute donner aux choses un cours plus favorable, surtout lorsque les rivières seront libres et les charrois dans toute leur activité.

« AGRICULTURE. — On n'est pas assez exact à nous rendre compte de l'état de l'agriculture et des moyens que prennent les administrations pour l'encourager. La République possédant beaucoup de terres, qu'elle est obligée d'affermer en attendant qu'elles soient vendues, c'est sur cet objet principalement que doivent porter les soins des administrations, afin que ces terres ne dépérissent, ni par la négligence, ni par la cupidité des fermiers. Il faut multiplier, le plus qu'on pourra, les denrées de première nécessité; mettre le peuple à portée de se les procurer à un prix raisonnable, ce qui ne peut être que le résultat d'une grande activité et d'une extrême attention.

« MINES. — Dans plusieurs districts, on s'est occupé des mines, apparemment par suite des mesures qu'a prises la Convention pour activer cette partie de l'administration. On a fait de nouvelles concessions, on a excité les citoyens à tourner leurs vues sur cette branche d'industrie. Si les administrations ne se ralentissent pas, cela promet d'heureux succès.

« MANUFACTURES. — Plusieurs districts ont senti la nécessité de ranimer les travaux des manufactures, paralysées sous le régime de Robespierre et qui n'offraient que des ruines en plusieurs endroits. La plus grande difficulté, à ce qu'il paraît, est de faire subsister les ouvriers ; des communes, des municipalités se refusent à leur fournir les grains et autres comestibles dont ils ont besoin. Ceci demande la plus grande attention, afin que les ateliers ne souffrent pas et que, d'autre part, ces mêmes ateliers ne soient un prétexte pour favoriser des monopoles coupables.

« MONUMENTS PUBLICS. — Il paraît qu'on s'est réveillé sur la conservation des monuments publics, ce qui annonce la *chute prochaine du vandalisme*. Plusieurs districts s'occupent des bibliothèques et des autres objets d'art nécessaires à l'instruction. Ces mesures, quoique tardives, méritent des éloges. C'en était fait des arts sur ces différents points de la République, si les systèmes des dévastations des barbares avaient continué encore quelques mois.

« INSTRUCTION PUBLIQUE. — Les nouvelles lois sur l'instruction publique, les monuments, les écoles primaires, les écoles normales, s'exécutent presque partout ; ce qui prouve combien le peuple sent le besoin de l'instruction. À peine ces lois sont arrivées dans les districts, que tout le monde s'est empressé de s'y soumettre et de concourir à les faire exécuter. Il reste à ordonner le plan des fêtes décadaires, *qui doivent se substituer aux momeries des prêtres*, le vrai culte des hommes libres, celui de la Déclaration des droits et des lois de la République, accompagné de divertissements honnêtes et d'exercices propres à former des Républicains

« COMMERCE. — On se plaint généralement du mauvais état des routes, de l'engorgement des canaux de navigation ; il y a eu négligence et malveillance ; ces deux combinaisons funestes laissent beaucoup à réparer et il est urgent d'y penser. L'esprit public en fait un devoir aux administrateurs, qui seront secondés par tous les bons citoyens, lorsqu'ils voudront mettre sérieusement la main à l'œuvre. Ceci est un intérêt majeur et qui ne souffre point de retard.

« SUBSISTANCES ET APPROVISIONNEMENT DES ARMÉES. — Dans tous les départements chargés de fournir à la subsistance et aux approvisionnements des armées, nous avons trouvé cette partie conduite avec activité. Tous les Français sentent que l'achèvement de la Révolution dépend des succès militaires. D'ailleurs, les mesures impératives des Comités de gouvernement et des représentants du peuple, aiguillonnent puissamment la paresse et ne donnent point de trêve à la négligence. Il y a cependant des municipalités et des districts, qui, sans refuser les secours dont on a besoin, cherchent à se soustraire aux réquisitions, en alléguant leur impuissance. Nous aimons à croire que le plus grand nombre sont fondés dans leurs motifs ; il serait trop honteux pour des Français, d'opposer des prétextes faux à de vrais besoins, et de reculer devant la nécessité de venir au secours des braves défenseurs de la République.

« SUBSISTANCES, APPROVISIONNEMENTS ET FOURNITURES DE LA MARINE. — Tout est en mouvement dans les districts maritimes et dans ceux qui les avoisinent, pour relever la gloire du pavillon français sur les mers. On fournit le bois, les chanvres, les toiles, les objets de consommation, les vins, les blés ; enfin tout ce qui est nécessaire à l'approvisionnement des vaisseaux. Les comptes des administrations que cela regarde, sont remplis de détails relatifs à cet objet important ; leur correspondance est très-active avec les autorités chargées de faire marcher cette partie, dont nous devons nous promettre le plus heureux succès, contre nos ennemis les plus acharnés et les plus implacables.

« DOMAINES NATIONAUX. — Nous n'osons croire qu'il règne une indifférence coupable dans les administrations, sur la vente des biens nationaux ; ce serait suspecter leur esprit public. Mais nous remarquerons que ces ventes se ralentissent ; et cependant elles sont bien nécessaires, pour diminuer la masse des assignats en circulation et faire fleurir l'agriculture. On sait qu'elle se trouvera mieux des soins des propriétaires que de la régie des administrations et de la manutention des fermiers. Le désir manifesté si souvent par la Convention et appuyé par des décrets, de voir les grandes propriétés *se diviser par petites portions* dans les ventes, donnera des résultats plus satisfaisants, et contribuera, peut-être, à *tirer des villes un grand nombre de personnes*, qui achèvent d'y manger leur petit avoir, sans aucun profit pour la République.

« ÉMIGRÉS. — En général, on prend des précautions suivies pour mettre les biens des émigrés sous la main de la nation. Nous avons cru, cependant, apercevoir dans l'administration du département du Bas-Rhin, trop de facilités à recevoir les émigrés, qui, à ce qu'on prétend, n'ont quitté le sol de la République que par des motifs de terreur. Il serait dangereux de donner de l'extension à de pareils motifs. Bientôt, tous les émigrés rentreraient pour se remettre en possession de leurs biens et frustrer la nation de l'indemnité qu'elle s'est assurée, contre les lâches et les traîtres, par la justice et la fermeté de ses lois.

« DÉTENUS. — La loi du 12 brumaire dernier s'exécute, sur la levée du séquestre des biens des détenus pour cause de suspicion. Les détenus sortent en très-grand nombre des maisons d'arrêt. Les administrations réparent les injustices commises contre des castes détruites, et que la malveillance ressuscitait pour en opprimer les individus. Des prêtres assermentés, mariés même et tranquilles, avaient été incarcérés. On leur a rendu la liberté, qu'ils n'auraient jamais dû perdre. Beaucoup d'ex-nobles, également reconnus pour bons citoyens, ont été accueillis dans leurs réclamations, par le régime de la justice, et reçus dans leurs communes comme des frères.

« Prisons, maisons d'arrêt. — Dans plusieurs districts, on s'est occupé de la salubrité et de la tenue de ces maisons. De tels soins doivent s'étendre à tous les points de la République, où il existe des prisons et des maisons d'arrêt. Il serait impardonnable aux administrations, de négliger ce que l'humanité et la justice leur prescrivent à cet égard. Cela ferait mal présumer de l'esprit qui les anime et nuirait, par contre coup, à l'esprit public.

« Hopitaux, secours publics. — Nous avons vu avec satisfaction des districts s'inquiéter des besoins des hôpitaux et adresser au gouvernement leurs demandes, pour en obtenir les secours nécessaires à l'entretien de ces asiles de l'humanité souffrante. Il faut espérer que les autres partageront la même sollicitude et établiront, dans ces maisons, cet esprit d'ordre, d'économie et de sensibilité qui honore de véritables républicains.

« En général, on se met en règle partout pour la distribution des secours accordés, par les décrets de la Convention, aux indigents et aux parents des défenseurs de la patrie. Les circulaires du *Bureau de l'exécution des lois* ont produit cet heureux effet. Elles ont stimulé la paresse de certains agents; hâté la vertu de certaines administrations, auxquelles on pourra demander, de temps en temps, si telle loi s'exécute ; et peut-être seront-elles jalouses de prévenir de pareilles questions, et s'empresseront-elles de faire exécuter toutes les lois.

« Contributions. — Il est douloureux de penser que les contributions se payent lentement, et que les rôles sont en retard, dans la plupart des districts, pour les impôts de 1793; ces lois d'une importance majeure, puisque l'impôt est la ressource du gouvernement pour tous les besoins publics, sont celles dont il convient le plus d'assurer l'exécution. Le moindre délai peut causer un grand préjudice à la République et augmenter la gêne des contribuables, qui s'endorment sur l'espoir de nouveaux délais. Pour éviter toute commotion à cet égard et consolider l'esprit public, il est essentiel de recommander aux agents nationaux d'être rigides sur la perception des impôts. Celui qui paye à la République ce qu'il lui doit, s'attache à elle par ses sacrifices mêmes; celui qui enfreint impunément la loi de l'impôt, s'accoutume à un égoïsme funeste et au mépris des lois, qui est la source de l'anarchie et des mouvements populaires.

« Loi du 8 messidor, sur le recensement des grains. — Cette loi si importante s'exécute d'une manière tardive. Elle nous aurait fait connaître au juste l'état des subsistances appartenant au sol de la République, si on avait mis plus de célérité à l'exécuter. C'est ici que le ministère des agents nationaux serait très-précieux, si ces places étaient toujours données à des hommes actifs et capables ; si, d'ailleurs, les municipalités plus dociles, ne mettaient jamais que les retards nécessaires dans l'exécution des mesures qui leur sont prescrites par les autorités supérieures.

« DES AUTORITÉES CONSTITUÉES. — Les autorités constituées sont les bras du gouvernement. Elles doivent agir par l'impulsion de la fin qui les conduit. Le gouvernement veut essentiellement l'exécution des lois, la vigilance, l'application au travail, l'exactitude dans les fonctions, les connaissances nécessaires pour les remplir, la subordination des pouvoirs; si on les dépasse, ou qu'on reste en deçà, la République est mal servie et l'esprit public en souffre.

« DES MUNICIPALITÉS — Les comptes décadaires que nous avons sous les yeux, nous offrent, en général, beaucoup de négligence dans les municipalités, des abus de pouvoirs dans certains officiers municipaux, de la lenteur à exécuter ceux qui leur sont adressés par les agents nationaux du district. On se plaint, en beaucoup d'endroits, que lesdites *municipalités sont d'une ignorance crasse*, surtout dans les campagnes éloignées des grandes communes. Il serait à désirer que *l'agent national de chaque commune au moins sut lire et écrire* et tenir un registre, ne fût-ce que pour constater, d'une manière exacte, l'état civil des citoyens. Il paraît aussi qu'on charge les officiers municipaux de choses qu'ils ne peuvent pas faire, et qui seraient mieux gérées par des commissaires d'agents nationaux de district, ou par ces agents eux-mêmes. Comment une municipalité, qui n'est composée que d'ignorants, ou surchargée de soins au-dessus de ses forces et de ses moyens, peut-elle former, répandre ou maintenir l'esprit public?

« DES DÉPARTEMENTS. — Les comptes des départements nous présentent beaucoup de détails minutieux, qu'on pourrait se dispenser d'envoyer au Comité de législation. Il lui importe peu, ce semble, de savoir que telle somme a été payée pour telle dépense locale; que tel citoyen détenu a été élargi; qu'on a ordonné telle réparation (et ces choses-là se répètent cent fois dans le même compte). C'est un volume dont on charge la malle du courrier. A-t-on réparé les routes, les canaux de navigation, mis en régie utile les domaines nationaux; encouragé l'agriculture, le travail des mines? C'est ce qu'on ne trouve pas toujours dans ces comptes volumineux. Je voudrais qu'on leur demandât combien ils ont d'affaires en retard dans leur administration. Cela leur donnerait de l'activité pour les terminer et se mettre au courant. J'imagine que l'expédition des affaires est un excellent moyen pour consolider l'esprit public. *On s'attache à un gouvernement qui fait bien et vite.* Les lenteurs des administrations découragent les administrés, et leur fournissent un prétexte plausible de se plaindre.

« DES DISTRICTS. — Les administrations de district sont beaucoup trop chargées, depuis qu'on a détruit la hiérarchie des départements. Il est facile de remarquer dans leurs comptes, beaucoup de bonne volonté et le désir de bien faire. La capacité manque quelquefois, elle qui devrait accompagner toujours, s'il était possible, les fonctionnaires publics. Les agents nationaux, qui sont les surveillants de ces administrations, ont le droit de requérir leur exactitude, leur vigilance et la célérité dans l'exécution. Voilà pourquoi nous manifestons le désir que ces agences soient parfaitement composées, fallut-il doubler, tripler même les salaires de ces fonctions. Un agent incapable, un esprit faux, un homme ignorant, peut paralyser, par sa seule inertie, l'administration d'un district. C'est à la Convention à sentir l'importance d'une mesure générale, qui épure les agents nationaux, déplace ceux qui feraient moins bien dans un district où ils ont trop de relations de parenté ou d'amitié; les replacer dans un autre, où, étant plus isolés, ils seraient mieux à leur besogne. Mais surtout il faut les rendre absolument dépendants du gouvernement et inflexibles dans l'exécution prompte des lois.

« DES COMITÉS RÉVOLUTIONNAIRES — Il nous est arrivé peu de renseignements sur l'état et la conduite des nouveaux Comités révolutionnaires, créés depuis la chûte de Robespierre; comme ils correspondent principalement avec le Comité de sûreté générale, cela peut-être la cause du silence que les comptes décadaires gardent sur cet objet, dont les notions, cependant, intéressent l'esprit public.

« DES SOCIÉTÉS POPULAIRES. — L'état des Sociétés populaires est indécis en beaucoup d'endroits. Les unes ont exécuté la loi qui leur ordonne de fournir le tableau de leurs membres; d'autres se sont dissoutes, d'autres, et en grand nombre, sont en retard pour l'exécution de la loi. Comme il n'y a, dans le décret, de clause pénale que l'arrestation des infracteurs à la loi traités alors comme suspects, des agents nationaux ont pris le parti de faire fermer les Sociétés populaires, désobéissantes ou négligentes.

« Dans le district de Reims, le fanatisme s'est emparé des temples, où les Sociétés populaires tenaient leurs séances. En général, il règne dans ces Sociétés une grande désorganisation depuis la chûte des Jacobins Les meneurs n'ayant plus rien à gagner, ont abandonné le troupeau qui était à leurs ordres. Il y a cependant beaucoup de ces Sociétés qui se maintiennent et dont l'esprit est excellent. A mesure que les comptes arriveront plus exactement, nous donnerons un tableau exact des Sociétés populaires et de leur situation, par départements et par districts.

« ESPRIT GÉNÉRAL DE LA RÉPUBLIQUE DEPUIS LA RÉVOLUTION DU 9 THERMIDOR. — Le peuple français, *sorti des chaînes de l'esclavage où le tenait la faction de Robespierre*, s'est prononcé fortement, depuis la chûte de ce *barbare et hypocrite tyran*. Les nombreuses adresses qui arrivent à la Convention en sont la preuve : *C'est elle-même qui a donné cette impulsion*, et elle ne manquera pas de la maintenir. Ce changement heureux a opéré la réunion des citoyens dans le même esprit, qui est le salut de la République; l'amour d'un gouvernement humain, juste et raisonnable ; la proscription des noms odieux par lesquels l'ambition, l'intrigue, la soif de l'or et du sang qualifiaient les citoyens en bien ou en mal, la haine des mesures vexatoires, atroces et violentes, le désir de voir refleurir les arts, le commerce, l'agriculture et toutes les jouissances honnêtes de la vie sociale. *Il ne reste plus qu'à ramener au travail des hommes que des espérances trompeuses en avaient éloignés.* Ce n'est pas une chose facile La paresse est douce, et, dans un régime de terreur trop long pour le malheur de la France, beaucoup d'individus occupés auparavant de travaux utiles, s'étaient jetés dans des fonctions pour lesquelles ils n'avaient aucune aptitude. De tels gens contrarient beaucoup l'esprit public, par les mécontentements qu'ils font éclater.

Le moyen de paralyser leur dangereuse influence, c'est de les rendre à leurs travaux. Etant occupés, ils renonceront à leurs rêves de fortune, que la révolution du 9 thermidor a rendu illusoires, comme la grandeur des chefs par lesquels ils étaient menacés. »

Après cet exposé de la situation générale, politique et économique de la République, résumant les diverses communications des agents de chaque district, nous devons, à présent, tirer des documents de même nature, émanant exclusivement des fonctionnaires du département de l'Isère, le récit des événements politiques et administratifs de nature à faire connaître l'*Esprit public* de la partie du Dauphiné dont nous nous occupons. Nous copierons fidèlement tous ces rapports et sans y rien changer, afin de conserver à ces récits leur physionomie toute locale. Les deux premiers documents reflètent encore l'état des esprits au lendemain du 9 thermidor: l'un est une *adresse* à la Convention, élégamment rédigée par les administrateurs du département; elle porte la date du premier brumaire an trois. Le second document est un rapport du Commissaire du pouvoir exécutif, Hilaire, adressé au Ministre de l'intérieur et concernant les émigrés, les prêtres réfractaires, le discrédit du papier monnaie, les maux causés par les divisions des législateurs. Voici ces deux pièces, appartenant, l'une aux Archives départementales de l'Isère, et l'autre aux Archives nationales de Paris :

« Citoyens représentants, il était temps que le peuple français reprit, dans les justes bornes que comporte l'état actuel de la Révolution et son salut, l'exercice de ses droits civils, si audacieusement violés par les triumvirs, et qu'on arrêtât cette hémorragie et cette compression violente, qui allaient faire tomber le corps politique dans l'épuisement et dans le marasme, en ôtant aux dominateurs l'arme de la terreur.

« Vous avez rattaché à la Révolution un grand nombre de citoyens qu'un arbitraire effrayant avait plongé dans la stupeur. Votre adresse au peuple, du 18 vendémiaire, a été lue dans les sections, à la Société populaire et sur les places publiques de cette commune; aux principes de sagesse et d'humanité qu'elle renferme, le peuple a répondu par ces acclamations unanimes: *à bas la Terreur, vive la justice et la Convention nationale.* Vous avez voulu détruire entièrement la terreur et non pas seulement qu'elle changeât de place, ni que le parti aristocratique s'armât de son glaive sanglant, pour effrayer des patriotes purs, qui ont secondé les vues de l'ancien gouvernement, parce qu'il paraissait avoir l'approbation tacite du peuple, et qui, aujourd'hui, se rallient au nouveau, avec toute la confiance qui vous est si bien due. Une seule inquiétude pourrait agiter encore les citoyens, c'est qu'on réveillât, dans votre propre sein, des discordes qu'il faut, pour le salut du peuple et pour le vôtre, ensevelir dans la tombe des triumvirs.

« *Nous n'avons jamais partagé, dans ce département, les égarements criminels qui ont agité une partie du midi*; nous ne reconnaissons d'autre point de ralliement que le peuple et ses représentants. »

« Grenoble, 24 nivôse an IV.

« LE COMMISSAIRE DU POUVOIR EXÉCUTIF AU MINISTRE DE L'INTÉRIEUR.

« Votre lettre du 10, au département de l'Isère, lui est heureusement étrangère, concernant la rentrée des émigrés; jamais, ni ce département, ni les districts, n'ont eu la condescendance coupable de blesser la justice et d'enfreindre la loi, en facilitant leur rentrée.

« L'abattement, le découragement, le discrédit du papier-monnaie, la désertion des troupes, les autres maux dont votre lettre nous présente l'affligeant tableau, ne sont que trop réels; mais ce n'est pas nous, qui servons notre malheureuse patrie depuis le commencement de la Révolution jusqu'à ce jour, sans interruption, comme il vous plaît de nous le reprocher, qui sommes cause de ces malheurs.

« Les divisions des législatures, le froissement des partis qui s'y sont formés et détruits successivement, les factions que la masse est heureusement venue à bout de vaincre, les réactions que les époques marquantes de la Révolution ont nécessairement produits, les représentants qui se sont succédés *en mission* dans les départements, *les uns pour emprisonner, faire fermer les églises*, chasser du temple les prêtres constitutionnels, le fermer, provoquer souvent des proscriptions; d'autres pour provoquer et pousser trop loin l'effet de la réaction du 9 thermidor, en mettant en liberté en masse les détenus, en les remplaçant par ceux qui en étaient présumés les auteurs, en épurant, chacun dans leur sens et dans le système du jour, les autorités constituées ; voilà ce qui a produit les secousses, le découragement, l'abattement, le discrédit, les craintes des bons citoyens, l'audace des émigrés et des ennemis connus de la Révolution, et les menées des prêtres insermentés et réfractaires.

« Tout ce qu'il sera possible de faire, pour maintenir ou rétablir l'ordre, pour faire exécuter la loi, recouvrer les contributions et l'emprunt forcé, déjouer les complots des malveillants et surtout des prêtres, vous pouvez l'attendre des soins de l'administration et de mes efforts. Mais je vous dois de vous faire observer qu'ils seront impuissants, si le magistrat qui a le sentiment de ses devoirs, le courage de les remplir au risque de sa vie, pouvait être, un jour encore, réduit à demander pardon de son courage, de son énergie pour l'exécution des lois ; et vous ne pouvez pas vous dissimuler que des hommes de ce caractère ont été ou déplacés par des épurations, ou maintenus comme par grâce.

« Que le gouvernement et la loi soient toujours un ; et je garantis le rétablissement de l'ordre, le rassemblement de nos forces, le retour du crédit public, le triomphe de nos armes, la paix et l'aurore du bonheur public.

« Que sa marche soit incertaine, que les divisions recommencent, que les partis se renouvellent et je tiens la liberté publique pour perdue sans retour.

HILAIRE. »

La Constitution de l'an trois, appliquée par les thermidoriens, eut de nombreux partisans en Dauphiné ; elle améliora la situation générale, surtout au point de vue de la sécurité et de la tranquillité publique. Les clubs et les sociétés populaires furent dissous, malgré leurs protestations. Cependant, le gouvernement, tout en permettant au prince Maurice de Talleyrand-Périgord de rentrer en France, donnait pour motif de cette faveur : que ce personnage, « *par sa noble* « *conduite* comme citoyen et comme ecclésiastique, avait « puissamment secondé la révolution. » De plus, le gouvernement promulguait, en même temps, un décret prononçant le bannissement à perpétuité des prêtres déportés, qui étaient rentrés sur le territoire de la République. L'expédition de Quiberon venait d'avoir lieu et elle avait ranimé la haine populaire contre les prêtres et les émigrés ; les assemblées politiques considéraient la République comme étant menacée de nouveaux malheurs. Cependant, Barras venait d'être déclaré alors chef du parti modéré.

La seule mesure de ce temps là, intéressant les Sociétés littéraires dont nous nous occupons, fut promulguée le 31 août 1794, sur la proposition de l'ancien évêque constitutionnel Grégoire, dont nous avons parlé à l'occasion de la suppression des Académies en 1793 (voyez ci-dessus, p. 10). Cet ecclésiastique était très-aimé en Dauphiné, quoiqu'originaire de Provence ; il avait vivement blâmé le vandalisme révolutionnaire, dont il fit un tableau très véridique à la Convention, en lui proposant et lui faisant adopter un décret « qui plaçait les monuments des arts et des sciences, sous la surveillance des autorités. » Il fut aussi promulgué, à la même époque, un arrêté concernant *l'état des personnes* qui ont cultivé ou enseigné les belles lettres, dont nous n'avons pas pu retrouver le texte, cité par le Directoire de Grenoble.

VIENNE. — Ajoutons toutefois, que le procureur syndic du district de Vienne n'avait pas attendu ces décrets, pour demander au gouvernement de prendre des mesures énergiques, destinées à préserver de la destruction dont ils étaient menacés, tous les monuments du district. Le syndic Guy écrivit au Ministre de l'intérieur, une lettre datée de la *première année de l'égalité et l'an IV de la liberté*, spécialement relative au Mausolée du cardinal d'Auvergne et à l'église Saint-Maurice. Cette lettre fut très approuvée par le gouvernement et motiva une réponse énergique à cet administrateur. Voici ces deux documents intéressants :

« Monsieur, il existe dans l'église de St-Maurice de Vienne, un monument superbe, connu de l'Europe entière comme un Mausolée du cardinal d'Auvergne. Ce chef-d'œuvre de sculpture, qui a fait, pendant longtemps, l'admiration de tous les voyageurs, se trouve aujourd'hui exposé à la fureur publique, ensuite de l'esprit de dévastation qui semble s'être emparé d'une très-nombreuse portion de Français. En vain les corps administratifs ont eu le soin de faire effacer les armoiries, qui étaient portées sur les écussons, le désir de briser les statues s'accroît d'une manière effrayante. La municipalité voit arriver l'instant où elle ne pourra plus s'opposer avec efficacité à cette barbarie, et il est besoin, Monsieur, que vous nous fassiez parvenir, courrier par courrier, les ordres les plus précis pour le conserver, et que vous demandiez à la Convention nationale, ou au Comité chargé de cet objet, la confirmation de ces injonctions.

« Si vous pensez que ce monument ne doive pas être

conservé, ce que je ne saurais présumer, alors je propose d'autoriser l'administration du district à le vendre au bénéfice de la nation : cela vaudra mieux sûrement que de le mutiler.

« J'ai l'honneur de vous rappeler qu'une réponse tardive n'arriverait, peut-être, qu'après le mal fait : l'amour des arts comme du bien public, me fait solliciter toute votre célérité.

GUY. »

Réponse du Ministre

« Paris, le 26 septembre.

« Il ne faut pas déplacer, ni vendre le Mausolée du cardinal d'Auvergne ; il faut qu'il continue à embellir la basilique de Saint-Maurice. Je ne crois pas qu'il existe, en votre ville, des barbares *assez scélérats* pour conspirer contre ce monument ; c'est ainsi que j'en écris à la municipalité de Vienne. Que cette administration et la vôtre se joignent ensemble et frappent de la foudre des lois, tout audacieux qui oserait menacer les monuments des arts, que votre ville renferme. »

Le Ministre, au Maire de la ville de Vienne.

« Je suis informé que des agitateurs excitent, dans votre ville, des mouvements très répréhensibles ; qu'ils portent les citoyens à la dévastation et osent porter des mains destructives sur des monuments publics, entr'autres sur le Mausolée du cardinal d'Auvergne, chef d'œuvre de sculpture, qui fait l'admiration de tous les voyageurs. Une telle fureur ne saurait se concevoir : elle nous retrace le siècle et les mœurs des barbares. Mais, Monsieur, de pareils excès ne se présument pas ; j'aime à en croire incapables vos concitoyens. Du moins, j'aime à voir sous votre sauvegarde tous les monuments publics. Ils reposent sur votre responsabilité, et si des méchants osaient enfreindre les lois et porter sur ces objets une main sacrilège, n'hésitez pas un seul instant : déployez contre eux la force que la constitution vous a confiée et appelez sur leur tête les châtiments dont une fureur aussi insensée doit être punie. »

A l'époque qui nous occupe, chaque district voulait donner, à sa manière et selon ses moyens, des preuves éclatantes de son civisme et de son dévouement à la République. Ce fut d'abord : 1° Saint-Marcellin, qui demanda à changer son nom contre celui des *Thermopiles*, parce que son ancienne dénomination était un *monument de superstition et de jonglerie*, et que la ville tenait à rappeler qu'elle s'était énergiquement opposée à Mounier voulant *fédéraliser* le Midi de la France. 2° Pour le même motif, Saint-Etienne de Saint-Geoirs devint le canton de *Maraton*, malgré l'épidémie qui le ravageait ; mais les administrateurs des Thermopiles n'étaient pas cependant très scrupuleusement dévoués à leurs devoirs, puisque le Directoire du département écrivait, le 5 ventôse, que « si dans l'intervalle d'un décadi, cette administration n'avait pas envoyé la table des foires et des marchés de son ressort, elle serait dénoncée au Comité de la Convention. Ce district se composait des cantons de Tullins, Moirans, Rives et Maraton, (ci-devant Saint-Etienne); 3° Saint-Jean-de-Bournay et sa Société populaire *régénérée*, en souvenir d'un don patriotique, prirent le nom de *Sans-culotte-de-toile-à-voile*. 4° La Société populaire des Jacobins de Grenoble ne changea pas de nom; mais comme on voulait la dissoudre, elle se contenta de demander au Directoire du département de l'Isère un certificat de civisme, qui ne lui fut pas refusé. Voici les documents qui se rapportent à ces quatre événements, cités dans les rapports mensuels du Directoire du département de l'Isère.

1° LES THERMOPILES. Délibération du Conseil général du district :

« Vu la copie de l'adresse présentée à la Convention nationale par la Société populaire de Saint-Marcellin, tendant au changement de nom de cette commune en celui des *Thermopiles* et contenant : que son ancien nom est un *monument de superstition* et une suite des *jongleries des prêtres*; que la raison doit enfin reprendre son empire et que des républicains doivent rendre à l'égalité et à la liberté un hommage pur et digne d'elles.

« Que la nouvelle dénomination demandée a pour motif un trait historique de toute notoriété.

« Que lorsque Mounier, abusant de l'influence que lui donnait dans la ci-devant province de Dauphiné, l'ascendant qu'il y avait pris, en sa qualité de président de l'Assemblée constituante, voulut *fédéraliser* le Midi, il fit convoquer furtivement, par la Commission intermédiaire, l'assemblée générale et le doublement des Etats de cette ci-devant province, qui existait alors.

« Que la commune de Saint-Marcellin, effrayée des conséquences de cette démarche, en calcula tous les dangers et se crut comptable à la nation entière, de tous les maux qui pouvaient en résulter; qu'elle dénonça à l'Assemblée constituante cette manœuvre criminelle et que, pour empêcher l'effet de la convocation, elle prit une mesure énergique et révolutionnaire.

« Que, placée sur la route de Grenoble à Romans, où était convoquée l'assemblée des Etats, occupant un défilé qui ne permet pas de passer ailleurs que dans son sein, la commune notifia à la Commission intermédiaire d'alors, qu'elle arrêterait tous ceux qui voudraient se rendre à Romans, en vertu des lettres de convocation.

« Que ce coup de vigueur eut son effet; que les membres de la commission craignirent d'être arrêtés; qu'ils restèrent chez eux et que l'assemblée n'eut pas lieu.

«Que l'Assemblée constituante, approuvant la conduite de la commune de Saint-Marcellin et ses motifs, rendit un décret, le 26 octobre 1789, qui défendit de semblables convocations d'Etat et lui fit écrire, le lendemain, par son président Fréteau, une lettre de satisfaction.

« Que le dévouement des citoyens de cette commune peut se *rapprocher, par ses effets, de celui des trois cents spartiates, qui s'immolèrent au passage des Thermopiles pour le salut de la Grèce*; que ceux-ci arrêtèrent les progrès de l'armée de Xerxès et préparèrent le triomphe de Salamine et de Maraton; et que ceux-là ont rompu, dès leur naissance, les complots des premiers fédéralistes et qu'ils ont ainsi concouru de tout leur pouvoir à la préparation des succès, qui nous ont conduit à la République une et indivisible.

« Que c'est servir puissamment la chose publique, que de rappeler constamment, par de grands exemples, l'amour de la patrie; et qu'en adoptant pour cette commune le nom de *Thermopiles*, c'est imposer à nos neveux le devoir de le mériter, en leur rappelant le dévouement de leurs pères.

« Vu aussi la copie de la lettre du citoyen Boissieu, député par le département de l'Isère à la Convention nationale, en date du 6, qui annonce que la Convention a décrété l'insertion de cette adresse au bulletin et le renvoi au Comité d'instruction publique, etc.

«Le Conseil général du district: considérant que la commune des Thermopiles (ci-devant Saint-Marcellin) est le chef-lieu du district du même nom; que la dénomination qu'elle vient d'adopter en exige la publicité, pour prévenir toute erreur dans les correspondances dont il est chargé.

A arrêté et arrête ce qui suit :

Article premier. — Le district de Saint-Marcellin portera à l'avenir le nom de district des Thermopiles, dénomination adoptée par le Conseil général de la commune du même nom, dans sa délibération du 19 présent mois, etc.

2° Nous n'avons pas pu retrouver la délibération relative à Maraton.

3° LES SANS-CULOTTES DE TOILE A VOILE

« St-Jean-de-Bournay, le quintidi, 15 fructidor an 2 de la République.

« Un membre fait la lecture au Directoire, d'une lettre de la Société régénérée des Sans-culottes de toile à voile, district de Vienne, en date du 12 du courant, par laquelle elle annonce qu'elle est dépositaire de 1642 aunes de toile à voile, offertes pour la construction d'un vaisseau, destiné à combattre *les féroces anglais,* ensuite de l'arrêté du Directoire du 25 messidor dernier et de son invitation du 2? du même mois, et par laquelle elle demande au Directoire de lui désigner le lieu où elle doit les déposer.

« La matière mise en délibération ; vu l'arrêté sus-énoncé ; le Directoire arrête : 1° qu'il sera fait mention honorable du don de la Société des Sans-Culottes de toile à voile dans le procès-verbal de la présente séance, à la suite duquel sera enregistrée la lettre ci-dessus visée. 2° Que copie en sera envoyée à la Convention nationale, avec un extrait du présent, ainsi qu'au rédacteur du *Courrier patriotique* de Grenoble, avec invitation de l'insérer dans ledit journal. 3° Que les citoyens Français (de Nantes) et Gros, deux de ses membres, sont chargés d'en faire part à la Société des Jacobins de Grenoble, et de l'inviter à accélérer le plus qu'elle pourra cette souscription civique. 4° Qu'extrait du présent sera envoyé à la Société des Sans-Culottes de toile à voile, avec invitation de faire passer la quantité de toiles dont elle est dépositaire, au Directoire du district de Vienne, qui les enverra *au port de la Montagne,* et s'en fera délivrer un récépissé, etc. »

4° LES JACOBINS DE GRENOBLE. — Lettre aux administrateurs du département de l'Isère, en date du primidi, 21 fructidor an 2. (Registre des délibérations du Directoire).

« Citoyen, la Société des Jacobins de Grenoble nous a chargé de vous écrire, pour vous prier d'attester si, *oui ou non,* nous avons exercé un système d'oppression dans les communes? Si nous avons soutenu ou déprécié les autorités publiques? Si, oui ou non, les vrais patriotes ont été vexés par nous? Si nous nous sommes permis des actes arbitraires? Ou si nous avons, au contraire, suivi les lois et recommandé leur obéissance? Si nous nous sommes permis de faire incarcérer les patriotes et élargir les aristocrates?

« La vérité, citoyens, la justice, voilà tout ce que nous demandons.

« Salut et fraternité. Vive la République !

« DULIN, GRAND, président. »

« La matière mise en délibération : Le Directoire a arrêté qu'il serait fait, séance tenante, une réponse à la Société populaire.

« Quelque temps après, un membre en a proposé la rédaction suivante :

« Grenoble, le 21 fructidor an 2 de la République.

« Frères et amis, votre lettre du 19 courant, nous a d'autant plus étonnés, qu'il nous a paru que l'opinion publique répondait assez à toutes les questions que vous nous avez faites. Cependant, pour déférer à votre demande, nous déclarons que, loin d'opprimer les communes, vous y avez fait circuler l'instruction; que vous avez généralement comprimé les aristocrates et les malveillants, et protégé les patriotes ; que vous avez respecté les lois et que, marchant de concert avec les autorités constituées, vous avez contribué à maintenir l'ordre et propager le bon esprit qui règne dans ce département.

« Salut et fraternité. Vive la République ! »

VIENNE LA PATRIOTE donnait cependant lieu à quelques recriminations, sous le rapport des *arbitrages des tribunaux de famille*, puisque l'administration du district en demandait la suppression, par arrêté de la Convention. «L'administration déclara qu'elle s'était apperçu, depuis longtemps, qu'il y avait, sous ce rapport, un abus intolérable et que les arbitres rançonnaient les parties, au point que les vacations qu'ils exigeaient étaient plus couteuses que les frais de procédure de l'ancien regime (17 vendémiaire an 3). »

« L'égoïsme de quelques manufacturiers, les portait à vendre à des particuliers, au-dessus du taux fixé par la loi, les étoffes qu'ils fabriquaient, afin d'en priver la République. Ils ont augmenté les draps fabriqués d'un cinquième de ce qu'il se vendait habituellement. — Les tanneurs ne trouvent plus à s'approvisionner d'une quantité suffisante de cuirs, pour alimenter les fabriques, ainsi que les selliers et cordonniers. Il faut aussi que la Convention prenne des arrêtés pour faire cesser ces abus (Rapp. du 4 brumaire an 3).

La Société populaire de Vienne envoyait, en don patriotique au gouvernement, des matelas pour servir aux transports des soldats malades et des blessés et leur éviter les douleurs causées par les charettes non suspendues, sur lesquelles on les envoyait à l'hôpital. L'agent de l'administration de ce district, M. Fleury, terminait son rapport du 11 nivose an 3, ainsi qu'il suit :

« La quantité des lois s'accroît tellement tous les jours, qu'il est impossible que les administrations puissent les connaître toutes. Les municipalités savent à peine lire; elles n'ont pas le temps de s'occuper à l'apprendre et les laissent sans exécution. Ces lois se contredisent et se détruisent la plupart. Il faut réduire la municipalité à très-peu de personnes, bien choisies et *salariées*; *ne pas épurer* les administrations a tout instant. »

Des commissaires furent aussi nommés pour estimer les pertes occasionnées aux habitants du district de Vienne, par le feu des rebelles Lyonnais.

Le représentant du peuple Gauthier, originaire du canton de *Vienne la patriote*, étant alors dans cette ville, prenait les deux décisions suivantes, relatives à la résidence des ci-devant prêtres et à une indemnité à accorder aux prêtres détenus; en voici le texte, tiré des Registres du Directoire de l'Isère.

« Premidi, premier brumaire l'an 3ᵉ de la République.

« Le président a fait lecture d'une lettre du représentant du peuple Gauthier, datée *de Vienne la patriote*, le vingt-neuf vendémiaire dernier, par laquelle, après avoir annoncé que des motifs particuliers le forcent à suspendre, pendant quelques jours, l'exécution de son arrêté du 28 du même mois, relatif à la résidence des ci-devant prêtres dans chaque chef-lieu de district, il invite l'administration à s'abstenir de le faire imprimer, publier et afficher. »

« Nonidi, neuf frimaire an 3 de la République.

« Le Président a remis sur le bureau un arrêté du représentant du peuple Gauthier, du 7 frimaire courant, portant qu'il sera payé, à dater du 1ᵉʳ vendémiaire dernier, aux ex-prêtres détenus comme suspects, la somme de cinquante sols pour fournir à leur subsistance. »

VERNIOZ. — Dans ce même district, le 9 germinal, le citoyen Gouteron était élu délégué par la commune de Vernioz, pour assister à une fête de l'inauguration, dans le temple de la Raison, à Vienne, des bustes des patriotes Marat et Lepelletier.

Le district des Thermopiles, en raison du patriotisme dont il avait donné tant de preuves, eut à supporter, le septidi, vingt-sept frimaire an 3 de la République, une réquisition assez singulière, ainsi indiquée dans les registres du Directoire :

« Vu l'arrêté du représentant du peuple Cassanyès, près l'armée des Alpes, du 26 de ce mois, portant réquisition au Directoire de faire fournir, dans le délai d'une décade, la quantité de douze mille cercles, pour la confection des tonneaux nécessaires au transport de *dix mille quintaux de fromage, destinés à l'approvisionnement de Paris*. Ledit arrêté remis, ce jourd'hui, par le citoyen Pornier, agent de la Commission du commerce et des approvisionnements de la République.

« Le Directoire arrête ce qui suit : — Article 1ᵉʳ. Les administrateurs du district des Thermopiles sont requis de faire fournir, dans le délai d'une décade, la quantité de huit mille cercles, pour la confection des tonneaux nécessaires au transport des fromages dont il s'agit ci-dessus; ceux du district de Vienne, deux mille ; ceux du district de La Tour-du-Pin, deux mille aussi et dans le même délai.

« Article 2. Les administrateurs des districts ci-dessus désignés, répartiront entre les communes de leur ressort la quantité de cercles à fournir, suivant leurs localités respectives, etc. »

BEAUREPAIRE. — Pendant que les habitants du canton des Thermopiles confectionnaient les cercles de tonneaux, destinés à transporter les dix mille quintaux de fromage pour l'approvisionnemeut de Paris, une propagande réactionnaire des plus actives s'organisait dans les cantons de Beaurepaire, de la Côte-Saint-André, du Grand-Lemps et de Maraton. Des réunions périodiques et clandestines avaient lieu tantôt dans une commune, tantôt dans une autre. On signalait des prêtres déportés, de plus les nommés Chapuis, Thomas et Agel comme étant les hardis propagateurs des idées contre-révolutionnaires et le sieur Drevet comme leur donnant asile.

Le Directoire de l'Isère, préoccupé de cette situation, fit procéder à une enquête, qu'il confia à un des magistrats les plus intègres du tribunal criminel de Grenoble, le citoyen Trousset. Les documents suivant, tirés des registres des délibérations du Directoire, vont nous dire tous les détails de cette conspiration, qui n'eut rien de bien redoutable pour l'Etat.

LES THERMOPILES. — Du treize prairial, l'an 3ᵉ de la République :

« Le Directoire arrête: que le citoyen Trousset, un de ses membres, se rendra sans délai aux Thermopiles, pour y prendre des renseignements sur les avis reçus par le Directoire contre des prêtres déportés, qui parcourent les campagnes du district des Thermopiles et prendre toutes les mesures qu'il jugera nécessaires, pour faire appréhender ces particuliers et autres. En conséquence, il est ordonné à toutes les autorités constituées du département, au chef de légion, commandant de la garde nationale et officiers de la gendarmerie, d'obéir aux réquisitions que le citoyen Trousset pourra être dans le cas de leur faire, à l'effet de remplir sa mission. »

CÔTE-SAINT-ANDRÉ, GRAND-LEMPS ET MARATON. — « Du vingt-un prairial, l'an 3ᵉ de la République française, une et indivisible : Un membre a dit : Dès le mois de germinal dernier, le Directoire fut instruit qu'un individu s'appelant Chapuis, parcourait les campagnes des cantons de Beaurepaire, de la Côte-Saint-André, du Grand-Lemps et autres des environs ; qu'il invitait les citoyens qui avaient des parents ou enfants au service de la République, de les rappeler dans leurs foyers ; qu'il déclamait sans cesse contre la vente des biens nationaux et les citoyens qui avaient pris place, depuis la Révolution, dans les autorités constituées ; qu'il les engageait à se démettre de leurs places; ces renseignements engagèrent le Directoire à dénoncer ces démarches contre-révolutionnaires à l'administration du district de Vienne, par une lettre du 16 germinal dernier.

« Il a observé que l'administration du district de Saint-Marcellin adressa au Directoire, le 8 de ce mois, un procès-verbal dressé par des officiers municipaux de la commune de Bressieux, contenant différents faits à la charge d'un étranger qui s'appelait du nom de *Thomas*. Enfin, il a rappelé au Directoire, qu'instruit, par différentes pièces, des troubles qu'excitait dans le canton de St-Etienne-de-St-Geoirs où sont les communes de Bressieux, un autre étranger s'appelant Agel et se disant chargé d'une mission dans ce même canton, le Directoire nomma le citoyen Trousset, l'un de ses membres, par arrêté du 13 de ce mois, pour se rendre à St-Marcellin, pour y prendre des renseignements sur les faits dénoncés au Directoire; que le citoyen Trousset a fait ce voyage et qu'il a appris qu'un individu, sous le nom d'Agel, retiré à Saint-Siméon-de-Bressieux, dans la maison du nommé Drevet, cultivateur, réunit périodiquement quantité de citoyens à qui il cherche à persuader que l'acte constitutionnel et les lois qui en dérivent, ne sont qu'un ouvrage de séditieux et de conspirateurs, qui ont assassiné le ci-devant roi ; que la vente des biens nationaux est un vol et que ceux qui les acquièrent participent à ce vol. Cet homme dangereux cherche encore à déprécier les assignats, en assurant que bientôt ils n'auront aucune valeur, ce qui contribue au renchérissement prodigieux des denrées de première nécessité, par le refus presque général que font les habitants de ces contrées de vendre en assignats; que le peuple, faible et crédule, séduit par des insinuations aussi perfides, se persuade que le retour de l'ancien gouvernement peut seul rendre les citoyens vraiment heureux.

« Les rapports et renseignements recueillis par le citoyen Trousset annoncent que l'individu nommé Chapuis, dont il a été ci-devant parlé, est retiré et logé par François Gros-Jean, de Sardieu ; que les principes qu'il prêche tendent également à la subversion du gouvernement actuel, et qu'il est urgent de s'opposer à la propagation d'un système de malveillance, qui tend à enlever au peuple le respect dont il doit être pénétré pour ses mandataires; que la conduite de ces individus qu'on ne connaît point est d'autant plus suspecte, qu'ils affectent de se soustraire aux regards des autorités constituées, en errant de commune en commune.

« Vu la lettre écrite au Directoire, le 15 germinal dernier, copie de celle adressée à l'administration de Vienne le 16, l'extrait du procès-verbal dressé par des officiers municipaux de Saint-Siméon de Bressieux du 5 prairial, la lettre du représentant du peuple Borel du 12 prairial, l'arrêté du 13 du même mois du Directoire;

« Le suppléant du procureur général syndic, ouï;

« Le Directoire, considérant: que les malveillants s'agitent en tous sens pour perpétuer les troubles, ramener le régime du despotisme ou de l'anarchie ; qu'au moment où la Convention nationale, libre de faire le bien par l'expulsion hors de son sein des factieux qui enchaînaient la liberté des délibérations et ont failli opérer la perte de la République ; que des méchants, coalisés avec les ennemis du peuple, profitent de leur ascendant sur les esprits faibles et crédules, pour discréditer d'avance un gouvernement fondé sur les principes de justice et d'égalité ; qu'il est temps de mettre fin à toutes ces manœuvres, faire punir ceux qui prêchent la désobéissance aux lois et cherchent à diminuer le respect dû à la représentation nationale, aux lois qui émanent d'elle et aux autorités constituées qui en sont les organes ;

« Le Directoire a arrêté et arrête ce qui suit :

« ARTICLE PREMIER. — Les individus connus dans le canton de Bressieux, sous le nom d'Agel et Chapuis, seront dénoncés à l'accusateur public du tribunal criminel du département, comme perturbateurs du repos des citoyens et prêchant des maximes contre-révolutionnaires ; et, néanmoins, arrête que provisoirement ils seront saisis, arrêtés et traduits sous bonne et sûre garde, dans la maison d'arrêt de la commune de Grenoble.

« ART. 2. — Le général commandant les troupes à Grenoble sera invité et requis au besoin, de donner les ordres nécessaires à un détachement de gendarmerie, pour se transporter sur les lieux et mettre le présent arrêté à exécution. En conséquence, il est ordonné à toutes les autorités constituées du département, etc. »

GRENOBLE. — Cet arrondissement se montrait très-satisfait du nouveau gouvernement. Le 30 brumaire de l'an 3, le commissaire du pouvoir exécutif, le sieur Hilaire, déclarait que :

« Le corps politique a pris une nouvelle vie ; il n'agit plus pour détruire, mais pour rétablir, réparer ou régénérer. La satisfaction générale a pris la place de la terreur ; les aristocrates sont morts, ou paralysés ; les agitateurs mourants et le fanatisme est défaillant ou impuissant. — Vive la Convention nationale !

Le 10 pluviôse, son rapport portait : « Il faut accélérer la liquidation des créances sur les biens d'émigrés, surtout celles qui sont admises depuis trois ans ; presque tous les créanciers sont dans la misère, domestiques, ouvriers ; etc. Il a été donné mainlevée du séquestre établi sur les biens de la veuve Montchenu et on vient seulement de séquestrer les biens de la citoyenne Bérenger veuve Grattet, situés à Dolomieu ; et on inventorie, en ce moment, les meubles de la veuve Valon, déposés à Crémieu et à La Tour-du-Pin. Mais Ant.-Louis-Victor Aubergon Murinais, de Saint-Martin-d'Hères, demandait sa radiation de la liste des émigrés.

« Il n'y a point de mauvaise intention en masse parmi les autorités constituées ; mais beaucoup d'insouciance et d'apathie. Si les *autorités ne sont pas salariées*, ne pas attendre des soins assidus ; chimère, que de croire qu'ils préfèreront jamais en masse l'intérêt public au leur personnel ; toujours les passions nous agiteront, et notre intérêt sera le mobile presque unique de toutes nos actions.

« La cherté des subsistances désole le peuple et énerve l'esprit public ; ils font retour sur le passé, murmurent sur le présent et cherchent dans l'avenir un état meilleur. »

Le 13 prairial et le 6 floréal de l'an 3, le Directoire de Grenoble prenait les arrêtés suivants, contre les anciens partisans de Robespierre :

« Vu la lettre du représentant du peuple Borel, en date du 11 de ce mois, relative à l'exécution de la loi du 21 germinal, concernant le désarmement de ceux qui ont participé aux horreurs commises sous la tyrannie, qui a précédé le 9 thermidor ;

« Le suppléant du procureur général syndic, ouï ;

« Le Directoire arrête : que la lettre du représentant du peuple Borel, sera enregistrée à la suite du procès-verbal ; que des extraits d'icelle seront envoyés aux quatre districts, pour en remplir le contenu. »

« L'administrateur, remplissant provisoirement les fonctions de procureur général syndic, a exposé : qu'il venait de recevoir de l'agent national de la commune de Grenoble, une lettre datée de ce jour, par laquelle il annonçait que des particuliers reconnus *pour avoir servi la tyrannie,* réclamaient des passe-ports, afin de se rendre à Paris ; que leur demande ayant parue suspecte au bureau de police de la commune, il avait été délibéré de suspendre la délivrance de tous passe-ports à ceux dont la conduite mériterait d'être soupçonnée.

« Il a observé que cette mesure sage devait non-seulement être approuvée, mais étendue dans toutes les parties du département ; que des hommes dangereux devaient rester sous la surveillance des autorités constituées, dont ils étaient connus ; que le motif des lois des 21 et 28 germinal dernier et l'agitation dans laquelle se trouvait la commune de Paris, devaient engager l'administration à en éloigner tous ceux qui pourraient contribuer à en augmenter le trouble En conséquence, il a requis le Directoire d'arrêter provisoirement qu'il ne serait délivré aucun passe-port aux prévenus d'émigration, prêtres réfractaires et à tous autres individus notoirement reconnus pour royalistes, ou désignés par la loi du 21 germinal dernier pour être désarmés, comme ayant participé *aux horreurs commises sous la tyrannie qui a précédé le 9 Thermidor.* »

Le Directoire du département de l'Isère dut se féliciter des mesures prises contre les perturbateurs du repos public, anciens partisans de Robespierre, lorsqu'il connut les nouvelles de Paris. Le premier prairial 1795, la salle des séances de la Convention avait été envahie par la populace, et le député Féraud assassiné dans la tribune, pendant qu'il cherchait à garantir le président Boissy d'Anglas, dont la fermeté fut inébranlable, contre les excès de tous genres commis par les envahisseurs. La tête de Féraud, placée à l'extrémité d'une pique, fut ensuite présentée au président. On a toujours désigné le porteur de la pique comme ayant appartenu, plus tard, à l'Institut. Du reste, M. Dacier, son prédécesseur à l'Académie française, racontait à qui voulait l'entendre cette scène d'horreur, et citait le nom du porteur de la pique ; mais M. Dacier ne pouvait alors s'imaginer que son éloge historique serait un jour prononcé par un des héros de cette funeste journée.

La population du département de l'Isère, indignée de pareils excès, chargea le Directoire de Grenoble d'exprimer à la Convention, les vifs sentiments de réprobation qu'elle éprouvait alors, au sujet des événements qui se passaient à Paris. Cette adresse est des plus remarquables, en voici le texte :

« Représentants ! le dernier soupir de votre collègue Féraud
« a été entendu de tous les Français....., l'image de son corps
« mutilé, de ses membres épars s'est offerte à leurs yeux.....,
« ils ont tous juré de venger la mort de ce représentant fidèle,
« non pas en versant sur sa tombe des larmes inutiles, mais
« en l'arrosant du sang de son assassin et en exterminant des
« sections rebelles, qui ont osé lui donner un asile et le
« soustraire à l'échafaud.

« Vous étiez vainement persuadés que les journées du 9
« Thermidor et du 12 germinal enchaîneraient à jamais les
« projets liberticides de cette faction impie, qui n'a cessé de
« vous persécuter ; que pouviez-vous attendre de ces brigands
« révolutionnaires, couverts de sang et d'opprobre, dont
« chaque pas dans la carrière politique a été marqué par un
« forfait ? Vous leur aviez donné plusieurs fois la mesure de
« votre courage, mais vous ne connaissiez pas celle de leur
« scélératesse.

« L'instant qu'ils ont saisi pour couronner leurs complots
« parricides, a frappé vivement tous les amis de la Patrie.

« Vous avez été arrêtés dans le cours de vos travaux, lorsque
« vous vous occupiez de cicatriser les plaies que leurs crimes
« avaient faites, lorsque vous étiez sur le point de donner un
« gouvernement définitif à la France et la paix à l'Europe.
« Dans quelle rage, dans quel délire la soif du sang et de la
« domination n'avait-elle pas jeté ces factieux insensés! Ont-
« ils bien pu croire que, quand ils seraient parvenus à immoler
« la représentation nationale, un peuple de vingt-cinq millions
« d'âmes, qui a résisté depuis cinq ans, avec autant de
« succès que de gloire, aux efforts des puissances coalisées,
« consentirait à recevoir des lois d'une poignée de scélérats,
« enhardis par une trop longue impunité! L'idée d'un tel
« avilissement répugnerait même à des esclaves façonnés au
« joug.

« Si Paris eut laissé anéantir sous le couteau des assassins,
« le dépôt sacré qui lui était confié, Chalons ne devenait-il
« pas à l'instant le point de ralliement et des vœux de tous les
« Français? Là, ne se serait-il pas formé une représentation
« nationale, avec l'autorité nécessaire pour nous donner des
« lois et une force imposante pour assurer l'indépendance de
« ses délibérations?

« Vous entendez ce langage, représentants fidèles et coura-
« geux! il est temps de mettre un terme aux espérances
« criminelles des ennemis de la chose publique. Frappez ces
« conspirateurs, qui empêchent le peuple français d'arriver à
« ses hautes destinées! Leur existence est un outrage fait à
« l'humanité, à la justice et aux mânes de l'infortuné Féraud:
« qu'ils trouvent un tombeau où ils ont voulu ériger leur
« trône.

« Vous n'avez pas sans doute oublié que c'est de ce
« département que jaillirent les premières étincelles de ce
« feu sacré, qui embrasa toute la France. Le paisible habitant
« de l'Isère a constamment su allier, à toutes les époques de
« la Révolution, *la passion de la liberté à l'amour de*
« *l'ordre et de la justice*; mais il est fatigué de cette lutte
« indécente de la vertu contre le crime, et d'une minorité
« factieuse contre une majorité respectable. Dites un mot, nos
« cœurs sont à vous! nos bras sont levés pour terrasser
« l'hydre des factions et de l'anarchie, et nos corps iront vous
« servir de rempart! »

Après cette vigoureuse manifestation des sentiments de nos compatriotes, les autres nouvelles locales paraîtront bien insignifiantes. Cependant, pour remplir jusqu'à la fin notre rôle de chroniqueur Dauphinois, nous donnerons encore les extraits suivants des rapports envoyés à Paris, pendant l'an IV.

On travaille à la grande route de Vizille à Grenoble, en

passant le long et sur la rive droite de la Romanche, sous le rocher de Godard, jusqu'à la digue de Jarrie.

L'église, la cure et le jardin de la paroisse de Saint-Alban ont été vendus, et, le premier frimaire, le Directoire a fait imprimer une lettre du Comité de sûreté générale, relative à la célébration des fêtes décadaires, qui sont mal observées dans ce département.

A Crémieu, le Directoire a du sévir contre des dilapidateurs et des voleurs, « tant en livres qu'en d'autres objets. » Il a fait défense à tous propriétaires de cochons, de les laisser sortir, afin d'éviter de faire tomber les gens et mordre les enfants (brumaire an IV).

Grenoble. — Enfin, le citoyen Duc, commissaire du pouvoir exécutif près l'administration centrale de l'Isère, informait le gouvernement (14 brumaire an IV) : — « qu'on avait trouvé un autel dressé dans la maison d'arrêt de la Commune de Grenoble ; une douzaine de femmes et deux enfants dans la chambre du guichetier, étaient venus pour entendre la messe et s'étaient retirés à l'approche desdits commissaires.

« Le citoyen Bottut avait commencé la messe et le citoyen Chassaude la servait.

« Les commissaires ont saisi aux citoyens Daniel, Morand et Chassaude, un grand nombre de chasubles, étoles, manipules, aubes, surplis et autres ornements sacerdotaux. »

A Grenoble, l'année quatrième de la République se terminait par une tentative d'assassinat sur le Commissaire du pouvoir exécutif près le Directoire, qui était encore M. Hilaire. Après avoir transmis au ministère un rapport constatant : que deux hommes postés près de l'entrée de la maison qu'il habitait, avaient tenté de l'assassiner, en lui lançant deux grosses pierres, il demandait l'autorisation de sortir de chez lui, à l'avenir, armé de deux pistolets; en même temps, il priait le ministre de lui faire cadeau de ces armes. — Ces deux demandes furent mal accueillies par le ministre.

Hilaire crut devoir protester contre ce refus, par la lettre suivante :

« Citoyen Ministre, je suis très-sensible à l'intérêt que vous avez bien voulu prendre au danger que j'ai couru, et qui me menacera tant que j'aurai le courage de rester au poste pénible et difficile ou je suis.

« J'aurais bien voulu que la première demande que j'ai eu l'indiscrétion de faire pour moi au gouvernement, depuis que je sers, parce que je me suis ruiné à son service, fut encore à faire, puisque ce rien que je demandais ajoute à ma peine la mortification d'un refus. Je sécherais de faim qu'il ne m'arrivera plus de rien demander pour moi. Heureuse la France, si tous ceux qui la servent et à qui on refuse tout, redoublent de zèle pour la servir. Je donnerai cet exemple : et s'il m'arrive d'être assassiné, vous aurez quelques regrets de m'avoir refusé deux pistolets, qui m'auraient garanti, et que, noyé de dettes, je n'ai pu me procurer, réservant pour les acquitter, les épargnes que j'ai l'intention de faire à l'avenir, sur le traitement de 2600 fr. *que j'ai l'espoir de toucher* désormais, traitement que je triplerais, si, rentré dans la classe des citoyens, je reprenais mon premier état. HILAIRE. »

Le premier novembre 1795, le Corps législatif constitua le *Directoire,* en nommant les cinq membres de ce Conseil exécutif. Ce fut le résultat de la Révolution du 13 vendémiaire.

ERRATA

P. 6, ligne 7 : Nizard. — Lisez : *Nisard*.
P. 14, ligne 4 : à ce ce concours. — Lisez : *à ce concours*.
P. 15, ligne 28 : Aloz. — Lisez : *Allos*.
P. 28, ligne 5 : Voyez ci-après § V. — Lisez : *VI*.
P. 30, ligne 19 : Ghampollion-Figeac. — Lisez : *Champollion-Figeac*.
P. 38, ligne 20 : J'a donne. — Lisez : *J'ai donné*. — Ligne 25 : Bristich. — Lisez : *Britisch*.
P. 47, ligne 15 : s'épuisent. — Lisez : *s'épuisant*.
P. 51, ligne 25 : Portalis de la Fortrière. — Lisez : *Pascalis de la Sestière*.
P. 52, ligne 33 : Welstein. — Lisez : *Weistein*.
P. 55, ligne 29 : plaïade. — Lisez : *pleïade*.
P. 56, ligne 10 : gouverveur de Dauphiné. — Lisez : *gouverneur de Grenoble*.
P. 67, ligne 4 : 50 minutes du matin. — Lisez : *du soir*.
P. 78, ligne 10 : Raymond. — Lisez : *Raynaud*.
P. 81, ligne 36 : La Saône. — Lisez : *La Sône*.
P. 82, ligne 19 : Chapitre X. — Lisez : *Chapitre XII*.
P. 104, ligne 8 : compémentaire. — Lisez : *complémentaire*.
P. 116, ligne 16 : dans un verre mélangé d'eau. — Lisez : *dans un verre contenant un mélange d'eau*, etc.
P. 131, ligne 16 : Omard. — Lisez : *Omar*.
P. 144, ligne 9 : privée. — Lisez : *priée*.
P. 145, ligne 37 : sans pureté, ni mœurs. — Lisez : *sans pureté de mœurs*. — Ligne 38 : le beatisme. — Lisez : *le beotisme*.
P. 161, ligne 2 : d'un M. Berchoux. — Lisez : *de M. Berchoux*.
P. 193, ligne 9 : les députés Amar, Dubois-Crancé, Albit et Gauthier. — Lisez : *les députés Amar, Baudran, Genevois, Genissieux, Charrel (cinq régicides)*.
P. 227, ligne 22 : Foucher duc d'Otrante. — Lisez : *Fouché*.
P. 271, ligne 17 : Lagosse. — Lisez : *Lagorse*.
P. 275, ligne 13 : Bartazzoli. — Lisez : *Bertalozzi*.
P. 277, ligne 11 : du comte et de la belle comtesse de Brignole. — Lisez : *d'Antoine-Jules de Brignole-Sale, sénateur et ambassadeur de la République, et de la belle Paola Adorno, sa femme, peints par Van-Dick*.
P. 278, ligne 25 : Cauchard. — Lisez : *Cochard*.
P. 296, ligne 7 : Cauchard. — Lisez : *Cochard*.
P. 311, ligne 33 : ses membres avaient la ou discuté. — Lisez : *ses membres avaient lu ou discuté*.

TABLE
DES CHAPITRES DE CE VOLUME

— Portrait de J.-J. Champollion-Figeac, gravé par Eugène Champollion (en tête du volume).

Préface. . . . . j

I. — Introduction. — De l'affiliation des Sociétés savantes de province à l'Institut national de Paris. — Projet de M. Bouillier, de l'Institut. — Dangers et inutilité des affiliations. — Le Comité des travaux historiques du Ministère de l'Instruction publique créé par M. Guizot. — Ce ministre veut un Comité indépendant de l'Institut: motifs du ministre. — L'Académie d'avant 1790 et la réorganisation de l'Institut, en 1795. — Les Ministres de Salvandy, Fortoul, Rouland et Duruy maintiennent le Comité indépendant de l'Institut. — Les prix distribués solennellement à la Sorbonne aux Sociétés savantes. — Le Comité historique après quinze années de fonctions: élimination de quelques-uns de ses membres. — Le nouveau Comité et les nouvelles couches littéraires. — Ce Comité propose au Ministre de la République de ne pas tenir les engagements contractés avec les auteurs, par la monarchie. — Cette mesure désastreuse est adoptée. . . . . p. 1.

II. — Les associations littéraires de province. — Les Académies de province. — Leur suppression en 1793. — Confiscation de leurs biens, sur la proposition de l'évêque Grégoire. — Les établissements d'instruction publique fermés ou détruits. — Les lois ordonnant l'anéantissement des monuments du moyen âge. — *Deux années de l'histoire de Grenoble*, par Albin Gras. — Brûlement des titres du Parlement, au Champ de Mars, à Grenoble, par les Sociétés populaires. — Les Cardinaux des Faubourgs. — Suppression de l'École de dessin de Grenoble, en 1794. — Association littéraire dans cette ville, en l'an IV, sous le nom de Lycée. — Ses fondateurs. — But de cette association déterminé par Dubois-Fontanelle. — Les membres élus en l'an VIII. — L'ancienne Académie delphinale réunie au Lycée. — Travaux scientifiques de cette Société. — Prix proposés par cette Société. — M. de Champagneux en fait les fonds. — L'initiative départementale et son utilité. — Fourier, préfet de l'Isère. — Grenoble, ville de Parlement. — Le salon du Préfet et la société de cette ville. — Protection accordée aux établissements littéraires. — Inconvénients des affiliations des Sociétés savantes à l'Institut. — Les antiquités de S. Eloi. — Les bas-reliefs de Toulouse. — Les tombeaux des rois de Juda. — Le prétendu vase romain de Grenoble. — Les autographes de Jules César. — Dangers des affiliations pour les travaux personnels des érudits. — *La Théorie de la chaleur* par Fourier. — *La Chronologie des rois grecs d'Egypte*, par Champollion-Figeac. — L'alphabet égyptien découvert par Champollion-le-Jeune. — Le roi Louis XVIII et S. A. R. le duc d'Orléans félicitent l'auteur de cette découverte. — Le duc de Blacas et Alexandre de Humbolt la proclament activement. . . . . p. 9.

III. — Projet d'asservissement des sociétés littéraires départementales. — Le nouveau projet de M. Francisque Bouillier concernant les Sociétés savantes de province. — Leur soumission à la grande Académie de Paris doit être entière. — Ces Sociétés seront assujetties au *contrôle actif*, à la *juridiction naturelle* de cette grande

Académie. — Motifs des Sociétés savantes de province pour ne pas accepter cette domination absolue de la grande Académie. — L'impartialité de ce corps savant? — *Le Conseil des Dix.* — Les académiciens exclus de l'Institut pour cause politique. — L'abbé duc de Montesquiou, ministre de l'intérieur, et l'Académie française. — L'Académie des inscriptions et belles lettres réduite à 3o membres. — Combinaison financière au profit *des Dix.* — Nominations de membres de l'Institut par ordonnance royale. — Un receveur particulier des finances nommé membre de l'Institut en remercîment de ses sacrifices pécuniaires pour le journal L'*Universel.* — Un Ministre de l'Instruction publique de l'Empire qui veut absolument être de l'Institut. — Moyens employés pour assurer son élection. — L'élection du Directeur de la Bibliothèque royale et les deux fauteuils à l'Académie. — Les brochures injurieuses comme du temps des *factums* de Furetière. — Elections des secrétaires perpétuels et des membres de l'Institut. — Les *Utilia* et les *Curiosa* de l'Académie des sciences. — Organisation de diverses Académies par Descartes, Bacon et Leibnitz. — L'Institut de Bologne. — La Société royale de Londres. — Indépendance nécessaire aux Sociétés savantes de province, tout en s'inspirant librement de l'impulsion donnée par la grande Académie. . . . . p. 23.

IV. — LA SOCIÉTÉ DES SCIENCES, DES LETTRES ET DES ARTS DE GRENOBLE. — Elle avait été fondée sous le titre de Lycée (voir p. 11). — Son bureau, en l'année 1800. — Les séances ordinaires et extraordinaires. — Première séance solennelle. — Discours de Dubois-Fontanelle. — Le nombre des membres de la Société fixé à 5o. — Son règlement. — Lieux de réunion. — Ricard, membre de la Société et préfet de l'Isère. — Les 34 préfets de l'Isère. — Le baron Fourier, M. Pellenc, le baron Massy et les autres. — Portrait des dauphinois par divers écrivains. — La *Biographie du Dauphiné,* de M. Rochas et les personnes qui auraient dû y figurer. — Les poésies légères et sentimentales. — M. de Robespierre. — Anniversaire de l'Assemblée de Vizille. — Discours de MM. Bettoux et Trouillon. — La salle des Etats de 1788 incendiée. — M. Mignet et les *Poésies de François I*er. — *Captivité de François I*er. — *Les poésies du duc Charles d'Orléans* et le manuscrit de la Bibliothèque de Grenoble. — Négociations politiques qui y sont racontées. — Les publications de Chalvet, de Martin, Berriat-St-Prix et Aimé Champollion-Figeac. — Le sculpteur dauphinois François Martin. — Le peintre Sarrazin. — Le lycée des demoiselles de St-Pierre de Lyon. — Le mausolée de Lesdiguières à Gap. — *L'Histoire de Lyon* de Martin et ses autres publications. — Les objets d'art des églises de Dauphiné inventoriés par ordre du baron des Adrets. — La mosaïque antique de Lyon. — MM. Artaud, Delandine et Gai. — Millin et Mongez. — Le manuscrit de Nicolas Charbot comparé à celui de Guy Allard. — L'édition de Guy Allard de M. Gariel. — Valbonnais et les chartes de la Cour des Comptes. — Plans anciens de Grenoble, de Valence et de Romans. — Les médecins, les eaux d'Uriage. — Le comte de St-Ferriol. — Sonnini : les antiquités, le lycée et le procès de la ville de Vienne. — La poste ouvre les lettres des particuliers. . . . . p. 3o.

V. — LES BIBLIOTHÈQUES PARTICULIÈRES DES MEMBRES DE LA SOCIÉTÉ LITTÉRAIRE. — Les bibliothèques du comte de Pina, de Bilon, de Gariel, de Chalvet, de Berriat-Saint-Prix, du général de La Salette, de Champollion-Figeac, de l'hôtel Belmont, de Caffarelli, de Reynaud, des châteaux de Sassenage et de Tencin. — H.-M. Gariel, d'Allos, achète en Suisse des lots considérables de livres et les partage avec ses amis de Grenoble. — Les livres grecs très-chers. — *Les Livres auxquels on ne comprend rien.* — Le professeur Lutz de l'Université de Berne. — Les manuscrits d'Euler. — Les archives de la famille Wetstein. — La correspondance de Bezenval. — Les éditions rares, les manuscrits à miniatures. — Les bibliophiles Dauphinois, ... p. 5o.

VI. — LES MEMBRES DE LA SOCIÉTÉ LITTÉRAIRE DÉCÉDÉS ET LES NOUVEAUX ÉLUS. — SÉANCES SOLENELLES DE LA SOCIÉTÉ. — Regrets causés par le décès de Déodat de Dolomieu, commandeur de Malte ; son éloge historique par le Dr Gagnon. — Emé de Marcieu: chagrins que cause sa mort. — Le sergent Bernadotte en garnison à Grenoble. —Obsèques de Mounier : discours et cérémonie funèbres.— Ducros, Giraud, Bertholon et Ricard. — Abel Servan : son éloge historique par Berriat-Saint-Prix. — Le romancier pastoral Pollin et la lettre de Français de Nantes. — Le docteur Berard-Trousset : son éloge historique par Champollion-Figeac. — Chalvet, bibliothécaire de la ville de Grenoble, de Lalande, d'Anse de Villoison, Lancret. — Nominations de membres de la Société et de correspondants, en remplacement des décédés.— Teisseire, Maurel de Rochebelle, Renauldon, Français de Nantes, Lenoir-Laroche, Toscan, Scheneider, Savoye de Rollin, etc. — Séance solennelle de la Société littéraire. — Prix fondé par la Société : la minéralogie de l'Oisans et la docimasie des autres cantons. — Autre séance solennelle de la Société. — Les principaux mémoires lus pendant les séances de quinzaine. — Le tremblement de terre de 1808 (v. p. 281). — Lettres de Villar. —Lettre d'Eloy Johanneau : le Celtique, le Breton, l'étymologie d'Allos. — Les correspondants des membres de la Société en France et à l'étranger. — L'archiduc Charles et la mission en Orient du chevalier de Hogelmuller: Lettre à la Société de Grenoble à ce sujet. — Les chevaux arabes, ceux de la Perse et de la Hongrie. — Les chevaux du Dauphiné et les demi-sang ras-terre normands. — M. le marquis de Virieu et les courses de La Tour-du-Pin. — Les croisements, les sélections, les affiliations, les impulsions : difficultés qu'elles présentent. — M. Hase, saxon naturalisé français. — La pléïade des savants hellénistes de l'Institut. — Raoul Rochette et Letronne. — Discussion relative à la peinture murale chez les Grecs, pendant une séance de l'Institut national. — Singulier incident. — Hitorff et Ch. Lenormant. — *La vérité ne vaut pas la peine qu'on la dise.* — *La correspondance littéraire* de M. Daudan et sa maladie nerveuse. — MM. de Sahune, Miller, Brunet de Presle, Rossignol, François Lenormant. — De l'impossibilité et de l'inutilité des affiliations et des *impulsions* académiques. . . . . . . p. 55.

VII. — FOURIER, PRÉFET DU DÉPARTEMENT DE L'ISÈRE. — Installation à Grenoble, de Fourier, en 1802. — Sa grande expérience administrative.—A son retour d'Egypte, il voulait se fixer à Paris.—Le premier Consul lui donne la préfecture de l'Isère. — Il est chargé de la rédaction de la *Préface historique* de la *Description de l'Egypte*. — Il fait nommer quatre nouveaux conseillers de préfecture : Du Bouchage, Royer, Beaufort, Savoye-des-Grangettes. — Il organise son cabinet à la préfecture. — Auguste Lepasquier, ses goûts littéraires. — Raynaud. — Le poëte Alexis Michallet. — Les sous-préfets de Vienne, de Saint-Marcellin et de La Tour-du-Pin. — Hilaire, Joly, Rolland de Ravel, André Réal, Jubié, Guillaume Sapey, Charles Sapey, sénateur. — Grassot à St-Marcellin. — La Cour d'appel, la mairie, l'ingénieur des mines, le général de division, le receveur général. — L'évêché, ses tribulations pendant la tourmente révolutionnaire. — L'évêque destitué. — Les évêques élus. — Le curé de St-Georges-de-Vienne. — Le temple de la Raison et de la Vérité.— Le décadi y est célébré. — La fête de l'Être suprême et de l'immortalité de l'âme. — Programme de cette fête publié par Albin Gras. — Le préfet reçoit le personnel administratif. — Son discours. —Sa prédilection pour les sciences, les lettres et les arts. — «*L'homme le plus instruit est le plus circonspect dans ses décisions.* » p. 78.

VIII. — LES JOURNAUX DU DÉPARTEMENT DE L'ISÈRE, LA LIBRAIRIE ET L'IMPRIMERIE. — *Le journal Le Surveillant*, par Lenoir-Laroche.— *La Vedette des Alpes*, supprimée par la Commune.— *Le Courrier patriotique.* — *Les Affiches du Dauphiné* supprimées par le Directoire de Grenoble. — *Le Clair-Voyant*, par Chalvet. — *Le journal chrétien*, par le même.—*Le Citoyen des Alpes*, de Français de Nantes. — *La*

Feuille d'Annonces de Vienne. — *Les Annales politiques et littéraires du département de l'Isère, journal administratif.* — Le rédacteur en chef et son traitement. — Ce journal paye une subvention annuelle au ministère de la police à Paris. — Les pensions littéraires payées par l'impôt prélevé sur les journaux. — Lettres de Dubois-Fontanelle à ce sujet. — Les nouvelles diverses relatives aux localités. — Recommandations du préfet à ce sujet. — Les nouvelles à sensation, les nouvelles scandaleuses, les attaques contre l'administration interdites à ce journal. — Ce journal menacé de suppression pour s'être écarté de ces instructions. — Articles relatifs au carême et à une bibliothèque brûlée clandestinement. — Rectifications exigées du rédacteur en chef. — Discussions qui étaient permises dans le journal. — L'archéologie, l'astronomie, les livres nouveaux. — Les taches observées sur le globe du soleil. — Lettre de l'astronome de Lalande à ce sujet. — Son *Dictionnaire des athées* et François de Neufchâteau. — Lettre de Napoléon au sujet du *Dictionnaire des athées.* — Etat de l'imprimerie en province. — Celle de Peyronnard de Grenoble menacée de suppression. — Lettre de l'évêque Raillon à Champollion-Figeac, au sujet de cette imprimerie — Eloge de Cretet, par Mgr Raillon et par Flachat. — La librairie de Grenoble. . . . . p. 86.

IX. — COLLECTIONS D'AUTOGRAPHES DE DAUPHINOIS CÉLÈBRES. — L'ARMORIAL GÉNÉRAL DE DAUPHINÉ. — Les archives, les autographes, les papiers de famille. — MM. de Dolomieu, H. Gariel, bibliothécaire, Chaper, ancien député, Champollion-Figeac, Champollion-le-Jeune, Berriat-Saint-Prix. — Renseignements complémentaires tirés de ces collections. — Renauldon, maire. — Giroud, receveur général. — Didier, avocat. — Durand, banquier. — M. de Montal. — La jeunesse de Fourier. — Les colléges d'Auxerre, de Montaigu, l'École normale, l'Ecole polytechnique. — La Commission d'Egypte. — Il avait porté l'habit de Bénédictin. — Statue que lui a élevé la ville d'Auxerre en 1849. — Il est étranger à la famille du chef de l'Ecole Fouriériste. — Edition des œuvres du Fouriériste, avec notes et additions autographes. — Le marquis de Dolomieu et l'épée de l'Ordre de Malte. — La Collection d'autographes du marquis et la charte de 1830, signée par Louis-Philippe, roi des Français. — Mort du Marquis, victime du choléra. — La marquise de Dolomieu, née de Monjoie, dame d'honneur de la reine Marie-Amélie. — Sa mort, par suite d'un empoisonnement accidentel. — Le commandeur de Dolomieu : ses chagrins et ses souffrances abrègent sa vie. — Le général marquis de Drée. — *L'Armorial de Dauphiné* de M. Rivoire de La Bâtie, ses lacunes, ses omissions. — M. de Terrebasse. — Le Comte d'Argout. — Le vicomte du Bouchage. — Ennemond de Chaléon, baron de l'Albenc. — Le Comité de salut public et César de Chaléon. — Les familles de Langon, Maubec, Bardomenche, Delandine, Favier, Trousset. — Les Clermont et les Montchenu. — Les députés de l'Isère. . . . . p. 105.

X. — VISITES OFFICIELLES DU PRÉFET AUX MEMBRES DE LA SOCIÉTÉ DES SCIENCES, DES LETTRES ET DES ARTS. — *Le Carnet* relatif aux visites du préfet. — Fourier chez le général d'artillerie de La Salette. — Les sciences physiques et mathématiques. — La musique ancienne et moderne. — Lettre du général. — Les clavesins et le forte-piano de M. Pape. — Les instruments de musique en usage chez les anciens. — Ouvrages du général relatif à la musique. — Lettre du secrétaire perpétuel de l'Académie des beaux-arts y relative. — Ecole de musique à créer à Grenoble. — Fourier et les zodiaques égyptiens. — Notice de Victor Cousin, relative aux travaux de Fourier. — Discussion erronée concernant *l'antiquité* des zodiaques. — Champollion-le-Jeune détermine exactement la date de ces monuments. — Le règne de Cléopatre et l'*Egypte ancienne* de Champollion-Figeac. — Fourier élu membre de la Société littéraire de Grenoble. Dubois-Fontanelle, le préfet et les poëtes dauphinois. — Le château d'Echirolles et les Renauldon. — Les œuvres littéraires de Dubois-

Fontanelle. — Son *Cours de belles-lettres* publié en 1820 par Ch. baron Renauldon. — Tragédie inédite de Dubois-Fontanelle. — Lettre confidentielle à Champollion-Figeac à ce sujet. — Les poésies de la jeunesse de Dubois-Fontanelle modifiées par lui. — Lettres à Chalvet à ce sujet. — Séjour à Chimilin. —*La Vestale* et la Société littéraire de Grenoble. — Epitaphe de Dubois-Fontanelle. — Ducoin aîné, Perreton, Létourneau, Barrin de Chanron, Bardel, Mauclerc, Gaudoz, Augustin Blanchet, Hector Blanchet. — Les chants patriotiques. — *Le Bonsoir à Sophie*. — Ode à la Monarchie.— Cours de littérature de La Harpe. — Bovier, *négociant* et Bovier, avocat. — Séjour de J.-J. Rousseau à Grenoble. — M. Auguste Ducoin. — M. Lhoste et la famille Taglioni. — M. Laboulaye. — Les titres nobiliaires accordés aux membres des Sociétés littéraires. — M. de Bougy, notre compatriote, et le dialogue de Boursault. — Allemand, curé de Claix. — M. Miroir et sa cantate. — Maurel de Rochebelle. — Les poésies légères et politiques. — Les soupers, les chansons, les salons. — Les chanteurs politiques dans les réunions d'opposition. — M. Ollivet, de Vienne. — Les chansons de Béranger : opinion de M. Renand et de M. Maxime Ducamp. — MM. de Terrebasse, leur bibliothèque et leurs publications relatives au Dauphiné . p. 119.

XI. — LE PRÉFET EN VISITE CHEZ GATTEL. — ORGANISATION DE L'INSTRUCTION PUBLIQUE DANS LE DÉPARTEMENT DE L'ISÈRE. — Poésies légères de Gattel. — Ce professeur notoirement suspect. — Les dictionnaires français et la propriété littéraire en 1802. — L'instruction publique, à ses divers degrés, organisée dans le département de l'Isère. — L'école centrale de Grenoble: « les élèves doivent se servir de l'honorable qualification de *Citoyen*, pour y faire pénétrer les principes républicains ». — Rapports au ministre de l'intérieur à ce sujet. — Imbert et Ricard. — Fourier et l'école de chirurgie. — Le préfet chez Gattel. — Le lycée de Grenoble et ses meilleurs élèves. — Les boursiers désignés par les inspecteurs généraux : Randon (depuis maréchal de France), Champollion-le-Jeune, Froussard (Baptiste), Aug. Pellat, de Barral. — Organisation des lycées du département. — Celui de Grenoble, visité par Fourcroy. — Démarches du maire et de Champollion-Figeac pour empêcher qu'il ne soit transféré à Chambéry. — Georges Cuvier chargé d'examiner cette question. — Rapport défavorable des inspecteurs. — Succès des démarches de Champollion-Figeac. — Agrandissements du lycée. — Lettre de Dubois-Fontanelle. — Le lycée de Vienne. — Deux lettres de Sonnini relatives à la société, au lycée et aux antiquités de Vienne. — Le lycée de St-Marcellin. — Géry et Barbier, directeurs. — J.-C. Martin, professeur et Grassot, sous-préfet. — Etat du lycée, réformes à y introduire. - St-Marcellin, ville de cocagne. — Les fromages de ce pays et une chanson en patois de Grenoble. — M. Berchoux. - Les écoles secondaires du département, à Goncelin, Voreppe, Crémieux, Bourgoin, Allevard, etc.—Les instituteurs et les écoles primaires. — Lettre de Ricard au maire de Roissard. p. 147.

XII. — VILLAR REÇOIT LA VISITE DE FOURIER. — LES GRANDS TRAVAUX D'UTILITÉ PUBLIQUE DU DÉPARTEMENT DE L'ISÈRE. — Villar et ses excursions pour la botanique. — Ses démêlés avec l'intendance sur l'administration de l'hôpital de Grenoble. — Villar quitte cette ville. — Ses ouvrages relatifs au département de l'Isère. — Le préfet l'avait consulté au sujet du projet de desséchement des marais de Bourgoin. — Récit de Victor Cousin, relatif à cette grande opération administrative. — Champollion-Figeac chargé de recueillir les antiquités qui seraient trouvées pendant les travaux.— Le vicomte Gabriel Du Bouchage. — Les espagnols prisonniers de guerre, employés aux travaux. — Le canal d'arrosage du Valbonnais. — Les mines d'anthracite de La Motte-d'Aveillans. — Le cadastre de l'Isère. — Les toitures en chaume. — La route d'Italie par le Lautaret. — Le pont sur le Drac. — Les chemins vicinaux. — M. Augustin Périer. — — Fourier n'est pas en faveur auprès de Napoléon. — Motifs présumés de cette disgrâce. — Fourier et Kléber. — Les lettres de Louis

XVIII , du Premier Consul , de Napoléon empereur et du comte d'Artois. — Les membres de la Société littéraire chez lesquels Fourier ne fit pas de visite. — Les visites de Duport-Lavilette, Duchesne, Maurel de Rochebelle, Réal, Teisseire, de Barral, Laugier, Bilon, Berriat-Saint-Prix et Champollion-Figeac. — L'arsenal de construction de Grenoble dû à Teisseire, sa conservation au colonel Champollion-Figeac. — Le maréchal Randon et l'école d'artillerie de Grenoble. — Les tergiversations politiques de M. de Barral. — Mme Berriat et ses poésies satyriques contre Crépu, chef de l'opposition. — Les chanoines Barthélemy, à St-Martin-sur-Clelles, et Ménilgrand à Voreppe. — Le curé Allemand, à Claix. — Berriat-St-Prix, ses qualités éminentes, ses manies, sa bibliothèque, ses ouvrages. — Fourier chez Champollion-Figeac. — Analogie des goûts et de la destinée de ces deux savants : Paris, l'Egypte et Grenoble. — Ils quittent tous les deux Grenoble après les événements de 1815. — Le capitaine Champollion, ancien officier d'ordonnance du duc de Chartres, avait fait partie de l'expédition d'Egypte. — Conversation de Fourier et de Champollion-Figeac. . p. 167.

XIII. — LES GRANDES CÉRÉMONIES OFFICIELLES PRÉSIDÉES PAR FOURIER. — La Société littéraire de Grenoble assiste à ces cérémonies. — Les Falquet-Planta, les vicaires épiscopaux, Hélie et Grange, l'évêque élu Raymond, Chépy, le clubiste, et les députés de l'Isère. — Un républicain administrateur du département trop zélé pour les fêtes. — Lettre du ministre de l'intérieur. — St-Marcellin dit les Thermopyles (voy. p. 338). — Fêtes des préliminaires de la paix. — Serment prêté par les autorités civiles et les curés du diocèse de Grenoble, entre les mains du Préfet et en présence de l'évêque Claude Simon. — Cérémonie solennelle à Notre-Dame. — Les grands vicaires de l'évêque et les desservants. — Les paroisses, les succursales et les circonscriptions électorales. — Le Genevrey de Vif. — Renouvellement de la municipalité de Grenoble. — MM. de Montchenu, Leborgne, Accarias, de Barral, Berlioz, Beyle, Ch. Bernard, Didier, marquis de La Valette, marquis de La Porte, de Marcieu, de Pisançon, Augustin Périer, Teisseire, Gagnon, Allier. — Les candidats sénateurs, députés et députés suppléants. — Les colléges électoraux; Champollion-Figeac, secrétaire de ces assemblées. — Lettre de Dubois-Fontanelle. — Le comte Abrial, sénateur; sa lettre au Préfet. — Réponse du préfet. — Fourier, chevalier de la Légion d'honneur. — Arrestation et exécution du duc d'Enghien; impression fâcheuse qu'en éprouve le département. — La corporation des avocats et des avoués. — L'École de droit de Grenoble et ses professeurs. — Didier est nommé directeur de cette école. — Cette école supprimée à la suite de troubles politiques dans la ville. — Son rétablissement, ses élèves distingués : M. Marcel Raymond. — Son livre sur le Musée de Grenoble. — Proclamation de la paix avec la Russie et la Prusse : illuminations et réjouissances. — Projet d'organisation d'une faculté des sciences et des lettres à Grenoble. — Fêtes pour le mariage de l'Empereur avec Marie-Louise. — Fête de l'anniversaire de la naissance de Napoléon, le 15 août. . . . . p. 190.

XIV. — LES PAPES PIE VI ET PIE VII A GRENOBLE ET LEURS VOYAGES A TRAVERS LE DAUPHINÉ. — Arrivée de Pie VI à Corps, à la Mûre, à Vizille. — Il passe la nuit au château. — Récit de M. Augustin Périer. — Entrée de S. S. à Grenoble, à Tullins, à St-Marcellin, à Valence. — Le Gouvernement donne l'ordre de le transférer à Dijon, en passant par Vienne et par Lyon. — Mauvais état de la santé du pape. — Mort de Pie VI à Valence. — Le livre de Mademoiselle de Franclieu sur la captivité du pape en Dauphiné. — Lettres de Réal et de Cambacérès. — Le Concordat. — Agitation religieuse en France. — Premier voyage de Pie VII, en 1804. — Réception officielle. — Honneurs civils et militaires. — Lettre de Portalis. — Lettre du sous-préfet Sapey. — Le pape retourne à Rome. — Annexion des Etats pontificaux à l'Empire français. — Enlèvement du pape pendant la nuit. — Escalade du palais Quirinal. — Le roi

Murat, les généraux Radet et Miollis. — Voyage du pape à travers l'Italie. — Arrivée du pape Pie VII à Grenoble, après son enlèvement de Rome. — Récit de cet enlèvement. — Colaud de La Salcette, préfet par intérim de l'Isère. — Girard, conseiller de préfecture et agent secret du Ministre de la police. — L'archevêque de Tours, Mgr de Barral. — Récit de Champollion-Figeac, témoin oculaire du séjour du pape. — Bulletins confidentiels relatifs au séjour de S. S., adressés au Ministre de la police par Girard. — Le livre du comte d'Haussonville: *l'église romaine et le premier Empire*. — Le cardinal Pacca à l'Hôtel Belmont. — L'appartement du pape à la préfecture : incident. — Manifestations religieuses des habitants de l'Isère. — Le pape transféré à Savone. — S. E. Pacca, enfermé au château de Fénestrelle. — Le pape passe à St-Marcellin, à Valence, à Montélimar, à Romans, à Aix, à Marseille et séjourne à Savone.— Le comte Anglès et son rapport sur les négociations de Savone. — La bête extraordinaire de Bernin, article du *Moniteur universel* à ce sujet. — Quel est l'auteur de cette mystification ? — La police du duc Decaze, du comte Anglès, du baron Mounier. — Le livre sur le Concordat, publié par ordre de Napoléon. — Tentative d'enlèvement du pape pendant son séjour à Savone. — Il est emmené à Fontainebleau. — Pie VII revient à Savone. — Le nouveau préfet appartenait à une famille illustre de Gênes. — Ses sentiments de respect et de dévouement envers le pape. — Le marquis de Brignole rend compte au gouvernement de l'arrivée de S. S. à Savone. — Enthousiasme de la population. — Le marquis annonce au pape qu'il est libre de repartir pour Rome. — Avant de partir, le pape célèbre la messe. — Le marquis de Brignole, sujet du roi de Sardaigne. — Son affection pour Gênes, sa patrie. — Il est chargé de diverses missions diplomatiques. — Il est nommé ambassadeur en France. — Réception sympathique qui est faite, à Paris, au marquis de Brignole. — Son érudition classique. — Ses qualités éminentes comme diplomate. — Sa générosité pour Gênes, sa patrie. — L'hôtel Brignole donné à cette ville par Madame la duchesse de Galliera, sa fille. — Les portraits de Antoine-Jules de Brignole-Sale, ambassadeur de la République, et de la belle Paola Adorno, sa femme, peints par Van-Dick. . . . . p. 212.

XV. — TRAVAUX DES MEMBRES DE LA SOCIÉTÉ DES SCIENCES, DES LETTRES ET DES ARTS DE GRENOBLE, PENDANT LES ANNÉES 1809 ET 1810. — Le ministre de l'intérieur Crétet. — Le préfet lui envoie les ouvrages de Champollion-Figeac et de Berriat-Saint-Prix, demandés par ce ministre. — Lettres du préfet et du ministre relatives aux travaux de la Société. — La Météorologie de Gagnon. — Sonnini et le nouveau coton. — Le code rural et MM. Trousset, Beyle, Bravet, L. Royer, etc. — Voyage à Gênes, par H. Berriat. — Discours de Berriat-St-Prix. — Le cadastre de 1706. — Remercîments du ministre et éloges des travaux de la Société. — Fourier appelle l'attention du ministre sur les travaux des deux Champollion et de Bilon. — Extraits des procès-verbaux des séances de la Société. — Mémoires lus par divers membres : observations grammaticales. — L'histoire naturelle du Dauphiné — Les patois. — Comédie, par Bourguignon. — Planta et la méthode Petalozzi. — Mort de Crétet (v. p. 101). — Le comte de Montalivet lui succède au ministère de l'intérieur. — Ses lettres relatives à la Société et réponses du préfet. — Les églises, les vieux châteaux du Dauphiné. — Lettre de Lanjuinais. — Monge, Le Lièvre et l'ingénieur Barral. — Recherches relatives à l'agriculture. — Faujas de St-Fond. — Le sirop de sucre de raisins. — Les betteraves. — Les conserves Appert. — La gélatine des os, appliquée, par Trousset, à l'alimentation. — Couteaux antiques et inscriptions. — Crosse du Dauphin Humbert. — Artaud, Cochard, Martin et Révoil. — Renseignements divers envoyés à la Société. — La Mélusine de Poitou et celle du Dauphiné. — Note de Champollion-Figeac. — Masse d'armes de Bayard. — Marcellin Fournier. — Raymond de Juvénis. — Les antiquités de Vienne de Lelièvre. — Le miracle de l'Ozier en sept langues. — Plaintes de

Martin au sujet de ses compatriotes. — Un fils du sultan religieux à Montfleury. — Manuscrits et médailles de Chalvet. — Lettres du comte de Pina et d'Archambaud à ce sujet. — Médailles en plomb inconnues des Numismates. — M. Gustave Vallier. — Le géographe Nicolas de Nicolay. — Nominations de membres correspondants de la Société. — M. Jomard et les bateleurs et jongleurs de l'Orient. — Victorin Fabre. — Inscription concernant le Vivarais. — Premier mémoire de Champollion-le-Jeune, sur l'écriture hiéroglyphique. — Mémoire de Champollion-Figeac sur le texte grec de l'inscription de Rosette. — M. Gail. — M. de Sacy. — Les travaux de la Société en 1810. — L'antiquaire Akerblad et le prince de Suède. — Mémoires lus à la Société. — Correspondance littéraire de Champollion-Figeac. — Villar, Faujas de St-Fond et Georges Cuvier. — Dacier, secrétaire perpétuel de l'Institut, constate que les travaux de philologie sont abandonnés. . . . . p. 278.

XVI. — L'ESPRIT PUBLIC DU DÉPARTEMENT DE L'ISÈRE APRÈS LE 9 THERMIDOR ET JUSQU'AU DIRECTOIRE. — Le Bureau de l'esprit public, son origine et son organisation par la Convention. — MM. Arnault, de l'Institut, le comte Anglès, le baron Mounier. — Les ministres de la police générale, Cochon, Cambacérès, Fouché duc d'Otrante. — Le tempérament *prudent et réfléchi* des habitants de l'Isère et le *discours* de M. Paul Thibaud. — Rapports mensuels des Commissaires du pouvoir exécutif près le département de l'Isère adressés au gouvernement. — Instructions données aux maires et aux sous-préfets à ce sujet. — *Rapport sur l'esprit public des districts de la République*, présenté à la Convention, après le 9 thermidor. — Adresse du Directoire de Grenoble à cette assemblée. — Nouvelles diverses: les émigrés. — Le papier monnaie. — Le froissement des partis. — Représentants du peuple en mission dans l'Isère. — Prêtres réfractaires. — Monuments de la ville de Vienne qui doivent être préservés de la destruction dont ils sont menacés. — Lettres du maire de cette ville et du ministre de l'intérieur. — Mausolée du cardinal d'Auvergne dans l'église St-Maurice. — Manifestations patriotiques diverses : Saint-Marcellin demande à s'appeler les Thermopyles. — Motifs que cette ville fait valoir. — Le canton de Maraton. — Les Sans-Culottes de toile à voile. — La Société des Jacobins de Grenoble demande un certificat de civisme: accordé. — Vienne la patriote. — Arbitrages des tribunaux de famille à supprimer dans cette ville. — Egoïsme de quelques manufacturiers de draps. — Inauguration des bustes de Marat et de Lepelletier dans le temple de la raison à Vienne. — Les municipalités ne peuvent connaître toutes les lois: elles se contredisent les unes les autres. — Il faut des municipalités salariées. — Le corps politique s'agite pour régénérer et non pour détruire. — Les biens d'émigrés. — Cherté des subsistances. — Les voleurs. — Les travaux utiles. — Le culte catholique célébré dans la maison d'arrêt de Grenoble. — Les dix mille quintaux de fromages pour l'approvisionnement de Paris. — Passeports refusés aux personnes qui avaient servi la tyrannie de Robespierre. — Ferraud assassiné dans la tribune de la Convention (prairial 1795). — La tête de ce député portée au bout d'une pique par un membre de l'Institut (?). — Adresse très-patriotique des Grenoblois à la Convention, après l'assassinat de Ferraud et l'émeute du premier prairial an trois. — Mission de M. Trousset dans le canton des Thermopyles. — Propagande réactionnaire. — Arrestations. — Tentative d'assassinat sur la personne du Commissaire du pouvoir exécutif à Grenoble . . . . . p. 318.

— ERRATA. . . . . (. . . . . p. 351

Vienne, imp. Savigné. — 1879.

www.ingramcontent.com/pod-product-compliance
Lightning Source LLC
Chambersburg PA
CBHW070450170426
43201CB00010B/1278